中國人留學日本史

實藤惠秀 著

譚汝謙　林啟彥 譯

目錄

譯序

十九世紀中葉以後，中國國勢日蹇，內憂外患，紛至沓來。有識之士，逐漸認識到非大力培植人材，積極學取西洋近代文化，無以求存圖強。故自 1872 年起，中國即派學生留學西洋。惜當時社會風氣閉塞保守，國人虛驕自大的心態猶未消泯，以致留學一事不為社會所重，其成效亦甚微。惟自經洋務運動的無功與甲午戰役的慘敗，國人始猛然覺悟，日本維新之有成，端在善於學取西洋文化所致。故甲午之後，舉國上下，莫不視遊學東瀛為富強之要徑。蓋國人目睹日本自明治維新以來，竭力輸入西洋文化，每能去蕪存菁，取精用宏，因而相信若通過日本學習西洋文化，可獲事半功倍之效；且東遊又有路近、費省、文同各種便利。職是之故，自清末以還，雖國內變亂頻繁，中日邦交屢有起伏，而負笈東渡者，始終絡繹於途。計自 1896 年首派留日學生起至 1937 年抗日戰爭爆發全面停派止，42 年間，國人留學日本者總數不下 50,000 人，蔚成中國史上空前的留學運動。而留日運動所造就的一支龐大的知識分子大軍，對中國近代政治、軍事、教育、文化、思想和學術等方面，均有相當深鉅的影響。

然而，中國學術界對這一富有歷史意義而影響深遠的文化運動，尚乏較全面而深入的認識。有關留日史的專門研究，亦甚少見。就調查所得，目前可見的專著似僅有以下幾種：舒新城《近代中國留學史》（上海，1933）、黃福慶《清末留日學生》（台北，1975）、林子勳《中國留學教育史》（台北，1976）、穎之《中國近代留學簡史》（上海，1979）等。除黃氏之書比較清楚說明清末留日運動歷史的發展外，其餘諸書，所涉年代雖較長，範圍亦算廣，但都不免失於疏略，讀者即使比合而觀，亦難得見留日運動史全貌。

實藤惠秀教授著《中國人留學日本史》（東京，1960 年初版，1970 年增訂版）一書，出版年代雖比後三書為早，但至今仍為資料最豐富，論述範圍最廣，而所涉年代最完整的一部學術著作，國際學界對此書一向有甚高的評價。因此，本書中譯本的出版，不但可彌補目前中國學術界在這方面研究的不足，還可啟導國人開拓更廣闊而深入的研究。

實藤先生《中國人留學日本史》一書，使用大量第一手資料，包括留日學生的日記、書信、著譯書刊、口述史料，以及中日文公私檔案文牘等，詳述 1896 年至 1937 年間留學日本運動的緣起和演變、留日學生就讀的學校種類及課程，亦論及清末以來留日學界的種種政治組織和活動，又另立專章詳細探討留日學生對中國近代思想、政治、教育、文學、語言、翻譯、出版事業等方面的貢獻和影響。此書不但取材廣博，立論亦頗平實客觀，故面世以來，備受國際學術界的重視，被譽為研究十九世紀末至二十世紀前葉中日文化關係的重要參考書之一，且被認為對開拓多方面的專題研究，深具啟發作用。美國前哈佛大學中國歷史教授費正清博士曾稱本書為「資料及例證極為豐富之作」，盛讚實藤先生的研究乃「廣泛而先驅性的拓荒工作」，洵為的論。

實藤先生畢業於日本早稻田大學。自 1928 年起即任教於早稻田大學及其附屬的學院，以迄 1965 年榮休。早稻田大學自清末以來即招收大量中國留日學生，設立「清國留學生部」，故與中國的留日史關係至為密切。實藤先生對中國留學生問題發生興趣，與他長期所受教育和工作的環境很有關係。自二十年代起，先生即着手搜集清末以降有關中日文化關係的史料，並且立下宏願，要撰寫一部中國人留學日本的史書。經十多年辛勤的工作，累積得數千種與留日學生有關的圖書和資料（抗日戰爭後期，先生把該批貴重文獻贈予東京都立日比谷圖書館〔近年改名為東京都立中央圖書館〕庋藏，使免遭戰火，至六十年代經館方整理後，專設「實藤文庫」，供學者研究之用。此文庫至今仍為研究近代中日文化交流問題的寶藏之一），先生即以這批資料為基礎，於 1939 年寫成《中國人留學日本史稿》，由東京日華學會出版（非賣品）。戰後，實藤先生重新改寫《史稿》，經多次的增訂改易，於 1960 年以〈中國留日學生史之研究〉一文，榮獲日本國家頒授文學博士學位。同年，出版《中國人留學日本史》一書，1970 年再出增訂版。由此可見先生對此書寫作之嚴謹和慎重。

增訂版的《留日史》，不但揚棄了《史稿》中不少偏激和主觀的論點，更把《史稿》中原佔極大篇幅的留日運動發展史內容濃縮成為一章，又補充不少戰後新見資料，另立章節探討與留日運動有密切關係的歷史課題。該書經改寫後，使讀者對留日運動的歷史及其時代意義有更明確的認識。新著顯示實藤先生的匠心與造詣，均已超邁往昔。留日學生史的研究，的確可視為實藤先生畢生致力的學術事業。讀者不難由本書的撰述經歷，體會作者鍥而不捨的治學精神及其對學術的誠摯態度。

此外，實藤先生又是研究中日關係史、中國近代語言文學和日本語言學的專家，其重要著作有：《明治時代中日文化的連繫》（1943）、《中國新文學發展略史》（1955）、《為了日本語的純正》（1956）、《中國的文字改革》（1958）、《近代中日交涉史話》（1973）等；編譯作品有：黃遵憲《日本雜事詩》（與豐田穰合譯，1942）、老舍《四世同堂》（與鈴木擇郎等合譯，1951-1952）、王瑤《現代中國文學講義》（與千田九一等合譯，1955-1956）、中國科學院《中國語文法講話》（與北浦藤郎合譯，1956）、《大河內文書——明治中日文化人的交遊》（1964）、《黃遵憲與日本友人筆談遺稿》（與鄭子瑜合編，1963）、《中日非友好的歷史》（1963）、《近代日中文化交涉史話》（1973）、《中國譯日本書綜合目錄》（實藤惠秀監修，譚汝謙主編，1980）、《日本譯中國書綜合目錄》（實藤惠秀監修，譚汝謙主編，1981）等，合共數十種之多。

《留日史》中譯本據 1970 年的增訂版譯出。兩位譯者與著者雖然年差半百，但自 1968 年起即結忘年之交，且曾多次合作，研議《留日史》的翻譯工作，因此經常獲得原著者的鼓勵和幫助，中譯本直接引用的罕見中文文獻，即多由原著者提供。在譯文方面，譯者經常通過書信向著者請益問難，必定在最短時間內獲得詳盡答覆。此外，原著者又同意譯者訂正原著若干漏誤，刪節過長的引文，更動原著若干章節和段落，務使中譯本在外觀上與內容上均可達致更佳的平衡。至於遣詞用字方面，著者更鼓勵譯者可作藻飾。著者以上種種虛懷若谷的做法，使譯者深為感動。譯者復參考新近出版資料，重編留日史大事年表，補加譯注和徵引文獻目錄，希望能為讀者提供更大方便。

本書的翻譯，由開始動筆至定稿完成，荏苒已過 13 載歲月，在這段悠長的日子中，由於種種原因，翻譯工作時輟時續。使本書未能早日與讀者見面，我們唯有向原著者和讀者表示最深的歉意。

我們衷心感謝日本京都大學島田虔次教授和美國普林斯頓大學詹遜（Marius B. Jansen）教授先後大力薦介原著，使我們加深對原著的認識，從而促發翻譯的動機和堅持翻譯的決心。在翻譯過程中，承蒙香港中文大學王德昭教授、陳荊和教授、孫國棟教授、王爾敏先生、中文大學出版社社長黎明先生等師長經常不吝賜教，良深感紉。復承汪向榮先生、蕭滋先生、余冠初先生、梁國豪先生、陳湛頤先生、周佳榮先生、李朝津先生、何炳堅先生、何鎮中先生等，或潤飾譯文，或提示寶貴意見，謹此一併致謝。我們還要特別感謝我們的內子譚麗萍女士和林潔明女士，分別為我們的翻譯工作分擔了不少勞苦。

對於原著者實藤惠秀先生，我們不但衷心感謝他十多年來對本書翻譯工作的指教和幫助，更要感謝他半個世紀以來獻身留日運動史和中日文化關係的研究，以及在戰後推動中日友好事業的努力和成就。

譯者識力有限，本書謬誤之處，與上述諸位師友無關，概由譯者負責。冀盼同道先進，不吝批評指正。

譚汝謙、林啟彥

1981 年 3 月 5 日於香港

中譯本序

拙作《中國人留學日本史》一書，承中國青年學者譚汝謙、林啟彥二先生迻譯，得與中國讀者見面，本人感到榮幸之至。譯者索序於我，使我想起一些書成後發生的事，以及個人一段慚愧的心路歷程，擬借此機會向讀者坦述。

本書第四章第三節「國號問題」的末段，有如下的結語：

> 從此，即使政府默不作聲，「中國」一詞也會從日本人口中溢出，而「支那」一詞，明治以來運用的次數也許較「中國」一詞為多，但無論如何已注定成為日本語言中的死語。

這是1960年的話，如今這一預言幸獲證實了。

1949年10月以後，日本人不再稱中國為「支那」，但卻製造了一個新名詞「中共」——這是日本新聞界用以稱呼中國共產黨統治的國度的名稱，含有又討厭又輕蔑的意味。雖然，「中國」和「中共」兩個稱呼曾經同時並存過，但因日本國民之間，稱「中國」的比例日見增加，因此報紙和電台，終於不得不放棄「中共」而採用「中國」的稱呼，以下是各大報章改稱「中國」的日期：《讀賣新聞》從1962年9月起；《朝日新聞》從1964年10月起；《每日新聞》從1967年12月起。

至於電台方面，日本國家電視台（NHK，日本放送協會）亦自1969年8月28日起決定取消「中共」的稱呼，一律改稱「中國」。

這種改正國名稱謂的做法，是日本國民督導新聞界而獲致成功的（關於中國國號稱謂的變化詳情，筆者已另撰〈對中國的稱謂〉一文，加以論述，見《社會科學戰線》1979年第1期）。因此，現在我們翻開較新的辭書，「支那」一詞的釋義就變成：「しな〔支那〕，名詞，中國之舊稱。」

民國時代的留日學生憎厭日本人開口「支那」、閉口「支那」的程度，已達到忍無可忍的地步。這是由於大部分日本人對中國存有輕蔑之心，因而招致中國人對「支那」這個名稱反感所致，留日學生一聽此名，即如芒刺背，心中非常痛苦不安。筆者謹向已故留日學生在天之靈和現在仍健在的留日學生諸君鄭重報告，時至今日，這個非常令人厭惡的語彙已從日本語言中消失了。

在本書之末，有篇「後記」，結束時我這樣說：

> 在寫這本書時，特別考慮到，除了讓日本讀者給予批評外，我也希望中國的讀者給予批評指正。我自問做過一些有愧於心的事，對不起中國朋友，但深感重要的是誠心向中國人表示歉疚，於是寫出這篇冗長的書後話。

這本書寫成後不久，我以「日本學術界考察中國文字改革代表團」團員身份（團長為土岐善麿先生）訪問中國。當時，我曾經把自己在中國以不正當手段拿走的 40 多冊圖書送還中國。中國方面，由對外文化協會會長楚圖南先生和北京圖書館副館長聯同接受，當時，我全身冒出了冷汗。

我以為如此做，自己身上的污漬總算洗清了。但是從一次偶然機會，忽然又想起此事來，不禁愕然而驚、竦然而懼。這是我個人一件非常恥辱的事，但請容我把它說出來吧！

回顧昔日，當日本軍侵佔中國期間，日本知識分子往往以「研究」為理由，不須向中國政府申領入境簽證，便可渡海昂然進入「敬愛的中國」；而研究費用，實際上是曾經鎮壓義和團運動的日本政府從中國敲詐得來的「庚款」的一部分。

日本侵略軍以查禁「危險文書」為藉口，從中國淪陷區各大學搶奪大批圖書雜誌，運回日本。我對這種行為，雖也表示憤慨，但仍以「整理」為名，接受了一些資料。我當時曾以早日完成自己編纂中的《中國雜誌創刊目錄》的理由來自解。今日細思之下，這真是無法無天的罪行啊！

上述的事情，我在「後記」中都有所敘述。可是，在當時尚未理會到問題的實質。如今反省起來，才知道這是最羞恥不過的事。我當時雖沒有參加武裝侵略中國的行為，但自己心中卻已默認了這些行為了。這真是一個不能饒恕的念頭。

我當時的想法是：整理好這批雜誌，編一個總目錄（這已成為事實了），其中完整的一批，當然是留在中國。其餘剩下來的一部分，就希望帶給東京的中國綜合研究所，使能在日本保存下來。再剩下來的一批，就想放在早稻田大學。

這簡直是無禮之至！這簡直是強盜行為！在戰後的歲月，學生們都說我對中國一邊倒，家人都以為我是個中國狂熱者，我也相信自己是少數敬愛中國的日本人士之一。

如果是真正的敬愛中國，那麼當自己的同胞亮出軍刀，在中國土地上大肆暴虐的時候，自己又怎能到中國趁火打劫呢？作為一個敬愛中國的人，又怎麼可以把中國的貴重雜誌帶返日本呢？在敬愛的友人家中，未得友人的許可，便藉口說要研究其家傳而把大量文獻奪走，天下間哪有這樣的道理！

唉！我自己當時的潛意識其實與「一般日本人」並無多大的差異。這都是明治以來蔑視中國的教育所造成的惡果。這些事，直到最近我才完全覺悟過來。我知道即使我合着雙手，叩頭向中國朋友拜歉再三，也不該被饒恕的。

最後，關於本書中譯出版的經過，我想也值得向讀者說一說。遠在 1960 年，當本書初版的時候，有一位香港的中國讀者來信請求我授權翻譯本書，我當時提出了兩個條件，要求他能做到：本書要在中國內地出版；腳注要全部譯出。

這位先生後來沒有回音，中譯的事便擱置了下來。

1968 年秋，譚汝謙先生來日本留學，京都大學島田虔次教授介紹他與我認識，我知道他當時很有誠意翻譯本書，而且已經譯出一些章節。1973、1974 年間，林啟彥先生為研究留日學生問題，亦到日本搜集資料，我們因此有緣締交，林先生亦向我表示了翻譯此書之意。我對他們同樣地提出上述兩個條件，而他們均未置可否，想或被我難住了。1977、1978 年間，我忽然接到譚、林兩先生來函表示計劃合譯本書，我才知道他們原來一直未有忘懷這件工作。並且，我還知道他倆雖是同道，且還在同一所大學工作，而到合譯計劃決定之時，才彼此知道對方過去和我結交這段往事。我當時雖很高興，但仍半信半疑，我想他們能不能做到十多年前我提出的條件呢？料不到兩年之後，他們兩位已把本書全部譯出，而且還很細心地訂正原書不少錯誤的地方，對附注的處理，可以說比原書做得更周到。起初，這個中譯本只由香港中文大學出版社出版；後來，中文大學出版社知道我的意願，便與三聯書店北京總店簽訂協定，由三聯書店出版中國國內版。

至此，我的兩個願望全部實現，看到本書能和廣大的中國讀者見面，我真有說不出的快樂。

實藤惠秀

1980 年 7 月 10 日於東京，時年 84 歲

原序

千多年來，日本在思想、文學、制度，以及衣、食、住等日常生活上，都深受中國影響。日本人因而對中國敬仰有加，直到德川時代（1603-1868）末年，崇尚中華文物的風尚依然熱烈。

踏入明治時代（1868-1912），日本急劇地汲取西洋文化，對中國文化的關心漸趨淡薄，但對中國尚未採取輕視態度。不過，從明治初年起，日本步西洋列強後塵，開始在亞洲大陸蠢蠢欲動。在中日甲午戰爭（1894-1895）中，日本賭以國運，誠惶誠恐地悉力以赴，結果大獲勝利。從此，日本人對中國的態度為之一變，不論在政治上經濟上或文化上都輕視中國，並侮辱中國人為「清國奴」（chankoro）。趁着第一次世界大戰，日本強佔德國在中國攫奪的權益，又向中國提出「二十一條」，企圖使中國淪為日本的屬國，其後以「滿洲乃日本生命線」為藉口，在中國東北製造「滿洲事變」（「九一八事變」），發動大規模的侵略戰爭。

從甲午戰爭到 1945 年日本戰敗投降的 50 年，是中日關係最惡劣的時代。就 1937 年開始的八年侵略戰爭而言，日本軍國主義者蹂躪中國廣大幅員要地，殘殺 1,000 萬中國人，損毀 500 億元的財產。對日本人來說，這是一個無面目見中國人的時代。

然而，在這陰森可怖的黑暗時代當中，出現了一線光輝——這雖然只是漫漫長夜中一兩顆星星閃爍的光輝。我所指的光輝就是中國人留學日本這件事。從 1896 年至 1937 年 42 年間，中國留日學生絡繹不絕，人數最多的時候，竟達 8,000 之譜，其盛況在世界各國留學史上可說是空前的。

日本人有沒有諄諄善誘中國留日學生，使他們過着愉快而有意義的留學生活呢？中日兩國能否因為這些留日學生而增進友誼呢？日本接受中國留日學生之後，獲得甚麼利益呢？留日學生通過日本汲取近代文化，從而推動中國革命，對此，日本人能否洋洋得意而引以自豪呢？要解答這些問題，當然不是輕而易舉的事。

我在 1939 年撰寫《中國人留學日本史稿》一書，探討中國人留日的原因及留日史的演變。當時，我尚未着手研究留日學生對其祖國的貢獻。

其後，我雖然在中國搜集了大量直接間接有關留日史的資料，但在日本投降後，研究留日史的意義卻一度在我心中失落了。直到最近，我對中國的看法已安定下來，重新肯定研究留日史的意義，於是決心要把本書寫出，花了兩年光景才完成。

拙作諸多未備，謬誤不少，但相信可為中日兩國近代關係史上重要的一環，打開一學術研究的端緒吧！尚祈中日兩國同道先進不吝批評教正，不勝感幸。

實藤惠秀謹序

1960 年於東京

譯例

1. 原書紀年多陰、陽二曆混用，譯本盡可能統一為陽曆。但在引文內或其他無法確定陽曆日期者，則不改。

2. 原書對中國的稱號，因受多種文獻紀錄所影響，往往很不一致。民國以前，日人稱中國為清國或支那者居多；民國以後，亦鮮稱中國或中華民國，而往往逕呼支那。凡此，皆含有輕蔑中國之意，譯本盡可能改為中國。惟本書第四章第三節因係專門探討中國國號問題，故國號悉照舊不改。又徵引之中文文獻，如稱中國為支那者，均不改。此外，若干專門稱呼如「清國留學生會館」、特別文件如《清國留學生取締規則》等，則仍保留舊稱。

3. 原書以日本人身份著述，故記敘中國人赴日留學或考察時，均稱「來日」；稱謂日本之處，多呼「我邦」。譯本中，此類詞彙盡可能譯以其他意義相通的詞語，如「東渡」、「抵日」之類，並改「我邦」為「日本」。至於徵引文獻方面，為求存真，則全不改。

4. 原書引文中，往往有明治時代的古體文，至大正（1912-1926）以降，官書文檔之類，亦多保持一定的古體文形式。為存真起見，亦盡可能以晚清的文體譯出。

5. 引用文字中，如屬引自中文文獻者，盡可能查明中文原典以徵引之。但亦有少數中文文獻，如清末留日學生團體的集會紀錄或宣傳文件等，今日不易得見，原作者亦無法提供原典，則逕照原書日文譯文重譯。

6. 原書引文有時略嫌過長，例如：第七章引用《飲冰室文集類編》共 17 處，作為梁啟超自注日本詞彙的例證；又譯引高名凱、劉正琰《現代漢語外來詞研究》一書第三章第五節全文，以及王立達〈現代漢語中從日本借來的詞彙〉（《中國語文》第 68 期）一文全文。譯本在不影響原書意向的原則下，盡量刪節過長的引用文，以省篇幅。

7. 除原書注釋外，為方便中國讀者，對書中的中外人名、事名、物名等，酌按其與留日史關係的深淺，或對一般讀者的陌生程度而附加譯注。

8. 原書錯誤之處，均盡譯者所知加以改正，或於譯注中略加說明。至若明顯出自排校之誤者，則逕行改正，或補入訂正字句，附以〔 〕號，以資讀者參考。

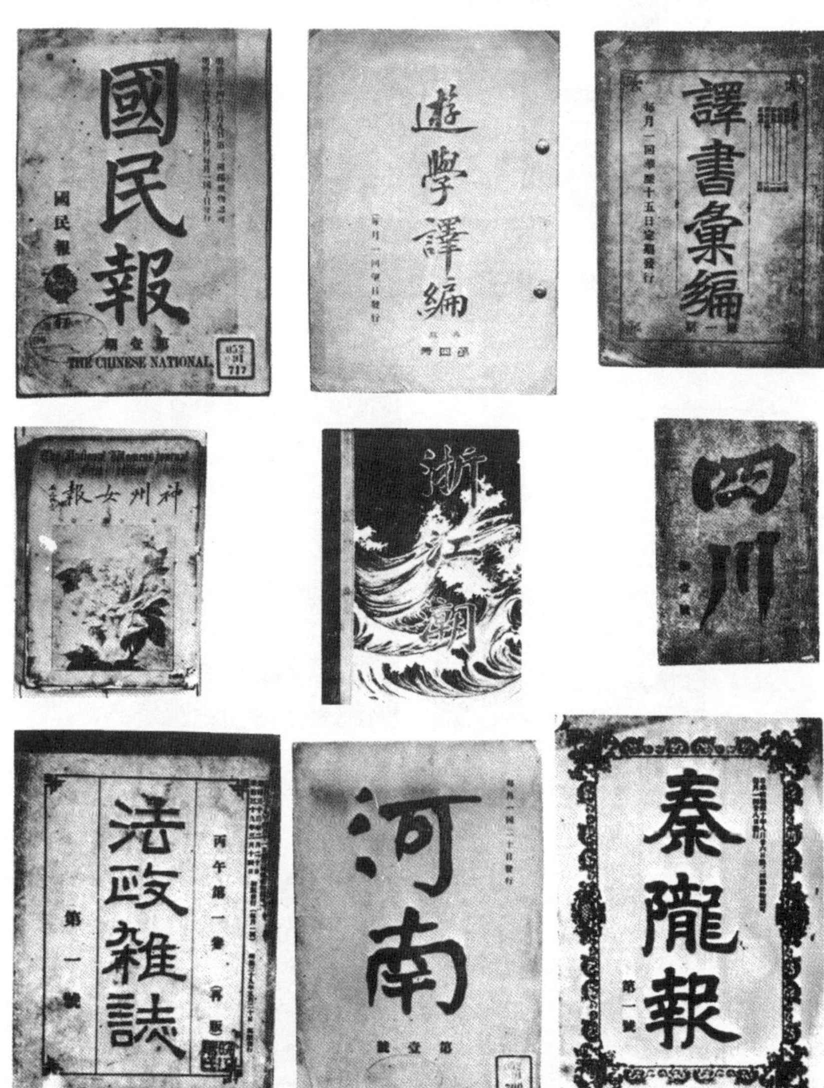

前期中國留日學生在日本發行的雜誌

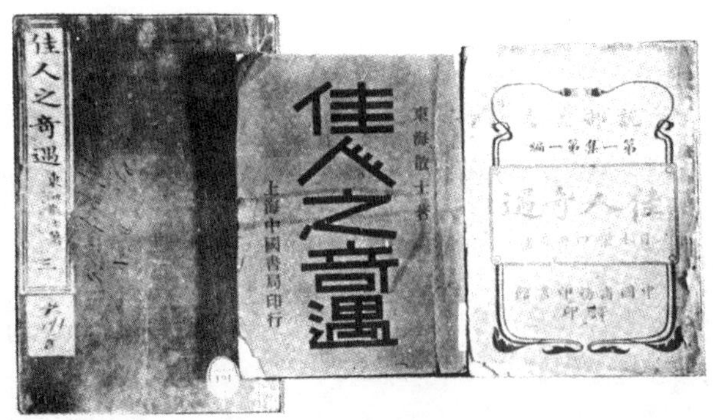

《佳人之奇遇》的原本（左）和譯本二種（右）

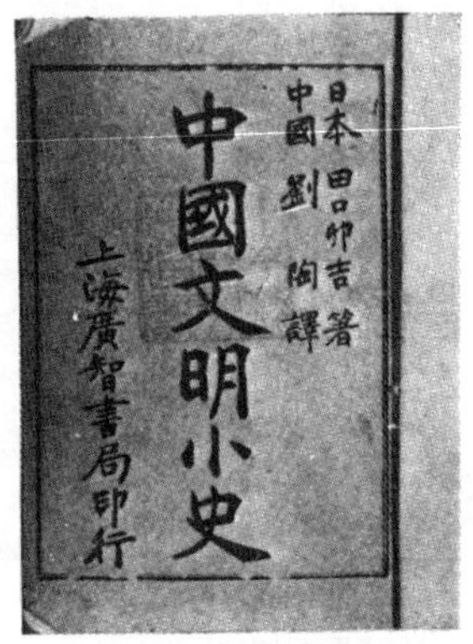

《支那開化小史》的原本（左）和譯本（右）

《長廣舌》的原本（左）和譯本（右）

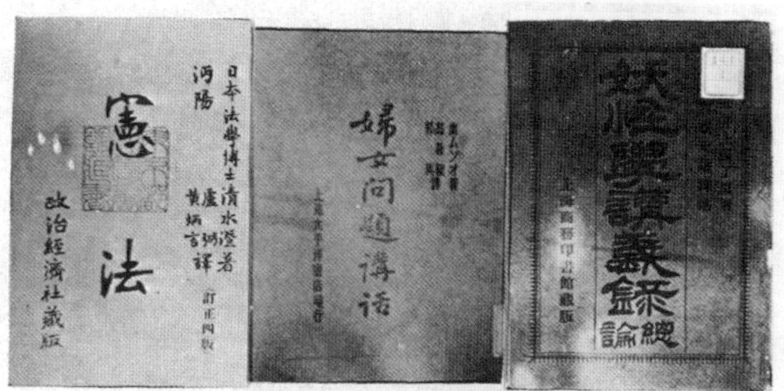

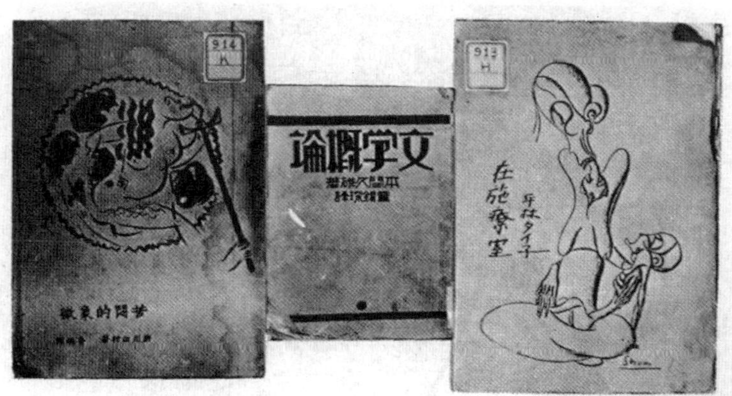

日本書及其中譯本

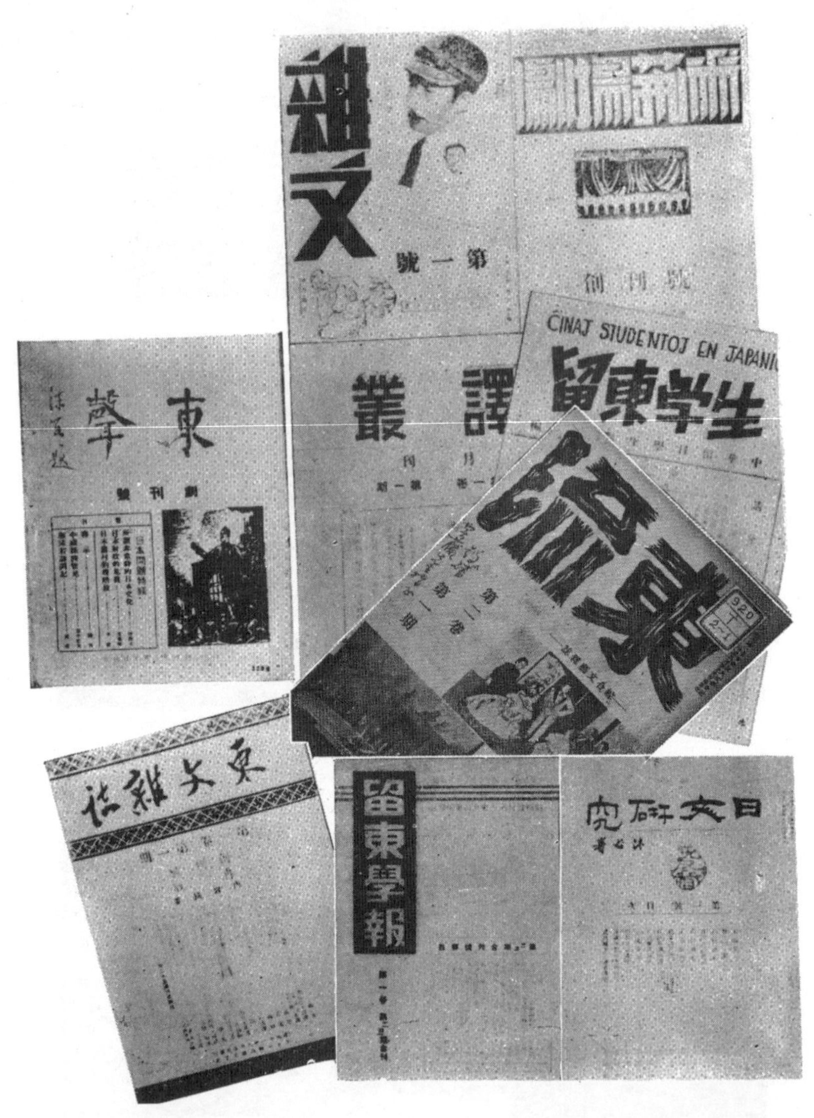

後期中國留日學生在日本發行的雜誌

第一章

留學日本的原因

一、中國留學生的東渡

1896 年（光緒二十二年、明治二十九年）舊曆三月底，清朝首次遣派學生 13 人抵達日本，他們是：唐寶鍔、朱忠光、胡宗瀛、戢翼翬、呂烈輝、呂烈煌、馮誾謨、金維新、劉麟、韓壽南、李清澄、王某和趙某。這一批學生都是經過總理各國事務衙門的選拔試而獲派留學日本的，年齡從 18 歲到 32 歲不等。當時的駐日公使裕庚原把這 13 名學生的教育委諸日本外務大臣西園寺公望，但西園寺氏因兼任文部大臣，故轉請高等師範學校校長嘉納治五郎負起教育這批學生的全責。

此後，中國留學生人數逐漸增加，1899 年增至 200 名，1902 年達四五百名，1903 年有 1,000 名，到了 1906 年，有謂竟達一兩萬名之多。據筆者研究的結果，1906 年留日學生實數約為 8,000 名左右；即使如此，一個國家一下子送出 8,000 名留學生，而另一個國家一下子接受 8,000 名留學生，這種情況，歷史上恐怕不多見吧？

中國一直是日本人前往留學的國家。由公元七世紀開始，日本留學生便冒生命危險從海路負笈中國，即使在鎌倉時代（1185-1333），留學僧亦絡繹不絕。千多年來，日本不斷從中國學習哲學、文學、制度乃至日常的生活習俗。總之，過去日本是送出留學生的國家，而中國是接受留學生的國家。

現在形勢逆轉，昔日接受留學生的國家變成了送出留學生的國家。當時日本的報紙雜誌雖並未把這 13 名中國學生留日之事，當作英雄凱旋或台灣抗日之類的熱門新聞去報導；但是對於日本有識之士來說，這當是一件值得驚喜的事。備受青年愛戴的文學家大町桂月，在《太陽》（1902 年 11 月 5 日號）「時事評論」（教育）欄寫道：

> 中國的急務在發展教育，而教育上的急務在派遣海外留學生；近年派遣

學生來向昔日的弟子問道求益，真不愧大國風度。

文部省專門學務局長兼東京帝國大學教授上田萬年，在《太陽》（1898 年 8 月 20 日號）發表長文〈關於清朝留學生〉，說：

> 中國這個衰老帝國，過去昏昏欲睡，奄奄一息，自從甲午一役以來，益為世界列強侵凌所苦，如今覺醒過來，漸知排外守舊主義之非，朝野上下，奮發圖強，廣設學校，大辦報紙雜誌，改革制度，登用人材，欲以此早日完成中興大業，今日清朝派遣留學生來我國，最先雖或因我國公使領事勸誘所致，然實亦氣運所使然。……清朝於四五年前，仍對我輕侮厭惡，今一朝反省，則對我敬禮有加，且以其人材委託我國教育，我國應如何覺悟反省一己之重任？……

大町與上田兩人的意見，大抵能夠反映日本人士對此事的最初反應。

二、中國人對西洋文化的反應

日本有識人士且驚且喜地問：為甚麼過去的留學生派遣國 —— 日本，會變成留學生教育國，而留學生教育國 —— 中國，卻變成留學生派遣國呢？

一言以蔽之，因為在吸收近代文化上，日本比中國來得快。那麼，為甚麼會這樣呢？要明確地解答這一問題，首先必須明白西洋與中國及西洋與日本之間的關係。

中國是個文化悠久的國家，不但孕育了卓越的哲學和文學，而且是印刷術、指南針，火藥、穹窿建築等重大發明的發祥地。當中國強盛之時，西洋人因為仰慕中國文化，不遠千里而來，而中國則以撫慰朝貢國的態度來接待他們。

到了十六世紀，西洋人大抵已從海路抵達中國，而且更進一步來到日本。葡萄牙人於 1516 年抵廣東，1543 年抵日本種子島；西班牙人則於 1575 年到中國，1584 年到日本。

西班牙傳教士方濟各（Francis Xavier）於 1549 年抵日本傳教之後，就覺得既然日本文化全部來自中國，日本人極為崇尚中國，倘使日本文化的發祥地——中國，也信奉基督教的話，日本亦必步其後塵。因此，他便離開日本，不辭艱苦，打算進入中國，但終未能如願以償，在 1551 年病死於上川島。這個故事，在日本家傳戶曉。不論在經濟上或思想上，西洋人都以中國為目的，日本並不怎麼重要。

十六世紀初期，最先抵達中國的西洋人是商人和外交官。不久，耶穌會傳教士也來了，著名的有利瑪竇（Matteo Ricci）、龍華民（Niccolo Longobardi）、湯若望（Johann Adam Schall von Bell）、南懷仁（F. Verbiest）等人。根據王韜《泰西著述考》，由 1552 年至 1674 年，僅屬「著名」的教士便有 92 人，而他們多數埋骨於中國。他們用漢文介紹西洋知識的著作竟達 211 種之多。以利瑪竇為例，漢文著作有《天主實義》、《畸人十篇》、《幾何原本》、《測量法義》、《萬國輿圖》、《乾坤體義》等，大抵以宗教和理科書籍為主。

不過，針對拜祀孔子和祖先的問題，教士與教士之間發生了爭論，康熙皇帝在 1720 年頒下禁教命令。以後百餘年間，教士再不能在中國活動。

到了十九世紀，基督教教士復來中國。最早的是英國人馬里遜（Robert Morrison）。他不但用中文翻譯《聖經》，而且在 1815 年發刊漢文期刊《察世俗每月統記傳》（*Chinese Monthly Magazine*）。這本刊物不能在中國國內出版，不得已改在馬六甲發行，目的在啟導南洋華僑和中國國內人士。1833 年，別的傳教士在廣州創刊《東西洋考每月統記傳》月刊。其後又有《遐邇貫珍》（1853）、《中外新報》（1854）等漢文報章雜誌相繼刊行。

1877 年各教會合辦的益智會成立，發行教科書《西學初步》42 部 80 冊。

又，韋廉臣（Alex Williamson）為了向中國人普及西洋知識，使能發奮圖強，振興國家，組織了廣學會（Society for the Diffusion of Christian and General Knowledge Among the Chinese），出版了 250 部漢文專書和譯本。

總之，十六世紀以來，傳教士雖然不斷引進近代西方文化，但是，當時的中國人卻無接受之意。傳教士費煞苦心用漢文寫成的東西，大多數中國人亦不加理睬。

三、日本人對西洋文化的反應

日本方面的態度又如何呢？

自 1639 年（崇禎十二年、寬永十六年）以來，日本實行鎖國政策，除中國及荷蘭以外，禁絕與其他國家通商，僅在長崎一地設立特定通商口岸，連擔任翻譯的「通事」，說說荷蘭語是可以的，但不准閱讀荷蘭文的書籍。

不過，日本人中間，不惜以身試法而立志追求西洋學問的比比皆是。渡邊華山、高野長英等人，甚至因此而斷送了性命。[1]

1720 年（康熙五十九年、享保五年），因為吉宗將軍的英明果斷，除宗教書之外，其他洋書獲得解禁，洋學又再興盛起來。利瑪竇的《乾坤體義》、《圜容較義》、《經天說》等書，首先從中國傳來，為日本人所熱心閱讀。這是利瑪竇死後 110 周年的事。此外，漢文翻譯西洋數學的書，例如《職方文算》、《測

1 譯者注：高野長英（1805-1850），幕末蘭學者、蘭醫。早年以翻譯西洋生理學《醫原樞要》一書，名聲大噪。與小關三英、渡邊華山、鈴木春山等人組織尚齒會，研究西洋事情。1838 年著《夢物語》，暢論海外形勢，反對幕府驅逐英船來航，堅決主張開國，被捕下獄。其後屢為幕府所迫，自殺而死。渡邊華山（1793-1841），幕末蘭學者、畫家。對幕府的鎖國政策深表不滿，曾著《慎機論》予以嚴評。1839 年因蠻社之獄牽連被捕，於獄中自殺。

量法義》、《曆算全書》、《數理精蘊》等亦相繼輸入。[2]

1850 年代，日本大量出版漢譯洋書的訓點[3]本或日文譯本。英國人合信（Dr. Benjamin Hobson）的醫學書《全體新論》於 1850 年在中國發刊，1857 年被伏見醫生越智氏在日本翻印。此後，這本書在日本一共翻印了十次之多。美國丁韙良（W. A. P. Martin）著《萬國公法》的漢譯本，於 1864 年（同治三年、元治元年）在中國出版，第二年（1865）便被日本開成所翻印。這本書先後在日本翻印過五次，到了明治時期成為法學教科書。在幕末時代，這類漢譯的翻印本，為數實在不少。

西洋人出版各種洋書的漢譯本，目的是向中國人灌輸近代文化。但是，新文化的種子在中國被埋沒了，到了日本才發芽、開花。

日本人並不滿足於西洋人為中國人而譯的近代知識書籍，開始自己動手翻譯荷蘭書籍。《蘭學事始》一書，就記錄了關於前野良澤、杉田玄白等人非常感人的事蹟。[4]

前野、杉田等人為了翻譯《解體新書》，克服重重困難，花費不少心血，工作了四年，易稿 11 次，結果於 1774 年（乾隆三十九年、安永二年）出版了譯本。

在日本熱心洋學的不僅是民間學者。德川幕府於 1855 年（咸豐五年、安政二年）設立「洋學所」翻譯外國書籍及教授荷蘭語文。洋學所後來改名「蕃書調所」、「洋書調所」、「開成所」等，成為東京大學前身。

1861 年至 1863 年間，洋書調所翻印下列西洋人為中國人發行的漢文報紙及雜誌：《官報・中外新報》（美國傳教士於 1858 年在寧波發刊）、《官報・六

---

2 據吳秀三：〈洋學の發展と明治維新〉一文，載史學會編：《明治維新史研究》，頁 352、365。

3 譯者注：為了訓讀漢文，注在漢文旁邊的假名和標點，稱為訓點。

4 譯者注：《蘭學事始》原名《蘭東事始》，幕末醫學者杉田玄白（1733-1817）所作。該書記敘杉田、前野良澤、中川淳庵三人於 1771 年起翻譯荷蘭語人體解剖書籍等的經過，兼述德川時代洋學發孕期的情況，是瞭解「蘭學」的重要文獻。有關杉田等人翻譯《解體新書》的經過，參看呂鳳愛節譯：《蘭東事始》，載《香港留日學友會年刊》第 5 期（1979 年）。

合叢談》（聖公會的偉烈亞力〔Alexander Wylie〕在 1857 年至 1858 年於上海發刊）、《官報・香港新聞》（香港英文報紙 *Daily Press* 的漢文版）、《官報・中外雜誌》（英國傳教士麥嘉湖〔John Macgowan〕於 1862 年在上海發刊）。[5]

四、中日近代化的差別

由於中國人既漠視西洋人漢譯的近代文化書籍，故更不會進而譯印西洋書籍。第一本由中國人自己譯刊的西洋書籍是 1847 年（道光二十七年）魏源的《海國圖志》，但已比日本的《解體新書》遲出了 74 年。

如前所述，中國最早的漢文期刊是 1815 年（嘉慶二十年）由西洋人發刊的《察世俗每月統記傳》。此後，由西洋人發刊的漢文報紙期刊共有 17 種之多。例如《特選撮要》（*Monthly Magazine*）、《天下新聞》（*Universal Gazette*）等是。[6]

不過，由於中國人對這類東西漠不關心，所以，就沒有及早發刊自辦報紙和雜誌的打算。反之，在日本，卻由政府帶頭翻譯或翻印外國的報紙和雜誌，故很早就有自辦的報紙和雜誌的雛型。

在日本並不是沒有西洋人經營的報紙，例如 1867 年（同治六年、慶應三年）的《萬國新聞紙》。然而，在此之前已有由日本人主辦的報紙，例如 1863 年（同治二年、文久三年）發刊的手抄本《橫濱新聞》。踏入 1868 年，由於明治維新政局的刺激，西部有《各國新聞紙》、《內外新聞》等，東部則有《中外新聞》、《日日新聞》、《江湖新聞》等，一年之間，竟發行有 20 種由日本人自

5 據小野秀雄：〈我國初期の新聞と其文獻について〉一文，收入《明治文化全集》第 4 卷（東京：日本評論社，1968 年），頁 2-20。

6 詳參戈公振：《中國報學史》（香港：太平書局，1964 年）；實藤惠秀：〈中國雜誌の概觀〉，收入《日本文化の支那への影響》（東京：螢雪書院，1940 年）。

己經營的報紙。

與此同時，在中國國內由中國人經營的報紙一份也沒有。中國人自己主辦的報紙，以 1873 年的《昭文新報》為最早。在中國，由西洋人發刊的期刊比西洋人在日本發刊的時間早 50 年以上，但中國人自己經營的卻比日本人在本國經營的遲了六年。

由本國人發行雜誌，日本亦遠較中國為早。柳川春三的《西洋雜誌》於 1867 年創刊。配合自由民權運動，日文雜誌接踵湧現。在明治二十年代（1887-1896），《反省會雜誌》（《中央公論》前身）以及成為歐化主義急先鋒的《國民之友》之類的大型雜誌，為數不少。在同時的中國，一本雜誌也沒有。中國人主辦的雜誌，以 1896 年（光緒二十二年）由梁啟超任主筆的《時務報》為最早，比日本的《西洋雜誌》遲了 29 年。

雖然對於引進近代文化，中國人比日本人方便得多，但他們對此事卻不關心。日本的條件較中國惡劣，但卻熱心從事，故在近代化事業上比中國捷足先登。為了避免分述的麻煩，請看下列兩國近代化比較表。（見下表）

在比較表上年差甚微的事項，在質素上卻有很大的區別。例如，設立外語學校，在日本是自發的，在中國卻是 1858 年（咸豐八年）《天津條約》之後，受英法兩國壓迫而設立的。多數中國知識分子只承認儒學為學問，並不踴躍進入教授外國語和自然科學的同文館，而日本知識分子的態度恰好相反。

類似事項	日本		中國		年差
	事項	年	事項	年	
外語學校	洋學所	1855	同文館	1862	7
購買輪船	咸海丸	1857	購入商船亞丁號（Aden）	1872	15
留學	荷蘭留學	1862	美國留學	1872	10
工廠	橫須賀造船所	1864	安慶軍械所	1861	(-3)
文字改革運動	《漢字御廢止之儀》	1866	《一目了然初階》	1892	26
雜誌	《西洋雜誌》	1867	《時務報》	1896	29
詔令	五條誓文	1868	科舉廢止詔書[7]	1905	37
報紙	《中外新聞》	1868	《昭文新報》	1873	5
電信	東京—橫濱間	1869	上海—香港間	1871	2
貨幣制度	新貨幣制度	1871	實行法幣	1935	64
髮式	自由放髮	1871	自由剪髮	1911	40
火車	東京—橫濱間	1872	上海—吳淞間	1876	4
新曆	太陽曆	1873	太陽曆	1912	39
民眾政治運動	民選議院設立建議	1874	公車上書	1895	21
國立新式大學	東京大學	1877	京師大學堂	1902	25
立憲預告	國會設立詔書	1881	預備立憲上諭	1906	25
頒布憲法	大日本帝國憲法	1889	中華民國憲法[8]	1947	58

7　譯者注：似應以 1898 年清廷下詔變法的詔書來類比。
8　譯者注：中國最早一部憲法是 1912 年頒布的《中華民國臨時約法》。

對留學的態度也是一樣。幕府正式派遣留學生到荷蘭雖是 1862 年（同治元年、文久二年）的事。不過，在八年之前，吉田松陰便曾冒着生命危險企圖乘搭美國船隻出國留學，因而被捕入獄。[9] 日本最早前往荷蘭的留學生，也是抱必死的決心和志願出國留學的。

1860 年（咸豐十年、萬延元年），日本向美國訂購兩艘軍艦，同時計劃學習其海軍軍事學及造船學。這時，蕃書調所助教西周和津田真道，決心加入留學生行列，於是拜謁遣美使節候選人之一的永井玄所長。見面時，永井一眼便看破來客心思，在二人開口之前，說道：「足下想是為赴美的事而來吧！」[10] 可見二人真誠留學之情已溢於言表。

留學美國的事因美國南北戰爭而中止。翌年，幕府計劃派遣使節赴歐美，西周氏向下野守竹內氏呈遞留學志願書。下野守答道：「足下之申請將予鄭重考慮，惟志願人數甚多，吾等未知如何應付耳。」[11] 由此可見日本的知識分子大多數都希望出國留學。

中國人留學美國，是上述事件十年之後的事。那是因美國傳教士的關係，在美苦學而畢業於耶魯大學的容閎，向曾國藩請求的結果。按照容閎的留學計劃，選取 12 歲到 15 歲的少年 120 人；分成四批，每年派遣 30 人，每人留學 15 年。

初時，在廣土眾民的中國，竟然無法選拔足夠人數，容閎不得不親赴香港，在英國人所辦學校的中國學生中挑選，好不容易才湊足人數。[12]

對於鋪設電線，最初日本人也不太樂意，亦有不愉快事件發生。但中國人

---

9 譯者注：吉田松陰（1830-1859），長州藩士，幕末的勤王志士。1853 年，美國海軍提督培理率艦隊赴日叩關，日本全國騷然，吉田主張攘夷。翌年，美艦隊又再叩關，停泊於下田，吉田與洋學者佐久間象山密謀乘搭美艦出國視察，事發繫獄。後於獄中設松下村塾，熱心教育子弟，鼓吹尊皇攘夷精神，1858 年被處死。其弟子高杉晉作、木戶孝允、久坂玄瑞等，多成為倒幕派和明治維新的重要領導人。

10 津田道治編著：《津田真道》（東京：東京閣，1940 年），頁 5。

11 同上，頁 16。

12 參看容閎：《西學東漸記》（上海：商務印書館，1934 年），頁 108-110。

持的是反對的態度，其強烈程度遠比日本人厲害。

1865 年（同治四年），英國人萊奴特（Reynolds）在上海吳淞之間鋪設了電線，不久便被中國人拆除。1871 年（同治十年），大北電報局在香港—上海間鋪設海底電線，在上海附近陸地部分的鋪設是秘密進行的，未被中國人發現，工程才得順利完成。[13]

在中國敷設鐵路也不是容易的事。1863 年（同治二年），27 名上海英國商人擬向李鴻章請求敷設上海—蘇州間的鐵路，並未獲准。1875 年（光緒元年）8 月，英人獲得敷設上海吳淞間鐵路權，翌年 6 月通車。1877 年 3 月，火車輾斃一個中國士兵。蘇淞太道馮竣光與英國領事交涉，要求立刻禁止火車運行，英領事不加理會。跟着，南洋大臣沈葆楨也向英領事交涉，亦無結果，最後，李鴻章與英國公使威妥瑪（Thomas Wade）談判，以 28.5 萬兩白銀買下鐵路，命人拆除路軌，原擬把鐵路器材運往台灣，因缺乏運費而作罷，結果把所有器材沉入打狗湖底。[14]

五、從思想上看中國近代化落後的原因

西洋人到中國比到日本為早，對於引入西洋文化，中國亦比日本有利，為甚麼中國在近代化事業上反比日本落後呢？探其原因，中國人恒認為中國具有卓越文化，西洋人亦因此而來中國，故不賞識西洋的近代化。

「中國」這名詞的含義是：中國是世界中心，文化本源，故中國稱為「上國」，其朝廷稱為「天朝」。日本直到江戶時代（1603-1867），也還是這樣尊

13　參看張星烺：《歐化東漸史》（上海：商務印書館，1934 年），頁 92。
14　同上，頁 88。

稱中國的。

中國的君主「以家為天下」，是世界之主。漢族以外的人士，一旦成為中國皇帝，亦承受這種意識。元世祖信任馬可波羅，該是一種變例。明神宗封利瑪竇及清聖祖封湯若望，只是愛惜其「技藝」，並非站在人類平等立場上予以禮遇。准許西洋人來中國貿易，亦以彼等為「朝貢國」，憐其生計，給予必需品（貿易品），也無非是以天地之心為心，施惠給遠人而已。

1653 年（順治十年），見到滿洲人在中原已確立權力，為了獲得貿易許可，荷蘭人杯突高齧（Peter de Goyer）及惹諾皆色（Jacob de Ceyser）以使節身份到北京。他們抵達後，中國方面要求他們行「三跪九叩」之禮，他們答應之後，始獲准謁見清帝。此後每年都被接見，可是並未獲得貿易許可。

1665 年（康熙四年），荷蘭再派范哈倫（Van Horn）到北京，亦行三跪九叩之禮而獲接見，可是始終不能獲得通商特權。

1793 年（乾隆五十八年），英國使節馬戛爾尼（Lord Macartney）到北京交涉通商事宜。座駕船沿白河逆流而上的時候，打出「貢使」旗號。抵北京時，皇帝行幸熱河，他也到熱河去，謁見時清廷要求他行三跪九叩之禮。這位使節因英國正進行產業革命，是世界最強的國家，而且自己又是英皇佐治三世陛下的代表，不允行這種卑屈禮儀，於是嚴詞拒絕。經過一番交涉之後，雙方妥協：必須以英王臣下謁見英王的禮儀去謁見清帝。謁見之後返北京，正要交涉通商問題，英使便被迫立刻離開北京，無功而返。

1816 年，英國又派阿美士德（Lord Amherst）到北京，由於拒絕行三跪九叩之禮，未獲清帝接見，並且即日便須離京，不能從事任何交涉。

後來，中英間發生鴉片戰爭，1842 年（道光二十二年）兩國締結了《南京條約》，雖然其中條文已經訂明中英雙方應以平等地位相待，可是中國人仍然常常輕視西洋人為「夷狄蠻人」。

1856 年，中國因亞羅號事件與英法聯軍開戰，1858 年戰敗後，簽訂了《天津條約》，條約中亦有一條款規定「凡歐洲人不得稱之為蠻夷」。不過，中國人仍然不改變其態度。這就是誇耀本國優越的中華思想。

中國自滿自大的原因，固與「地大物博」這個地理因素有關。但是尚有更大的根本的原因：即文化問題，或思想問題，亦即儒家思想問題。

人們相信中國擁有無與倫比的優越文化，亦即擁有誇耀世界的儒教（聖人之道）。聖人之道是天經地義的、萬世不變的。這不但沒有絲毫不足之處，也沒有絲毫多餘的地方，它盡善盡美，貫通今古，放諸四海而皆準。

只要行乎聖人之道，不管任何國家，任何時刻，都可推行治道。所謂教育，就是使學生記誦這聖人之道。由於它已兼備萬物，故不必創造和發展，只須記誦熟習就夠了。注重背誦默記的教育因而誕生，官吏就是信奉儒教而協助皇帝統治的人。因此，選拔官吏的科舉考試便以五經為中心。文學亦須「文以載道」，載的是儒家之道。儒教成為政治、學問、教育的中心，連風俗習慣都濡染了儒教色彩。

因此，近代文化不容易進入中國。既以儒教為滿足，就再無必要輸入夷狄的東西。與固有文化相比，近代思想文化，只不過是形而下的東西；至於火車電信之類的東西，就更等而下之了。中國人認為「火車非聖人所乘，電信亦非聖人所用」，總之，不必細顧可也。

1884 年（明治十七年），日本漢學者岡千仞遊歷中國各地，在慈谿探訪曾旅日的王黍園的族人，獲得熱誠款待。族人中有王硯雲這個舉人，廣有才學，能言善辯。王氏說：「李中堂（鴻章）開辦招商、機器二局，耗資百萬，消耗國力，並無結果，大失民心。」岡千仞不以為然，指出中國人是中了儒教的毒；還解釋說，取西洋之所長，以供我用，就是養育國本之道，硯雲卻憤然說道：「機器者聖人不語者也。此物唯有導國人去其質樸而趨赴機巧。」從硯雲的一番話，可以窺見，若有人引進西洋文化，便會被斥罵為「名教罪人、士林敗類」。

六、中國思想的變化與留學日本

十八世紀後半期，英國向中國輸入鴉片的數量，逐年增多。進步的士大夫，不但主張禁煙，而且主張學習外國之所長以保衛中國。龔自珍（1792-1841）與林則徐、魏源等人，便主張嚴禁鴉片，並學習製造西洋機器（「西洋奇器」），講求富國強兵。

實行禁煙的林則徐（1785-1850），認為必須與販賣鴉片的國家絕交，但主張應與要求正當貿易的國家通商。因此他積極地倡導國人瞭解外國實情，向侵略者學習新式武器，以其人之道還治其人之身。為此，中國先要振興新式軍需工業，開發礦藏。可惜，這些建議未獲朝廷認可。

魏源（1794-1852）翻譯了《海國圖志》，也是為了知悉外國事情，學習外人所長，使中國富強。他在《海國圖志》（1842）的〈籌海篇〉中說：

> 古之聖人……射御登諸六藝。豈火輪火器不等於射御乎……今西洋器械，借風力水力火力奪造化，通神明……因其所長而用之，即因其所長而制之。[15]

1842 年，中國在鴉片戰爭戰敗，被迫簽訂不平等條約。隨後，在 1860 年（咸豐十年），英法聯軍攻入北京，皇帝逃到熱河，清朝君臣更受到重大的打擊，加上清廷平定太平天國時曾借助西洋人的力量。因此，清廷統治者心裏雖然鄙視西洋人為「洋夷」，但也感到弓箭的確無法與西洋武器相比。

1862 年，曾國藩在安慶設造船廠，李鴻章在上海設製炮局；1864 年（同

15　魏源：〈籌海篇三・議戰〉，《海國圖志》卷二，頁 45。

治三年），李鴻章又在蘇州設西洋炮局，翌年收購西洋人在上海經營的大工廠，創辦江南製造局，製造槍炮軍艦；1866 年（同治五年），左宗棠在福建設船政局——這是海軍基地兼海軍軍需廠；1867 年（同治六年），崇厚在天津設機器製造局，李鴻章在南京設金陵機器局；1877 年（光緒三年），丁寶楨在成都設機器局；1878 年（光緒四年），左宗棠在蘭州設機器織呢廠；1881 年（光緒七年），吳大澂在吉林設機器局。

為了支援軍器的製造，清廷漸次採掘礦藏，敷設電信與鐵路。配合武器的製造，清廷亦紛紛建立新式海陸軍學校。海軍學校有福建船政學堂（1866）及天津水師學堂（1881），陸軍學校有天津武備學堂（1885）及湖北武備學堂等，而海陸軍學校則有廣東水陸師學堂（1887）。

主持建立這種新式武器及設施的官僚稱為「洋務派」，他們這一運動叫做「洋務運動」。但是大部分官僚和一般的知識分子都是頑固保守的封建主義者，他們猛烈地反對洋務運動。其反對的理由，總是指別人背叛聖人之道。

當時，來自西洋的學問，例如天文學、物理學、數學等，被稱為「聲光電化之學」或「西學」。以西學為基礎所製造的機器，被視為「機巧」小術，是「不足以語聖人之道，玷污聖人之道」的。

支持洋務論的人，通常抬出西學源出中國說——「西學源於中國，機器亦源於中國」，以為辯解，羅江荷笠者的《瀛海論》[16] 大概是其先驅吧！

黃遵憲《日本雜事詩》（1879）的〈學校〉自注、王之春《蠡測危言》（1885）的〈廣學校〉、湯震《危言》（1890）的〈中學〉，以及陳熾為鄭觀應《盛世危言》所寫的〈序〉（1893），全都大同小異，都是西學源出中國說的調子。張之洞《勸學篇》（1898）的〈會通〉篇，甚至在中國經典中尋求西學淵源，張氏不再滿足於光是引用緯書及諸子，而全引經書，其主張與《瀛海論》同出一轍。「中學為

16 譯者注：原著曾詳引《瀛海論》一段文字，譯者略嫌其說法多牽強附會，故特刪去不譯。

體、西學為用」之說遂興。

中體西用說的產生，最先似是出於馮桂芬在 1861 年所寫的《校邠廬抗議》，其文有謂：

> 如以中國之倫常名教為原本，輔以諸國富強之術，不更善之善者哉。[17]

薛福成以「中學」為「道」，西學為「法」，王韜則以「中學」為「道」，西學為「器」，但意趣則一。

1896 年孫家鼐在〈議覆開辦京師大學堂摺〉中，首次使用「中學為體、西學為用」之語。他說：「以中學為主，西學為輔。以中學為體，西學為用。」張之洞《勸學篇》的〈會通〉篇，亦謂：「中學為內學，西學為外學。中學治身心，西學應世事。」

「中學為體，西學為用」一說，雖然有人以為是張之洞提倡的結果，其實在當時，這種說法早已流行，張氏不過大聲疾呼而已。

其實「西學源於中國」說也好，「中學為體西學為用」說也好，都表露了儒家學說的完全性已有了破綻，並顯示出中國已從天朝上國的睡夢中驚醒過來。西洋的文明即使源出中國，但卻由西洋人去發展，中國今日不得不把它學回來。不論怎樣自吹自擂，說甚麼中國之學為本、為道、為體，而西洋之學為輔、為法、為器、為用；說甚麼中國人為主人，西洋為僕人，今天卻不得不學習此僕人的文化。

於是，引進近代文化的心態才逐漸形成，成為留學外國的思想的根據。

17　馮桂芬：〈采西學議〉，《校邠廬抗議》（1860 年刊），頁 69。

七、留學日本的理由

瞭解了中國思想的變化，我們便可以討論留學這件事。那麼，為甚麼大量學生到日本去留學呢？

在 1894 年至 1895 年的甲午之戰，日本打敗了中國。中國人以為日本的勝利，乃因普及教育和實行法治有成所致。因此戰後第二年，中國立刻派遣 13 名留學生到日本。

日本人因中國學生留學日本，難免會提出如下問題：日本的新式教育或新式法律，都從西洋學來，中國人為甚麼不到這種新文化的本家——西洋——留學而來日本呢？

上面提過的大町桂月在「時事評論」欄寫道：

> 從費用觀之，留學日本比較便宜；但直接從本家所得者，當遠較經重譯得來之學問為正確者也。

不過，中國當時不作此想。中國在近代化方面大為落後，必須急起直追。向去蕪存菁的日本學習，比直接向本家學習，實在簡便而有利得多。張之洞在《勸學篇》說：「西書甚繁，凡西學不切要者，東人已刪節而酌改之。」[18] 又謂：「我取徑於東洋，力省效速。」[19]

其次尚有語言文字問題。中日兩國都使用漢字，所謂「同文」之國。張之洞在《勸學篇》謂「東文近於中文，易通曉」，[20] 梁啟超〈論譯書〉舉出學習日文較

---

18 張之洞：〈遊學〉，《勸學篇》外篇（1898 年刊），頁 6。
19 張之洞：〈廣譯〉，《勸學篇》外篇，頁 14。
20 〈遊學〉，《勸學篇》外篇，頁 6。

易的五個理由：

（一）音少；

（二）音皆中之所有，無棘刺扞格之音；

（三）文法疏闊；

（四）名物象事，多與中土相同；

（五）漢文居十六七。[21]

與此關連的是中日兩國風俗習慣頗多相似，使留學生在生活上較易適應。

也有以兩國距離較近為理由者。[22] 留學生是國家未來的棟樑。在中國留學生中，也有當時身負重任的人。祖國一旦有事，可以立作歸計。因此，一衣帶水的日本，變成理想的留學國。

學費也有關係。比起西洋，日本的生活費便宜得多。根據匯兌行情，在中國國內學校就讀的費用，有時甚至可以足夠作留學日本之用。因此之故，在匯兌率有利中國的時候，留學生變得特別多。

---

21 梁啟超：《飲冰室文集類編》上（東京：河邊半五郎發行，1904 年），頁 78。

22 張之洞：「至遊學之國，西洋不如東洋。一、路近省費，可多遣。一、去華近，易考察……」見〈遊學〉，《勸學篇》外篇，頁 6。

第二章

留學日本的歷史

一、最初的留日學生

中日《馬關條約》是在 1895 年 4 月 17 日[1]締結的。這件事給中國人很大的刺激和教訓。他們認識到：日本靠一支洋式軍隊而獲得勝利，這支軍隊是在具有西洋近代文化的環境（特別是普通國民教育和法治政治）中孕育成長的。故此，旋即出現廢除科舉的言論，提倡新學（又稱「西學」或「泰西學」）的議論也不脛而走。康有為發起「公車上書」（知識分子集體請願），又在北京組織強學會，同年 6 月 21 日的上諭稱：

> 近中外臣工，條陳時務，如修鐵路，鑄鈔幣，造機器，開礦產，折南漕，減兵額，創郵政，練陸軍，整海軍，立學堂。大抵以籌餉練兵為急務，以恤商惠工為本源，皆應及時興舉。至整頓釐金，嚴核關稅，稽察荒田，汰除冗員，皆於國計民生多所裨補。直省疆吏應各就情勢，籌酌辦法，以聞。[2]

1896 年（光緒二十二年、明治二十九年），中國人自己主辦的雜誌《時務報》創刊，李瑞棻奏請在京師設立大學堂。就在這一年，中國正式決定着手西化。

如前所述，同年舊曆三月底，首批 13 名學生赴日，由嘉納治五郎承擔其教育責任，嘉納治五郎是高等師範學校校長。由於這批學生連日文字母也不認識，嘉納氏不能讓他們馬上進入高等師範學校。因此，他借用神田三崎町 1 丁目 2 番地一所房子，作為校舍兼宿舍；派本田增次郎任監督，吉田氏及後藤氏等人任講師，開始講授日本語文及普通學科。至於理科和體育等課程，則利用高等師範學校在「御茶之水」的校舍講授。

---

1 譯者注：原書此處日期作 4 月 14 日，今改之。
2 〈德宗本紀二〉，《清史稿》（北京：清史館，1927 年），頁 109。

嘉納治五郎與最初的留學生（由左至右：本多先生、朱忠光、嘉納先生、馮誾模、吉田先生、唐寶鍔）

但是，抵日兩三個星期之後，韓壽南、李清澄、王某及趙某四人，即離校歸國。為甚麼呢？第一，他們頻頻受到日本小孩子「豬尾巴豬尾巴」[3]的嘲弄[4]；第二，他們覺得日本食物難以下嚥，恐怕會傷害身體健康。在此後 40 餘年，中國的留日學生仍不時感到這兩種苦楚。日本人用輕蔑的言辭稱呼中國，這個問題到了大正時代（1912-1926），變本加厲。「支那」和「支那人」之類的稱呼刺傷中國人的心，留日學生經常抗議，在留學史上投下陰影。

關於食物問題，後來留學生人數增加，中國飯店也跟着增多，連日本人的飲食也受到影響，因此問題並不嚴重。

3　譯者注：Chanchan Bōzu（チャンチャン坊主）是明治時代（1868-1912）日本人對中國人的蔑稱，意指拖着豬尾巴的禿子。有時又呼中國人為 Chankoro(チャンコロ)，所指亦大體相同。清末的中國人一般譯之為「豚尾奴」或「清國奴」。

4　《日華學堂日記》（1898 年刊）明治三十一年（1898）10 月 7 日條：「晚餐後，學生一同結伴遊上野公園，漫步本鄉街頭，就途中之見聞…… 予以說明，兒童時有附尾纏繞，呼喊『豬尾巴』之聲，因令之閉口。」

到了1899年，嘉納治五郎所辦的、連校名也沒有的學校結束了。在這三年間，首批留日學生之中，除金維新和劉麟二人中途退學之外，共有七人畢業。嘉納治五郎發給這七名學生畢業文憑，證明他們修畢以日本語為「正科」，以化學、物理、數學等為「別科」的三年課程。根據唐寶鍔所憶述，[5]嘉納校長認為這批畢業生的真實程度，約略等於高等師範學校附屬中學三四年級程度。

在七名畢業生中間，唐寶鍔、戢翼翬、胡宗瀛三人轉入專門學校攻讀。最年輕的唐寶鍔在東京專門學校畢業後，轉入由該校升格而成的早稻田大學政治經濟學部，於1905年（明治三十八年）與永井柳太郎等一同畢業，歸國後進士及第。唐氏學成返國之後，多次到日本視察，並且長期出任中國律師公會會長，是中日之間的法律問題專家。

戢翼翬後來同時就讀於亦樂書院（原為嘉納治五郎的私塾）及東京專門學校。在求學期間，他創設專門翻譯和出版日本書籍的譯書彙編社（東京）與出洋學生編輯所（上海），又與實踐女子學校校長下田歌子一同創辦作新社。大量翻譯及出版日文書籍。他曾經參加自立軍之役〔唐才常事件〕，失敗後逃亡日本。1908年（光緒三十四年）夏，他為招聘新聞記者從事勤王工作，返回湖北故鄉，數年後逝世。

唐寶鍔與戢翼翬合著的《東語正規》是劃時代的日語教科書。雖然，中國並不缺乏日語學習用書，不過一般書籍都把日本語當作中國語看待。例如，「你上哪兒去」這句話，通常成為「アナタ何處行ク」之類不正確的日語句子，並無考究日語助詞（テニヲハ）的用法。《東語正規》的方法則有所不同，它從日語發音開始，進而研究變體假名[6]和助詞。這本書對後來的留日學生有很大的幫助。

嘉納治五郎與留日學生的教育工作結上不解之緣。1899年（明治三十二

5 1939年7月15日，作者在天津日本俱樂部會晤唐寶鍔氏。其事詳見〈唐寶鍔氏會見記〉，《近代日支文化論》（東京：大東出版社，1941年）。

6 譯者注：昔時使用的一種比平假名更接近漢字草體的假名（假名是日語的標音符號和基本字母）。

年），他把三崎町的私塾改名為亦樂書院，努力不懈地從事留學生的教育工作；1902 年（明治三十五年），他又在牛込西五軒町創辦弘文學院。（詳見本章第六節）

二、留學政策的確立

1897 年，德國佔領膠州灣，翌年俄國租借旅順和大連，英國租借威海衛，又翌年法國租借廣州灣；「瓜分中國」之聲四起，中國國勢每況愈下，在這種情勢之下，革新救國急在眉睫；大家感到為了革新國家，必須先行着手革新文化。就在 1897 年（光緒二十三年），作為近代國家基礎的國語統一運動開始了，[7] 後來執近代印刷出版業牛耳的商務印書館成立了，湖南的南學會和時務學堂成立了，中國的郵政事業也開始了。同年，康有為門人徐勤在橫濱創辦大同學校，專門教育華僑子弟，推日本人犬養毅出任名譽校長。

1898 年（光緒二十四年，即戊戌年）6 月 11 日清廷下詔變法，起用康有為等推行新政，開始所謂戊戌新政。但是，9 月 21 日慈禧太后便幽禁光緒皇帝於瀛台，發出逮捕康有為一派人士的命令，這就是所謂戊戌政變。康有為、梁啟超及時亡命日本，但譚嗣同等六人成為維新運動的犧牲者。

康有為、梁啟超逃亡日本之後，其門人弟子亦紛紛到日本去。[8] 這一批人大都成為留日學生。同年，梁啟超在橫濱創辦《清議報》，不但為留日學生歡迎，而且通過海路輸入中國內地。

同年 3 月，湖廣總督張之洞著《勸學篇》，6 月上諭令頒布各省。其〈遊學〉

7 參看黎錦熙：〈緒言〉，《國語運動史綱》（上海：商務印書館，1934 年），頁 1-2。
8 梁啟超於 1899 年設在牛込東五軒町的高等大同學校的 18 名學生中，多為亡命之士。

篇大力倡導留學日本之效：

> 出洋一年，勝於讀西書五年，此趙營平百聞不如一見之說也，入外國學堂一年，勝於中國學堂三年，此孟子置之莊嶽之說也。遊學之益，幼童不如通人，庶僚不如親貴。……
>
> 日本小國耳，何興之暴也。伊藤、山縣、榎本、陸奧諸人，皆二十年前出洋之學生也。憤其國為西洋所脅，率其徒百餘人，分詣德、法、英諸國。或學政治工商，或學水陸兵法。學成而歸，用為將相。政事一變，雄視東方……至遊學之國，西洋不如東洋。一、路近省費，可多遣。一、去華近，易考察。一、東文近於中文，易通曉。一、西書甚繁，凡西學不切要者，東人已刪節而酌改之。中東情勢風俗相近，易仿行，事半功倍，無過於此。[9]

〈廣譯〉篇則力言翻譯日本書籍之必要，並且指出依賴西洋人尋求新學有兩種弊端：若先從西洋教習學習，因語言不通，錯誤百出；又西洋人教學特別緩慢，使學期延長。張氏因而力陳翻譯日文的必要：

> 大率商賈市井，英文之用多；公牘條約，法文之用多；至各種西學書之要者，日本皆已譯之。我取徑於東洋，力省效速，則東文之用多。……學西文者，效遲而用博，為少年未仕者計也；譯西書者，功近而效速，為中年已仕者計也。若學東洋文，譯東洋書，則速而又速者也。是故從洋師不如通洋文，譯西書不如譯東書。[10]

《勸學篇》不啻為留學日本的宣言書。《勸學篇》問世一年之後，各方反應熱

9　〈遊學〉，《勸學篇》外篇，頁 5-6。
10　同上，頁 14-15。

烈。梁啟超在〈大同譯書局敘例〉稱：「聯合同志，創為此局。以東文為主，而輔以西文，以政學為先，而次以藝學。」[11]

在政治上，張之洞與梁啟超意見往往相左，互相攻擊，但對於翻譯日本書一事，意見完全相同。由此推之，日本書籍翻譯及日本留學兩事確是當時領導階層的共同呼聲。

同年，姚錫光著《東瀛學校舉概》一書。姚氏曾奉張之洞之命赴日考察教育。這本書就是考察報告。內容分普通學校、陸軍學校、專門學校、特殊學校等章節，分門別類介紹日本學校。該書在 1899 年及 1900 年再版，可見頗受歡迎，正可顯示留學的準備工作逐漸完成。

在此之前，為了增進兩國親睦互助，日本一些文武大員不時遊說中國政要派遣學生留學日本。參謀總部的福島安正和宇都宮太郎，歷訪張之洞、劉坤一、岑春煊及袁世凱，力陳派遣留學生學習陸軍的重要。又，貴族院議長近衛篤麿及前司法大臣清浦奎吾等人，趁旅遊中國之際，對有力人士縷述新教育的必要。前述張之洞的《勸學篇》，亦極可能受到這些日本人的啟發。

1898 年舊曆三月，總理衙門轉述了日本駐北京公使矢野文雄向中國政府提出的建議說：

> 我國〔日本〕政府擬與中國倍敦友誼，知悉中國需才孔急，倘選派學生出洋習業，我國自應支其經費……人數約以二百人為限。[12]

對此項提議，第一個贊成的是御史楊深秀。他制訂《遊學日本章程》，並且上奏皇帝。6 月 1 日軍機處奉旨命令總理衙門奏上具體方案。總理衙門覆奏：

---

11 梁啟超：〈大同譯書局敘例〉，《飲冰室文集類編》上，頁 741。

12 〈光緒二十四年總理衙門覆議遴選生徒遊學日本事宜摺〉，《約章成案匯覽．遊學門下》，轉引自舒新城：《近代中國留學史》（上海：中華書局，1927 年），頁 23-24。

> 同文館東文學生，酌派數人；並諮行南北洋大臣以及兩廣閩浙各督撫，就現設學堂中，遴選年幼穎悟、粗通東文諸生，開具銜名，諮報臣衙門知照日本使臣，陸續派往，即由出使日本大臣就近照料，無庸另派監督。各生應支薪水用項，由臣衙門核定數目，提撥專款，匯交出使大臣隨時支發。[13]

由於中國政府明令派遣留學生，這樣一來，日本留學遂成為一種國策。

此後，張之洞率先派遣志願學習陸軍者四人，又在浙江求是學院派出志願文科者五人赴日。各省總督也跟着派遣學生留學日本。以陸軍為志願的學生，在東京成城學校接受預科教育；日本人為了收容以文科為志願的學生，又在東京開辦了日華學堂。（詳見本章第六節）

在另一方面，羅振玉在上海開設東文學社，陳寶琛在福州開設東文學堂，教授日語及普通學科。自此之後，同類學校在中國國內不斷增加。

三、留學生教育論

初期留日學生人數，雖然沒有後期之多，但由於中國人來日本留學是前所未見的事，所以頗受日本有識之士的注意。1898 年 8 月 20 日發行的《太陽》（第 4 卷第 17 號），刊載了文部省[14]專門學務局長兼東京帝國大學教授上田萬年的長文〈關於中國留學生〉。如果說張之洞的《勸學篇》是對留日學生的歡送辭，上田氏的長文就是歡迎辭。

---

13 《近代中國留學史》，頁 24。

14 譯者注：文部省（Ministry of Education），現稱文化教育部。

就此，上田萬年論及留學生來日的意義及日本人在教育上的責任時，說：

> 吾人須視中國留學生之教育問題為我國教育界之一大問題。……不論是在中國獨立事業上或中日提攜合作上，這一群留學生都是一大力量，與我國派往歐美法為學術研究之留學生有所不同，故吾人必須予以特殊保護及獎掖。彼等留學吾國，窘乏頗多，故不論外務省或文部省，宜具列理由謀之於國會，務以我帝國全國之力，謀求協助彼等獲得成功之門徑。

基於上述旨趣，上田氏提出下列四項建議：

（一）必須灌輸留學生以改革教育之精神，因為只有教育才是改革的根本，才能養成健全的國民思想，從而促進一切文明的發達。他說：

> 吾國國民須覺悟到吾人期望殷切之重大改革須於此批留日學生處着手進行，希望只許成功不許失敗。縱使留學生與清國政府並不自知，而吾國之為政者與教育工作者，亦須獎勵此等留學生，以養成改革教育之精神為最大義務。

（二）關於留學生之學業，必須採用最科學的教學法，徹底摒棄舊式漢學的教授法。關於日語教學法，上田氏說：

> 希望我國粗通中國語人士，用中日兩國語文對照法而教之。……關於文字，起初宜用羅馬字母施教，漸次以平假名片假名〔日文字母〕而教之。至於日語中之漢字，須俟一定期間之後，即學會日用會話之後，方可教以日漢音韻之比較。

關於留學生學業進程，上田氏建議：

在中國受過普通教育者，即相當於獲得秀才學位者，若照前述辦法施教，則不出兩年，便可粗懂日語文章……再經二三年，即可具備進入高等師範學校或大學之程度。

此外，上田氏認為關於日本實際的文明程度，「直到今時今日尚未達到所向無敵的地步」，如果留日學生光學到日本膚淺的文明便滿足，那就功虧一簣了。因此，他主張必須獎勵留日學生兼修英語，以便通曉世界文明的真相。

（三）必須施行寄宿制度，理由是「對於中國人，養成在一定時刻準時完成工作的態度，有特殊的必要」；此外，上田氏亦考慮到下列特別問題：

況且，當學生在市井澡堂沐浴時，往往須將辮髮捲於半邊禿頭上，不得不與木匠泥水匠之徒混浴；又當彼等於寓所附近散步時，往往遭受日本婦孺之輩「豬尾巴、豬尾巴」（Chanchan Bōzu）之嬉笑怒罵，此種「是可忍、孰不可忍」情緒，長此下去會在不知不覺中，傷害其品性，鮮有不流為寡廉鮮恥之徒。尤甚者，於男女之關係，旅日之中國人中，聲名狼藉者不知凡幾，永田町邊，常聞醜惡之聲。

故他主張為留學生興建自修室、食堂、浴室及設備完善之宿舍。倘經費不足，日本外務省或文部省都有「義務」盡力籌措。

（四）為了實現上述理想，必須在外國語學校中建造中國留學生宿舍，因為外國語學校有兼通兩國語言的人。此外，上田氏提議留學生必須利用假期，與師友同學一同旅行日本各地。在該文的結論，上田氏說：

故吾人茲再主張，日本帝國必須不惜金錢為清國留學生建立完備設施，以完成彼國委託吾人之大事業。……

論者謂：如此耗費國帑，豈能保證他日彼等斷不會恩將仇報乎？嗚呼！

今日不幸尚未見清國人士之中，有此現象也。……

翌年，前駐華公使大鳥圭介，在東京學士院，以〈對華今昔感情之變遷〉為題演講，講辭之末段提及留學生：

邇來派遣文武學生，誠睦鄰相親之良策，近日之一大善舉也。雖謂時運變遷使然，亦彼國有司之大度宏量，實堪贊佩。祈我有關文武官員，竭誠教導，與衣食住之便，夙夜誘掖，盡至懇之友誼，以酬往昔師導之恩義，亦盼留學諸君，朝夕黽勉修學，堅忍異邦求學之苦，以俟學成之後，衣錦榮歸，將來兩國相愛相敬之情，銘刻肝膽，使如左右兩手，又如輔車相依，此吾不勝日夜翹望者也。

憶明治五、六年（1872-1873）之時，因曾國藩之建議，清國派三十餘名學生留學美國，修習各種學問，惜其成績欠佳，學業不成者甚夥，乃至中途歸國。尤盼此次來學諸君，鑒其前車，成就學業，勿忘報國。[15]

可見日本朝野人士，對留日學生的教育，是非常重視的，對他們的期望，也是很高的。

四、留日學生的增加

1899 年，亡命日本的康有為離去之後，孫中山卻從歐洲來到日本，章炳麟

15 載於《太陽》第 5 卷第 10 號（1898 年 10 月）。

亦來相會。孫派與康派在日本對立起來。

中國不斷反抗各國的侵略，義和團在山東省崛起，是年攻打北京各國公使館。

就在這一年，留學生的派遣工作有突破性發展。同年 10 月，嘉納治五郎主持的私塾改名亦樂書院，收容 11 名張之洞派遣的學生入學。尚有六位學生姓名，見於該院教師三矢重松的日記：[16]

明治三十二年（1899）10 月 7 日下午，還校至三畸町 1 丁目 2 番地。下午 2 時，嘉納先生偕內堀維文氏來校參加學生的見面禮。在此之前，戢翼翬（湖北人）來校，他現在在專門學校攻讀；還有橫濱領事之子鄒瑞昌（安徽人，25 歲）、熊垓（江西人，17 歲）、黃大暹（四川人，17 歲）、李盛銜（江西人，19 歲）等五人。

8 日，呂烈煌入學。

18 日，呂烈煌父呂長康來校。成「亦樂書院標箚」，致書內堀氏。

11 月 5 日，在清國公使館與羅康齡氏談話，11 名張之洞派遣之學生來校應試。

12 月 9 日上午，嘉納先生來校，「為學生訂製校服」。

12 月 23 日中午，馮閶模為通譯，夏偕復等來校。

明治三十三年（1900）1 月 15 日上午，夏循愷入學，編入第三期。

16 日晚，羅會垣等因事與雜役爭吵。

17 日早上，「學生無進食，亦無授課」。林甕玉氏來訪。晚上見嘉納先生，相談有關學生監督之事。

18 日，對學生宣布規則。

27 日上午 10 時左右，赴清國公使館。

16　本文所引三矢重松的日記，見於松本龜次郎：《中華留學生教育小史》（東京：東亞書房，1931 年），頁 9-10。三矢其後為文學博士，乃日語文法學大家。

2 月 14 日，清曆元宵，停止上課。

22 日，嘉納先生送來餅食分給學生。

4 月 3 日，帶領李、羅、王、范、屈、俞諸生，至「越谷觀賞桃花」。

同年（1899），梁啟超與橫濱華僑商議，在東京牛込東五軒町籌設東京大同學校（加「東京」二字以別於橫濱的大同學校，亦名「高等大同學校」）。最初有學生 18 人，多數是流亡日本的人，包括蔡鍔和范源廉。後來校舍遷至小石川傳通院旁，校名改為清華學校，由犬養毅任校長，柏原文太郎及湖北留學生總督錢恂二人同任監督。

本年四川省丁鴻臣來日參觀日本陸軍大演習，其《東瀛閱操日記》記錄了參觀中國留日學生學校的印象。

成城學校：此校有高麗學生 50 人，中國留學生 41 人，[17] 學費每年 300 日元。中國留學生都由湖北、浙江、南北洋所派遣，於此修習普通學科八閱月，大半通東文東語，亦熟體操。（9 月 15 日）

戶山學校：湖北護軍營派差辦四人入戶山學校，專習體操，既半年，即將畢業矣。（9 月 16 日）

第一高等學校：此處有中國留學生四人。（10 月 18 日）

學習院：張薌帥（之洞）的文孫和剛孫在此求學。不時背皮囊，習兵操。（10 月 23 日）

西本願寺：內有中國學生二人。此二人即去年大谷方丈（光瑞）遊湖北，訪自強學堂時，所選善東文而着留學本寺者，由本寺供給一切費用。明年將送之入東京之官立學校云。（11 月 3 日）

---

17 隨同丁鴻臣來閱操的沈翊生，也寫了《東遊日記》，據此知成城學校有中國學生 49 人（其中浙江 3 人，湖北 20 人，江蘇 14 人，北洋 8 人，湖北 4 人），較丁鴻臣所記多 8 人，成城學校第一屆（1900 年 7 月）畢業生有 45 人，所以沈翊生的記載較為可信。

以上資料提及的留日學生共109（117）人。[18] 又丁鴻臣的日記稱：

又聞福建派遣留學生八人，而湖北派錢念劬（恂）帶來學生七至八人，入文武工藝諸學堂，不日到達。（9月10日）

1900年5月12日，義和團發難，6月包圍公使館區域。8月15日，八國聯軍攻北京，12月清廷與列強達成和議。在日本軍營受訓的中國留日學生因此返國，但其他學生似無變動。

本年是否有新來的中國留日學生，不得而知；但本年8月，唐寶鍔和戢翼翬合著《東語正規》出版，12月日本書翻譯雜誌《譯書彙編》創刊；這些都是初期留學教育的效果，值得注意。（關於《譯書彙編》詳見第六章第二節）

義和團事件乃因反抗外國侵略而起的，但其結果卻使中國人再次認識新學（西洋學問）的優越。孫中山說：

所以從那次義和團失敗以後，中國一般有思想的人，便知道要中國強盛，要中國能夠昭雪北京城下之盟的那種大恥辱，事事便非仿效外國不可，不但是物質科學要學外國，就是一切政治社會上的事都要學外國。所以經過義和團之後，中國人的自信力便完全失去，崇拜外國的心理，便一天高過一天。[19]

故此，傾心新學便如洪水奔流，不可遏止，而「變法」和「興學」也變成口號。

1900年舊曆十二月，上諭各人臣在兩個月內必須條議變法要項。翌年，湖廣總督張之洞和兩江總督劉坤一兩人上奏〈覆議新政摺〉，大力主張留學，特別

18 同注17。
19 孫中山：〈民權主義〉，《孫中山選集》下卷（上海：人民出版社，1956年），頁724。

是日本留學，並論述積極及消極的獎勵辦法。在積極方面，給予優秀的自費留學生進士、舉人等資格；在消極方面，即使具有進士、舉人等資格，如無留學經歷，則不授官職。同年 9 月 16 日，上諭各省須派學生留學，並須訂立獎勵及限制辦法以督促之。

在這種情勢之下，是年到日本考察旅行的人數增加了。（詳見本書附錄三統計表中「東遊日記數」）赴日考察旅行者中間，有的是因留學生安排斡旋而來的，有的是為了招聘日本人教師（日本教習）而來的。例如，安徽省派遣二品頂戴按察使李宗棠專程考察日本教育，歸國後除撰寫《考察學務日記》外，又出版《考察日本學校記》16 冊，李氏還帶同自己的兒子潤官到日本留學。

同年，日本帝國大學攻讀法科的章宗祥出版了《日本留學指南》。這與李宗棠從外表去考察日本學校的方法不同。這是他身在日本的學校中，從裏面去瞭解而寫成的書，故能寫出具體的留學生生活。這可以說是以留學前輩的身份對國內人士發出的留學勸掖書。這本書附記各校至舊曆六月為止，中國留學生的人數及九月行將入學的人數，對留學生分布狀態瞭若指掌。

校名	留學生人數	備考
法科大學	3	九月行將入學：1
工科大學	4	
農科大學	1	九月行將入學：5
第一高等學校第 1 部	2	九月行將入學：2
第一高等學校第 2 部	2	
東京專門學校日語政治科	3	九月行將入學：78
東京專門學校英語政治科	6	
慶應義塾普通部	1	
專修學校法律科		九月行將入學：2
專修學校理財科		九月行將入學：2
高等商業學校預科	4	
高等商業學校本科	2	九月行將入學：1
東京工業學校應用化學科		九月行將入學：3
東京工業學校機械科		九月行將入學：2
東京工業學校電氣化學科		九月行將入學：1
東京農學校		畢業者：1
蠶業講習所	3	畢業者：1 九月行將入學：1
高等師範學校		九月行將入學：3
東京外國語學校	1	
陸軍士官學校	46	
成城學校	2	最盛時期 80 餘人

初期的留學生（載於《大陸》第 1 號）（由左至右，後排：蔡鍔、吳振麟、馮閭模、高逸、章宗祥、曹汝霖；前排：金邦平、陸世芬、王璟芳、吳祿貞、張紹曾、錢承誌、范源廉）

以上只記日本普通學校情況，不記專為留學生而設的學校或預科學校（如亦樂書院、日華學堂、高等大同學校等）的學生人數。

同年，女子留學生開始來到日本，亦值得注意。（詳見本章第七節）

我們幸運地知道本年（1901）留學生的確實數目，因為翌年來日考察的黃璟的《東遊日記》說：

> 七月十九日九時，與秦輝祖到支那留學生會館，章宗祥、曹汝霖、范源廉、陸世芬，沈琨、何厚個等留飯，並贈《同瀛錄》。光緒二十七年十二月調查，留學生共二百八十餘名。今年倍之。[20]

20　黃璟：《東遊日記》（1901 年刊），頁 34。

1902 年，配合新學發達的趨勢，清廷准許滿漢通婚，禁止婦女纏足。同年，商務印書館與日本金港堂各出資本 10 萬圓，擴張業務，增設編譯所，聘請日本人長尾槙太郎（雨山）和加藤駒二為顧問，招聘不少歸國的留日學生，出版各種新式教科書。這批教科書大部分以日文書為藍本編纂而成的。

同年，中國著名學者吳汝綸到日本考察教育，嘉納治五郎也到中國考察教育。這些活動都顯示對留日教育的高度關懷。

坐落東京神田駿河台鈴木町 18 番地的清國留學生會館也落成了，成為留日學生集會、演講、出版書籍等活動的大本營，顯示留日學生的生活也正規化起來了。

此外，留學生人數也增加。魯迅便是在同年 4 月到日本留學的。

梁啟超在本年所著的〈行人失辭〉說：

> 現計諸生來者，數已逾四五百人……東京現時留學生數百人中，由官費者不過強半耳。其餘則自備資斧，茹根嘗膽而來，而近數月來陸續渡航者，幾於無船無之。[21]

鎮國將軍載振《英軺日記》也記述留日盛況：

> （光緒二十八年八月）初四日，是日，中國學生五百餘人，為歡迎會於會館，請余一往臨存。[22]

1903 年（光緒二十九年），中國頒布了新學制（《奏定學堂章程》）。在這新學制推行之前，中國的傳統教育是這樣的：學校稱為書院（宋朝以降），其講授內容以儒學為主（西漢以降），學科包括詩賦（唐以降）、八股（明以降）及

---

21 《飲冰室文集類編》上，頁 728-732。

22 載振：《英軺日記》第 12 卷（上海：文明書局，1903 年），頁 370。

小楷（清以降），以科舉及第入仕為目的。

中日甲午戰爭以後，新教育興起，私立學校紛紛出現（戊戌政變之後，書院多改為學堂）。因為政府並無統一規範，故各級學校程度頗為參差，有識者紛紛提議將各級學校納入全國性系統，例如，李瑞棻〈請推廣學校摺〉（1895）、康有為〈統籌全局疏〉（1898）等是；最初實現計劃的是張百熙的《欽定學堂章程》，而完成此一計劃的是《奏定學堂章程》，這份章程名義上是當時管學大臣張百熙、榮慶及張之洞三人合作的，其實是張之洞參考日本學制及《欽定學堂章程》寫成的，長期地成為清末教育制度的基本方針。

在這一章程的「學務綱要」項下，有下列一條：「各省辦理學堂員紳，宜先派出洋考察」，又指定「日本斷不能不到」。

同年，張之洞奏定《約束鼓勵遊學生及自費生立案章程》，主張獎勵自費留學生。張百熙、榮慶和張之洞又奏訂《獎勵遊歷遊學章程》。

不過，新學制的「章程」雖然妥善，卻未能在全國普遍施行。當時的學堂並不能滿足全國讀書人的願望。因此，就有些學生不在國內接受教育而轉到日本留學；自費留日學生因而年年增加。後來幾年，在急劇增加的留日學生中，大部分是自費生。

本年創刊的留日學生雜誌《江蘇》稱：「今歲正月，我江蘇留學日京者達百數十人」；另一份留學生刊物《湖北學生界》則稱：「吾楚（湖北）遊學日京者近百人。」據本年 6 月中島裁之給張之洞的建議書，「現貴國學生留學日本者，今將達千人」。[23]

1904 年，亦即日俄戰爭開戰之年，中國留日學生大增。駐日公使楊樞的報告〈奏陳兼管學務情形摺〉說：「現查各學校共有中國留學生一千三百餘人；其中學文科一千一百餘人，學武科者二百餘人。」[24]

---

23 《東文學社紀要》（熊本縣：中島氏自費出版，1908 年），頁 96。
24 楊樞：〈奏陳兼管學務情形摺〉，《約章成案匯覽》卷 32 下，轉引自《近代中國留學史》，頁 54。

五、留學生人數的最高紀錄

中國與俄國之間，雖然在 1896 年簽訂密約，針對日本；但日俄開戰之後，中國標榜局外中立。戰爭進行中，中國亦未予日本任何援助；反而對日本的國力驚異起來，並且從驚異漸次轉為尊敬和信賴。1905 年，佐佐友房在中國華南旅行，其遊記稱：

> 概而言之，彼等對時局之態度，一般同情我國；雖然中日曾有衝突，又有義和團事件，今中國官民對日本咸予信賴。[25]

同年 1 月，前高等商業學校校長寺田勇吉，在《中央公論》發表〈清國留日學生問題〉一文，說：

> 昔日我學於彼，而今日地位逆轉，甚多清國人，不論其在國內國外，來學於我者，盛況空前，此實我國之榮譽。凡此，皆我國國民血淚之成效也。然而，達致此種成效，不可不謂泰半生於甲午及日俄二役之效果也。甲午結果，不必細論，即今次日俄戰爭，結果非清人始料所及，俟捷報頻傳，清人紛紛負笈來學，又招我有為之士為教習，為彼地所用。[26]

但是，日本戰勝俄國，並非留日學生增加的唯一原因。還有一大原因，也可能是最大的原因，發自中國國內，這就是科舉制度的廢除。如前所述，科舉考試是中國讀書人唯一的登龍術。它不只是新教育的障礙，甚至可以說：「科舉一

25 《太陽》第 12 卷第 2 號（東京，1906 年 2 月）。
26 《中央公論》（1905 年 1 月）。

日不廢，學堂一日不興。」

科舉的廢除，經過三個階段：

（一）內容改良——最初在 1887 年，御史陳秀瑩奏請每次鄉試會試都取算學人材若干名。其後，由於康有為和梁啟超上奏，在戊戌新政中，毅然下詔不考八股（戊戌政變後再行恢復）。又於同年 6 月，因為張之洞和陳寶箴的建議，不考詩賦及小楷。

（二）及第人數漸減——1901 年，張之洞和陳寶箴的〈籌議變法〉三疏，請設文武學堂，同時請求逐漸減少及第人數。1903 年，袁世凱和張之洞進而奏請分科遞減；同年上奏《奏定學堂章程》的時候，也奏請漸減科舉及第額，期於九年之後完全廢除科舉考試。

（三）完全廢止——時代洪流難以阻擋，不待九年，只是兩年（1905）之後，由於袁世凱、張之洞、趙爾巽等聯名上奏，而清廷鑒於大勢所趨，遂於是年舊曆八月決定廢除千多年的科舉制度。這一決心，可與日本明治天皇頒布《五條誓文》媲美。

新學取代了傳統的登龍術，但學校供不應求；即使增加學校，教師也不足，故須到日本留學。「留日」成為格外響亮的口號。

1901 年以後，留日學生年年增加；1905 年初就有三四千名學生在日本。日本駐華公使內田康哉在該年 2 月 1 日發行的《太陽》（第 11 卷第 2 號）發表〈清國時事〉一文，有「三千留學生」之語；佐佐友房在同期的〈南清雜感〉一文說：

> 來自中國各省學生約三千人，其中湖南省三百五十人，湖北省四百二三十人，皆屬張之洞所派者，其他各省如江蘇、浙江、福建、山東、四川等亦有派遣留學生。

寺田勇吉在 1 月發行的《中央公論》（第 20 卷第 1 號）發表〈清國留學生問題〉說：

> 聞目前清國人留學我國者……達三四千人。……《萬朝報》甚至謂多達五千人以上。

到了該年底，估計留日學生達到 8,000 或 10,000 名。

1906 年是留日學生人數最多的一年，共達一萬三四千或 20,000 名之譜。

當時，青柳篤恒描述留學生蜂湧來日的情況如下：

> 學堂雖得開設，代替昔時科舉；惟門戶狹隘，路徑險阻，攀登甚難，學子往往不得其門而入，佇立風雨之中；惟舍此途而外，何能躍登龍門，一身榮譽何處而求，又如何能講挽回國運之策？於是，學子互相約集，一聲「向右轉」，齊步辭別國內學堂，買舟東去，不遠千里，北自天津，南自上海，如潮湧來。每遇赴日便船，必制先機搶搭，船船滿座。中國留學生東渡心情既急，至於東京各校學期或學年進度實況，則不暇計也；即被拒以中途入學之理由，亦不暇顧也。總之分秒必爭，務求早日抵達東京，此乃熱中留學之實情也。

上述描寫，並無誇張。據黃尊三《三十年日記》，他為了到日本留學，在 1906 年舊曆四月廿六日，從湖南到上海，直至五月十五日，好容易才能登上往日本的雄本丸。

那麼，留日學生最高人數該有多少呢？這不是一個容易回答的問題。首先，讓我們看看一些當時的記述。

1905 年 7 月 17 日，青柳篤恒在《東京朝日新聞》發表〈中國留學生問題〉一文說：

> 輓近中國學生之負笈我國者日多，據消息云將以萬計，何其盛也。

青柳氏在同年12月8日發表於同報的〈三論中國留日學生問題〉，有「都下八千清國留學生」一語。

1906年1月《太陽》（第12卷第1號）「時事評論」欄「教育」項〈清國留學生同盟歸國〉一文稱：「清國留學生在東京者，即達八千六百餘名。」同年同月《中央公論》（第21卷第1號）評論欄，XY生的〈清國留學生取締問題〉中說：「彼等又曰……我等一萬人悉歸祖國。」上述各條是1905年後半年狀況的記述。

關於1906年狀況，當時的記述有以下數種。

1906年11月，青柳篤恒在《早稻田學報》發表〈中國子弟何故必須遊學我邦乎〉，說：「現在都下清國留學生數將達二萬」；翌年4月，青柳氏〈中國留學生與列國〉一文說：

> 有謂中國學生留學日本者，其數達一萬三四千之巨，此乃一人同時兼具數校學籍，而以校別統合計算所致也。據最近確實統計，文武男女學生共約八千人，包括文武官費生約二千八百人。

青柳氏同年8月在《每日電報》的〈清國留學生之減少〉一文說：

> 據本年初之統計，居留我邦之清國留學生竟達一萬三千之多。然而，彼等中有為得多種畢業證書而一身擁有幾種學籍者。實際人數應為八千左右耳……

又，1908年7月，在早稻田大學清國學生部師範本科第一屆畢業典禮上，教務主任青柳篤恒作學務報告時指出：

> 有謂留學日本之清國學生，一時多達一萬三四千……其實最高人數僅達八千矣……今則顯著減少……

金子堅太郎為伊澤修二郎編的《同文新字典》（同年出版）寫序，稱：「今日，居留東京之清國留學生已達一萬餘人。」

關於後來的記述，舒新城《近代中國留學史》說：

> 自〔光緒〕二十七〔1901〕年至三十二〔1906〕年五六年間，留日學生達萬餘，實為任何時期與任何留學國所未有者。[27]

陳青之《中國教育史》說：

> 本期的留學教育，以日本最盛，據學部於光緒三十三年的概算，留日學生計有一萬二三千人。但在同年，根據各校的統計，約有六千餘名；又據《日本學制五十年史》所述，遊日學生亦以本年為最多，其數實超過七千人，但學部所述，不免有些誇張。[28]

綜合以上諸說，留日學生最高數目達 20,000，最低為 6,000，兩者距離頗大。

關於 1905 年後半年留學生人數，在各說中，《太陽》所稱的 8,600 餘名一說，當最確實。因為 10,000 也好，8,000 也好，都是大概約數，而 8,600 是個實數。而這一實數的產生，當有某些根據。

---

27 《近代中國留學史》，頁 46。

28 陳青之：〈初期資本主義時代的教育〉，《中國教育史》第 6 編（上海：商務印書館，1936 年），頁 628。

至於1906年，亦即留日學生人數最多的一年，各方面都指8,000之說。故此，以1905與1906兩年，留日學生人數都在8,000左右大概是不錯的。

雖然，有人以為1906年數目比1905年為高，我不敢苟同。為甚麼呢？以當時留學教育大本營的弘文學院而論，該校1902年在東京牛込西五軒町創校，1903年在大塚設分校，1904年增設麴町分校、真島分校、猿樂分校及巢鴨分校，但在1905年末，由於所謂《清國留學生取締規則》事件，不少留學生歸國，使麴町、真島、猿樂町三所分校關閉。到了1906年，歸國學生大部分重返日本留學，新來的留學生人數也有增加。倘使新來的留學生較1905年為多，由於新來者大多不能立即進入大學，所以非入專為留學生而設的學校不可，但在這類學校中最具信譽的弘文學院卻不能恢復上一年關閉的三所學校，只能在牛込區開設白銀分校。縱使白銀分校收容人數較多，但亦不可能超過三所分校。特別是專為留日學生而設的學校（詳見下一節），最後的一所是1905年設立的早稻田大學清國留學生部，1906年並無同類學校開設。由此觀之，1906年的留日學生人數比以前為多，是不可能的事。故此，我同意青柳篤恒在〈中國留學生與列國〉一文中所說，「據最近確實統計，文武男女學生共約八千人」。亦即1905年及1906年都約有8,000人。

簡單說來，8,000這個數字是從一國派到另一國的留學生人數，數目龐大，正如舒新城所說，「任何留學國所未有者」。

在這大批留學生中間，除男子之外，也有步履維艱的纏足女子、老人[29]和小孩子。他們為接受由小學至大學程度的各種教育而來。他們當中，父子、夫婦或

29 《中華留學生教育小史》這樣說：「老人多有來學一事——像雲南省派來某人，已屆七十歲左右的高齡，但每能淩駕年青人，一派天真，熱誠地擔任班長的工作。……歸國以後，到八十餘歲，還從事省裏的教育事業。」

兄妹同時留學者甚多。甚至有全家、全族同來留學[30]的情形。論學歷，有的擁有進士、舉人、秀才各種頭銜。

最先，中國留學生齊集東京，以神田區為中心，逐漸分散於牛込、本鄉、麴町、赤阪、四谷、小石川等地區。

中國留日學生的中心地神田，稱得上是個留學城。留日學生總部——清國留學生會館，就在本區駿河台鈴木町；本區尚有各省同鄉會、各種學會，以及圖書雜誌發行所。又有以中國人為對象而開設的書店，例如在南神保町的今古圖書局、裏神保町的中國書林、小川町的大華書局及啟文書局等。

神田甚至有專為中國人而設的印刷所和當舖。這一帶擺賣香煙的姑娘，如果不會說幾句中國語便不能做生意（據青柳篤恒氏回憶）。有房間出租的話，不能光貼日語招貼「貸間あり」，必須貼出漢語招貼「有空房子」才收效（據湯澤幸吉郎氏回憶）。在神田街道上，到處見到中國留日學生捲起辮髮，戴上學生帽，樣子活像富士山。[31]

專為中國人學習日語而編著的書，也大量出現。自《東語正規》出版（1900）之後，至 1910 年為止，就有以下多種：

---

30 參看單士釐：《癸卯旅行記》，在光緒二十九年二月（1903 年 3 月），離別東京之際所記：「此行也，留兩子，一婦，一女婿，三外孫於東京，遠別之時，能不黯然，然兩子，一婦，一婿分隸四校留學，次第學有所進。」

31 魯迅的〈藤野先生〉這樣說：「上野的櫻花爛漫的時節，望去確也像緋紅的輕雲，但花下也缺不了成群結隊的『清國留學生』的速成班，頭頂上盤着大辮子，頂得學生制帽的頂上高高聳起，形成一座富士山。」見魯迅：《朝花夕拾》，《魯迅全集》第 2 卷（北京：人民文學出版社，1956 年），頁 271。

出版年份	書名	作者	出版者	頁數（面表示線裝）
1900	東語正規	唐寶鍔、戢翼翬	（自費出版？）	244
1900	日語入門	長谷川雄太郎	（廣東同文館？）	109 面
1901	日語入門	廣東同文館	善鄰書院	135
1901	和文漢譯讀本（1-4）	坪內雄藏著 沙頌雲、張肇雄譯	商務印書館	33-39 面
1901	和文漢讀法	（張肇熊？）		
1901	中等日本文典譯解	三上忠造	教育改良會	74
1902	東文易解（2 冊）	大矢透	泰東同文局	
1902	和文釋例	吳啟孫	華北譯書局	209
1902	東語初階	泰東同文局	泰東同文局	65 面
1902	廣和文漢讀法	疇隱主人		79
1902	和文奇字解	陶珉	譯書彙編社	227
1903	東語完璧	作新社編輯局	上海作新社	619
1903	日語教程	成城學校講師	湖南編譯社	680
1903	東文典問答	丁福保	文明書局	41 面
1903	中等日本文典譯釋（3 冊）	三上忠造著 丁福同譯		48-68 面
1904	四書和文必讀	岸田太郎、陳秩元	神戶幸彰號	415
1904	和文漢譯讀本（卷 5、卷 6）	坪內雄藏著 沙頌雲、張肇熊譯	商務印書館	40 面（卷 5） 46 面（卷 6）
1904	漢譯日本文典	松本龜次郎	上海：日本堂	442
1905	東亞普通讀本（4 冊）	伊澤修二	泰東同文局	25-27 面
1905	清人適用日本語典	井上友吉	青山堂房書	222
1905	日本文典課本	大矢透	泰東同文局	

出版年份	書名	作者	出版者	頁數（面表示線裝）
1905	東語簡要	葛夢樸	日語講習會	185
1905	新撰日本文法教科書	木野崎吉辰、楊政	東京：奎文館	152
1905	日本俗語文典	吳初、孟央	留學生會館	252
1905	東文法程	商務印書館編譯所	商務印書館	122
1905	中日文通	張鴻藻		183
1905	漢譯日語辭典	東亞語學研究會	吉川弘文館	610
1905	日華會話筌要	平岩道知	岡崎屋	252
1905	中華人適用日華會話入門	本間良平	大阪屋號	165
1906	文法應用東文漢譯軌範	門馬常次	東亞公司	704
1906	中日對照實用會話篇	唐木歌吉	東京：中東書局	242
1906	實用日本語法	岸田蒔夫	東京：明文堂書房	282
1906	日本文典講堂問答	菊地勉	東京：中和堂書房	136
1906	實用日語篇	菊地勉	東京：中和堂書房	156
1906	漢譯學校會話篇	菊地金正	誠之堂書店	144
1906	漢文注釋東文讀本	小山左文二	二松堂書局	186
1906	東語大觀	吳人達	清國留學生會館	506
1906	標品字典	黃廣	清國留學生會館	374
1906	日語教科書（1-3）	宏文學院	金港堂	165-170
1906	漢譯日本語文對照讀本	語文練習社	語文練習社	172
1906	日本文言文課本	振武學校	泰東同文局	79
1906	日語教程	湘漁	東京：遊藝社	628

出版年份	書名	作者	出版者	頁數（面表示線裝）
1906	東語練習舌切雀	林房之助編 周頌彝譯	東亞公司	54
1906	漢譯日語文法精義	高橋龍雄	東亞公司	402
1906	新式東語課本（卷 1）	中堂謙吉	泰東同文局	196
1906	漢譯東文法彙編	獨一譯社	清國會館、中國書林	281
1906	漢和對照日文法述要	難波常雄	觀瀾社	217
1906	日本語教科書	松本龜次郎	有鄰書屋	226
1906	言文對照和文漢詁	呂瑞廷	武昌：謙吉書社	240
1907	東語會話大成	井上翠	東京：國文堂	266
1907	日語名辭類篇	建南雲鶴堂	東京：奎文館書局	
1907	中日對照日語寶典	施呼本・果清阿	著者	448
1907	日本文典	芳賀矢一	商務印書館	
1907	日清對話編	松平康國	東亞公司	443
1907	漢譯日本語文法	松下大三郎	誠之堂書店	400
1908	東中大辭典	作新社	作新社	1,479
1908	和文讀本入門	商務印書館編譯所	商務印書館	40 面
1908	中學日本文法教科書	和田萬吉著 李徵譯	文明書局	600
1910	新撰日本大辭典	新興社	新興社	1,604

由於留日學生人數眾多，留學指南之類的書籍大量出現；關於這一點，我們將在第三章第二節詳述。

日本當時最大的雜誌《太陽》，從 1906 年 11 月號起，設「清國時文」欄，專為留日學生服務。

六、教育留學生的學校

從 1896 年到 1902 年，中國人留學日本的浪潮年年高漲，向着東方的島國衝來。為中國留學生而辦的學校，亦即兼顧大學預科教育及中等程度教育的學校，紛紛在日本開設。現在按開設先後，略述如下：

1. 成城學校

成城學校是陸軍士官學校的預科學校。1898 年，日本參謀本部福島安正等軍人，對中國當局力說留學日本的必要，先由湖廣總督張之洞選派譚興沛、徐方濂、段蘭芳、蕭星垣四名秀才到日本。成城學校校長是日本參謀總長川上操六；他歡迎這些學生在該校接受陸軍士官學校的預科教育。翌年 1 月，南洋大臣劉坤一、四川總督岑春煊、直隸總督袁世凱等，陸續派遣陸軍留學生。故此，原有校舍漸感不敷應用；決定在牛込河田町設立校外宿舍。該校為留學生編著日語、日文的教科書，熱心地從事教育。1900 年 7 月，第　屆 45 名學生畢業，升入陸軍士官學校，畢業歸國後逐漸晉升為大將、中將者甚多。

後來成城學校也招收志願修讀文科的學生，直至 1937 年沒有留學生為止，留學生的教育工作從未間斷；這是一所從事留學生教育最早而又歷時最長的學校。

初期，有些在日本陸軍留學的學生，不入成城學校，而帶同翻譯人員入戶山學校，[32] 或編入日軍連隊充當見習軍官。[33]

2. 日華學堂

日華學堂是高楠順次郎於 1898 年 6 月在東京本鄉西片町創立的。創校宗旨是：「專門教育清國學生，務使學生速習我國語言，熟習我國風俗，並修普通各科，從而養成修習專門學科之學力。」校內課程如下：

科名		目的	修業期限	科目
正科	普通預備科	入高等專門學校	2 年	日語、英語、德語、地理、數學、物理、化學
	高等預備科	入帝國大學科系	1 年	法學、文學、工程學、理學、農學等
特別科	預科專科	為修完普通科而準備入帝國大學者而設	無定期	從高等預備科科目中選修
	日語專修科	日語速成	約 1 年	專修日語各科

3. 亦樂書院、高等大同學校

兩校成立於 1899 年。（詳見本章第四節）

32 1899 年湖北護軍派來四名下士入戶山學校，曾在外國語學校讀書的田中慶太郎（其後是文求堂書店店主），擔任了他們的通譯。約半年後，這批學生學成返國。

33 據田中慶太郎的談話，在 1899 年底或 1900 年初，張之洞所派遣的將校下士約 30 名前來日本，至近衛各連隊充任見學〔觀摩學習〕將校或見習下士，都通過即時翻譯學習。

4. 東亞商業學校

該校的前身是東京大同學校，亦即清華學校。改名的理由是：商業與國家興亡關係密切，內政和外交亦以商業為基礎。《清議報》刊〈開辦東亞商業學校記〉一文說：

> 曰內政，曰外交，其才悉此校是賴，商業云乎哉！商業云乎哉！[34]

該校於 1901 年 4 月 28 日（舊曆三月十日）舉行創校典禮，來賓有前首相大隈重信、東邦協會總理副島重臣、貴族院議長近衛篤麿等知名人士，還有橫濱有實力的華僑百餘人。校長仍是犬養毅，學生 100 餘名。

5. 東京同文書院

於 1902 年 1 月 19 日創立。在此之前，近衛篤麿組織同文會，1898 年與東亞會合併，成為東亞同文會。該會教育事業除包括在中國設立南京同文書院（後來在上海設東亞同文書院），又設立東京同文書院，為中韓學生講授日本語和普通中等學科，作為進入專門學校的準備。開辦的時候，校舍設在神田錦町，實行寄宿制度。後來，校舍遷到目白，成為目白中學的附屬學校，大正時代（1912-1926）停辦。

據 1905 年出版的《日本留學指掌》，兩年畢業之後，學生可以申請留校，轉入特別科或速成專門學科。

---

34 〈開辦東亞商業學校記〉，《清議報》第 78 號（光緒二十七年三月），總頁 4982-4983。

學費：修金三日元；宿費一日元五十錢；膳費不定，通常六日元；煤油費一日元。

6. 弘（宏）文學院 [35]

如前所述，弘文學院為嘉納治五郎所創立，由亦樂書院發展而來的。

該校於 1902 年 1 月創校，校舍在東京牛込西五軒町。嘉納氏在同年到中國考察教育，歷訪當道官員，與他們交換意見，來校入學者因而漸漸增加。於是，西五軒的校舍不敷應用，在 1903 年增設大塚校舍，1904 年在麴町區增設麴町校舍、下谷區設真島校舍、神田區設猿樂町校舍、巢鴨區設巢鴨校舍。1905 年，因《清國留學生取締規則》事件的緣故，不少留學生歸國，使麴町、真島、猿樂町各校舍關閉，但於 1906 年新設白銀分校。

課程除了三年制的本科（講授日語及中等程度普通學科；第三學年分文科及理科兩組）之外，尚設一年、八個月或六個月的速成師範科、速成警務科、速成理化科、速成音樂科等。（科目隨時增減；又專為日本人而設「清國語言科」。）

據 1906 年 10 月底的《宏文學院一覽》，該校有畢業生 1,959 人，在校學生 1,615 人，分 36 班。班名多冠以地名，例如南京普通班、湖北普通班、四川速成師範科班、北京警務科班等。那是因為留學生多數是從各地集體前來求學，有頗強的鄉黨觀念的緣故。

原則上學生必須入住學校宿舍（學費及宿費每年 300 日元），但有特別情況者可獲准走讀。

黃興和魯迅初抵日本時，就在這裏入學，陳獨秀亦出身此校，其後再入高等師範科進修。

---

35 弘文學院，亦作宏文學院。最初所用的是「弘」字，因乾隆帝之名為「弘曆」，有些旗人的留日學生避諱，乃寫成宏文學院，故文獻上就有這兩種寫法。

1909 年，由於速成科人數減少，學校關閉。直到閉校為止，獲准入學者共 7,192 人，畢業生有 3,810 人。

日語教師有：三矢重松、難波常雄、松下大三郎、小山左文二、門馬常次、菊池金正、柿村重松、松本龜次郎等人。其中三矢重松和松下大三郎二人，因為在該校講授日語的關係，後來成為出色的日本文法專家。從這件事看來，留學生的教育工作，是可以反過來對日本文化作出貢獻的。

松本龜次郎在 1912 年以後，畢生從事留學生預科教育，亦即日語教育，也是該校日語教師。

7. 振武學校

1903 年 7 月創設於東京牛込河田町，專門從事陸軍士官學校或陸軍戶山學校的預科教育。

以前，準備入陸軍學校肄習的學生都進成城學校。1902 年，九名自費留學生擬入成城學校，但清朝公使拒作保證，故未獲准入學，引起糾紛。（詳見第八章）由於東亞同文會居中斡旋，日本政府與清朝公使達成協議，於 1903 年 7 月在日本參謀本部開設這所學校，而成城學校的學生全部轉到本校就讀。（同年 10 月，因清朝公使楊樞和留學生監督汪大燮的請求，成城學校開設文科生班。）

雖然是年清政府曾禁自費留日學生攻讀陸軍，但駐日公使楊樞在 1904 年舊曆一月，上〈奏陳兼管學務情形摺〉，力說當局每年派送一定學生（200 或百餘人）學習陸軍的必要：

日本陸軍教育，係以忠君愛國、順服長官為宗旨，並無侈言自由與政府為敵之弊。……惟當此列強環伺，我圉孔棘，武科較文科更重，未可緩圖。[36]

同年舊曆四月，練兵處奏定《陸軍學生分班遊學章程》16 條。根據此章程，中國每年自各省共選 100 名學生留日，年齡須在 18 歲以上 22 歲以下。振武學校的經費由中國支付。因此，志願學習陸軍的學生人數比成城學校時代為多，但名額大體上固定不變。

修業期限，開始時一年三個月，後來延至三年。一年三個月時期的《課程概要》如下：

日本語	300 節	日本文	222 節
算術	182 節	代數	147 節
幾何學	110 節	三角	474 節
地理地文	28 節	歷史	23 節
生理衛生	32 節	化學	53 節
物理	71 節	圖畫	（？）
典令教範	165 節	體操	278 節

該校設有宿舍，推行嚴格的規律化生活。《振武學校規則》的《齋房條規》（學生守則），便多達七章，共 65 條：

36 〈奏陳兼管學務情形摺〉，《約章成案匯覽》卷 32 下，轉引自《近代中國留學史》，頁 57。

第一章 班長

第二章 講堂及其餘各場所

1 講堂

2 自習室

3 寢室

4 膳堂

5 澡堂

6 盥漱所及洗物處

7 飲茶所

8 敘話室

9 會客所

10 養病所

11 廁所

第三章 打掃

第四章 出門，在外住宿，回國

第五章 服裝

第六章 雜規

第七章 病人

初期有學生一百七八十名，1907 年增至 300 人。（大概是改為三年制的緣故吧。）1904 年有畢業生 49 名，1905 年 121 名，1906 年則有 202 名，維持至 1911 年為止。舒新城在《近代中國留學史》說：

> 二十年來中國軍界之重要人物底姓名，幾十之九可以從明治四十年(1907)《振武學校一覽》之學生名冊中查出，其影響於中國軍政界可謂大矣。[37]

這番話並無言過其實。

8. 東斌學堂

創立於1903年（或1904年）。在此之前，清廷禁止自費留學生學習陸軍。振武學校便有如下的限制，以防革命派青年入學：

> 申請入學本校者，年齡須16歲以上，具備適當學歷，連同入學申請書及下列文件，經清國政府派駐東京留學生總監督，呈交清國學生監理委員長：
>
> 1. 清國各省負責官員之諮文；
> 2. 駐京留日學生監督之保證；
> 3. 學生東渡前後之履歷。
>
> （以上綜合《振武學校規則》第9、10條）

東斌學堂卻有不同的作風。該校收容被振武學校拒諸門外而有革命思想擬習軍事的自費中國青年；這是寺尾亨博士激於俠義心腸而創辦的，可說是私立的振武學校。該校位於芝公園區，維持了五年。寺尾博士在經濟上蒙受很大的損失。熊克武、陳銘樞等是該校的學生。

37 《近代中國留學史》，頁64。

9. 法政速成科及普通科

這是因中國留日學生向法政大學校長梅謙次郎請求開設有關法政的速成科，遂於 1904 年 5 月 7 日設立的。初時一年就可畢業，其後改為一年半。日本語、法學和政治學等科目都通過翻譯而講授。又設有日本語速成科。梅博士是優秀的法學者，對中國處境又有很深的同情，因此跟從他學習的留學生甚多；到 1908 年，在速成科畢業的學生達 1,070 人之多。

1906 年，梅博士訪問中國，會見張之洞和袁世凱，接納清廷方面的要求，中止招收速成科的學生，而改設三年制的普通科。畢業生可入法政大學的預科或大學部繼續攻讀。普通科的學費每月四日元，學生必須在該校宿舍寄宿。

校中主持留日學生教育的負責人有：校長（總理）梅謙次郎，教務長（教頭）富井政章，教務主任（教務主幹）秋雅之介、乾政彥，普通科主任保科孝一，日本語速成科教師三矢重松、松下大三郎等。

10. 經緯學堂

1904 年 9 月創立，是明治大學下屬機構，校舍在神田三崎町。註冊人是吉田義靜，但實際負責人是樋口秀雄，教員有紀平正美、上田敏等人。修業期限最短十個月，最長兩年。課程包括刑律科、警務科、師範科、商業科等。該校設有宿舍，但經學校許可，學生可以走讀。走讀生學費每月四日元。1910 年停辦，六年間入學者 2,862 人，畢業生 1,384 人。

11. 早稻田大學清國留學生部

1905 年 9 月 11 日創立。在此之前，早稻田大學教授青柳篤恒對該校校監高田早苗力陳中國留學生教育的必要，故高田偕青柳於當年 3 月赴中國考察教育，與當道要員交換意見，6 月歸國後着手籌備，9 月正式開校。

修業期限：預科一年，本科二年，補習科若干年，本科分以下諸科：

<table>
<tr><td rowspan="5">本科</td><td rowspan="3">師範科</td><td>物理化學科</td></tr>
<tr><td>博物學科</td></tr>
<tr><td>歷史地理科</td></tr>
<tr><td colspan="2">政治理財科</td></tr>
<tr><td colspan="2">商科</td></tr>
</table>

補習科專為本科畢業生準備繼續升學者而設，專門探討投考高等預科、高等師範部和專門學部的途徑。

留學生部主事青柳篤恒深信「速是能速，成是不能成」，極力反對速成教育，故該部規定的修業期限比其他學校為長。這大概是《近代中國教育史》稱「早稻田除普通科之外，設優級師範科」的緣故吧。

教師除青柳氏之外，尚有津田左右吉、中村仲、渡俊治、皆川秀孝等人。

1905 年入學者 762 人，1907 年 850 人，1908 年 394 人；該部於 1910 年 9 月停辦。

12. 其他學校

除上列諸學校，尚有不少留日學生教育機構。

- 路礦學堂：在美土代町，設鐵路和礦務兩科。
- 警監學校：寺尾亨所創設。
- 志成學校：最先設於築地的立教大學內，後來遷到橫濱，一直到 1923 年，因關東大地震而停辦。
- 警察速成科：東京警視廳主辦。

負責女留學生教育的有實踐女學校和成蹊女學校。（詳見下一節）

中日兩國政府對留學教育的部署，略為補充如下。

日本文部省於 1901 年公布《直轄學校外國人入學特別規定》，這是因為留學生不但來自中國，而且來自亞洲各國，而中國留學生人數的增多，可能是制定這個規定的一個原因。

1905 年文部省公布《關於准許清國人入學之公私立學校規程》（《清國人ヲ入學セシムル公私立學校ニ關スル規程》），此即留日學生所稱的《清國留學生取締規則》，曾引起大規模的反對運動。

1902 年，一群自費留日學生被成城學校拒諸門外，於是展開反對運動，因而暴露了前時監管留學生的辦法 —— 由中國各省在日本設留日學生監督，而由清廷駐日公使統一指揮 —— 不能應付實際需要，故清廷改派公使級的專任官 —— 留日學生監督（總監督），第一任總監督汪大燮於 1903 年初到任。其辦事處稱為留日學生監督處；該處從 1906 年起，亦即留日學生人數達最高峰的時候，每月出版《官報》，刊登關於留學的法令、留學經費、日本的教育理論譯文等。這是一份關於留日學生的官方刊物，至清朝覆亡才停刊。

七、女子留學生

在規劃新式學制的《奏定學堂章程》中，女子教育沒有包括在內。僅在有關蒙養院（幼稚園）教育的〈蒙養家教合一〉的一章中，有「以家庭教育來包括女學」一語。換言之，女子要負起家庭教育的責任，即是要把從丈夫處學來的《孝經》、《四書》、《列女傳》、《女誡》、《女訓》等學識轉教其子女，使各自的家庭成為幼稚園而已。當時一般認為：女子一旦接受了新式教育，染了西洋風習，便對教化有害。

當時，某位有心人士在北京（人口約 100 萬）開設了五所女子學校，每校預定僅收五人，但開學以後，竟無一人來就讀，終於停辦。

那是中國北方的情況，比較起來，南方風氣較新。1844 年，英國傳教士安達施（Miss Andersey）在寧波創辦了女子學校；1897 年，中國人經元善在上海開設徑正女校。

可是，從中國全體看來，女子教育並不很受重視。與日本比較，中國的封建思想較濃，中國女子所受的束縛較大。

日本自從 1872 年（明治五年）頒布「學制」以來，小學教育已有「不分男女，父兄有責任要其子女弟妹接受小學教育」的規定。某些地區甚至在「學制」公布前一兩年便開辦了女子學校。日本的女子教育發達之早是出乎意外的。日本的教育家當中，有人曾經希望使中國女子獲得解放，在中國興辦女子學校，[38] 可是未能實現。

1902 年，吳汝綸赴日視察教育，前山陽女學校校長望月與三郎向他力陳女子教育的必要：

> 固國礎之道，在於育英。育英之方法不一，大設學堂，雖謂良法，抑亦末也。欲獲人材，須造良家庭。欲得良家庭，須造賢母。賢母養成之道，在教育女子而已。故曰：國家百年之大計，在女子教育。無他，是教育之根本，而實鞏固國礎之法。……賢若孟母，而後有亞聖。無華盛頓之母，焉有開闢美國之偉功耶。女子教育之要，如斯明明也。世之頑冥者，以之為迂遠，徒盛男學堂，以欲養成人材。而入學堂者，其心不純，其知不明，屈幹朽木，何以得為棟樑也。先生明敏，既看破此理，畫貴國百年之長策，可不

---

38 《大陸》第 1 號（1902）上，有下田歌子的談話，說：「余於七八年前，即思貴國女子，來此遊學，以求輸入文明，余亦知貴國之人，無肯信者，然常冀或有一二人先嘗試，以觀有效無效，不亦可乎？」

以女子之教育為急務也哉。[39]

吳氏的《東遊叢錄》成為新教育的指針，故這類意見對中國的女子教育的興起帶來了相當的刺激，這是可以想見的。

養育於深閨而舉步維艱的女子留學生最早出現於東京，是1901年的事。最初的女留學生不是隻身行動的，而是跟隨其父兄或夫婿一齊留學的。到1902年，女留學生有十餘名。當時華族女學校的校監，同時也是實踐女學校和女子工藝學校的創立者下田歌子女士，曾給這些女學生親切的指導。

當時某位日本人士，對這批中國女留學生有這樣的印象：

中國女子數人，航海來日，在日本教育大家、華族女學校校監下田歌子先生監督之下學習。中國女子留學海外者，自此發軔。可知中國人求學之心漸熱也。

此等留學生，舉止嫻雅，志趣高尚，對日本人亦不畏懼，彬彬有禮，為日本婦女所不能及。

留學生中，有夫婿在東京留學者，會晤之際，其應對之儀式，周旋之情誼，實稱平等。昔聞中國男尊女卑，以今觀之，殊為不然。男子對女子如此殷勤鄭重，豈以奴隸待女子者耶？[40]

隨着女子留學熱潮的興起，1902年上海有一份婦女雜誌《女報》創刊。翌年，又出現《女子世界》（小說林發行）。新學與新雜誌互為因果地一併發達起來。其後中國女性留日人數次第增加，而且不一定跟從父兄或丈夫，單身留學日

39　吳汝綸：〈函札筆談・前山陽高等女學校校長望月與三郎來書〉，《東遊叢錄》（東京：三省堂，1902年），頁2-3。

40　《大陸》第1號（1902）上，刊有題為〈中國女學生留學於日本之聲價〉的文章作如此的評論。

下田歌子與最初的女留學生（載於《大陸》第 1 號）（由左至右，後排：錢豐保、曹汝錦、王蓮、陸彥安、華桂；前排：胡彬夏、下田歌子、方君笄）

本者漸多。為革命而犧牲的秋瑾，雖然是一子一女的母親，但目睹國事日非，便毅然賣掉簪珂作學費，離別丈夫，託子於鄰里，隻身留學日本。1905 年湖南省派 20 名女學生來讀速成師範科；奉天省遣派熊希齡到日本視察教育後，便與下田歌子約定每年遣送 15 名女學生到實踐女學校肄業。1907 年，奉天女子師範學堂派出 21 名學生到實踐女學校讀師範科。江西省亦派出 10 名官費女學生。

因此，到了 1907 年，僅在東京一地，便有接近 100 名中國女留學生，並且有留日女生會的組織（最初的會員有 70 餘名）。

為了方便這些女留學生，實踐女學校遂設有中國女子留學師範科（一年畢業）及工藝速成科（半年畢業）。1906 年冬，成〔蹊〕女學校亦設一年畢業的速成師範科。

中國女子留學生，其數目雖僅及男子的百分之一，但其活動卻頗引人注目。她們更通過雜誌，熱烈傳播新思想。秋瑾的《中國女報》，以及秋瑾被殺之後，作為「流血之大紀念」而出版的《神州女報》，乃至《天足會報》、《中國婦

1906 年 7 月從實踐女學校畢業的湖南留學生

人小雜誌》（以上均在上海出版）、《北京女報》（北京）、《中國新女界雜誌》（東京）等，都是這段時間出現的。

也許是由於女子留學和婦女雜誌所帶來的刺激，中國方面在 1907 年 3 月 8 日，公布了《女子師範學堂章程》36 條和《女子小學章程》26 條，從此正式規定了女子的新教育制度。雖然其中規則硬性規定男子教員不能在這些學校任教，但女子教育因為這一學制而得以確定下來，實為 2,000 年來的大變革。留日女子學生對此有促進之功，是不難想像的。

八、速成教育

清末的留學教育有兩種特徵，一為教授的內容是普通學科而非專門學科；二為教育的性質是速成教育而非正式教育。

1903 年頒布的《奏定學堂章程》公布了統一的新學制，但這只是法令上的規定而已，真正建設新學堂的數量仍少，而且師資亦很缺乏。換言之，就連接受普通科（中學程度的諸學科，與專門學科相對而言）的教育也相當困難。因此，產生了留學日本旨在修習普通學科的變通現象。清末的留日學生並不是都為修讀高等或專門之學，也有為了學習本應在自己國家修習的普通學科而留日。他們當中，有不少人擁有秀才、舉人甚至進士的名銜。在中國舊有的學問範圍內，他們雖然已是相當好的學者，但像物理、化學等學問，則非要從小學程度學起不可。因此，父子一同赴日遊學，也就成為可以理解的事。

民國以後，在日本為中國人而辦的學校，多僅為學生提供能夠進入高等專門學校的預備教育，這些學校亦即日語補習學校。可是清末為中國人而設的學校，除了教日語外，也講授中等學校程度的普通學科，可算是完全教育，而非預備教育。試看弘文學院普通科每週授課內容，雖然日語是主要科目，但數、理、化、英語、體育等並未受到忽視。

第一學年				第二學年				第三學年			
學期	1	2	3	學期	1	2	3	學期	1	2	3
學科	每週授課時數			學科	每週授課時數			學科	每週授課時數		
修身	1	1	1	修身	1	1	1	修身	1	1	1
				日語	12	12	12	日語	9	9	10
日語	27	17	12	輿地歷史	5			三角術			5
				理科示教	5						
輿地歷史		5	5	算術	5	5		歷史及世界大勢	3	4	5
				幾何學			5	動物學	3	3	
算學		5	5	代數學		5	5	植物學	2	2	
				理化學		4 (?)	5				
理科示教			5	圖畫		1	1	英語	10	9	7
				體操	5	5	5				
體操	5	5	5	共計	33	33	34	體操	5	5	5
共計	33	33	33	選修科英語	6	6	6	共計	33	33	33

其次，清末留日學生教育的另一特徵是以「速成」的教育為主。特別與民國以後相較，顯有巨大的差異。中國人由於對近代化的遲緩感到焦慮，進而謀求革新，開始捨棄向西洋直接學習，轉而向取得西學要領的日本學習。所以希望日本提供速成教育。當時的中國人如何渴望其教育能速成的心情，可引邢贊廷批評東京同文書院的話，以見一斑。邢氏不滿該院算學、日語和英語各科進度，另行補習，以求速成。他說：

算學、日本語，此學堂中進步皆緩。算學，暑假時，別從一師習之，一月中抵學堂五月之一倍半，學堂五月，僅習得半冊，暑假學一月，已盡一冊又半，其相懸如此。英語現亦不在學堂中學習，晚間別在正則英語學校中學之，學堂五閱月，僅習英語書二冊，正則學校三月為一學期，期內能盡五冊，亦遲速相懸甚遠。[41]

1902 年，吳汝綸赴日視察教育，前後居留了三個月。他一方面考察各種文化設施，一方面參加文部省主辦的有關學制的講座，並且訪問日本朝野知名人士。日本名士從各種立場發表多種意見，但大多主張中國當時必須推行速成教育。其理由為：

（一）中國當時推行新教育比日本遲了 30 年。因此，應以 30 年前（明治初年）的教育為模範，決不可採用日本當時的教育為模範。

（二）日本在明治初年僅推行速成教育，特別努力在短期內培養師資。

（三）清廷雖以推行速成教育為主，但亦要發展正式的教育。大學總長山川健次郎指出：

大學校宜先設速成科，請他國教師開講，別設譯人譯之。或有謂譯人不能通各種學問者，此語誠然。然除文學以外，各種學科，大都不外談理。談理之事，無有不可明者。且此本為一時之急，非久計也。……速成科外，宜特設正科。[42]

帝國教育會會長辻新次說：

41 吳汝綸：〈摘鈔日記〉，《東遊叢錄》，頁 28-29。
42 〈函札筆談〉，《東遊叢錄》，頁 40。

招募貴國年少有為之士，既通貴國學問者，授以淺近普通學互換智識，兩途並進，務期速成，限以一年，往復無已，遞傳遞廣，或足濟貴國教育一時之急乎。[43]

文部大臣菊池大麓亦指出：

普通教育，固屬必要，然專門教育尤重。……貴國今日欲興專門教育，不在精求學理，在實際應用。……今欲造就應用人材，當思速成之法。……故一面宜用速成之法，造就應用人材，一面即宜用循序漸進之法，以造就專門全材。[44]

報章雜誌也跟着鼓吹速成教育。1903 年，張百熙等奏定《學務綱要》時，與其說獎勵，不如說是命令大家留日修讀速成的師範科。「若無師範教員可請者，即速派人到外國學師範教授管理各法，分別學速成師範若干人，學完全師範科若干人……」[45]

職是之故，當時日本對中國留學生的教育，大體上是速成的。成為主流的普通科，通常亦僅為期三年。此外，就是「某某速成科」居多。

弘文學院規定，「肄業之年限，凡普通科者定為三年」，「此外，又有速成師範科、速成理化科、速成音樂科等，其年限均係隨時酌定」。[46] 據經緯學堂之規定，普通科與實業預備普通科各二年，高等科則一年，其他則有「本學堂為急欲完成學業者設特別科，肄業年限為一年以內」。

---

43 〈函札筆談〉，《東遊叢錄》，頁 44。

44 同上，頁 37-38。

45 張百熙：〈學務綱要〉，轉引自舒新城編：《中國近代教育史資料》上（北京：人民教育出版社，1963 年），頁 201。

46 崇文書局編集：《日本留學指掌》（東京：崇文書局，1905 年），頁 402、407。

據《江蘇》(1903 年第 1 期)的〈弘文學院學生退校善後始末記〉所載，當時的弘文學院，除設有三年的本科及速成科外，更設有一年半、八個月，甚至六個月的各種速成師範科。這些速成科，當然是有傳譯隨同授課的。

當時，日本學校甚至出現激烈的競爭傾向，如甲校用一年教授完畢，乙校減為八個月，而丙校更縮成半年。尤有甚者，竟有數月以至數日的速成科。如肥皂製造法等，通過傳譯的說明，數日便講授完畢，並且頒發證書，純粹是商人經商牟利的作風。留學生方面，由於心目中有手持證書愈多愈好的淺薄想法，多集中到這類「學店」來。從事中國留學生教育工作的某些學校和某些教育者，被留日學生指為「學商」和「學店」，實在是對速成教育的極端弊病的諷刺。當時日本的留學生教育，可算中國人在鄰國接受的暫時的義務教育，若從其數字而言，雖然足以誇耀一時，但從它的實質程度來看，則不能說已達留學教育的水準。不過對中國來說，則決不是沒有好處的，因為它對中國的改革是相當重要的。如上所言，在「學店」混日子的留日學生固然多，但認真學習的留日學生也不少。

平野義太郎曾說過：

> 法政大學的速成科，學期為一年半，各種講義都由中國人傳譯。教師和學生都非常用功，故有連暑假也不休息的學習風氣。讀速成科的學生，都是在本國有學問基礎的人，具有進士出身的人也很多，其中甚至有狀元出身的。中華人民共和國的最高人民法院院長沈鈞儒在入法政大學速成科以前，便已在中國考取了進士，故雖然是短期，但其成績卻是意外的良好，比三年制的正科生，更為優異。[47]

47 平野義太郎：〈梅謙次郎博士と中國留學生〉，載《草原》第 4 號。

速成教育競爭的弊風，隨留日人數的增加而日漸滋長。到了 1905 年，當留日學生人數到達高峰的時候，其弊端更為明顯，於是有人對此提出了批評。是年 7 月 17 日，青柳篤恒在《東京朝日新聞》發表了題為〈中國留學生問題〉的長文，說：

> 輓近中國學生之負笈我國者日多，據消息云將以萬計，何其盛也。彼等既於都下隱然成一大勢力……
>
> 中國學生遊學於我國者，動皆以速成為主，教育彼等之我邦先輩亦有謂速成為必要者。余不敏，不敢苟同。請稍平心靜氣，推考清國之將來。夫清國者，清國人之清國也，清國子弟之教育早晚必由清國人自為之。惟其清國人得親自教育其子弟，學問之獨立在乎是，國民教育之大事存乎是。彼等清國留學生多以速成為主，在外積螢雪之功僅一年半載，其所得無何。甫嘗學問之味，則學業已成，手持畢業證書，洋洋而就歸國之途，然猶不能獨當親自教育子弟之責，依然以外國教師之力是賴。如此，則學問之獨立者何存，清國國民教育將何日求之？此為區區不肖之微衷，每一思及清國子弟以及東方之大同，常長太息，慼然而憂者也。
>
> 清國今有《奏定學堂章程》，統一學制，普及天下，其需求教師也固宜矣。雖然，以余觀之，今後一二十年間，聘用外國教師亦無不可，但此僅為一時之計。清日兩國廟堂諸公及在野有志之士，苟為清國、日本以及為東亞之大局，策劃百年不變之大計者，則須中止速成為主之留日教育，而須期以一二十年，持久不斷，鑽研新學，以圖培養完全有用之材……。

又同年，因文部省第 19 號通令的頒布而引起的中國留日學生一致歸國事件發生之際，日本輿論界有種種評論，有些更以為歸國事件的遠因乃在於速成教育。

《太陽》第 12 卷第 1 號（1906 年 1 月）在「時事評論」的「教育」欄上，

有〈清國留學生的一致歸國〉一文，首先對文部省的通令表示支持，認為不問其適當與否，斷不能朝令夕改，又認為日本學校對滋惹是非的不良學生施予教育，殊無必要，如他們要去的話，留也無益。接着又對日本的教育加以指責：

> 文部省前時並未取締彼等留日學生，此實為錯誤之策。各校爭先大開方便之門，來者皆非有志於正式之課業，故留日學生之數驟然增多，致助長彼等放縱之惡習。其根本之弊，在於開設簡便課程，以及漫然出售學術技藝也。且看日本所派海外留學生，均為精選之優異生，若有肄業於美國管教不嚴之大學者，其成績多不足道。何曾有聞各國專為日本學生，而特設簡易課程者乎。何以僅有日本學校自願捨棄師道，專為中國學生苟且施教，卻又增長彼等之放縱行為乎。

不久，中國當局也感到速成教育的弊害。學部遂於 1906 年 3 月 13 日，通電各省，傳達有關《限制遊學辦法》的章程，其要點如下：

> 凡欲入高等專上學校及各專門學校者，須有中學畢業以上之程度，且通曉留學國之語言，方為及格。
>
> 擬習速成科者，不論法政或師範，必須國學與中文俱優，年在 25 歲以上，於學界政界有實際經驗者，方為及格。

但這僅是針對官費留學生而作的規定。

1906 年 4 月，學部奏定每年 8 月舉行留學畢業生考試，並於是年舉行第一次考試。參加考試的 100 人之中，大多數是留日畢業生，但留日學生全部落第，及格的前五名全是留美畢業生。

這一結果，在日本也成為大問題。《太陽》第 12 卷第 12 期（1906 年 12 月）的「時事評論」欄說：

> 今年中國之進士考試，留日學生成績極劣，竟無一人及第。此一事實，豈止關係日本教育留學生之評價！（其成績不佳原因，係因學生不勵精於學問，無普通學科之素養，並以速成為主所致也。）若從日本教育界立場觀之，教育中國留學生，豈可不講求更進一步之措施乎？然東京數十所專以留學生為對象之學校，專以迎合留學生歡心，滿足其弱點與好奇心者，比比皆是。對此，當否嚴加取締？……以東洋先進教育家自任者，如視若無睹，何配為教育家？而餘事姑且不論，文部省當局諸公之信譽何存？

又該刊同期的「思潮」欄上，載有〈論中國學生的文官考試〉一文，說：

> 此次中國政府舉行留學生畢業考試結果，美國留學生之成績良好，而留學我國者成績大劣。就此事視之，中國考試委員中，不無故意偏袒之處。《時事新報》憂慮此次考試結果，勢將引致對留學日本之非議，惟指出與其謂此乃我國教育欠佳，毋寧謂中國留日學生大皆趨騖速成教育，欲於短期內獲得畢業證書，有以致之。……《讀賣新聞》以為中國留日學生考試成績不佳，原因有三：彼等熱中速成，營利學校之弊，以及中國考試方法不良。

留學畢業考試不僅促使日本教育界反省其對中國留學生的教育政策，在中國本身，也重行檢討過去的留學辦法，痛感有實行「限制留日學生」的必要。

同年 8 月 7 日，學部通電各省停止派遣赴日修習速成教育的學生。當時在中國的留日學生教育協會亦遵照此令，限制速成科學生出國。該會的規約有：

> 一普通教育速成科及名非速成而實是速成之學生，一律暫時停止辦理。
>
> 一普通科及師範科學生修業期限須延長至三年以上始許畢業。

這種限制，導致日本留學的質素為之一變。也可以說，日本留學漸漸正規化起來了。日本的《太陽》論及此事時說：「此亦為匡救留學教育弊害之一法，固非出於排斥及留難留學教育之意」，[48] 這是正確的評論。

可是，速成的風氣事實上是不容易一下子糾正過來的。1908 年 1 月 3 日的〈學部奏定日本官立高等學校收容學生名額摺〉說：

> 比年以來，臣等詳查在日本留學之人數，雖已逾萬，習速成者居百分之六十，習普通者居百分之三十，中途退學，輾轉無成者居百分之五、六。入高等及高等專門者居百分之三、四，入大學者僅百分之一耳。[49]

由此觀之，明治時代（1868-1912）中國留日學生數目雖然值得誇耀，但我們必須有一正確的理解：中國學生赴日，只是借助鄰邦去接受暫時性的普通教育；在學業水準上，尚未達到真正「留學」的要求。儘管有上述種種問題，但無可否認，速成教育對促進中國發展新文化，決不是沒有功勞的。

九、日本人在中國創辦的學校

自從 1896 年日本開始接受中國留學生以來，留學生人數逐年增加，到了 1905、1906 年間達到最高峰。另一方面，也有一些日本教師，應中國方面的邀請到中國講學，他們大多通過翻譯進行授課。對日本來說，上述現象意義非常重大。日本國民不但得鄰邦的英才而教育之，同時日本人又受聘為鄰邦的家庭教師。寺田勇吉的〈清國留學生問題〉有此說明：

---

48 《太陽》第 12 卷第 7 期（1906 年 7 月）。
49 〈限制遊學辦法〉，《學部奏諮輯要》第 1 編，轉引自《近代中國留學史》，頁 133。

> 據現在之狀況，留日學生人數漸次增加，如《萬朝報》云，目前已在五千人以上。加之吾同胞應中國之招聘，於彼地之學校執教鞭者，人數不少。故受教於此等日本人者，定必為數不菲。若將在中國而受日本人之教育者與在日本留學者合共計算，總數恐達數萬。我日本之教育對中國之影響實不可謂不大矣。[50]

日本人到中國當教師，從明治三十年代（1897-1907）開始流行，其盛衰與中國學生負笈日本留學盛衰之勢成正比例。

應聘到中國的日本教師在中國被稱為「日本教習」。日本教習的出差講授，正確地說，不是「留學」，大概可稱之為「留教」吧。就中國人從日本人獲得新知識這一點來說，聘請日本教習與到日本留學，其意義和效果是一樣的，甚或可能超過之，一個日本教習前往中國教學，其效果會相等於 50 名中國學生留學日本。所以筆者把這個問題放在本書中討論。

實際上，日本教習可分兩類。其中一類在中國開辦學校，投身於中國教育事業。另一類應中國人開辦的學校的招聘，有一定的任教年期。

請先述前者。甲午戰爭以後，中日兩國外交上較少衝突，兩國國民的感情亦頗融洽。在日本方面，「中國熱」高漲，到中國居留的日本人數由 1899 年的 1,725 人增加至 1905 年的 16,910 人（據東亞同文會編《支那年鑒》）。兩國間的貿易也隨之而擴展。中國方面聘請不少日本人充當軍事顧問、法政顧問、外交顧問、教育顧問、農事顧問等。到中國的日本人士中，出現一些抱有「開通中國人風氣」的信念的人。

在這種氣氛之中，日本人親自開辦了一些學校，其中重要者如杭州的日文學堂（1898）、泉州的彰化學堂（1899）、天津的東文學堂（1899）、廈門的東

---

50 《中央公論》第 20 卷第 1 號（1905 年 1 月）。

亞學院（1900）、南京的同文書院（1900）、南京的本願寺東文學堂（1901 年左右）、北京的東文學社（1901）和上海的留學高等預備學堂（1905）等。

驟然聽來，「日文」學堂、「東文」學堂、「東文」學社等，似乎只是教授日語。其實細查各校科目內容，竟與中國留日學生在日本就讀的學校完全一樣。換言之，這些學校除了教授日語之外，亦開設普通學科，而且也分普通科和速成科，修業年限也大致與日本專為留日學生而設的學校相同。

今試以北京東文學社為例說明。[51] 這所學校是日本人在中國所設立最出色的學校。由熱心人士中島裁之主持。他曾在西本願寺學校讀書，於 1891 年到中國，足跡遍 14 省。1898 年拜保定府蓮池書院院長吳汝綸為師，受吳氏的委託，為其弟子教授日語和英語，收效甚佳。他曾計劃開辦農工學堂，但因家事返國。1901 年 2 月再到北京，與吳氏商談在北京開設學校。出任戶部郎中的吳氏侄婿廉泉也參與這個創校計劃。結果，得《老殘遊記》的作者劉鐵雲答應捐助千元，即以北京外城前孫公園的錫金會館為校舍，由廉泉任總理，中島裁之任總教習（教頭）。1901 年 3 月 20 日正式開學，定名為東文學社。

當時北京還沒有一所新式學校。東文學社最初預定招收學生 30 名，但開學時卻有 60 人申請入學；開學的第二天，增至 90 名；第三天增至 120 名；一星期後增至 180 名。於是分成兩班，有漢學修養的老年及壯年人編入「專門學班」，主要是培養其翻譯日文的能力（其後又分「專門科」和「速成科」兩種），少年人則入「普通學班」，教授日語及普通學科（其後又分「中學科」和「師範科」兩種）。起初由中島自己一人擔任講授，上午教專門學班，下午教普通學班。但不久學生人數增至 280 餘名，由一人講授很是困難。適值有些日人希望一邊當教員一邊學習中國語，所以學社增聘原口新吉等六名日人，分別擔任六個教室的教學工作。

51　有關其他學校，詳參實藤惠秀：《中國人日本留學史稿》（東京：日華學會，1939 年），第六章第三節。

東文學社的入學資格並無年齡限制，只規定「不吸食鴉片者」方能入學，也不收學費，學社的維持費用，全由中島奔走各方籌募而來，[52] 他或編纂書籍，或當家庭教師，甚至向日本議會求捐助。除了為學校公事奔走的費用外，他本人一文不取，以清廉律己。其他一面學習中國語一面授課的教員，每月亦只領取 10 元至 15 元的零用錢。

由於中島為人嚴謹，[53] 對學生的教育又非常熱誠，[54] 故學生人數漸次增加，校舍不敷應用，三度遷徙。1902 年教員人數增至 18 名，教室增至 17 間，在此校執教的日人前後共有 56 人。其中松崎保一、脇光三和沖禎介三人，是日俄戰爭時六名「特別任務團」的成員，因破壞雅魯河鐵橋而被殺；原口新吉其後當了早大的中國語教師；三島海雲後來當了 Calpis（乳酸飲品）公司的總裁；船津輸助來華以前，是留日學生在東京出版的《國民報》名義上的督印人。這群教師算得上懷抱各異，龍蛇混雜。

教師流動性頗大，理由是他們都是為了學習中國語而來執教的，故學會以後，自然各奔前程。又他們之中，也有轉到其他學堂當教習的；這些學堂都因中島斡旋而得以創辦，故可視為東文學社的分支。從這一意義來說，東文學社實在是日本教習的搖籃。學生入學及退學時間雖無硬性規定，其入學數字如下：

---

52 主要的捐助人有：除劉鐵雲捐 1,000 元外，鹽運使楊宗瀛承李鴻章之命每月捐助 100 兩，日本友人某氏每月捐助 200 日元，袁世凱捐購置設備書籍費用 3,000 元，川島浪速捐購買印刷機費 300 日元，嘉納治五郎捐大批書籍，日本駐屯軍將校捐物品，荒甲子之助寄贈愛馬供學社之用。

53 中島治校備有「法三章」：1. 禁飲酒，2. 禁出入花街，3. 禁穿用和服；而自己身體力行。

54 中島極重身教，希望學生能衷心改過。學生如有紀律問題，他就認為自己教得不夠好，於是在學生面前，體罰自己，皮鞭竟至三斷四裂，他稱此為「天鞭」，學生見此，無不失色自省，不敢犯過。寄宿生因伙食問題鬧事，他曾召集學生在食堂內作精神訓話，說諭嚴責，從晚上 8 時至翌日淩晨 4 時，長達數小時之久。為了學會最新式的體操傳授學生，他在百忙中每朝 5 時便到日本駐屯軍軍營學習。

1901 年	801 名
1902 年	331 名
1903 年	141 名
1904 年	189 名
1905 年	137 名
1906 年前半年	168 名

該校的畢業生（包括已獲得翻譯能力而中途退學的學生），或興辦學堂，或創新事業，都能為社會作出貢獻。例如翰林御史蔣式理當上京師大學堂提調，翰林侍講連甲成為山西大學總辦，舉人王金綬受聘為京師大學堂教習。

六年之間，內外交煎，苦心慘澹經營，結果使中島健康大損，迫不得已請求直隸總督袁世凱把學社收歸直隸學務處管轄。學部侍郎嚴修指派留日歸國的張

中島裁之和東文學社學生

瑛緒接手辦理，1906 年 7 月 10 日，在該校第六年度第一學期結業典禮上，同時舉行轉讓儀式。

其後校名改為直隸官立中學校，在張瑛緒主持下，聘日人甲斐寬甲掌教務，並繼聘日本教習多名為教員。1906 年底，以經費不足，學校關閉。1907 年正月再度由日本人籌辦，復用東文學社之名（教員有鈴木直人、齋藤傳壽等），但不如舊日之隆盛。

東文學社創辦以後，北京出現了多所類似的學校，規模不一。如沖禎介（一說橫川省三）創立的文明學堂、保坂直哉創立的日英語學堂、大柴丑松設立的日語速成學堂、黑權道隆創立的日英速成學校、沖禎介開設的振華學堂（以上全部都是東文學社教員分別設立的學校），以及佐佐木安五郎（照山）的東亞善鄰學堂、佐伯信太郎的八旗中學堂等。日文字母 a i u e o（あいうえお）之聲響遍了北京的街頭。

十、在中國的日本教習

日本人在中國所辦的學校，成為一種示範和仿效的典型，因此中國人招聘「日本教習」漸成風尚。同時，很多日本人亦積極受聘為日本教師；而中國人赴日考察教育時，亦往往商妥招聘之事，然後回國。[55]

在 1900 年之前，也有日本教習來到中國。不過，在義和團事件以後，才正式成為一種潮流。應中國招聘的日本教習人數，最多時竟達 600 名之譜。[56]

55 1902 年吳汝綸赴日考察教育三個多月，曾請託日本派遣教習赴華。
56 在 1906 年 7 月完成的《東文學社紀要》上，中島裁之說：「今日居於開導之任者，有五六百人之數。」

有關日本教習的資料，詳見 1909 年中島半次郎辭任天津北洋師範學堂教習歸國後所著的《日清間之教育關係》一書。該書實際上是 1909 年 11 月所作的全中國外籍教習的調查報告。那時，日本教習的全盛期已經過去，但有日人執教的各地學校，為數仍很可觀。

北京	
京師法政學堂、京師法律學堂、北京譯學館、高等巡警學堂、北京電話學堂、京師第一師範學堂優級師範學堂、藝徒學堂、京師五城學堂、工藝官局、淑慎女學堂、四川女學堂、慧仙女學堂、內城女學傳習所、京師第一蒙養院	
直隸省	
保定	直隸法律學堂、直隸法政學堂、模範小學堂、直隸優級師範學堂、高等農學堂
天津	直隸學務公所、直隸工藝局、直隸高等巡警學堂、直隸高等工業學堂、北洋師範學堂、北洋法政學堂、天津兩級師範學堂、天津銀行專修所、直隸學務公所附設音樂體操傳習所
山東省	
濟南	山東全省師範學堂、山東法政學堂、山東高等農林學堂、山東警務學堂
曹州	曹州府普通學堂
芝罘	芝罘毓材學堂
山西省	
太原	山西師範學堂、山西大學堂中齋、山西高等農林學堂、山西法政大學
河南省	
開封	河南優級師範學堂、河南高等學堂
江蘇省	
南京	兩江師範學堂、寧屬初級師範學堂、江南實業學堂、獸醫學堂、南京高等學堂、女學校、女學堂、高等女學校、辨敏女學堂
蘇州	江蘇兩級師範學堂、法政學堂、高等學堂

安徽省	
安慶	安徽師範學堂、安徽高等學堂、中等工業學校、安徽師範學堂、安徽陸軍小學堂、安徽女師範學堂、布政使衙門幼稚園
江西省	
南昌	高等農業學堂、法政學堂、醫學堂、江西高等農業學堂
浙江省	
杭州	杭州醫學校、高等學堂、法政學堂、浙江鐵路學堂、惠與女學校、浙江兩級師範學堂、安定中學堂
嘉興	桐鄉縣學堂
湖州	湖州中學堂
福建省	
福州	福建高等學堂、福建兩級師範學堂、工藝傳習所、農事試驗場、福州幼稚園
湖北省	
武昌	兩湖師範學堂、農務學堂、文普中學堂、湖北商業學堂、湖北法政學堂、方言學堂、湖北女子師範學堂付屬小學堂幼稚園、鐵路學堂
湖南省	
長沙	湖南高等實業學堂、優級師範學堂、模範小學堂、明德學堂
醴陵	醴陵磁業學堂
衡州	南路師範學堂、衡州府中學堂
常德	西路師範學堂
陝西省	
西安	高等學堂優級師範學堂
三原	三原府高等工業學堂

四川省	
成都	四川高等學堂、鐵道學堂、優級師範學堂、通省師範學堂、女子師範學堂、中等工業學堂、中等農政學堂、成都府中學堂、華陽中學堂、軍醫學堂
重慶	重慶府中學堂
資州	資州府中學堂
眉州	眉州府中學堂
永寧	永寧縣中學堂
廣東省	
廣州	兩廣優級師範學堂、廣東官立女子師範學堂、廣東法政學堂、廣東高等巡警學堂、廣東高等工業學堂
肇慶	肇慶府中學堂
貴州省	
貴陽	官立農林學堂、官立優級師範學堂
雲南省	
昆明	省會中等農業學堂
盛京省	
安東	巡警總局
營口	營口工程總局、巡警總局、衛生總局、商業學堂
奉天	商業學堂、農事試驗所、農業學堂、奉天兩級師範學堂、奉天女子師範學堂、奉天森林學堂、奉天工藝傳習所、奉天勸業道署、奉天第一蒙養院、奉天第二蒙養院、奉天師範學堂
鐵嶺	新民府公學堂
康平	蒙古博王府立學校
吉林省	
吉林	吉林中等實業學堂、吉林農業實習學堂、吉林兩級師範學堂、吉林女子師範學堂

當時，中國人聘用的外籍教師總數為 356 人，其中日本人佔 311 名（男 288，女 23），即佔總數 84% 以上。日本人講授的科目有日本語、工業、博物、數學、理化、農業、音樂、手工、體操遊戲、法政、經濟、教育、哲學、地理歷史、醫學、商業、警務、普通學、電話事務、監獄事務、兵科、保姆、手藝、圖畫、造花、織物等等。

這是中島半次郎在 1909 年 11 月調查所得的資料，1906 年最盛期的日本教習據云有 500 名至 600 名。又據某些日本教習的談話和著作，可補充一些中島所未列舉的聘用日本教習的學校如下：

北京	京師大學堂、財政學堂、測繪學堂、八旗中學堂、順天中學堂、淑範女學校、蜀學堂、會文學堂
保定	農工學堂、編譯處、東文學堂、將弁學堂
天津	科學館
直隸省豐台	日新文社
直隸省定州	定武中學
直隸省趙州	趙州學堂
直隸省河頭	止心義學
山西省太原	警務學堂、晉明小學堂
河南省開封	河南大學
江蘇省上海	育材學堂、務本女學堂
江蘇省無錫	（某學堂）
福建省福州	女子職業學校
福建省廈門	瀛廈書院
湖北省武昌	武備學堂、武昌高等巡警學堂
湖北省漢口	仕學院
湖南省長沙	高等學堂

四川省成都	協立四川東文學堂
四川省彭縣	（某學堂）
貴州省貴陽	武備學堂
雲南省昆明	雲南法政學堂
盛京省奉天	奉天武備學堂
盛京新民屯	新民屯師範學堂
蒙古喀喇沁	武備學堂、毓正女學堂

日本教習數目，亦可補加 150 名，即總數可由中島所說的 311 人增至 461 人。[57]

這些日本教習之中，不乏知名人士，例如東京大學教授服部宇之吉和岡田朝太郎，京都大學教授嚴谷孫藏、織田萬和矢野仁一，其後任帝室博物館館長的杉榮三郎，東京最高法院部長松岡義正，監獄學的大家小河滋次郎，早稻田大學教授松平康國、中島半次郎、氏家謙曹、中桐確太郎和渡俊治，大東文化學院教授安井小太郎，東京女子高等師範教授渡邊龍聖；此外，名作家二葉亭四迷（長谷川辰之助）、其後編纂《井上中國語辭典》的井上翠、東洋史大家藤田豐八、中國研究者西山榮久和神田正雄等，也都在這批教習之列。女性方面有：原在橫濱大同學校當教師，嗣因下田歌子推薦到上海務本女學堂，最後任教於蒙古喀喇沁王府毓正女學堂的河原操子；服部宇之吉夫人繁子；島居龍藏夫人君子及後來在日華學會服務而專門幫助女子留日學生的服部升子等。

日本教習在中國學校授課時間所佔的比例，可舉保定師範學堂第一教室的

57 這個數字包括一些兼職人員，其姓名和簡歷，見拙著：《中國人日本留學史稿》，頁 171-185。

上課時間表為例，加以說明：[58]

	第1小時		第2小時		第3小時		第4小時		第5小時		第6小時	
	學科	教習	學科	教習	學科	教習	學科	教習	學科	教習	學科	教習
第1日	農學	竹內	地理	大境	手工	芝本	算學	高	博物	永井	體操	全
第2日	教育	中谷	算學	高	理化	關本	體操	全	地理	大境	史學	韓
第3日	手工	芝本	文法	步	外國史	大境	算學	高	博物	永井	體操	全
第4日	倫理	谷	博物	永井	體操	全	算學	高	農學	竹內	史學	韓
第5日	教育	中谷	地理	大境	算學	高	算學	高	外國史	大境	理化	關本
第6日	圖畫	新納	圖畫	新納	經學	胡	算學	高	史學	韓	體操	全

其中日本教習七人：竹內菊五郎、大境鴻藏、芝本為良、永井勇助、中谷延治、關本幸太郎和新納時哉；中國教習六人（其中姓谷的即谷鍾秀，畢業於早稻田大學，後來中國選舉臨時大總統時，曾任直隸代表，後來又成為段祺瑞內閣的農商總長）。在每週 36 節課中，日本教習擔任 18 節，佔總數一半。

日本教習教書的時候，幾乎全用日語講授，故須由曾經留日或在日人所辦的學校讀過書的中國人傳譯。固然中國話流利的日本教習可以不用傳譯，但為數

58　據〈保定師範學堂各校每星期教授時間表及教習姓名表（光緒三十年九月末至十二月末）〉一文的統計，參看直隸學務處編：《教育雜誌》（1905 年 6 月 15 日），頁 6-7。

不多。就這點看來，這種教學法和日本國內為中國人辦的速成教育的教學法大致相同。

日本教習所得的報酬也沒有一定。以劉坤一的三江師範學堂（疑即後來的兩江師範學堂）為例，該校在東亞同文會斡旋下，聘任 11 名日本教習的條件是：

姓名	資歷	學科	月薪	任期
菊池鎌二郎	文學士	總教習	400 元	3 年
菅虎雄	文學士	倫理及教育	300 元	3 年
松原俊造	理學士	物理化學	300 元	
志田勝民	法學士	理財及商業	300 元	
大森千藏	理學士	博物	250 元	
杉田稔	工學士	工業	200 元	
亘理寬之助		圖畫	200 元	
柳原又熊		日語及翻譯	250 元	
那部武二		日語及翻譯	250 元	
安藤安	農學士	農學	300 元	
岸廉一	醫學士	醫學	300 元	

1907 年以後，日本在華教習人數漸少。主要原因有三：（一）留日學生歸國人數日多；（二）西洋人在華發展教育事業；（三）對日本教習有不良的評價。這些原因，其實與中國、日本和西洋的三邊關係非常密切。現在分別探討如下。

（一）留日學生歸國人數日多

歸國的留日學生，像唐寶鍔、戢翼翬等早期學生，在中國社會獲得了很重要的地位，上文已經交代。不願登仕途的，在新聞界和教育界活動的也很多。歸國的留日學生真正在教育界發揮影響力，相信始自 1902 年左右。《江蘇》第 1

期「本國記事」的〈湖南興學〉中說：

> 省城大學堂於正月間改作高等師範學校，與遊學回湘諸生新立之師範學校並為盛舉。[59]

該誌又報導，北京警務學堂改為高等警務學堂時，原來的十名左右日本教習有半數被解僱，而華籍教習本來只有三四名，卻增至十餘名。這批新增的華籍教習，主要是日本留學畢業回來的人。

日本教習減少的原因，出於中國留日學生歸國者日多，這是當時日人教習異口同聲所指出的。這不能不說是日本對中國留學生教育的成功的明證。但日人教習的減少，並非是說所有「外國教習」都減少，事實上有歐美教習進入中國，取代日本教習的情況。

（二）西洋人在華發展教育事業

作為文明先導的西洋各國，看到日本人獨佔中國新式教育權的趨勢，其焦慮不安之情是不難想像的。

1902 年，東文學社曾與美國人狄尼氏發生衝突。[60] 在華從事教育事業的日本人士中，也有人擔心日本人一旦疏忽大意，歐美人士一定乘虛而入。[61]

日本人在華新式教育全盛之際，被中國人視為「惡魔」的西洋人，便已着手

---

59 《江蘇》第 1 期（1903 年 4 月），頁 142。

60 據《東文學社紀要》，光緒二十八年十月，中島裁之為了應徵充任邯鄲縣學堂教員，曾赴保定拜訪直隸教育顧問渡邊龍聖。渡邊對他說：「我們今天所要考慮者，在如何樹立日人教習的重要性，至於如何防止其他外國人濫竽充數一事，則為次要。」結果，該職由美國人狄尼氏的華籍門生某人入選。狄尼氏在中國北方着手發展教育乃從此時開始。不久，定州中學及趙州中學的英文教席都由其門人充當。因而日美兩國的教育工作者不免發生正面的衝突。例如，趙州學堂的日人教習三島海雲與同校的英語教師梁奎齡（狄尼氏門人）因故衝突，三島抓着梁的頭髮，把梁摔出課堂外。

61 中島裁之指出：若日本人擔心新式教育事業會促成中國強大，因而對日本不利，而不承當教育責任的話，其空缺將馬上由德、美、法、英等國人士所填補。見《東文學社紀要》，頁 180。

在邊壤地區的蒙古內地開設學校，[62] 他們的態度和服裝也盡量做到中國化，對中國人極盡親切周到之能事。青柳篤恒說：

> 其〔美國人開設之學校〕教職員皆諳中國語，瞭解中國風俗人情，對於薰陶中國人之子弟，可謂毫髮無遺，各地皆無不然。彼等碧眼而垂紅毛之辮髮，身着中國衣裳，帶領學童散步於郊外，何其親切。此情此景，吾人常見之矣，另有一番滋味在心頭也。[63]

西洋人士一直在等待機會的來臨。在 1905 年，這個機會突如其來出現了，因為該年日本文部省頒布《清國留學生取締規則》，引起一場風波。（詳見第八章）西洋各國俟機而動，由來已久，碰到這個大好機會，於是迅速展開活動。德國讓清廷的武官入伍受訓，其議會決議補助上海醫學堂 30,000 元，又向中國派遣義務教師。1907 年，美國有人發表了〈中國人不要日本教習〉（Chinese don't want Japanese teachers）的文章，討論有關中國的教育問題，並向日本挑戰，引起各方注意。出洋考察的大臣端方訪美的時候，與耶魯大學、康乃爾大學以及衛理斯妮〔女子〕學院簽署一項協議，三所學校每年接受一定數額的中國學生免費留學。1908 年，老羅斯福總統在該年國會開幕儀式提出諮文，聲言「不惜一切協助中國發展教育」，又率先把庚子賠款中的 1,000 多萬元歸還中國，用以在中國開辦留學美國之前的預備教育。

這些措施，直接間接地使西洋人在中國新教育事業的勢力增長；相反地，也成為日本教習減少的原因之一。

---

62 《太陽》第 9 卷第 1 號（1903 年 1 月）的「時事評論」欄上有〈清韓の教育と日本宗教家〉一文，說：「聞蒙古內地，沙漠之間，法、美等國的傳教士，次第興建學校。又聞美國人拉爾遜能用流暢的蒙古語演說。被中國人視為『惡魔』的人，居然這樣熱心於教育事業。」

63 青柳篤恒：〈支那人教育と日米獨間の國際的競爭〉，載《外交時報》第 122 號。

（三）對日本教習的不良評價

各方面對日本教習的評價都偏低。美國人撰寫的〈中國人不要日本教習〉一文，雖然不是很公正的評論，但頗能掌握日本教習若干弱點，該文說：

> 中國每一所官立學校，皆聘有數位外籍教師，其中多為日本人。對此，吾人不禁有非難之聲。日本人之薪酬較泰西教師低廉，故易招聘。彼等僅具膚淺之知識，即以學者自任。……故此際排斥在華之日本教習，以其他外籍人士代替，實為當前之急務也。[64]

青柳篤恒在〈清國留學生之減少〉一文，談及在華日本教習的缺點時，也和上面引文所指大致相似：

> 俄國等國派至中國之教師，在其本國皆為不可多得之人士，而日本則有派出其本國多餘人物之傾向。而且日本教師於講壇上，動輒據美國某某氏云云，學生聞之，莫不以為日本人但為代銷知識而已。……日本教師中亦有品行惡劣者。[65]

事實上，日本教習當中，學識好、品格高又熱心於中國教育事業者，為數也不少。但大多數能否稱得上教育工作者，不無疑惑。試看《東文學社紀要》或平川清風的《支那共和史》也可知道。平川說：

> 論及日本的影響，吾人不能沉默的是：當時日本並無對中國進行任何

---

64 *New York Daily Tribune*1907 年 6 月 2 日所發表“Chinese don't want Japanese teachers”一文，青柳篤恒以「米紙『支那人の日本教師排斥』論」為題，譯載於《同仁》上。

65 《每日電報》（1907 年 8 月）。

有計劃的、負責任的宣傳。第一，是人選錯誤。當時前往中國，在學堂中任教者，品流複雜，一般而言，並不一定效忠於中國。第二，成為中國學生師表的人，對自己的使命，漫不經意。他們為謀自己的衣食先於為中國設想。第三，他們對中國無充分的瞭解，因而其教授只是機械的，至於應為中國教育何等人材，從未思及。這些錯誤，直接間接地阻礙了中國學生接受日本影響。[66]

（四）其他原因

以上是教育上的原因，此外也有政治上的原因。

日俄戰爭以後，中國國內興起了「收回利權」的熱潮。雖然並未發展成「收回教育權」的運動，但也似乎引發一定的呼聲。

一方面，日本政府對於中國的教育事業比西洋諸國冷淡。1904 年應聘在保定地方執教的兒崎為槌在《教育研究》發表〈中國學生思想界之一般〉的報告，指出西洋教習因得其本國政府的援助，其留華期間比日本教習為長。他說：

> 聞現今某某強國等不斷致力在中國扶植各該國之勢力，謂日本人不過為歐美思想之轉售者而已，並有獎勵各該國教師受聘之事。其國人之應中國之招聘者，頗受優待，不但可帶現職，且可從各該國政府另支薪俸等等，多方保護獎勵之。目下清政府亦僱用歐洲人，通常首期之期限一至，即須解僱，以便以低薪招聘新人，惟舊人亦多願以低薪繼續受聘。蓋此人得自清政府之金錢雖少，其得自本國政府者則多，故優然悠然居留斯地，而能有所作為。見之，實使人生羨也。[67]

66 平川清風：《支那共和史》（上海：春申社，1920 年），頁 41。
67 《教育研究》第 12 號（1904 年）。

日本政府並沒有聯絡和管理日本教習，只予以冷淡的對待，毫無援助。日本的政治家，甚至有人反對教育中國人的。兒崎指出：「一方得本國政府加意之保護，另一方則全無保護，成、敗、利、鈍之數，不待智者亦可明矣。」[68] 他所憂慮的事，不幸終於在數年之後便發生了。

辛亥革命爆發，日本教習幾乎全部歸國。民國成立（1912）以後，秩序漸漸恢復，有些人重新應聘，也有少數則因前清時代的聘約未滿而續約復職。不過，無論如何，不能與昔日相比了。《支那年鑒》（第 3、4 期）所載的〈中國傭聘本邦人名表〉的紀錄中，1914 年受聘的日本教習有 63 名，1916 年減為 27 名。1936 年（民國二十五年），《申報》所載的〈吾國高教所請歐美各國之職員〉報導：歐洲合計 309 人，美洲合計 387 人，其他 8 人。此八人當中，朝鮮佔一人，日本人竟一個也沒有。這種轉變實在令人無限感慨。

十一、清末留日學生數量上的減少與質素上的提高

1906 年清廷頒布了留學規定，學生要具中等以上的學歷，而且要通日本語始許留學。此外，又通電停止派遣速成留學生。（詳見本章第八節）

1907 年留學生已見減少，1909 年約有 5,000 人，其後更銳減；隨着 1911 年辛亥革命爆發，留學生幾乎全部返國。

從 1907 年的留日人數來說，固然是減少了，但從質素方面來說，卻是毋須悲觀。因為學生已經從為「普通學」而留日轉變為為「專門學」而留日。由於大家非議速成教育，主張先學好日語才去留學，以便接受專門的教育。於是，為留

68 《教育研究》第 12 號（1904 年）。

學作準備的日語教育在中國興盛起來。1906 年在開封的日人教師三宅喜代太寫信給中島裁之說：

> 拜啟：近日上諭有云：未通日語而赴日本留學者，其途甚難。故研習日語之風甚盛。本省去年九月諮送六十名留日學生中，有二十五名為習速成科者，可於本年三月畢業歸國，故當可派遣同數之學生以代之。蓋此乃明確之事，故講授日語之學校將更昌盛矣。

中村蘆舟在上海開辦的留學高等預備學校於 1907 年擴張校舍，正是因為受這種影響所致。

島田三郎見到這種趨勢，寫了一篇題為〈日本語學校設立之必要〉[69] 的文章，激動地說：

> ……中國政府以能通日本語為留日資格之一，然身居中國，如何始能習得日語乎？若非設立嚴格之日語學校而教之，則作為學藝階梯之日語亦不可習得者也。欲學齊語，應居齊人之中；欲曉楚語，當處楚人之間。居中國而欲修日語，則事倍功半矣。當今之際，宜於兩國之間，造一語文上之大橋樑，政府若能專司創建嚴格日語學校之責，以中國人為教育對象，並與中國官憲締約，為彼國之學生，教授預備留學之日語課程，則於彼之利，無有過之矣。而彼等學成之後，能以吾國之語文，解吾國之事，以吾國之語文，授吾國之學。此實為日本語文傳播於中國之一大通道也。

這些為中國學生開辦留學日語先修專門學校的呼籲，不啻為進軍的號角，

---

69 《太陽》第 12 卷第 13 號（1907 年）。

長澤孝享的高等日語學堂想亦因此而設。

1907 年，有志入學高等專門學校的中國學生就多達 2,000 人。為此，當時的中國駐日公使李家駒與日本文部省交涉，簽訂協定，由五所日本官立學校（最初 11 所）接受中國學生入學。其要點是：

——自光緒三十四年（1908）以後 15 年內，第一高等學校每年招收中國學生 65 人，東京高等師範學校 25 人，東京高等工業學校 40 人，山口高等商業學校 25 人，千葉醫學專門學校 10 人，合計 165 人。中國政府補助每名學生教育費每年由 200 日元至 250 日元不等，由中國公使館交各該學校。

——以上 165 名額，直隸、奉天、山東、河南、江蘇、江西、安徽、浙江、福建、湖北、湖南、廣東、四川等大省各派九名。吉林、黑龍江、山西、陝西、甘肅、新疆、廣西、貴州、雲南等各派六名。其經費分由各省負擔。

——各校參加入學考試及格者，得選為官費生；學生之教育費（補助費）及學費，每名每年平均為 650 日元。

這個協定其後按步實施。1908、1909 及 1910 三年間，進入五所日本官立學校的留學生人數共 460 餘人。

這協定簽訂以前，在日本負責中國留學生教育的學校，以教授普通學科為主要目的，日語教育只屬附帶的，有些甚至根本沒有教授日語。可是先修日語，現在成為非常重要的事。這種先修日語的教育，除了由原來的成城學校、東京同文書院、志成學校等校擔當外，還新辦一些名為高等日語學堂的學校。

中村蘆舟在上海經營的留學高等預備學校，1907 年擴充校舍，增加學額，大概也是沿着這趨勢而發展的。

至於中國有關當局，也有人感到留學生抵日之後才開始修習日語是不合算的，因此學部在 1911 年舊曆六月奏請在北京設立學校，作為日本高等五校的預備學堂，雖然已獲批准，但因同年 10 月 10 日發生了武昌革命而宣告流產。民國以後，五校特約協定，由於各省經費不足而步調不齊，以致未能按預定計劃行事。1907 年 8 月，青柳篤恒為文指出：「由於中國的排日思想勃興，近日東來的留學生數字顯著減少，這是無可隱諱的事實。……」[70] 1908 年 7 月，在早稻田大學清國留學生部第一屆畢業典禮中，教務主任青柳篤恒演說稱：

> 留學日本的中國學生一時號稱多達一萬三四千人，這不是正確的統計數字。……那是因為一人同時兼有二三所學校的學籍，卻分別累加的緣故。……其實，我以為最多時也只有八千人。今日學生人數已顯著減少，官費公費學生合計三千五百人，充其量也不過四千人而已。[71]

文部省編纂《學制五十年史》的附錄〈中日親善教育的設施〉亦這樣說：

> 中國留日學生最多的時期是 1902 年至 1908 年期間。如 1906 年，數目實超過七千人。其後每年人數漸減，至 1909 年尚不少於五千人。然至 1912 年，其數遽減至一千四百人，這是由於當時中國發生革命，多數學生返國所致。[72]

由此可見各方數字雖然略有出入，但留日人數漸減，卻是不容爭辯的事實。青柳篤恒的前述演說，提到留日人數減少的四種原因：

70　青柳篤恒：〈清國留學生の減少〉，載《每日電報》（1907 年 8 月）。
71　《早稻田學報》（1908 年 7 月）。
72　〈日支親善の教育的施設〉，文部省編纂：《學制五十年史》（東京：文部省，1922 年），附錄頁 2。

（一）短期（速成）學科的全部廢止；

（二）中國普通教育機關的普及；

（三）因軍備擴張而教育經費削減；

（四）貨幣貶值。

此外，我們尚可舉出歐美諸國的活躍以及日本政治家的冷淡等原因。如本章第十節所述，西洋各國對《清國留學生取締規則》所引起的留日學生歸國風潮，無不鼓掌稱慶，認為這是奪取日本獨佔中國新教育權的大好時機。

特別是美國，不單不滿足於在中國招收學生留學美國，更在日本國內努力展開同樣的工作。美國基督教青年會在美國駐日公使館的協助下，向中國駐日公使館和與中國留日教育有關的日本學校進行極其詳細的調查，範圍包括各校留日學生人數、修業期限、教授科目、教授法、學費、宿舍，以至留日學生的膳食問題等等。隨後又在東京的神田青年會館內設立「華人青年會」，開始教授英語，且在早稻田鶴卷町設立分校，在 1907 年一年之內招收了稱為「教友」的學生 800 名至 900 名，不久又在小石川切支丹坂興建了宿舍。（後來在神田興建獨立的中華留日基督教青年會，成為日後中國留日學生活動的大本營。）

經過美國這番努力，留學日本之後，再去美國深造的學生似乎愈來愈多。[73] 不單是德國和美國，英國和俄國也不斷努力在中國的教育事業中爭一席位。

正當西洋各國官民一致努力在中國發展教育事業時，在日本國內，民間雖有一些相當熱心的人士，政府卻採取相反的態度，有些人甚至對中國留日教育事業大加反對。青柳篤恒指出了這種現狀：

73　如頁 064 圖中的胡彬夏女士，其後留學美國，十分活躍，為學生會幹事及其機關刊物的編輯等。慕琿的隨筆集《幽默的叫賣聲》中的〈男女共學〉一文說：「胡彬夏女士來校演講……」，又鄒韜奮的《經歷》中也有：「商務印書館所出版的《婦女雜誌》，掌筆政的是朱胡彬夏。」

吾國駐清公使林董閣下於東洋協會演說曰：「為數逾萬之學生，一時之間委託日本施予教育，清廷固有不是之處，然接納一方之日本，亦屬不當也。」敢問公使閣下，知否多培育一名中國青年，即為日本所以進一步擴張勢力於大陸之計也。[74]

青柳氏又說：

日本向來敬畏西洋諸國，而內心則極之輕視中國，此斷乎不可也。……當今首相西園寺公望侯爵就中國留學生之教育，近日曾對余之友人曰：「日本因中國留學生之教育事，往往與歐美諸國產生甚多外交上之紛爭，余甚感遺憾。余以為欲使日本對歐美外交能圓滿進行，當盡速結束對中國留日學生之教育。且中國青年遊學日本，抑亦一大謬誤也。何哉？蓋日本之文明遠不及歐美先進諸國，故中國斷不能得青出於藍之譽，即達至與日本同程度之文明亦不易也。中國青年欲求改革本國之資於海外者，不如遊學歐美。」如是云云，公允與否，亦未可知。惟該侯爵果為大日本帝國之大宰相乎？抑將為他國之人乎？吾人不能無疑也。彼於日中兩國之關係，持如此冷淡之意見，而與歐美諸國之交際，徒具形式，何異刀筆小吏執掌例行事務，豈能盡一國外交之能事乎？據此亦可忖知以留法之西園寺侯爵為首之政府之對華政策耳。[75]

1909 年 3 月，京師大學堂總教習服部宇之吉發表〈對中國人教育之我見〉一文，說明歐美各國如何活躍地為中國教育事業而工作，透露了身為日本人而不得不擔心和嫉妒的心情：

---

74 青柳篤恒：〈支那人教育と日米獨間の國際的競爭〉，載《外交時報》第 122 號。
75 青柳篤恒：〈現政府の對清政策を難んず〉，載《外交時報》第 124 號（1908 年 3 月）。

> 以前雖亦有日本人在中國經營學校，但除同文書院之外，都是我一人之力辦起來的。……但這些事業其實應由國家或公眾之力來辦理的。[76]

故此，他主張縱使日本不能效法西洋各國在中國開辦大學，至少也要大大擴張日本國內的大學，為中國留日學生提供完全的教育。可惜當時的政府不為所動。

由於速成教育的廢止與留學生人數的減少。1909 年夏天，曾經擁有五所分校而為留學生教育重鎮的弘文學院，首先被迫停辦。接着在 1910 年 3 月，經緯學堂也停辦了。同年 9 月，早稻田大學的清國留學生部亦跟着關閉。東斌學堂、法政大學、東洋大學等校的留學生部相繼停辦。只有負責日語先修教育的成城學校、東京同文書院、高等日語學堂等，仍可繼續辦下去。

在留日學生不斷減少的過程中，辛亥革命爆發了。經常關心中國政治前途的留日學生都放下學業，爭相回國。由於他們在日本培育和凝聚了一股力量，故此成為推動辛亥革命的核心力量。

十二、民國初年的留日學生

1912 年 1 月 1 日，中華民國誕生，孫中山就任為臨時大總統。2 月 12 日，宣統帝遜位。3 月 10 日，袁世凱成為正式的大總統。政局稍安以後，對革命有功人士的子弟，很多被派到日本留學。光是黃興部下的留學生一度就有 600 名之多。

76　服部宇之吉：〈支那教育に對する所見〉，載《中央公論》第 14 卷第 3 號（1909 年 3 月）。

袁世凱成為大總統以後，政治日非，暗殺宋教仁事件和引入外資[77]等事，暴露其反動的本質，於是國民黨起而反對。1913 年 7 月，在江西爆發了「二次革命」，但由於國民黨人士步伐不一，反袁起義僅歷一個月即被袁世凱擊敗，其領導人相率逃亡日本或美國，孫中山先逃到台灣，其後抵東京。1914 年組織了中華革命黨，在他的周圍集結了陳其美、戴天仇、居正、田桐等人。大批亡命客和留學生亦追隨而至，群集東京。

袁世凱的反動性日益暴露，一心想當皇帝，大搞尊孔運動，一面大事舉行祭孔活動，一面要在憲法中規定孔教為國教。一些對辛亥革命感到幻滅而且參加新文化運動的知識分子，現在更看清楚了袁氏的野心，於是展開反帝政運動。《新青年》雜誌（1915 年 9 月創刊）成為他們的中心。《新青年》以打倒孔家店為起點，反對舊禮教、舊習慣和舊文學。《新青年》的主筆陳獨秀以及李大釗、錢玄同、高一涵等人都是留日學生。

以《新青年》為中心的文學革命，成效甚速。一個新文學的繁榮時代迅速來臨，新文學作家魯迅、郭沫若、周作人、郁達夫、田漢、張資平等，大部分是從日本留學歸來或正在日本留學的人。

1913 年 4 月發行的《讜報》（留日共和黨機關刊物）刊登〈日本東京留日學生經理員會議處廣告〉說：「民國成立以來，青年好學之士，紛紛自費負笈東渡，現在東京者已達二千人以上，來者日眾。」[78]描述中國留日學生眾生相的小說《留東外史》，其卷端說：「民國三年十二月十五日下午三時，半天塵霧，一室陰霾，此時此景，即使不肖生（作者）憶起兀坐東京之旅館，起草《留東外史》之情。」[79]接着又說：「原來我國之人，現居日本者有一萬餘人，除公使館職

---

77 譯者注：是指 1913 年袁世凱政府與英、德、法、俄、日五國政府組成的借款團所締結的借款條約。總額是 2,500 萬英鎊，利率 5 分，償還年期為 47 年。袁世凱以這筆借款作為增強北洋軍隊實力的經費，此舉是引發起「二次革命」的一個主要原因。中國人一般稱這次借款為「善後大借款」。

78 《讜報》（1913 年 4 月）。

79 不肖生：《留東外史》（上海：世界書局，1925 年），頁 1。

員及各省經理員外，概可分四類。」[80] 亦即不肖生印象中，1914 年的留日學生約有 10,000 人之譜。可是，作者在《留東外史補》的記載，數目增加一倍：

> 民國八年〔1919〕十二月，不肖生因個人事業上的關係，重渡日本，舊遊重到，物是人非。回想五年前留學生和亡命客的盛況，不禁感慨無窮。五年前〔1914〕的留學生，公費私費合算起來，人數將近兩萬。亡命客來來去去，數目雖難以確定，然大小人物及其眷屬，以及投降袁世凱後仍頂着亡命客頭銜充老袁私家偵探的，總共算起來，也有三千人左右，不可謂不是極一時之盛了。[81]

因為這是一部通俗小說，當然不能視作真實史料，關於留日學生數目又有 10,000 和 20,000 兩種異說，當然不能遽然信之。不過，1914 年留日學生之多，是不難想像的。

松本龜次郎的《中華留學生教育小史》說：

> 1913 年至 1914 年間，留學生人數頗多，最少也有 5,000 至 6,000 人，僅次於日俄戰爭前後的最盛時期。[82]

20,000 和五六千之間，當然是巨大的差異。我認為較低的估計比較妥當，[83] 故認為松本氏的數字較為接近事實。

由於留學生再次大舉赴日，除了一直未有停辦的高等日語學堂外，以前從

80 《留東外史》，頁 1。

81 不肖生：《留東外史補》（上海：世界書局，1926 年），頁 1。

82 《中華留學生教育小史》，頁 69。

83 當時報章雜誌等資料，眾說紛紜，有些說 4,000，有些說 6,000，有些說 8,000，也更有說 10,000 的。可是，據日華學會的調查，到 1935 年為止，總數實為 3,781 人。見該會《第五版中華學生名簿》。

事留學生教育的成城學校和東京同文書院得以復課，中華基督教青年會館及其在下戶塚的分會也開辦了日語課。

除了這些復課的學校外，又有下列新設的學校：

1. 日華學院

前弘文學院教授松下大三郎在 1909 年弘文學院閉校以後，應學生的請求，在中華基督教青年會等地方，教授日語。辛亥革命後，留日學生再度激增，故借用神田猿樂町數理學院的教室，創辦日華學院。但當東亞高等預備學校在 1914 年成立後，這學院便與高等日語學堂一齊停辦。

2. 浩然廬

這是國民黨員殷汝驪在東京大森創設的私立軍事學校，主要是收容二次革命後流亡日本的人士。由陸軍大學等校的日人教官義務任教，講授時用即時傳譯。其後因某種原因關閉，學生轉到寺尾博士的政法學校。

3. 東亞高等預備學校

先在弘文學院任教，繼而出任北京京師法政學堂教習的松本龜次郎，在 1912 年 3 月歸國，任教於東京府立第一中學，同時又在中華基督教青年會戶塚支部等處教授日語。旋因留學生的請求，於 1913 年 8 月辭去一中的教職，專心主持留日學生的教育事宜。先後借用日本大學及大成館的教室上課，又得友人（三矢重松、植木直一郎、山根藤七、吉澤嘉壽之丞）的協助，教授日語。自二次革命以來，留日人數不斷增加。原有的三四間課室實在無法容納，故於 1914 年 1 月在神田區中猿樂町新建校舍，校名定為「日華同人共立東亞高等預備學校」(「日華同人共立」的校名是為了紀念湖南省留日學生曾橫海在創校時的功勞),所授學科除日語外,還增加了英語、數學、物理、化學、繪圖學等。

這所學校像同類其他學校(如同文書院、成城學校等)一樣,沒有學年制度,採用講座式,每一分科每日授課兩小時,以兩個月乃至三四個月為一段落,准許兼修其他學科,並有減費的優待,新到的留日學生入學時還可以隨時增加組別。因為得地利之宜,留日學生集於此校的甚多,約佔當時留日學生總數的三分之二。

留日學生的人數,難免時有增減,在激增之時,要全部容納是不可能的事,驟減之際,要空置大量課室來等待也是難事。但是,松本曾立誓:「即使沒有一個留日學生,校門亦要永遠為他們開放。」為了持久地維持這所學校,[84]由伊集院彥吉和澀澤榮一多方斡旋,得到實業界及其他人士[85]的捐助,在 1919 年買下了在神田區中猿樂町的校址,增建成三層高、530 餘坪的廣袤校舍。於 1920 年 3 月,更成為財團法人。其後,改由日華學會經營,易名為東亞學校,成為留學生教育的一個大本營。

4. 政法學校

寺尾亨在 1914 年 2 月租借神田區錦町的東京工科學校一部分校舍,創辦了政法學校。這所學校主要是孫中山和黃興等一班政界人物,為了收容二次革命失敗而流亡日本的人士而設立的;該校的贊助者和當事者大都是中日兩國的名

84 由於當時就業無大困難,故不必考慮因留日學生人數減退引致的教職員的生活問題,但校舍的維持費卻是真正的問題。

85 主要的捐款者有:三井、三菱、正金、滿鐵、台銀、郵船、古河,東亞興業等公司;以及門野重九郎、加藤定吉、高木陸郎、巖谷孫藏、服部宇之吉、飯田邦彥、三矢重松、杉榮三郎等人。

士。[86] 講師由多位日本國立大學博士充任。授課時用即時傳譯，經費初由中國國民黨的巨頭負擔，後由中華民國駐日公使館人員居間協助，不足之數再由寺尾博士向日本企業家募捐。

該校本來計劃發展成為大學，但時勢日非，目標不能達成，1920 年終於停辦。

1914 年，第一次世界大戰爆發，日本對德宣戰，佔領了膠州灣。1915 年 1 月，日本向中國提出了「二十一條」的要求。

「二十一條」分為五部分：

（1）日本得繼承德國在山東的一切權益，並享有敷設新鐵路之權；中國不得將山東省內及沿海土地島嶼讓予或租予他國。

（2）中國承認日本在南滿及東蒙的優越地位；日本人得在南滿與東蒙享有土地租借權、所有權，以及營業與礦山開採等權益；並延長旅順、大連的租借期及南滿、安奉兩鐵路管理期為 99 年。

（3）規定漢冶萍公司由中日合辦，該公司屬下各礦及其附近的礦山，不准他人開採。

（4）中國政府保證：中國沿海所有的港灣和島嶼概不讓予或租予他國。

（5）中國政府須聘用日人充任政治、財政、軍事等顧問；允給日本人在中國國內所設寺院、醫院、學校的土地所有權；中國警務為中日合辦，或須僱用多數日人充任警官；中國所需軍械的半數以上，向日本採購，或合辦軍械廠；日本得在華中及華南建築新鐵路；日本對於開發福建省，籌辦鐵道、礦山，整頓海港等，均擁有優先權。

---

86 據〈政法學校紀要〉，贊助人：孫文、岑春煊、王家襄、張繼、王正廷、李烈鈞、陸宗輿、仇鰲、頭山滿、安川敬一郎、小池張造、水野梅曉等；董事（理事）：湯化龍、吳景濂、章宗祥、殷汝驪、劉崇傑、孫潤宇、犬養毅、林權助、伊集院彥吉、倉知鐵吉等；參事：戴天仇、殷汝耕、鍾錯、張定、川崎萬藏等。

松本龜次郎和東亞高等預備學校

這一系列的條款其實是要把中國淪為日本的附屬國，所以中國國內發生了抵制日貨的運動，而留日學生亦憤慨地大舉歸國。日本卒把「二十一條」的最後數條撤回，才於 5 月 9 日得北洋政府的承諾，而中國則把這一天定為國恥日。

1916 年袁世凱死去，國民黨系的逃亡人士相率歸國。這一年的留日學生數目，據《民彝》所記：「留日學生是國民的優秀分子，而人數之多，亦在四千以上。」[87] 該刊同時刊載李翰章在留日學生總會的演講，說：「今日我國五千餘留日同學，追祭黃花崗七十二烈士及宋遯初（教仁）先生……」[88] 兩文所提數目雖有差異，但可見人數已較上年減少了。

87 〈中華民國留日學生總會緣起〉，載《民彝》創刊號（1915 年 5 月）。
88 同上。

1917 年，蘇聯誕生了。翌年，第一次世界大戰結束，日本為了打擊蘇聯，想與中國共同出兵西伯利亞，便秘密地尋求北洋政府的合作。留日學生得此消息，咸表憤慨，組織救國團返國者人數甚多。

1919 年召開的巴黎和會上，中國要求日本歸還山東權益而遭拒絕。憤怒的北京大學學生發動了大型示威，焚燒「親日派」的交通總長曹汝霖（條約的簽署人）的住宅，打傷駐日公使章宗祥，狙擊幣制局總裁陸宗輿（三人皆為留日學生）。全國學生的排日運動風起雲湧，抵制日貨的浪潮也一天天地高漲，這就是五四運動。

由於世界大戰，日本成了暴發戶，而國內物價高騰。加之中國方面，由於軍閥兼併，各省留學費用被挪作軍事開支，因此留日學生數目大為減少。據《留東外史補》所載，1919 年的留日學生數目較兩三年前減少八至九成；歸國的學生中，十分之三四是為了表示排日；十分之五六是因軍閥的私鬥而喪失留學公費。人數減少了八至九成的說法，恐為過甚其辭，不過人數減少卻是事實。《私立成城學校留學生部沿革》也說：「……如 1906 年、1912 年、1916 年及 1919 年幾次全體學生歸國，都予學校經營者甚大的打擊。」[89] 亦證明了此事。

留日學生減少的趨勢，似乎引起日本方面的憂慮，於是有意改變對中國留日學生冷漠無援的故態，設立了統籌留日學生事務的機關，這便是日華學會。

1911 年辛亥革命發生之際，留日學生如浪潮般地湧回中國去，其中有不少人缺乏旅費。由於這次集體返國與對日感情無關，一些與中國關係較密切的日本實業家 [90] 組織了「留學生同情會」，籌集十數萬日元，通過文部省和中國公使館借給留日學生，讓他們可以回國。其後，中國教育部交還這筆款項，於是有人研究要把它用於對留學生有益的事業上。1918 年 4 月，終於作成定案，成立了日華學會財團法人。會長是日本樞密院副議長小松原英太郎，常務理事是前東京府

89 譯者注：據原書所引《私立成城學校留學生部沿革》轉譯，但頁碼未注明。

90 三井物產公司的山本條太郎和日清汽船公司的白岩龍平等是主要倡議人。

視學官濱野虎吉，顧問大都是中日兩國知名熱心人士。[91] 該會創立的宗旨是：「為對中國留日學生聊表薄意，稍減其作客異鄉之不便，兼為中國赴日視察觀光之人士作東道，期效斡旋之勞。」

可是，該會成立之際，正碰上共同出兵西伯利亞的問題，憤而歸國的留學生認為該會是日本向他們施展的懷柔手段，而當時受委為留學生監督準備赴任的江庸，風聞將被邀作日華學會會長，亦表示不願前往出任（江庸於 1918 年 5 月到任）。小松原會長亦不急於求事功，待機而動，徐徐做了些分內的事。相繼出任會長的有澀澤榮一男爵（1920）、德川慶久侯爵（1921）、細川護立侯爵（1922）等。

1921 年度，文部省補助日華學會 15 萬日元經營留日學生宿舍，這是日本政府首次資助民辦的留日學生教育事業。

其後，該會所做的工作，包括經營宿舍、介紹和指導留日學生、居間協助中國人赴日視察和觀光、發行《日華學報》，後來也兼營東亞學校，成為中國人留學日本的門戶和接待處。

1919 年 2 月，長期從事留日教育的成城學校留學生部，獲得日本實業家望月軍四郎 50 萬日元的捐款，這是因為望月訪問美國時，目睹美國對待中國留學生最為優裕，使中國留學生對美國發生好感，從而促進中美兩國政府及國民之間良好的關係，在慨歎日本官民忽視中國留日教育之餘，故有此舉。成城學校旋於 1929 年至 1930 年間在砧村興建永久的學生宿舍和校舍，與東亞學校同為留日學生教育的大本營。

簡言之，民國以後，留日教育史的特徵是日本官民大體上對留日教育漸漸關心起來。其原因有：（1）「二十一條」問題以來，兩國國交惡化，留日學生多

91 據 1930 年 1 月《日華學報》所載會長細川護立的〈庚午の年頭に本會の前途を祝す〉一文，日本方面的顧問是澀澤男爵（榮一）、清浦子爵（奎吾）、岡部子爵（長景）、山川男爵（健次郎）、近藤男爵、益田男爵、田所美治、豐川良平、澤柳政太郎；中華民國方面的顧問是江庸。

投身於反對運動；（2）第一次世界大戰後，日本百物騰貴，導致留日學生人數激減；（3）熱心於留日教育的人士，積極起來。

中國留日學生問題亦首次被提到日本國會上，成為辯論的議題之一。

十三、日本國會中關於留日學生問題的議論

明治末期（1900-1912）在北京創立東文學社而致力於中國教育事業的中島裁之，為了使中國教育事業得到日本政府的補助多次返國活動，向國會（帝國議會）請願，但因時機未成熟，無功而回。

1918 年以降，由於中國學生到日本者日見減少，而赴西洋者則日見增多，日本政治家中終於有人寄予關切。同時，以東亞高等預備學校校長松本龜次郎為首，直接從事中國教育的日本人士也希望此一局面有所改善。因此，自第 40 屆國會（1918）以來，留日學生的教育問題被提到國會上，成為國會的議題，亦第一次成為一項政治的問題。其後的第 43 屆國會（1920）、第 44 屆國會（1921）和第 45 屆國會（1922），都曾先後辯論這個問題。

第 40 屆國會上，高橋本吉等五名議員提出〈有關中國人教育的建議案〉（1918 年 3 月 20 日）說：

> 發揚東洋之文化，為完美之人文社會作出貢獻，乃吾國之責任。尤以協助中國人之教育，實為敦睦邦交、確保東洋和平之急務，望政府從速制定適當之措施。

為了作更進一步地說明，高橋氏首先指出中日親善乃日本國民的要求，但當時的實況卻使人感到遺憾。繼而他提及西洋人在中國經營的高等學校，說：

就讀於美國教會大學的學生有3,776人，英國教會大學的學生有3,767人，而在英美合辦的協同大學攻讀的學生有1,919人，三者合共9,462人。每年約有2,000人從這些西洋人主理的大學畢業。

他指責自己的國家雖然口口聲聲維護東洋和平，卻沒有負起這個責任，還裝出若無其事的樣子。他希望在日本國民的支持下，能夠在中國開辦一所大學。接着把話題轉到留日學生的事情上，說：

（本建議案的）另一精神是希望日本能改變對留日學生的待遇。1906、1907年之際，東京周圍約有中國留日學生一萬人以上。那時，我剛從美國留學返國，我以過來人的身份看到中國留日學生的遭遇，不得不對他們寄予深切同情。雖然東京到處都貼有「空房待租」的招紙，而且也有表明歡迎中國人租用的字，但歡迎的方式卻不敢恭維。日本的私立學校，雖也收容不少中國學生，這不過是為了增加學校的收入而已，其教育方法也不敢恭維。我與憲政會的關君等同在美國普林斯頓大學校長威爾遜博士門下受教育，校長對我們說了以下的一番話，謂：「你們回國以後，若為人道和人類的幸福而努力，將會比在美洲的學生有更大的效果……」

（頗多議員交頭接耳）

議長（大岡育造）：請全院肅靜。

高橋本吉：亦即是說美國的教育是以對人道作出貢獻為目的的教育。日本對中國留日學生的教育果有這樣高尚的理想嗎？我相信不得不要大加研究一番。（拍掌聲）假如有所謂為日本的利益而教育中國人，中國人是不會對此感謝的。我相信只有為中國人的利益而教育，才真正有利於東洋和平。（拍掌聲）

他繼續呼籲日本人給予留日學生溫情的照顧。他說：「不要迫他們住在低級的公寓（下宿屋），也不要讓他們過不三不四的生活，應該使他們接觸我們自己日常的生活。」日本教育部對留日學生的學校加強注意，並非意味着只為限制或管理他們，而應為教育的效果着想。又說：「可能的話，開辦宿舍或其他適當的設施」，讓他們住，讓日本的上流社會與他們接觸，給予他們參觀學習等的方便。最後，高橋在結論時說：「希望政府把這些要求作為國民的呼聲切實施行。……因為留日教育問題並非黨派間的問題，因此期望得到國會全體贊成，而達成此一志願。」

就此一問題，議長任命頭本元貞、高橋本吉、一宮房治郎、長峰與一、森本是一郎、樋口勇雄、關和知、菊池良一、柏原文太郎共九名議員，組成九人委員會研議。

三日後（23 日），關和知及四名人士另外提出《關於日中文化設施之建議案》：

有關日中文化設施之建議

日中兩國文化，不僅過往有不可分離之關係，即對將來東洋民族之發展與進步，亦有極大之關係。故講求兩國國民思想教化上融洽協和之道，實為所謂日中親善根本之義，亦為東亞百年大計之所在也。近來，我國對中國人教育之事業漸形衰退，兩國國民亦疏離隔閡。故於此時，大力增強中國人教育之設施，努力誘掖鄰邦國民之教化，實為帝國於東亞之責任，抑亦為帝國所以貢獻於世界文明者也。政府應從速講求相應之措施。謹建議如上。

這個建議案與三日前高橋本吉等的建議案同一旨趣，所以一併交付九人委員會研議。

3 月 26 日，委員會主席頭本元貞提交報告，上述兩議案均無一人反對，故兩案合為一案（高橋案稍有修正）處理，提出下列三項要求：

（一）對中國留日學生之教育及待遇，提供更便利之設施；

（二）日中兩國合作於中國設立高等教育之設施；

（三）為促進在中國修習日語，應謀求適當之方法。

這個議案卒獲無異議通過。

第 43 屆國會中，由清水留三郎提議，小山松壽及其他 33 名議員和議的〈關於中華民國留日學生之質詢書〉（1920 年 7 月 19 日）這樣說：

> 來日之中華民國留學生歸國之後，多成為排日論者，而留學美國之歸國者卻多成為親美論者，對此現狀，政府將採何種方針？

這是有感於 1919 年「五四運動」以來的排日風潮而起的質問。對此，政府的答辯書如下：

> 政府向來為中國留日學生之學習努力謀求種種便利，將來可望漸漸產生更多實效。
>
> 1920 年 7 月 24 日
>
> 文部大臣中橋德五郎

在第 44 屆國會中，清水留三郎也得到 30 名議員的和議，提出相同的質詢（1921 年 2 月 9 日）。今次的質詢書除了加添總論之外，更提出如下三項問題：

（一）中國留日學生所以成為排日論者，乃因日本對華方針的不一致；

（二）美國在華設有機關，使美國官民與歸國留學生能交流意見；

（三）日本各地的中國留學生，往往受到學校冷漠的對待、公寓管理人的剝削，以及一般日本人的輕慢侮辱，種下不平憤懣的種子。又因為接觸中等以上的家庭的機會甚少，難以感到家庭的溫暖。故在日本留學之際，既對日本抱有惡感，歸國之後成為排日論者，自是當然之理。政府對此所採的方針為何？又今後的對策為何？

同月 22 日，由中橋文部大臣、內田外務大臣及床次內務大臣聯署答辯，大意是政府向來都注意有關問題，今後官民雙方更會致力改善。

在同屆國會中，一宮房治郎亦提出《關於中華民國留日學生教育之建議案》（1921 年 3 月 24 日呈上），希望政府實行以下事項：

（一）對中華民國留日學生提供各種經濟上援助。

（二）對中華民國留日學生開放各種學校的大門，不必計較煩瑣呆板的規定，簡化其入學手續。

（三）對專為中華民國留日學生而設、提供以日本語為主之中等程度的預備教育，其成績昭著的私立學校，予以相當保護，充實其設備，以收完全教育的效果。

（四）我國文部省與中華民國教育部之間，曾協議每年派遣定額官費留日學生入讀第一高等學校、東京高等工業學校、東京高等師範學校及千葉醫學專門學校。此協議在 1922 年度將屆期滿。政府與中國當局，應坦誠交涉，訂立永久之協定，且盡可能增加官費留日學生名額，又除上述四校以外，亦應訂立廣泛收容計劃。

（五）應研究中國留日學生之實況，予以善導，使其瞭解我國真實國情，以達成原有之教育宗旨，使無感遺憾，故當設立中國留日學生教育調查會之類的機關，而以精通中國事情之朝野人士組織之。

一宮議員對此作了補充說明：

> 留日學生曾達數萬之數，但有漸離我國而轉向歐美的傾向，對號為睦鄰之我國，實為一大可憂的現象。

他繼續報告，美國正利用庚子賠款建立留美制度，美國洛克菲勒基金會又積極活動，倫敦有開辦中英大學的計劃，法國亦就招收中國留法學生事，正與中國洽商之中。最後，他建議：

> 當然，極力贊助此等文化事業，民間的努力，固屬必要；政府亦當有相當的設施，使該等學生安心留學於我國，或可更廣招徠。為中國的文化事業作出貢獻，實為本案提出之理由也。

這個提案卒交專責委員會研議；主席坂上貞信於 3 月 26 日代表該委員會提出修正報告，獲得通過。

第 45 屆議會中，東亞高等預備學校校長松本龜次郎及其他六名人士，因得議員一宮房治郎介紹，向國會提交〈關於中華民國留日學生教育之請願書〉，在 1922 年 3 月 14 日獲得國會接受。其要旨是：「關於中國留日學生教育，政府開辦相當之設施，實為必要。據一般之意見，對中華民國留日學生之教育費應列入預算之中，且應對中華民國留日學生之教育設施，予以改善。」〔以上引文據《大日本帝國議會誌》〕

由於以上一連串的建議、質問和請願，日華學會獲得經營宿舍的補助（詳見本章第十二節），日本文部省將留日學生教育費列入預算之內，並設立了對華文化事業部。

1908 年清朝駐日公使與日本文部省之間有「特約五校」之協定。據此，中國政府為每一名留日學生繳納 200 日元至 250 日元委託費，作為各該校的教育經費。可是，這種例子是其他國家所沒有的。縱使國家經費非常困難，也沒有不收委託費就不能辦外國留學生教育事業的道理。從敦睦國際情誼的觀點來看，更是說不過去。這樣的議論當時甚盛，終於從 1919 年至 1920 年間開始，日本謝絕中國方面的委託費，在文部省的預算內，撥出 70,000 日元至 80,000 日元作為中國留日學生的教育經費。

外務省對華文化事業部在 1924 年成立。這是由於第 46 屆國會中，政府建議的對華文化事業特別會計法獲得通過（1923 年 3 月）而得以實現的。這個機關利用庚子賠款資助下列事項：

（一）關於在中國應辦之教育、學藝、衛生、救恤及其他發展文化之事業；

（二）對居留日本之中國人士推展前項所述之事業；

（三）在日本進行有關中國學術研究之事業。

其第二項，雖然日本政府決定對留日學生給予學費補助，可是留日學生表示一概拒絕。1923 年 6 月 26 日，留日學生總會發表宣言，認為這些補助，包藏日本文化侵略的禍心，故不能接受。當時（7 月）刊行的小冊子《中華民國留日學生關於排日問題之宣言》，這樣說：

> 最近，中華民國對日經濟絕交，勵行排斥日貨運動，以風起雲湧之勢，風靡四百餘州，大有根本推翻日本在民國的經濟地位的形勢。日本朝野人士始以產業前途危機為念，一改向來冷眼苦笑的態度，鳩首凝議，埋頭研求對策。此豈非慘澹黑暗的中日邦交前途，流露一線光明，我們不禁欣幸。深盼值此機會，兩國國民充分諒解，改善國交。並就排日風潮的因果關係及其對策，聊獻一言，供日本人士參考。
>
> 排日的原因，決非如日本人所言，謂係英美所煽動，內政上的利用，或商業上不正當的競爭等等。即如我國人士屢屢宣言反對，日本發出最後通牒，強橫地限我國於 1915 年 5 月 9 日下午 6 時前簽訂「二十一條」。我國人對日本的強橫無理，實深惡欲絕，有不共戴天之仇，因此只好採取消極的抵抗方法，進行排斥日貨。其最後目的，在於促使日本反省，撤銷「二十一條。」八年以來，臥薪嘗膽，此志未渝。……
>
> 日本最近又拋出對華文化事業，圖在昔日中日友好的招牌上塗抹新姿，滿以為借此就可以責怪中國人忘恩和不友好，這又是個大錯。日本對華文化事業不容中國人參加意見，只為日本帝國利益打算，全不計及中國人本身的利益。這分明是日本在中國大陸上實施殖民政策的前驅或附屬的事業而已。這是何等奇妙的現象！假使日本真要為中國人謀求利益，但同時在另一面卻又用殘忍苛酷的「二十一條」來壓迫中國人。這種做法，與在中元節贈物他人，而又奪取其家產以至宅地作為交換的情況，絲毫沒有差異。像這樣的恩

惠或友好，我們無論如何不能接受。[92]

翌年 4 月，中國全國教育聯合會退還庚子賠款事宜委員會等 11 個文化團體共同宣言，主張處理日本退還庚款的委員會中，中日兩國應佔有同數委員，委員長非由中國人充任不可，否則不能接受。當時又出現了兩種意見，有人主張交由兩國的教育團體來辦，也有人主張委託中國的教育團體來辦。又由於有人反對使用「對支」二字，其後，日本政府刪去了「對支」二字，決定成立「外務省文化事業部」。

種種事故之後，僅能達成對 320 名留日學生每人每月補助 70 日元學費的協定。日本希望借庚款改善留日學生的對日感情，以及增加留日學生人數的願望，卻始終沒有實現。

十四、抗日戰爭前的留日學生

民國以來，日本千方百計地侵略中國，留日學生備受刺激。1931 年 9 月 18 日，日本軍閥挑起柳條溝事件；[93] 翌年 1 月 28 日，又製造了第一次上海事變。[94] 這兩事對留日學生的打擊甚大，對東北四省的留日學生打擊尤其重大。在「九一八事變」發生之際，百餘名留日學生立刻返回天津，使坐落於東京牛込區弁天町的駐日同澤俱樂部偌大的一座建築物，一時空置無用。

其他省份的中國留日學生，也從 9 月 19 日起全部不返校上課。9 月 23

92 譯者注：原引文過長，略有刪節。
93 譯者注：即「九一八事變」。
94 譯者注：即「一二八事變」。

日，大岡山（關東大地震以後成為留學生密集之區）的東京工業大學的全體中國留日學生，首先決議一致歸國。歸國運動的浪潮隨即波及高等師範和池袋的鐵路教習所。這批學生返國後，即飛檄各地，宣傳抗日運動。26 日，東京都內 17 校的代表齊集於神田青年會館，決定採取一致行動。29 日，大阪、京都、仙台、名古屋、長崎等地的留日學生也參加了集會，並組成了中華留日學會。為請求歸國旅費，派出代表 130 名往東京麻布的中華民國駐日公使館請願，其後亦陸續多次提出強烈要求。中國教育部雖諭示留日學生：「此際宜顧慮學生之身份，自尊自重，安心向學」，但他們仍連日在東京青年會聚集，開會商議對策。

10 月 8 日，留日學生監督處發給部分留日學生歸國船票。10 日，有 19 名留日學生返抵上海。12 日、15 日亦陸續有人歸國，而自備旅費返國者更絡繹不絕。10 月底，留日學生總會的幹事亦全體歸國，機關刊物也停刊。

當時，陸軍士官學校有中國留日學生近 300 名，在事變發生之時，竟無一人返校，首謀者遭退學處分。其他留日學生則群集青年會，表示不服從學校的命令，因而亦相繼被飭令退學。他們必須返還學校給他們的「受納金」和借出物品，為此他們曾數度向留日陸軍學生管理處和中國公使館抗議，又在日本的官廳前舉行示威。到 10 月末，留日學生幾乎全部返回中國，留下來的不過 20 多人。他們歸國時，亦拒乘日本的船隻，像以往一樣改搭他國的輪船。

新落成不久的成城學校留學生部，到了 10 月，課室和宿舍都空無一人。曾平靜一時而專心學業的留日學生，又再因上海的戰火，相率群聚於留學生監督處，請求發給歸國旅費。監督處得教育部的指令，以預備金中的 19,000 日元充當歸國旅費，支付 660 名學生每人 20 日元至 24 日元。這次歸國留學生的言行表現，不像瀋陽事變時的激昂，只是一隊隊的悄然踏上歸國之途。

「九一八事變」和「一二八事變」使留日學生返國之勢不可遏止，有人以為他們不會再返日本。但當上海的戰火熄滅後，他們又零零星星地重回日本。回來的大抵回原來就讀的學校復課（但須留級），其中亦混雜了一些新來的學生。

東亞高等預備學校在 1932 年 4 月時，中國學生不過 7 人，5 月有 13 人，6

月 19 人，9 月增至 72 人。成城學校留學生部，事變以來不能上課，到了 9 月才復校授課。

1933 年，留日學生人數日益增多。東亞高等預備學校在同年 12 月，學生人數多至 1,059 名。[95]

1934 年，人數節節上升，僅僅 9 月至 10 月兩個月間，初次赴日者就多達 700 至 800 名。1935 年秋，增勢更驚人，僅初來者，估計亦有 3,000 之譜。1935 年 9 月，《留東新聞》第 5 期刊登的〈留日學生突增二千人〉一文說：

> 本報創刊之時（著者按：同年 6 月 12 日創刊），曾經多方之調查，留日學生之總數，約四千五百人，已志本報。最近兩月，由天津、上海、廣州等地出發渡日者，更突見增加。十日前，淺間丸由廣州經香港、上海來日，傳聞中國留日學生乘該船者多達三百九十六人，更有謂五百餘人。同時，又據日方之消息，某日本汽船由天津經大連抵日本港口，同船實有華人六百餘名。由此可以想見最近離國留日者之踴躍。同時，東亞學校一周之內招收新生達一千名左右（十九班）。故據本報之推測，本月底新舊留日學生當必在六千與六千五百之間。預料本年之內，中日之間，若無其他變化，又歐洲不致發生大戰的話，接踵東來者，恐不難達一萬之數。此種趨勢，關係國家文化之前途，影響重大，望我政府當局，幸勿忽視此問題。[96]

事實雖非如想像中那麼踴躍，但 1935 年 11 月末，顯示有突破 8,000 名之勢。1936 及 1937 兩年，通常都有 5,000 名至 6,000 名留日學生。這是繼 1905 年至 1906 年、1913 年至 1914 年以來的第三次留日隆盛時期。事變後，中國學生再次大批來日，出現令人難以置信的兩三年持續盛況，這是甚麼原因促成的呢？

---

95 〈東亞學校沿革概評〉，載《日華學報》第 55 號。
96 見《留東新聞》第 5 期（1935 年 9 月）。

主要原因是中國興起「日本研究熱」以及貨幣匯率對中國有利所致。「九一八事變」以來，各方對日本的注意忽然加強了，其他亞洲諸國及遠在西洋的國家均派學生留學日本，[97] 因而「日本語熱」一時成為世界性趨勢。

米村耿二所寫的〈日本語萬歲！〉一文，刊於 1934 年 12 月 28 日的《讀賣新聞》，說：

> 學日語！學日語！若說舉世之中，研究日本的熱潮正處蓬勃之際，亦非過言。
>
> 特別是自「新興滿洲國」誕生以來，而以華北停戰協定之締訂為轉機，中國年青人掀起學習日語的狂熱，的確是教人驚喜的事。
>
> 「先學好日語，讀通日文書，才好談論中日問題！」這是最近中國年青人的呼聲。
>
> 現在，「教授日語」的廣告在上海有增無已。同時，曾經雷厲風行的抵制日貨浪潮，似亦一去不復返。約值 300 萬日元那麼大量的日文書籍，光是上海一地，在一年間就能銷售淨盡。——這是上海四川路日本書店店主內山氏所說的話，不會有錯。……
>
> 學日語！去日本！去日本！學日語！這種呼聲響遍全中國。
>
> 今年以來，中日關係逐漸恢復正常狀態。曾高唱抗日救國的中國，特別是以徹底排日而赫赫有名的清華大學，亦迅速抹掉排日的色彩而轉為親日。今年四月，清華大學派出學生訪日團一行七十餘人，由日語主任講師錢稻孫率領，出發訪日。又，中國首都南京市政府選派熊沖氏等 12 名中學校長連袂來日考察教育文化，此事已見前報。

---

97 「九一八事變」以後，印度、緬甸、暹羅等亞洲國家亦派學生留學日本。同時，出生於美國的日裔僑民子弟留日人數亦多，甚至歐洲某國亦派學生留日。為他們提供預備教育的早稻田國際學院因而誕生。

> 然而，最能如實反映這新趨向的，是群集我國為學日語而來的留日學生。今春 4 月，新學年開始以前，據警視廳外事部亞洲科的調查，中華民國學生有 1,200 名，「滿洲國」學生有 300 名，早已突破事變前 1,403 名的紀錄。4 月底，此數將更見激增，形勢大好，彷彿明治末年（1905-1911）中國學生留日全盛時代的再現。秋季以後，他們更將蜂湧而至。……

學習日語熱潮的高漲，與上面提到的「新興滿洲國」不無關係，但更重要的原因，相信是為了「抗日救國」而需要深入瞭解日本，這可從當時中國報紙雜誌的輿論看出來。

留日學生數目增減的原因，除與思想變化有關之外，亦與經濟有關。1930 年代留日學生的激增，中國貨幣對日元匯價的大幅上揚（金價下落，銀價上漲），也是一個重要因索。

1926 年以後，中國銀元兌日元匯率的變動如下表[98]所示：

98　1926 年 1 月起至 1936 年 6 月止的統計數字，是據大藏省理財局的《金融事項參考書》；其後的數字則據《東洋經濟年鑒》。個位以下的計算用四捨五入法。

中國〔銀元〕100 元兌日元〔金元〕換算表

年月 1926	日元	年月 1927	日元	年月 1928	日元	年月 1929	日元	年月 1930	日元	年月 1931	日元
1	123	1	93	1	99	1	102	1	74	1	46
2	118	2	94	2	97	2	99	2	72	2	42
3	117	3	90	3	97	3	102	3	69	3	46
4	110	4	93	4	95	4	99	4	69	4	46
5	112	5	96	5	103	5	97	5	67	5	44
6	112	6	99	6	103	6	96	6	54	6	44
7	112	7	95	7	103	7	93	7	54	7	46
8	105	8	94	8	104	8	90	8	56	8	44
9	102	9	94	9	102	9	87	9	58	9	46
10	90	10	95	10	100	10	84	10	57	10	48
11	87	11	99	11	99	11	81	11	56	11	51
12	87	12	101	12	99	12	79	12	52	12	49
年月 1932	**日元**	**年月 1933**	**日元**	**年月 1934**	**日元**	**年月 1935**	**日元**	**年月 1936**	**日元**	**年月 1937**	**日元**
1	69	1	98	1	115	1	125	1	105	1	105
2	…	2	98	2	117	2	130	2	105	2	105
3	79	3	100	3	117	3	139	3	105	3	105
4	73	4	97	4	115	4	140	4	105	4	105
5	72	5	103	5	109	5	146	5	104	5	104
6	74	6	102	6	112	6	142	6	104	6	104
7	81	7	103	7	115	7	136	7	104	7	103
8	93	8	104	8	117	8	128	8	104		
9	97	9	109	9	121	9	132	9	104		
10	95	10	107	10	123	10	128	10	104		
11	105	11	109	11	117	11	105	11	105		
12	99	12	110	12	120	12	105	12	104		

據上表，1926 年以後，銀價一直下跌。到 1931 年 2 月，跌至銀元 100 元換 42 日元。但其後銀價回升；1935 年 5 月，銀元 100 元換 146 日元，為 1931 年銀元最低價時的三倍半。因此在中國國內「遊學」遠不及國外「留學」便宜。

1934 年 11 月 5 日的《申報》刊登〈留日學生激增——匯兌低落最大原因〉一文，說道：

> 中華民國負笈東渡留學之學生數目，自「九一八事變」以來，原已漸見銳減。唯去年秋季，陸續東渡者，則頗不乏人。至今春以來，其人數忽倍增。尤以九、十月間，中國與東北地區之留日學生一舉而增加千人，實為近年來之新紀錄。將來尚有激增之勢。但究其東渡留學之理由，蓋前因「九一八事變」之關係一時未便東渡，近頃則中日感情已漸趨和緩之故。唯最大之理由，實為匯兑之關係。二三年前，日幣一百元須以中國國幣二至三百元方能兑換，最近則可以七十至八十元兑日幣百元。其差甚遠，故在上海攻讀，反不如東渡留學為合算，蓋較之二三年前，消費力減少三倍之故。

留日學生人數的激增，勢必為留日學生教育界或以留日學生為對象的事務帶來變化。據《東亞學校沿革概評》所述，1935 年秋，東亞學校竟到了「由於學生激增，12 月多達 1,980 人，為創校以來的最高紀錄，校舍諸般設備均告不足，遂不得已停止辦理入學申請」的狀況。從本年起，東亞學校和成城學校都開設夜校班，最能反映留日學生的氾濫。

東亞學校所拒收的學生到了哪裏去？原來類似私塾的學校應運而生。當時，在東京地區類似私塾和補習班的學校，主要有：

校名	開設日期	所在地	教師
大黃學舍		淀橋區戶塚町 3 丁目 935	秦義雄
經綸學社日語科	4 月 13 日	豐島區目白町 3 丁目 3630	社長宮崎龍介及教師七名
日本語補習短期講習會		淀橋區柏木 3 丁目 360，外語學院	麻喜正吾等二人
東京基督教青年會日語講習會		神田區美土代町 7	大島讓次
日語學會		中野區新井町 600	大堀良之助
大東日語學皖	4 月 4 日	中野區上原町 16（9 月起遷至神田區神保町）	彭宇棟
大捷日本文法講習會		神田區三崎町，三崎英語學校二樓	汪大捷
日語與華語社		杉並區高丹寺 7 丁目 894	野野村正雄
文瀾日語補習學院		神田區一ツ橋 2 丁目 3，中央佛教會館內	陳文瀾
玉泉日語補習學院		神田區一ツ橋 2 丁目 3，中央佛教會館內	王玉泉等二人
伯軒日語學院		神田區三崎町 1 丁目 1	程伯軒
中華日語學院		神田區西神田 2 丁目 10 番地 16	劉爵
東方學院		中野區宮園通 3 丁目 39	橘光三等五人（有宿舍設備）
專修大學日語科		神田區神保町 3 丁目 8，專修大學內	井田啟勝等日本講師五名，中國講師數名
日本大學日語學科專修講座		神田區三崎町，日本大學內	七里重惠等六人
法政大學日語科		麴町區富士見町，法政大學內	陳清金等二人

校名	開設日期	所在地	教師
亞細亞語學校	1934 年 1 月	神田區一ツ橋通，救世軍內	松浦珪三
東亞日語學院	1934 年秋	神田區三崎町 1 丁目 7	好村春基等八人
早稻田日語學院	1935 年 10 月	淀橋區戶塚町 1 丁目 543	院長小山一雄、主任教授施文藩及講師六名

這些學校值得注意的是：除由日本人開辦之外，也有由中國人開辦的；後者較前者更受中國留日學生歡迎。

這些學校大都設在中野區和杉並區，因為從這些地區去東京市中心比較方便。自從 1923 年震災後，留學生密集地帶已漸漸由大岡山方面向中央線沿線移動。

這些學校的教科書和參考書，乃至有關學習日語的一切書籍，其需求量均大為增加。這些書籍不單廣泛地為留日學生所用，而且成為中國國內關心日本問題人士的自學用書。故此，有關日語書刊的出版事業，空前隆盛。民國以後，留日學生幾乎都用松本龜次郎的著作為教科書。[99]

書名	初版發行年	重版數
漢譯日本文典	1904 年	39 版
日本語教科書	1906 年	12 版
日本語會話教科書	1914 年	14 版
日本口語文法教科書	1919 年	11 版
譯解日語肯綮大全	1934 年	3 版

99 今按松本龜次郎著作的出版先後排列如表，並注明至 1935 年 1 月為止所見的重版次數。

可是，其他中日人士在這方面的新作亦多。同時，在日語學校的中國教師，為數已遠在日人之上，而且在編著日語讀本的競賽中，中國人亦佔優勢。

1934 年以來新出版之日語書籍目錄

發行年月	書名	著者	出版者	頁數
1934 年 7 月	譯解日語肯綮大全	松本龜次郎	東京：有鄰書屋	422
1934 年 9 月	日華對照日語助動詞助詞使用法	許達年	上海：世界書局	189
1934 年 10 月	速成日語輯要	渡俊治	東京：尚文堂	397
1935 年 2 月	日語公式成句熟語詳解	程伯軒	東京：成光堂	248
1935 年 3 月	國語詳解日本口語文法	王玉泉	東京：岡崎屋書店	494
1935 年 3 月	現代日本語法大全（運用編）	張我軍	北平：人人書店	248
1935 年 7 月	自他動詞對照集	程伯軒	東京：成光堂	74
1935 年 8 月	日語公式成句熟語詳解（2）	程伯軒	東京：成光堂	266
1935 年 8 月	日語公式成句熟語詳解（3）	程伯軒	東京：成光堂	265
1935 年 9 月	日語華譯公式	王玉泉	東京：岡崎屋書店	107
1935 年 9 月	現代日本語日英對譯文法及教材	王玉泉	東京：文求堂	202
1935 年 10 月	最近實用日語會話大全	王玉泉	東京：中央佛教學苑出版部	447
1935 年 10 月	活用日華會話	蘇登熙	東京：三省堂	116
1935 年 12 月	中日對照日本語助詞研究	葉樹芳	東京：笹川書店	185
1936 年 3 月	易解易記日本文言文法	程伯軒	東京：成光堂	287

發行年月	書名	著者	出版者	頁數
1936 年 3 月	日本語言文化研究叢書（文藝之一）	井田啟勝	東京：東方文化出版社	32
1936 年 4 月	中日對照日語讀本	永持德一	北平：東亞公司	376
1936 年 4 月	日漢對照日本口語文法大全	井川恒郎、山下克己、王世法	東京：弘學社	162
1936 年 5 月	高級自習對照日文報紙譯讀法	羅西	東京：鳳文書院	322
1936 年 5 月	文語口語對照現代日本語文法	松浦珪三	東京：文求堂	501
1936 年 5 月	第二日語華譯公式	王玉泉	東京：日文研究社	
1936 年 6 月	現代日語會話	吳主惠	東京：文求堂	220
1936 年 7 月	標準日文自習講座（前期第 2 冊）	張我軍	北平：人人書店	302
1936 年 7 月	現代日本語會話全書	橘光三	東京：外語學院出版部	479
1936 年 7 月	日語大文典	曾野一路	東京：學藝社	1,217
1936 年 8 月	日語法化讀本[100]	俞明著，大岡延時校正	內山書店經售	103
1936 年 9 月	文法中心現代日文綜合讀本	謝求生	廣州：日文專修館	448
1936 年 9 月	國語詳解日本文語文法	王玉泉	東京：岡崎屋書店	402
1936 年 9 月	國語注解日本語基礎讀本	郭衔賓	上海：中華日語學會	458
1936 年 11 月	英文法比較研究日本語法精解	洪炎秋	北平：人人書店	584
1937 年 2 月	自修適用日語混合讀本	袁文彰	上海：生活書店	103

100 譯者注：或為《日語文法讀本》之誤寫。

和這些單行本同樣值得注意的，是中國人學習日語用的期刊出現了。用中文編刊日語研究的雜誌，是前所未見的；現在，一共出版了七種之多。雖然雜誌的壽命長短有異，但足證當時的研習日語風氣鼎盛。

日語研究雜誌目錄

創刊年月	雜誌名稱	出版者
1934 年 1 月	日文與日語	北平：人人書店
1934 年	現代日語研究雜誌	上海：生活書店
1935 年 7 月	日文研究	東京：日文研究社
1935 年 7 月	日語月刊	上海：東方日文學校
1936 年 5 月	中日文化	東京：成光堂
1936 年 6 月	東文雜誌	東京：東文雜誌社
1937 年	中華日語月刊	上海：中華日語月刊社

可是，在另一面，中日關係正日益緊張。從「滿洲國」到長城以南，從「河北自治運動」到「冀東政府」，從「冀東政府」到「冀察政務委員會」，日本軍閥侵略的魔掌，一着一着地向前伸，毫無止境。中國結成抗日民族統一戰線，「西安事變」(1936 年 12 月 12 日）後，蔣介石也不得不下定決心全面抗日。

留日學生也通過新聞雜誌等從事抗日活動，而且常常受到日本官憲的追緝。學習日語熱潮和抗日運動也結合在一起。

隨着 1937 年 7 月 7 日「蘆溝橋事變」的爆發，中日兩國展開了全面戰爭。中國駐日大使館和留日學生監督處關閉，留日學生全體歸國，中國人留學日本史遂告一段落。

十五、留學日本的畢業生

1. 留日學生畢業人數

中國留日學生完成日語和普通學科課程後，更進一步入大學或專門學校，與日本學生並肩學習而學成畢業者，究竟有多少人呢？現據 1940 年 10 月興亞院編《日本留學中華民國人名調》一書的 11 個附表，綜合統計之後，製成〈歷年畢業於日本各校之中國留學生人數一覽表〉。（見下表）

《人名調》原書本來也有畢業生人數的統計，合共 12,143 名。但核算之下，發現五處錯誤。訂正後得出確數為 11,966 人（平均每年 307 人弱），比原書所載少 177 名。

歷年畢業於日本各校之中國留學生人數一覽表

學校 \ 年度	一九〇一年	一九〇二年	一九〇三年	一九〇四年	一九〇五年	一九〇六年	一九〇七年	一九〇八年	一九〇九年	一九一〇年	一九一一年	一九一二年	一九一三年	一九一四年	一九一五年	一九一六年	一九一七年	一九一八年	一九一九年
東京帝大										1	2	9	5	3	7	10	18	1	1
京都帝大						1			2	2		1		1	5	4	3	3	6
東北帝大																		2	
九州帝大																1	1	2	5
北海道帝大						2	6	3	1	2	1	2	2	1	1	1	1	1	
大阪帝大						4	5	5	8	12	9	2	3	12	9	15	13	5	9
名古屋帝大									1		5			5	8	7	5	2	1
臺北帝大																			
第一高等學校		1	1			2	7	15	46	46	47	13	27	35	52	49	39	48	48
第二高等學校								1	4			6		2	7	1	2	6	7
第三高等學校							1	1		2	1	2	4		2	4	1	9	4
第四高等學校												1	2		3	2	1		4
第五高等學校									1	2			4	4	5	2	1	3	9
第六高等學校									4	3	4		3	4	1	2	3	3	7
第七高等學校									1	2			1	3	3	3	2		3
第八高等學校												1	4		4	1	4	2	9
高校 4 校																			
教育 4 校								4	3	8	18	14	5	13	26	12	14	5	16
工業 18 校				4	3	1	8	5	22	32	26	26	35	38	50	37	32	40	46
商業 9 校			2		3	1		15	9	16	20	17	15	21	4	6	3	9	10
醫學 23 校					3		4	9	6	11	19	4	15	17	35	20	17	22	28
農業 11 校	1	3	1	2		5	4	4	10	13	15	20	11	9	12	10	4	14	10
早稻田大學		1	2	4	4	12	6	228	196	209	98	32	58	10	13	39	21	27	15
慶應大學												1	1	3		1	3	1	6
明治大學							11	54	127	131	152	60	131	64	73	52	29	27	39
法政大學																			
中央大學				4	2	1	1	7	38	36	36	21	25	14	18	27	16	9	13
日本大學							2	13	44	65	55	22	60	56	36	71	60	31	39
私大 6 校										2		1							
陸海軍 21 校	39	25		93				254		74	174	1		44	33	22	7	17	51
藝術 7 校											3	1	2	4	7		6	4	1
女子 14 校				2		12	2	5	13	13	6	3	3	3	6	1	5	10	9
合計	40	30	6	109	15	42	57	623	536	682	691	260	416	336	420	400	311	314	405

一九二〇年	一九二一年	一九二二年	一九二三年	一九二四年	一九二五年	一九二六年	一九二七年	一九二八年	一九二九年	一九三〇年	一九三一年	一九三二年	一九三三年	一九三四年	一九三五年	一九三六年	一九三七年	一九三八年	一九三九年	畢業年不明	合計
13	12	15	13	23	16	13	18	13	16	4	4	4	2				3	1	1		249
10	9	19	12	15	18	14	15	20	21	11	14	3	4	6	3	9	13	6	4	1	255
		3	2	1	1		4	4	3	1	4	3	2	3	3	9	3	1	1	6	56
1	2	3	9	3	4	3	13	11	17	7	8	5	2	4	5	2	5	1			114
		1	2	7	8	8	6	2	5	1	1	1	1				1				68
12	5	7	4	5	4	2	1		2	4	1		1	3		3					165
5	1	4	3				4	6	1	1							1				60
					5															28	33
49	54	46	46	26	18	15	3	10	16	7	14	19	3	3	10	19	11	14	8		872
5	4	6	6	3	6	3	1	1				1	3								75
3	6	11		4	2	4	2	1	1		4	1		2	1	1					74
5	7	3	2	1	2	1						1									35
2	6	8		4	8	8	2	2		1											72
1	6	6	11	10	5	7	6	4	2												92
5	2	4	6	10		3	2	1	1			2	1	1							56
3	3	6	5	11	5	10	6	1	2	5	1		2	4	1	1					91
		1	2	3	4	2	1	1	2	2											18
23	20	18	27	35	38	30	29	17	15	13	20	21	12	17	21	14	9	1	2		520
34	51	61	52	57	46	57	32	14	19	27	21	10	9	9	23	21	21	5	5		979
10	15	10	6	12	18	13	10	17	7	8	14	6	4	10	6	3	9	10	3		342
18	15	23	21	19	18	6	4	6	7	1	5	9	13	11	7	4	9	1	6	1	414
7	14	17	17	12	10	9	11	6	12	9	11	3	7	3	1	10	12	6		8	333
43	22	53	30	30	18	17	15	12	9	20	28	23	19	13		19	18	8	4		1,383
1			6	11	11		13	8	7	6	6	7	2	3					1		101
71	61	69	61	63	25	24	22	24	23	33	55	71	42	44	27	87	26	6	3		1,787
								2	2	3	9	15	18	7	9	13	25	9	6		118
3	8	1	1		1						1	1	11	13	15	53	3				379
72	109	79	36	20	24	18	23	21	20	20	13									2	1,011
	1			1	3	3	1				1	5	4	2	4	7	6			14	55
13	28	28	21	39	17	6	28	57	202	166	218	58	14	22	54	24	14		21		1,865
3	3	2	2	4	2	3	3	2		2		1	2	1	4	5	2			3	72
3	1	1	10	2	10	8	11	3	5	11	7	10	4	4	4	12	12	2	1	8	222
415	465	505	413	431	347	287	291	266	417	363	460	280	182	186	208	316	202	72	66	71	11,966

原書各表是據政府各機關委託各校調查的結果編製的，資料應當相當正確。不過，原書凡例說：「本名簿原則上不著錄滿洲人，以及有海陸軍身份與中華民國國籍不明者。」因此，中國東北各省（滿洲）的畢業生大部分被遺漏了。又根據原書〈按省別畢業於各學校之中國學生一覽表〉的備考，知道東京帝國大學畢業生的數字並不包括實用農學科的畢業生，北海道帝國大學則不包括水產專門部的畢業生，法政大學亦不包括1928年以前的畢業生，而日本大學則欠缺1932年以後的數字。又該書編纂時（1940）已停辦的學校，其畢業生人數一概被省略。例如，弘文學院至1909年止，有畢業生3,810人，該表並無記載。因此，留日畢業生實際數字當遠比該表所列為高。

2. 與中國留日學生有關係的五個表

為了綜合本章提及的有關資料，特擇其重要者製成《有關中國留日學生的五個統計表》，作為本書附錄（見本書附錄三），今先作一些說明。

i. 留日學生數

這個表是綜合本書第二章第一節至第十四節所述各年中國留日學生人數。虛線表示人數不明，有括弧的數字表示約數，無括弧的數字表示實數。

ii. 留日學生畢業人數

這個表據本書第二章第十五節的〈歷年畢業於日本各校之中國留學生人數一覽表〉的資料製成；為了配合其他各表體例，略去1938年以後的數字。

iii. 東遊日記數

東遊日記是指中國人的日本遊記。甲午戰爭（1894-1895）以後，中國人的日本遊記多少與留日學生有關係。這些遊記或為考察日本學務的紀錄，或為護送留學生赴日的紀錄，或為平息留日學生運動與風潮的紀錄，甚或為留日學生個人的日記等。因此，東遊日記是研究中國人留學日本史的重要資料。東遊日記出版數量較多的時候，正是留日學生人數較多之期，可見其與留日史的關係。所據資料主要是東京都立中央圖書館「實藤文庫」的藏本，網羅雖不完全，但亦可觀其大勢。

iv. 學習日語用書數

日語教科書、自修用書、辭典、文法書，以及日文字母的習字帖等，其數量與留日學生人數關係之深，固不待言。資料根據「實藤文庫」藏本，雖網羅不全，但大勢可窺。

v. 中國譯日文書出版數

譯書是留學日本的重要成果之一，本書第五、第六及第七章將詳細論述。本表是整理拙編《中譯日文書目錄》（東京，1945）而製成的。本表所收書數較《目錄》為少，原因是後者著錄了一批出版年份不明的書，而本表不能加入計算。如果連那批出版年月不明的譯書也一起計算，本表可靠性就會大打折扣。由於出版年份明確的譯書，大部分是從北平圖書館藏書目錄卡片查檢得來，另一部分則是作者的收藏，故多年出版譯書數目的準確性應該不成大問題；也就是說，本表似可按年反映譯書數量的波動。

從表 1 和表 2 來觀察在校學生與畢業生的關係，我們會發覺畢業生曲線的波峰比在校學生曲線的波峰遲現三年。舉例來說，在校學生數字在 1905 年出現了高峰，畢業生數字的高峰則遲三年，即在 1908 年才出現。

留日學生人數與畢業生人數的比例如何呢？1905 年有 8,000 名留日學生，其中 1,300 名在 1904 年已經入學，那麼 6,700 名是新來的，而且當中有不少人僅讀半年或一年便回國。儘管如此，正式讀滿三年而在 1908 年畢業於大學或專門學校的學生有 623 名，故留日學生人數與畢業生人數的比例為 10：1。

關於 1927 年至 1937 年間在校學生人數，日華學會做了精確的調查。11 年間，在校學生每年的平均數是 3,344 名，而畢業生的平均數是 288 名，即畢業生佔在校學生的 8.6%。此時的留學生一般多先學日語半年至一年，然後入大學攻讀三年而畢業，即共需時四年；第四年將要畢業的留日學生，應該佔全體在校學生人數的 25%，但現在實際畢業人數只佔 8.6%，亦即是約有三分之一人畢業。相反來看，在大學或專門學校就讀的留日學生是畢業生人數的三倍。那麼，該有相當於畢業生人數兩倍的留學生，或轉到短期學校肄業，或中途退學返國。

據興亞院的調查，畢業生總數為 11,966 名，其三倍應是 35,898 名。但正如前述，在校學生總數應該加上來自中國東北各地的學生和曾肄業於弘文學院及其他已停辦的學校的學生。[101] 又，民國前留日學生的流動率甚高，即以半年或更短時間，獲得一紙留學證書的人為數當不少。如果把這些情況一併考慮的話，則中國留日學生總數，至少應有 50,000 人。不過，這是保守的估計。據一般報導，留日學生的總數向來遠比這個數字為高。民國以後專門從事留日學生工作的日華學會，在其編印的《日華學會二十年史》（1939）中，有這樣的說法：

> 四十年間，中國青年學生來日留學者無慮十萬人。[102]

1955 年 12 月 8 日，郭沫若在早稻田大學講演「中日文化之交流」時，說：

> 中國留日學生人數最多的時間一度曾多達 20,000 名。自 1896 年以來，

---

101 大槻智雄：〈中國留學生狀況〉，載《草原》第 4 號（1959 年 1 月）。法政大學在 1927 年及以前的畢業生人數是：專門部 803 名，大學部 102 名，速成科 1,070 名，其他 96 名，合計 2,071 名。

102〈留日學生の動勢〉，日華學會編：《日華學會二十年史》（東京：日華學會，1939 年），頁 9。

數十年間，雖然沒有精確統計，我推測恐怕前後應有 30 萬人。[103]

30 萬人這個數字似是每年在日留學人數累加的總和，實際在學的留學生數目應該只有總和的三分之一或四分之一。

留日學生即使只有 50,000 人，這已經是了不起的數目。舉世之中，能夠送出或接受這麼多留學生的國家，似乎都是前所未見的。上文僅就留日學生數量而言，今進一步論述其質素。要說明這點，似需與留學日本以外國家的情況作一比較。今請看中國人留學西洋的大略。

3. 中國人留學西洋

i. 赴美留學

廣東人容閎就讀澳門莫禮遜學校後，1846 年隨同乃師布朗牧師（Rev. S. R. Brown）到美國耶魯大學攻讀。其後容氏說服曾國藩派人留學外洋，從 1872 年開始，以後每隔四年派出幼童 30 名赴美留學，學生年齡 12 歲至 16 歲不等，留學期間為 15 年，他們留學期間一面要學西學，同時亦習漢學。可是，當吳惠善擔任留美學生監督時，由於留美學生不行跪拜之禮，吳氏認為這些人甫離故國，便數典忘祖，於是命令他們返國。其中有十人已娶西洋婦女為妻，沒有隨隊歸國。這 120 名留美學生之中，日後成大名的只有唐紹儀一人而已。

從此以後，長期間沒有派人到美國留學。到 1908 年，因為美國歸還庚子賠款 1,000 多萬元，中國遂恢復派遣留美學生。當時在中國國內，設立清華學校（其後的清華大學）作為留學預備校，其畢業生多被派到美國深造。至 1929 年止，前後共派出 1,900 餘名。留美學生返國後發揮了很大作用，因此自費生也

103 早稻田大學科外講演部編集：《高遠》第 1 輯，頁 43。

隨之而增加。1910 年，留美學生 650 名中，有 443 名是自費生；[104] 1924 年，1,637 名留美學生中，自費生佔 1,075 名。[105] 自費生大部分是半工半讀的學生。

ii. 赴法留學

1875 年，福建造船廠總理沈葆楨，委託曾任該廠監督的法國人日意格（Prosper Marie Giquel, 1835-1886），趁任滿返國的時候，帶中國學生數人赴法學海軍。其後，連像這樣性質的遣派工作也沒有續辦。

1912 年，由吳敬恒、汪精衛、李石曾等組成留法儉學會，1915 年蔡元培等組成勤工儉學會，大力鼓吹留法。第一次世界大戰時，法國僱用了 5,000 名中國工人，戰爭結束以後，法國勞工需求仍殷。因此，李石曾在法國組織了華法教育會，輔導留法學生找兼職。1920 年，半工半讀的留法學生有 1,000 人左右；並且在里昂成立了中法大學。不久，由於法國物價騰貴，生活轉艱，很多人被迫返國。留法學生之中，出了朱德和周恩來等人物。

中國人赴英、赴德留學，都自 1876 年開始，以研學軍事為目標。其後，似無特別發展。

iii. 赴蘇留學

1924 年，孫中山採行容共政策，同年 2 月派蔣介石赴莫斯科研究軍事。蔣氏留蘇五個月，回國後創建黃埔軍校。

1925 年，國民黨在莫斯科為留蘇學生創辦莫斯科中山大學。1927 年，國共分裂，留學莫斯科中山大學的學生紛紛歸國。

中華人民共和國成立（1949）以後，蘇聯一度成為中國大陸學生最大的留

104《留美學生年報》第一期（1910 年）。

105 據民國十三年（1924）留美學生聯合會所編的《留美學生錄》，轉引自《近代中國留學史》，頁 136 注 3。

學國。不過，這不在本書討論範圍之內。

1931 年度的《第一次中國教育年鑒》記載留學各國的學生人數如下（僅包括獲得中國教育部留學證書者）：

1931 年度留學生國別表

留學國	公費學生	私費學生	合計
日本	7	296	303
美國	22	124	146
法國	4	134	138
德國	10	57	67
比利時	0	34	34
英國	9	19	28
意大利	0	3	3
瑞典	0	3	3
丹麥	0	2	2
荷蘭	0	1	1
瑞士	1	0	1
澳洲	0	1	1
印度	0	1	1
總計	53	675	728

這一年，留學日本的人數是 303 名；但據日華學會在同年 5 月調查的報告是 2,972 名。同年 9 月 18 日發生了「九一八事變」，留日學生大舉歸國；如果中國《教育年鑒》的數字是表示 9 月以後的情況，則大致可信。

又據中國教育部在1935年發表的《出國留學生之年度別統計》，[106] 得出最近六年間赴日本及日本以外國家留學的人數為：

年度	日本	日本以外	合計
1929	1,025	632	1,657
1930	590	440	1,030
1931	83	367	450
1932	227	349	576
1933	219	402	621
1934	347	512	859

這些數字包括公費及自費學生。我們注意到：教育部所發表的統計數字，前後差異很大。儘管如此，兩種資料都顯示：即使在抗日戰爭前夕，在眾多留學國家中，日本依然佔有相當重要的位置。

4. 歸國後的活動

關於留日學生歸國後的活動情況，據日本外務省情報部編纂、東亞同文會發行的《現代中華民國、滿洲國人名鑑》（1932），在中國政府中擔任顯要職務，包括政府主席、政府委員、五院院長、五院副院長等，合計45名，其學歷如下：

106 據《申報》（1935年10月28日）。

日本留學	18
美國留學	6
法國留學	1
英國留學	1
德國留學	1
日本及西洋留學	4
沒有留學	14

小島友于編《現代中國著作家》（1937 年，滿鐵產業調查資料第 22 編），錄載 322 名作家的學歷如下：

日本留學	57
美國留學	48
法國留學	20
俄國留學	12
英國留學	6
德國留學	6
比利時留學	2
日本及西洋留學	2
西洋諸國留學	2
沒有留學	167

顧鳳城編《中外文學家辭典》（1934 年，訂正三版）所錄 256 名現代作家的學歷是：

日本留學	39
美國留學	12
法國留學	8
俄國留學	12
英國留學	6
德國留學	6
比利時留學	2
日本及西洋留學	2
西洋諸國留學	2
沒有留學	167

上述資料都顯示：直至二次世界大戰為止，留日歸國學生在中國社會各界中都非常活躍。

曾經留學日本的政治家，如周恩來、吳玉章、沈鈞儒、黃炎培、林伯渠、董必武、程潛、何香凝、廖承志、陳叔通等；學者或文學家如郭沫若、田漢、歐陽予倩、成仿吾、周揚、夏衍、艾思奇等，都為中國作出貢獻。

在留日學生中，有不少人為創建新中國而貢獻一生，也有不少人因為「親日」而背叛國家民族利益，成為漢奸。[107] 今按學校略舉數例如下：

（一）東京帝國大學：包括在留日時寫過《日本遊學指南》，曾是留日學界活動的要角，在五四時代被攻擊的章宗祥（法科）；創造社成員郁達夫（經濟科）；張資平（地質學科）；成仿吾（造兵科）；穆木天；歷史學家王桐齡和王信

---

107 由於漢奸對其祖國不忠，對世界情勢認識不足，錯誤地走上中國人所不恥的路，備受責難懲處是當然的事。作為日本人，在對他們非難的同時，也必須自覺到，促使他們當漢奸，日本亦負有相當責任。

忠；1930年代推動「中國文化復興運動」，曾任汪偽政權考試院院長的江亢虎等。

（二）早稻田大學：包括最早的留日學生唐寶鍔、農商總長金邦平、內閣總理宋教仁、國民黨西山派的張繼、駐日公使汪榮寶、五四運動時被攻擊的陸宗輿、司法總長及駐日留學生監督江庸、優秀的共產主義者李大釗、五四時代熱心於文字改革的國學大家錢玄同、汪偽政權的駐日公使蔡培、文學研究者謝六逸、陳望道等。

（三）法政大學：在梅謙次郎博士指導下的速成科學生多有俊逸之才，包括政壇人物汪兆銘、居正、胡漢民、戴天仇、廖仲愷、王揖唐、沈鈞儒、陳叔通、董必武等，以及文學家如周作人（也曾在立教大學攻讀）等。

（四）明治大學：包括五四時代的政論家高一涵、戲劇大家歐陽予倩（很多名人錄說他出身早大，他本人說只是自習了早大的文科講義錄，出身應是明治大學的商科）等。

（五）陸軍士官學校：包括蔣介石、閻錫山、何應欽、張群、蔣作賓等；中國軍閥大部分屬士官學校出身。

（六）東京高等師範學校：包括《新青年》的主筆陳獨秀、魯迅的友人許壽裳、劇作家田漢、新文學運動早期的作家徐祖正等。

（七）弘文學院：包括成城學校事件的首領，其後成為國民黨元老的吳敬恒（稚暉）、抗日戰爭中任重慶政府內政部長的周鍾嶽等。

此外，從第一高等學校畢業的有做過「冀東防共自治政府」主席的殷汝耕、「華北政務委員會」常務委員會的王蔭泰；東京美術學校出身的有何香凝、汪亞塵；九州帝大出身的有郭沫若；九州明治專門學校出身的有夏衍、艾思奇；第七高等學校出身的有汪偽政權的周佛海；東京正則英語學校出身的有曾任北大校長和教育部長的章士釗；中央大學出身的有在五四運動中被攻擊的曹汝霖；第八高等學校出身的有創造社的成員馮乃超；第三高等學校出身的有文法學者楊樹達等。

以上所舉，只作例子而已。尚有很多重要人物，未能盡錄。

第三章

留學生在日本的生活

一、一個留學生的日記

為數約 50,000 人的留日學生，他們的留學生活一定是多彩多姿的吧！假如能夠仔細地看到其中一二人的留學生活的話，我們就可以約略推知中國留學生生活的實情。我們很幸運能見到湖南人黃尊三所刊行的四冊《三十年日記》。黃氏在留日最盛期赴日，度過了長達八年的留學生活。黃氏的日記，從出發留學日本之日記起，一直到辭去民國大學總務長職務為止，30 年間，從無間斷。該書第一冊題作《留學日記》，共有 400 頁之多，據此可以窺見其留學生活的實況。

清光緒三十一年（1905），湖南巡撫端方選拔了高等學堂及師範學堂的學生約 60 名，以官費派往日本留學。黃尊三是高等學堂的甲班生，得以入選。[1]

四月十日是 60 名留學生出發的日子。天陰下雨，上午各人收拾行李，每人只限帶行李兩件。下午 1 時，由護送官馬鄰翼帶領，留學生 20 餘人分乘篷轎，離開長沙高等學堂，到小西門改乘江輪。當時大雨傾盆，衣服行李盡濕，留學生以為天雨正為他們送行，故興致勃然。他們登船時，同行者有楊莊等五名女學生，年齡在 20 歲上下，活潑嫻雅，並無畏縮嬌羞之態。

翌日早上 4 時，船開行，下午 3 時抵岳州，由於馬上又要航行，留學生一行人連登臨岳陽樓觀賞的時間也沒有，只能在船上飽覽風景，並練習日語。

十二日上午 8 時，一行人至武昌。得湖南中學堂（為旅鄂的湘人弟子而設）監督顧誠的款接，下榻中學堂。

湖廣總督張之洞擬接見留學生一行人，惟要留學生行跪見之禮，留學生皆不願，雖經馬鄰翼及顧誠勸說仍無效。張之洞勃然大怒，下令不放行。他們不得已暫居中學堂，靜待解決。

1　譯者注：以下是作者據黃尊三《留學日記》，夾敘夾引，介紹黃氏留學生活中的經歷；所記月日，初為陰曆，其後改為陽曆。

端方與張之洞二人，電報往來。端方同時亦致電留學生，警告他們如果對張之洞無禮的話，會取消遣派他們留學的資格。留學生都表示非常憤慨，揚言如要犧牲人格的話，那麼就不留學好了。

> 四月二十日，是日天陰雨，自十號由湘出發，至今十天，為此無謂之事，阻滯中途，不能進行，光陰虛擲，未免可惜。中國大官，只顧一己虛榮，不知尊重他人人格，實屬可鄙。以自命好士之張香濤，尚不免此辱人之行，他更無論，思至此又未免可慨。[2]

經過一干人等多方斡旋，雙方終於接受了行鞠躬之禮。到了 23 日接見之日，張之洞隨從甚眾，護衛甚嚴，如臨大敵。張設西餐宴全體留學生，並贈送各人《勸學篇》及《欽定學堂章程》等書各一部。是日下午 3 時下長江。

廿四日，過九江、安慶、大通。廿五日，經南京、鎮江。廿六日 11 時抵上海。由於日俄戰事尚未結束，因海上危險而不能航行。

他們抵上海後第 14 日，終於等到了有船去日本；可是又因買不到船票，不能登船。滯留在上海的日子，黃氏一面看《紅樓夢》、《隨園詩話》，一面練習日語。他初看日語時，似覺甚容易，但認真學起來，卻感到很困難。他表示到東京後，要好好地研究學習。

五月十四日，13 名由長沙往日本留學的女學生也到了，亦在黃氏一行所住的長春棧投宿。十六日下午 2 時，黃氏一行乘坐雄本丸離開上海。十八日上午 9 時到長崎。十九日下午 1 時到門司，廿一日下午 5 時到神戶。留學生中也有些在神戶下船，改乘火車去東京的，黃氏則買了到橫濱的船票，繼續乘船。廿二日上午 7 時，從神戶出發，廿三日下午 6 時，抵橫濱。

---

2 黃尊三：《留學日記》，頁 4。

五月二十四日，上午八點鐘下輪，乘小艇，未抵岸，大雨時至，衣服盡濕，十鐘登岸，至高野屋稍休，用飯。日本飲食，頗簡單，人各分食一菜一湯，味極淡薄。食畢，由招待員蕭君立誠，導乘火車。下午六點鐘開車，七點抵京橋車站。再乘人力車至巢鴨，抵弘文學院時，已萬家燈火也。夜膳時，人各一蛋一湯，飯亦僅一小匣，初吃甚覺不適。弘文學院，在日本北豐島郡之巢鴨，完全為一鄉村，風景尚可，惟屬初辟，故道路不甚平坦，設置亦多未完善。其學校，專為中國留學生補習而設，注重日語與普通學科。院長嘉納治五郎，為日本有名之教育家，尤熱心於中國留學生之教育。我國各省學生，入此校者，約七八百人。

五月二十五日，上午，校長引導余輩，參觀各處學堂、自修室、浴室等，頗完備而修潔，費省用宏，非中國學校之徒修飾門面者可比。下午，收拾畢，同鄉姚靜臣、陳遐齡、吳葛初、王毅聲等來談，未幾，辭去。同人均於是日剪髮，余亦剪之，頗覺輕快。[3]

翌日，黃氏寫信給家人和朋友，晚飯後，覺肚子痛起來，大概由於黃氏水土不服之故。

廿七日，上午，煙波先生演說，由中國學生任翻譯，皆屬歡迎勉勵之語。下午 2 時，行開學典禮，教職員到者十餘人。嘉納院長致歡迎辭，並述弘文學院設立的旨趣。

廿八日休息。廿九日上午 9 時開始授課，是日黃氏學習了 25 個日文字母。

三十日是星期日，在小石川的西路同鄉會有歡迎會。所謂西路，是指以常德縣為中心的湖南省西部的地區。從那兒來的留學生有 40 餘人。黃氏是瀘溪

3 《留學日記》，頁 10-11。

人，所以被邀約。但他因病不能參加，甚為惆悵；夜裏，又夢返家園。

六月一日，上午上課。因南寮 12 號室人多而喧鬧不已。下午，黃氏搬到 6 號室靜養。

二日，黃氏下課回來。日本警察來檢查留學生行李，發覺無可疑之處。惟留學生對此甚感憤慨，黃則認為這是弱國人民的自由被剝奪，心緒激動，一夜難眠。

三日，下雨，由於昨夜的事，留學生沒有上課。有些人主張退學，眾議紛紛。

四日，仍未上課。在自修室開會，黃氏主張為學業計，忍辱上課，但為激烈派反對。

五日，同鄉范靜生（源廉）來訪黃氏，告訴他留學生行李被查之事並不是院長之意，而是日本政府行政當局挑起的，希望大家忍耐上課。

七日，星期日，湖南學生開同鄉大會，出席者有 300 餘人，楊度任主席。講「道德」二字之義，黃尊三頗受感動。

> 六月初八日，是日，病尚未痊癒，請假，倚枕取《新民叢報》閱之。報係梁啟超主辦，文章流暢，議論開通，誠佳品也。……夢內子逝去，不禁嚎啕大哭，驚醒，汗流浹背，已五鐘矣。[4]

此後，黃氏愛讀《新民叢報》。從九日起，學校開始復課。餘暇時，他或溫習日語，或看《紅樓夢》。十二日，翻譯了兩段日本文。廿一日，去神田的三省堂購書，坐人力車返巢鴨。

> 六月初九日，……膳後，與少留、升吾同訪王又村，又村謂吾人初來日

4 《留學日記》，頁 13。

本，衣冠多不整齊，恐招外人非笑，此雖外觀，要關國體，余是其言，稍坐即返。[5]

七月一日開始放暑假。黃氏做了一個日課表，上午學日語，下午看報章雜誌。

八月二日，[6]假滿開學。不久，中國留學生因反對日人禁止他們出版及集會的自由，罷課抗議。剛巧當時在日比谷公園有日本人反政府的國民大會，注意力不在此，遂中止罷課。

十四日，黃氏閱報章，知悉清廷廢除科舉制度，非常高興。此後，他開始學習英語。

廿六日，同學余莑樹吐血。高等學堂一齊來日的同學，大都染病。是氣候和食物不宜之故。

廿七日，孔子誕辰，學校放假。

月底，黃氏接到家書。

九月，黃氏初到上野公園。由於不收入場費，不論貧富，均可自由出入，故感詫異。又到神田的東明館百貨店購物，該店貨品齊備，而價錢不二。

廿四日，弘文學院開運動會。

十月二日，湖南某留學生暗通政府，秘密報告革命黨的行動。湖南學生召開全體大會，討論「某君通敵事件」，議決即時驅逐回國。

十一月三日，黃氏初讀《民報》，覺其「鼓吹革命，提倡民族主義，文字頗佳，說理亦透，價值在《新民叢報》上」。

五日以後，爆發了「留學生取締事件」，黃氏此後的日記（由冬月五日至廿五日止）均用以報導此事。（有關此事，請參看本書第八章所引用的部分。）這

5 《留學日記》，頁 13。

6 譯者注：據《留學日記》，應為八月初五日至八月初七日之記事。

一事件，使他決定回國。廿五日他離開了東京。六日之後，即十二月二日抵上海。再買棹返回闊別了三年的故鄉（湖南省瀘溪）。

七日，黃氏與四位友人乘汽船，十日到漢口。十三日從漢口出發，二十日到常德。兩友人在此下船。廿四日，又乘民船出發赴辰州，由於冬季水涸，舟行不易，思歸心情更切。

光緒三十二年（1906）正月十日，黃氏抵辰州。在昔日念書的虎溪書院停留了兩日，訪問師友。到姚海嶠先生家。姚氏留吃午膳。並問他如他日再赴日本，可否帶同其子姚巽同往。他答應了。

十三日，終於到達瀘溪。從上海到家用 37 天，若從東京算起，則已超過 48 天了。而同學李君還要再往前走。

> 抵家已一點鐘也，入門，問母已否安眠，內子含淚答曰：「老人於去年十一月十五日辭世。」聞之驚絕，淚如雨下。問何病，云：「左肩生小瘡。久不愈，瘡無膿，色帶紫，擠之出黃水不多。醫言內病外發，無藥可治。臨終前數日，只是念兒，無他語。臨終，念之尤切。」余泣問何不去電，云：「瀘〔溪〕無電局，信亦遲緩；不濟……」[7]

黃氏因母親之死受了刺激，病了四日，然後為母喪之事請和尚誦了三天經。後又到各地拜訪師友，如是者過了 20 日，國內和日本的朋友紛紛來信，告訴他「取締規則事件」已解決，催促他返日本。辰州的友人已僱了船，特地來接他同行。於是他把家中一切事務託給妻子，便在二月九日離家赴辰州，自辰州經五日，抵長沙。因辰州中學堂酬酢事，耽誤了一星期，廿三日遂與六名友人一起出發赴日。三十日到上海，因為再留學的學生紛紛集此準備東渡，從三月一日到

7 《留學日記》，頁 43。

十日的船票，都已沽清。到了十三日，終於能夠上船。但由於遇大風，船漂到朝鮮沿岸，十八日才抵神戶。改乘火車，坐了一整天，十九日晚上到新橋。宿西路同鄉會。

廿三日，搬到同鄉張少留居住的神保町的菊廣館暫居。少留在正則英語學校學英文。對齋藤校長甚為稱讚，又稱留學生在該校學習者不少，並告黃氏謂將來如要入正式學校，英語日語都是很重要的。黃氏信服其說，請代辦入學手續。由於尊三這次是再到日本，所以有下面的一番反省：他知道非專心求學不可，也知道求學先要立志，志如不立，學亦無用。他服膺王陽明致良知之說，以為是學問的根本。

正則英語學校中有吳景鴻其人，年已在 40 歲以上，頭髮雖然落了不少，但熱心向學，使黃氏驚歎不已。

廿五日[8]下午，黃氏與友人到上野公園，當時的情景是：

> 下午同友人至上野看櫻花，花盛開，豔麗香酣，頗足悅目快心，遊女如雲，有散步者，有坐矮椅上品茶者，更有種種遊戲，點綴其間，雅俗共賞。聞櫻花為日本之特產，他國無之，花肥葉茂，名亦不一，最美觀者，名八重櫻，花片重疊如堆錦，燦爛奪目，日人尤心醉之。[9]

一日，[10]神田大火，燬屋數百家，日本人的屋宇多用薄木板建造，而屋宇櫛比，一遇火災，很易蔓延，幸而滅火法較佳，故能較快撲滅。

此後數日皆上午上課，下午溫習。不外是同鄉友人往來造訪，又或到公使館取留學費用，到丸善買書……

8 譯者注：查檢《留學日記》，實為三月廿七日。
9 《留學日記》，頁 49。
10 譯者注：查檢《留學日記》，實為三月廿九日。

> 四月七日，天晴，本日放假。上午至日本橋買書，下午陳駿初來，稍談，去後，寫寄黃鎮臣一函，附印章一顆。鎮臣自去臘取締規則風潮起後，代表去上海籌款，組織中國公學於虹口，集留日回國學生千餘人，現任公學教務長；聞學校籌備人員中，有姚君鴻業者，[11] 因當日籌款不易，憤慨時事，竟投身黃埔江以殉，於是人人感激，鉅款立積，學校遂因之成立，若姚君者，真可謂殺身成仁者也。[12]

十一日，去看靖國神社的大祭。黃氏有「見社中所陳列之甲午戰爭之戰利品，令人憤慨。留學生某君，憤慨之餘，竟推翻之而去。是亦一快事也……」的記載。

十四日，黃寫信給上海中國公學的黃鎮臣，請其代為預訂《上海時務》。

廿七日，數日前友人姚靖臣染病，昨夜黃氏到姚留醫的醫院，看護到深夜。今天見姚病情稍見好轉，故到中國留學生會館，買《滿洲最後之處分》一書，又轉到三崎町[13]洋服店，訂製夏衣一套。

閏四月三日開始，黃氏聘日人每晚教授日語一小時。

五日，黃氏至西路同鄉會敘會，有新來留學生五人，寄住於此。又捐助自費生款項五元。

廿二日，黃氏到淺草看活動映畫，入場費五錢。

五月十一日，黃氏遷居到神保町的花月館。

十三日，黃氏訂購《朝日新聞》。

十九日，黃氏學日本語已近一年，稍有信心，故試譯日本歷史。

---

11 譯者注：即姚宏業。

12 《留學日記》，頁 51。

13 譯者注：《留學日記》原文作三崎洋服店。

廿一日，黃氏因已學了差不多一年的英語和日語，故想稍習普通學科，擬入早稻田大學（很多同鄉友人已在早大念書）。

廿八日，黃氏做了一個殺湖南巡撫而獨立的夢。正在興奮之中便醒了。他雖然也贊成革命，但為了學業並沒有參加。

六月六日，第一次「日本友人前田來訪」，整整八年中，連這人在內，黃氏一共有五個日本友人。不過他們來訪的時間卻不長。

八日黃氏與申錦江一起去神樂坂吃日本菜。

十四日，黃氏轉到早稻田甲陽館住。

> 早稻田大學，為日本私立大學之一，地屬鄉村，隔市場稍遠，為日本大限伯爵所創辦。初辦時，規模不大，學生不過二三十人。其後經大限苦心經營，收買周圍村地，建築宿舍，遂日見繁盛，學生亦漸增多。大學中除大學專門兩部外，並有留學生部。專為留學生補習而設，普通科一年卒業，升入特別預科，半年畢業，升入高等預科。並設有專門部，普通科畢業不入大學者，可升入之。專門部分法、政二科，大學部則分法、政、文三科。其文科為最有名，政法次之。中國學生之在此校者，約七八百人，日本學生不下三千人，故鄉村之早稻田，隨文化之進步，一時變成繁盛之區。[14]

廿六日，清光緒帝壽辰，公使館懸旗誌慶。但留學生除少數外，多漠然視之。

七月二十日，黃氏覺得最近幾乎每天都和友人來來往往，耗費時間，甚感可惜。可是，這是留學界的風氣，一時沒法改變過來。因在煩惱時，這樣可得一時之安慰，實無可奈何之事。

廿三日，去早稻田大學聽高田早苗的演說。雖然學了一年的日本語，但程

---

14 《留學日記》，頁 62-63。

度仍低，聽不懂。黃氏認為非要更加努力學習不可。

廿四日，早稻田的普通預科開始授課，自此日起，黃氏每天都很認真上課。

八月八日，因為張少留返國，黃氏到神田的中國書店買了六部教科書（給其弟），兩部教育學的書（給石源鐸），又照了相（給妻子）託張氏帶回去給他們。

廿三日，黃氏去東五軒町的林館訪周道艘老師，周氏為高等學堂時代的地理教師。

九月三日，早大開運動會，停課三日。黃氏因不喜歡運動，故留在宿舍習算術。

四日，黃氏為同宿的日本友人前田翻譯英文信。

十五日，因英語的補習教師辭職，故黃氏每天都在返早大上課前，由 7 時起到青年會的英語講習會學習英語一小時。

十月十七日，是黃氏 23 歲生日，友人在中國菜館為他慶祝。

十一月，中國國內有湖南醴陵的起義，東京則有〈討清檄文〉的流傳。

十二月二日，黃氏到順天堂醫院探望友人路笠農的病。這家醫院對中國人的態度甚好。留學生有病的，多到這裏醫治。

1907 年（光緒三十三年）正月一日（2 月 13 日）起，黃氏改用陽曆紀年。因為這一天，尊三買了一部附有陽曆紀年的《明治日記》。日記欄外，還有英語和日語的格言，他每日都把它翻譯出來，而且作為個人修身的信條，所以在《三十年日記》之中，隨處都可見到這些格言。

4 月，[15] 因友人慫恿，黃氏投考高等預科，因入學測驗中英語不好，沒有考上，仍繼續讀普通科。

7 月 6 日，暑假之中，為便利去正則英語學校，黃氏與兩友人搬到竹早町居住。（同住的有向北翔，返國後，成為民國大學的同事。）

15　譯者注：自本年 4 月起，《日記》記事轉用陽曆。

8月15日，黃氏訪同鄉宋教仁。

坐電車至大塚訪宋遯初。談及國事，遯初言滿清絕不知國家為何物，不革命無以救亡，而革命則端賴我輩，並勸余入同盟會。余謂革命余固贊成，但非空言所能成功，貴在實行。而奔走國事與求學，勢難兩立，余學業正在半途，今何可遽棄。至入會不過一種形式，目前既不能實行，何必岌岌取此形式。遯初頗肯余言，出示其近日感事詩，有云：

去國已三載，思家又一秋，

親憂繁白髮，閨怨垢蓬頭。[16]

31日，早大開課，黃氏移居戶塚光榮館。出居所不遠，即見稻田，有離都市塵垢之趣。

9月開始，黃氏進入特別預科。

10月17日，因造大隈校長之銅像，學校休假十天（這是早大的秋季假期吧），早大此時已有學生七八千人之眾。

22日，由於光榮館只有日本學生，飯菜是純日本式的，黃氏乃移居甲陽館。

1908年3月27日，特別預科的畢業試合格，黃氏升讀高等預科。始讀莎士比亞及其他西洋文學作品。

7月5日，黃氏搬到小石川原町的冰川館避暑。暑假的日課表是：

六時起，十時睡。上午看英文，《莎翁文集》、《魯濱孫漂流記》。下午，練習日文、日語。燈下作英文日記。[17]

26日，改日課表：

---

16 《留學日記》，頁108。
17 同上，頁136。

六時起，七時日記。八時至十二時，英文。下午，看日本小說。晚讀《左傳》、《曾文正公家書》。[18]

8 月 9 日，黃氏從友人學月琴，因為被人指責嘈吵，轉到早稻田的山泉屋居住。

18 日，黃氏遊江戶川，不期然想起秦淮河。

27 日，黃氏讀到一段新聞，謂有一家三口的醫生的每月開支為 24 日元，而他每月所領的官費留學費用則有 33 日元。與此醫生比較之下，覺得自己頗為奢侈，故做了一個支出預算表（以日元計算）：

房租（飯菜在內）	11 元	學費	3 元 3 角
添菜	2 元	書紙筆墨	2 元
客飯菜	3 元	衣服鞋襪	2 元
茶	1 角	特別捐項	1 元
煙	5 角	醫藥費	5 元
信紙	2 角	電車費	3 角
剃頭	2 角	洋皂牙粉	1 角
洗衣	4 角	報紙	3 角 5 分
洗澡	6 角	額外費用	1 元
以上總計每月約 28 元 1 角 [19]			

18 《留學日記》，頁 139。
19 譯者注：計算有誤，應為 33 元 5 分。

29 日，賣掉數十冊書而只得 20 錢。黃氏認為受騙，決定今後就算怎樣拮据，斷然不作賣書之想。

31 日，黃氏遷到房租較低的鶴卷町的宮前館住。

9 月 2 日，因患病而致經濟困難，黃氏問朋友借 20 日元，此屬在日的首次借款（也有借錢給友人的事）。

4 日，預科的第二個學期開始，改了時間表。（按每星期計算）

英作文文法	6 節	漢文	4 節
英文講讀	9 節	歷史	2 節
英文會話	1 節	倫理學	1 節
英文默寫	1 節	論理學	1 節
英文音讀	1 節	日本作文	1 節
國文文典	3 節	體操	1 節

10 日，宿舍的中國學生既弄樂器，又唱歌，又調戲日本女人，實在太嘈吵，黃氏搬到都留館住。

這期間，每日上學，晚上準備功課，既沒有時間讀課外書，也沒有時間與友人聊天，日記也斷了多天。

1909 年，1 月 5 日，黃氏第一次到本鄉座看日本演戲，新舊戲皆不用鑼鼓。

22 日，舊曆的元旦，黃氏想起了故鄉。

4 月 7 日，黃氏來日已有三年半，想到自己還在預科，未能入專門學校就讀，倍感哀傷。黃氏喜歡的是思考和藝術感情的學科，所討厭的是語言的死記憶，但只有徒呼奈何而已。當他厭倦英文文法的時候，便拿起詩詞來讀。

16日，[20]孫中山先生在神田錦輝館演說，人群湧至，黃氏也去了。蒞會聽眾有六七千人，幾無立足之地，眾人雖久立而不覺疲倦，想是精神的鼓舞所致。

6月22日，高等預科第三學期的考試完結。由於離國已三年半，黃氏打算到了暑假，和張淩雲一道回國。但考試剛結束後，又因患病，不能動身。

28日，考試結果公布，黃氏仍不合格。張少留勸他到明治大學入法科。他說自己雖不喜歡法律，也姑且試一試吧。

7月3日，黃氏搬到小石川金富町姓古川的人家去住。

4日，黃氏到神田買了幾部英文小說和日文小說如《白鳥集》、《不如歸》及《杜詩》各一部，作為暑假的讀物。

5日，由於高等預科考試用腦過度，黃氏常覺頭暈，故去山田腦科醫院接受電氣治療，一星期三次。

12日，同居的日人齋藤來看黃氏，對他說：「如果再用功下去，你的病是不會好的。」遂約他去淺草活動一下，並請他吃日本菜，黃氏無法推卻。是日終於吃了生魚肉一片。

24日，黃氏同日本朋友到德文學校及音樂學校取章程。他本來打算入立教大學讀文科的，但他的朋友多認為立教大學是為傳教而設，不及明治的法科好。

這些日子，黃氏為了應付入學考試，暫時停學德文，專心一意搞好英語。

8月1日，因為公寓的食用差，女主人又狡猾，黃氏搬到水道端町的岩田幹一之家，住八疊的房間。

5日，黃氏向公寓的管理人借來《燕塵》十冊。這份雜誌是居留北京的日本人辦的。他看了之後，對日本人留心中國事務之透徹精微，頗感驚訝。友人羅君向他進言，謂若能將妻眷接來進女學堂，將來對公對私都有好處，黃氏因此寫信與妻子商量。

---

20 譯者注：《留學日記》原文作10日。

8 日，黃氏與友人同讀報，見日本未得中國政府同意便改築安奉鐵路的記事，同感憤慨。

15 日，山縣元帥曾有言曰：「目的既定，不勝，唯有死而已。」黃氏感憤於斯言。

22 日，黃氏送友人湯素留學美國，聽基督教的講道。

27 日，黃氏因求學與革命不能兩存而感到苦惱。

9 月 8 日，黃氏參加明治大學入學考試，由 9 時至 4 時。

10 日，黃氏至神樂坂買《民報》返舍，讀到 11 時。

11 日，《民報》有陳天華的絕命書，黃氏反覆讀之，不勝慚愧，決心從此以後（2 時 25 分）做一個新人。

15 日，為與羅百倉同住，黃氏搬到神田光榮館。

17 日，明治大學入學試放榜，黃氏合格。

10 月 26 日，黃氏看到伊藤公（博文）被暗殺的新聞。日記有「此一擊也，足以寒侵略家之膽，而振亡國之氣，是亦大快人心事」數語。

10 月 27 日：

> 八時上課，教習演說，謂伊藤之死乃日本帝國之大不幸。雖然，諸君勿以公死而短氣，諸君當各自發憤，以伊藤自勉，並以公之志為志，則公雖死，而日本國力之發展，當更勝於公生之日云云。余聞之，頗為感憤。知日本人之侵略主義，已深入人心，而其愛國心及自負心，真是使我國民愧死。下課後，友人約至料理館痛飲。〔尊三不大飲酒。〕歸來獨坐，作〈我之伊藤觀〉。〔大意謂，伊藤侵略朝鮮而未及滿洲，此為中國之第一大幸，伊藤死去為第二大幸，安重根之名可垂不朽。〕[21]

21 《留學日記》，頁 198。

11 月 2 日，黃氏擬到美國留學，本已開始聯繫熊秉三（其後任國務總理）以求助，但是日接美國友人湯松來函，謂留學日本較留學美國為佳，黃氏遂中止此行。

12 月 5 日，[22] 黃氏與羅百倉議論中國的教育問題，他認為文、言應該一致，文字亦須力求簡明易曉。

28 日，錦輝館開留學生大會。各省推舉幹事四名。湖南選出宋教仁、劉松衡等。

1910 年 1 月 3 日，西路同鄉會決定辦地方自治雜誌，請黃氏當編輯。他為此購了《自治要義》、《自治精髓》，開始翻譯。

27 日，向泰晤士報社訂購英文週報，訂費四日元。

2 月 13 日，定每星期日與友人聚會一次，或討論學問，或講述時事。第一次在黃氏家中舉行，出席的有八人，會談由下午 1 時至 4 時止。各人覺得此會很有益處，決定下次在張凌雲的居處聚會。

23 日，因為經濟困難，以「留學通帳」為擔保，向左仲遠借 30 日元使用，左答應以月 3 分的高利借給他，故本利歸還時是 33 日元〔39 日元？〕。左是亡命客，雖以日本資本家的金錢做高利貸，惟對革命頗盡力。

4 月 3 日，因見報章報導汪精衛暗殺攝政王不遂之事，黃氏寫了文章談自己的感想。

8 日，五日前熊芷齋託他翻譯的西洋歷史，至今天全部譯完。

9 日，黃氏至土橋俱樂部看留學生演劇。

17 日，長沙大暴動的消息傳來，黃氏對外國出動軍艦干涉之舉甚為憤慨。

6 月 22 日，因妻子來信催促，黃氏起程返國。29 日抵上海，見市容污穢不堪，頗感不舒服。7 月 1 日過南京，遇扒手。7 月 9 日經洞庭湖，與日本的賣

---

22 譯者注：《留學日記》原文作 12 月 17 日。

藥商梅田夫婦同行。12 日從常德向西，水淺不能行舟，故改乘轎。路上少行旅而山路難行，故要討好轎夫，且行且歇。山中行程，險象橫生，有六日不能安睡。終於在 7 月 19 日抵家。從東京出發之日起計，已第 27 日了。

在家 44 日，黃氏除與親戚朋友敘舊、料理家事之外，盡是照顧其弟的教育。本來打算於 9 月新學期開學以前趕返東京，但由於其弟四書講義的講授尚未完畢，故延遲了十天始起行。

9 月 18 日，黃氏到東京，返回原來的公寓一看，已盡為他人租去，故搬到都館。

20 日，由於很多事情都需用錢，黃氏把手錶和眼鏡拿去押當。連日來酬酢甚多，累極，故睡前忘記熄燈。正酣睡中，有一女子投懷送抱，黃氏婉言相拒，彼女遂恨恨而去。這種事情，黃氏到東京以來，算是第一次。

26 日，大學部第二學年講課開始。黃氏所習學科如下所列：

民事訴訟	岩田	2 節
民法物權	横田	2 節
民法債權	横田	2 節
	飯島	2 節
商法總則	松波	2 節
商行為	青山	2 節
會社	三橋	2 節
刑法各論	三木	2 節
行政法	上杉	4 節
法理學	筧克彥	2 節
英法	立石	3 節
平時國際公法	高橋	2 節

戰時國際公法	秋山	2 節
英語		2 節
獨語[23]		2 節
計 14 科目 33 節		

他每日的生活秩序表如下：

每日六時至八時，看英文報紙。

每日夜膳後，看日本雜誌、中國雜誌，讀《通鑒》、《左傳》。

每日十時半後，寫日記。

每日日間天上課。

每星期六晚休息。

每星期日，除看報外，便休息。

10 月 1 日，學校發起組織辯論會（僅留學生參加），黃氏負責起草規則，寫了十餘條。

11 月 14 日，友人請他合作翻譯《貨幣論》。他雖然沒有時間，但一因「經濟困難」，二因友人盛意邀請，故承諾了。

18 日，明大校長岸本良雄出席明大留學生會，感謝留學生對新校舍的捐款。

19 日，西路會場開會歡迎胡學仲。胡君在士官學校快要畢業之際，因涉嫌與陸軍軍事文件遺失案有關，囚獄兩年，終被釋放。胡君訴述其獄中的苦況，吳小仙讚胡為豪傑。

23 譯者注：日語指德國語。

20 日，開演辯會。黃的講題是「國體意義與公共目的」。

30 日，黃氏遷居神田賀町的今井館。至此，他自己也覺得常常遷居不大好。他在八年間共遷居 20 次。

1911 年起，他改用加藤咄堂編的《修養日記》，並繼續譯出其中的格言。

1 月 6 日，黃氏讀憲法與國際法。他不贊成上杉氏有關主權的解釋。他認為日本的憲法是君主國的憲法，而上杉氏又是官僚學者，故上杉之說，無足為怪。

19 日：

> 日本社會黨幸得秋水等二十四人，內婦人一，名菅野平子，僧人一，名愚童，俱於本日宣告死刑，舉國為之震動。余謂此世界之大問題，東亞之大問題，不僅日本一國之問題。然此事既已發生。日本社會問題，從此開端，而皇室根本動搖也。[24]

2 月 7 日：

> 日來讀國際法，於主權二字頗有領會。我國名為完全主權國，實則一不完全主權之國家，任人保護，任人租借，任人協調。所幸對內主權，尚未完全落入外人之手，若再並此而失之，雖不瓜分，亦不國也。噫，以數千年大漢之天下，今竟為孺子作犧牲，中國尚有人乎？[25]

18 日，黃氏去聽剛從中國回來的岡田朝太郎的演說。今日報載俄國出兵伊犁，英國亦以保護商業為名出兵雲南。

19 日，黃氏閱報，知英俄交涉有瀕於破裂之勢，中國政府尚束手無策。他

24 《留學日記》，頁 302。
25 同上，頁 310-311。

憤慨已甚，擲報於地。又至早稻田赴友人的談話會。他在會中發言，認為現時已非文字宣傳之時，唯有一齊返國革命一途。是夜黃氏不能安眠。

22 日，黃氏與友人熊芷齋爭論革命與立憲問題，正在高言激論，爭至面紅耳赤之際，下女來報「有客至」。

26 日，留學生於神樂坂之高等演藝場開演說大會，討論伊犁、雲南事件，出席者有千餘人。有呼籲脫離清廷統治而獨立，有要求編練國民軍，人人欲爭上台演說，秩序混亂，議而無決。黃氏建議各省派出代表二人表決。結果南方省份多附和，推出 20 餘人，惟北方省份則多不顧而去。會中熱心國難的人，紛紛捐出運動資金，並決議至使署請公使李家駒及留學生監督胡子靜捐款。惟此二人聞訊先遁。學生們在使署外候至 10 時仍未獲接見，不得已散去。

27 日，黃氏早起，即往訪各省代表，又到山田醫院探望宋教仁。

3 月 4 日，留學生在江戶川亭召開對英俄外交大會，向清朝政府發出電報，要求停止一切屈辱外交。

6 月 20 日，學年考試完結，黃氏獲滿意的成績。

7 月 2 日，向北翔來訪黃氏，邀同往片瀨避暑，宿於石匠之家。房租連飯每月每人十日元（菜金除外）。

8 月 4 日，和黃氏一起留學的張少留與日本妻子岡本生了一子一女，因這次畢業要回國，大為煩惱。黃氏勸他向友人籌款，使能一同回國。

15 日，黃氏與友人共譯《貨幣論》及《西藏》，但因為兩人文字內容不一致，而且有文責問題，故覺得共譯效果並不好。

9 月 15 日，四川省發生反對鐵路國有運動，風潮甚熾，民意已不可侮。

10 月 31 日，四川鐵路風潮日盛一日，革命黨人紛紛歸國。黃氏也感到不久將有大事發生，不得不及早安排歸國之計。

11 月 2 日，武昌起義的消息傳到，黃氏欣喜之餘，繞室多回未知所措，而同居的日本友人則來祝賀。

4 日，留學生召開全體大會，決議一齊回國，作革命軍的後援。

15 日，革命軍佔領上海。黃氏決定歸國，向學校申請休假兩個月，又向同盟會的左仲遠借 30 日元，另用衣服和書籍做抵押又得 30 日元。至郵船公司購船票時，始知一星期內的船票已售清，故只有等待下週的船期。

16 日，各地督軍宣告獨立。第六鎮統制吳祿貞（日本士官學校畢業）在石家莊首先發電贊成共和，清廷大為震怒。

22 日，黃氏與友人 20 餘人登上歸國之途。船上擠滿了留學生。船長為三等艙的留學生供給二等伙食。

27 日，黃氏抵上海。是日報紙全部報導革命軍的消息。

28 日，黃氏到中國公學訪黃兆祥，黃氏告以南京政府將於短期內成立。

29 日，上海各界在張園召開國民大會。太太和小姐們紛紛捐獻貴重金飾。

30 日，日本某報章刊出干涉革命的議論。黃氏讀後憤極，寫了〈就武昌起義請日本政府及國民嚴守中立〉一文。

12 月 1 日，左仲遠從日本返，宿日本旅館。黃氏往訪仲遠，與他一齊赴南京會宋教仁，陳述自己的意見。2 日晚，返上海。

14 日，張園開大會，歡迎孫中山。

17 日，黃氏等數十人推熊秉三為首領，組成共和協會。

18 日，黃氏發函促湖南都督譚延闓撥款接濟東京留學生歸國。

1912 年 1 月，黃氏返長沙會譚延闓。日本留學生中也有些人加入省政府工作。

2 月 18 日，黃氏離長沙，29 日抵東京。

3 月 17 日，黃氏宿於小石川的蒼龍窟，埋首溫習功課。因自武昌起義以來約有半年，頭二個月請假返國，而再過兩個月便屆畢業之期，為了應付八科的畢業考試，故非用功不可。

25 日，黃氏託早大友人代購《早大講義錄》。

4 月 2 日，張少留拋下岡本母子，獨自返國。黃氏對岡本甚表同情。

6 月 24 日，考試完畢。

7 月 1 日，黃氏往大森租房子。

5 日，東京友人來函，得知畢業考試已合格。黃氏見到八年間的苦辛總算有了結果，心情舒暢。

7 日，黃氏寫信告訴家人畢業的消息，並囑以後不必再寄信來。

12 日，屋主之妻做壽司款宴黃氏，魚則火烤而食。

17 日，黃氏歸國。五大箱書籍則託郵船公司代運。與向北翔、張凌雲一起從新橋出發，送行的有九人。18 日，一行人從橫濱乘大疑丸號輪船返國。

24 日，抵北京。

黃氏歸國後，黃氏的友人中有不少人在政界中活動，而他的周圍也常有宋教仁、熊秉三等人來往，從事政治活動。1913 年 4 月刊行的留日共和黨人士的機關報《讜報》（在東京印刷，上海發行），其發起人有黃尊三、彭世躬、何迺祺和蔡培等人。但黃氏似乎始終以教育事業為主業。他做過中國公學、江漢大學、民國大學等教授（最後任民國大學的總務長）。在此期間內，他從日本郵購了不少書，翻譯出版的書似也不少。在他的日記中記錄由他編譯的書即有八種之多，是著作抑是譯述則無從知道。在《中譯日文書目錄》中載錄了兩種，確知是他翻譯的：

（一）姊崎正治著，黃尊三重譯：《釋社會問題》，內務部編譯處，1920 年。

（二）穗積重遠著，黃尊三、薩孟武譯：《法律進化論》共二冊，商務印書館，1929-1930 年。

二、留學日本的指南

清末時期，留日學生人數次第激增，為適應這種情勢，留學日本指南之類的書也相繼出現。其中重要的如：

書名	著者	出版年份	出版者
東瀛學校舉概	姚錫光	1899	京師版
		1900	皖城版
日本學校述略（此書是《東瀛學校舉概》的摘要本）	姚錫光		浙江書局
日本遊學指南	章宗祥	1901	
日本留學指掌	崇文書局編集	1905	東京崇文書局
留學生鑒	啟智書社著譯	1906	東京啟智書社
東瀛遊學指南	木川如一、田中龜治編譯	1906	東京日華堂

上表之中，《日本遊學指南》（以下簡稱《指南》）是曾經當過留學生領袖的章宗祥所寫的。《留學生鑒》（以下簡稱《鑒》）則是某一留學生所寫。二者都是本行人的著作。從這裏可以清楚知道留學生的心情和他們生活的情況。以下試節引其文，以見留學生生活的一斑。

1. 總論

《指南》這樣說：

遊學之事，非始於今日，鎖國時代，南人學於北者，即謂之遊學。近世各國交通，乃有遊學外國之事。遊學之益何在？曰：人有恒言曰：「百聞不如一見」，欲取他國之長，以補吾國之短，非親歷其境，不能得其益也。日本維新元勳若伊藤侯等，其始皆學於外國，吸取其文明，歸而散之其國，遂成今日之富強。近年日本遊學外國者，總計官費自費，年復不少。其尤盛者，有富室岩崎某，其子弟七八人，自最稚者以外，悉遊學各國，無一家居者，其知己國之不足，而熱心以效他國之長若是。以日本今日，已足介於列強，相與並存，而其國人向學，尚如此其盛。何況吾國於所謂新學問者，尚在最幼稚之時代，然則有志之士，寧可復蜷居鄉里，以終吾世耶？然而遊學之事，亦不大易言。

凡天下之理，自最下層欲一躍而至於最上層，鮮有不躓者。歐美各國之文明，以今日之吾國視之，其相去蓋不可以道里計，故吾之遊學於彼，則所謂自最下層而欲至最上層耳。吾國今日之程度，非得一橋，以為過渡之助，未見其能幾也。

今日之日本，其於吾國之關係，則猶橋耳。數十年以後，吾國之程度，積漸增高，則歐美各國，固吾之外府也。為今之計，則莫如首就日本。文字同，其便一；地近，其便二；費省，其便三；有此三便，而又有當時維新之歷史，足為東洋未來國之前鑒。故貲本一而利十者，莫遊學日本若也。況數年以來，東遊之效，已有實驗可徵。吾國有志之士，大之為國，小之為己，其有奮然而起者歟。[26]

《鑒》亦指出：

吾人不遠萬里，乘長風，破巨浪，離家去國，易苦以甘，津津然來留學於日本者，果何為也哉？留學者數千人，問其志，莫不曰：「朝政之不振也，學問之不修也，社會之腐敗也，土地之日狹也，強鄰之日薄也，吾之所大懼也。吾寧犧牲目前之逸樂，兢兢業業，以求將來永永無暨之幸福，此則吾之所大願也。」斯言也，不唯留學生人人能言之，鄙人亦頗常言之。然竊自思，志望如此，他日果能達此目的與否，尚未可知。用是抑鬱，求所以副

26 章宗祥：《日本遊學指南》，頁 1-2。

其目的之具，蓋舍學問而外，無他塗矣。……

吾人生長中國，無學無問，逐逐然終日潛心於功名富貴之間，一旦得志，則錦衣金屋，口能指，頤能使，鄉里畏如神明，官吏引為知己。若其失志，則貧無立錐，親族吐棄，朋友絕交，鄉里賤如馬牛，官吏指為匪類，數千年來，已千錘百煉，鑄成此種風習，故所競爭者，唯在功名富貴，而不在乎學問。以學問為競爭者，勢必窘其身。……

現時最適用之競爭，其為學問矣乎！……吾人既生於世，則必同具有一求生之目的。前此唯競爭於國內，故學問非所適用。今也國外之競爭，以次參入。人皆以學問制我、弱我、魚肉我，我之土地財產將取而入彼橐中。……學問乎！學問乎！乃吾人今日所應競爭者乎！

旅行然後知居鄉之可貴，出國然後知國家之可貴。吾人當逍遙容與於閭里時，國家觀念，未甚發達，唯知排斥外國，而忘自國之情形。及至履東以來，言語不適，風俗不同，飲食異宜，居處異制，於是思國之念，勃勃然生。夫此猶其小焉者也。居停主人，學中教授，一言一動之間，雖以客禮遇而不至輕視，而即從此客之一字之觀念，畢呈其外而不親之情。以此點以觀察其隱，內人外人，不啻有霄壤之判。……於是乎思國之念，又勃勃然生。夫此猶其小焉者也。不見夫艦隊之歡迎乎！不見夫孔羅多〔黑田？〕之歡迎乎！萬歲之聲，不絕於途；懸旗結綵，曜如晚霞。以視吾國之自來自去者，其相去果何如也。……至於此，不唯遽生思國之念，且亟欲強吾國。……（實藤注：此為留學生目睹日俄戰爭的凱旋情形而起的感動，中國留學生的愛國心受此刺激而逐漸昂揚起來。）

強國之第一義，曰政治之改良也，然非學無以為改良之具。曰社會之整飾也，然非學無以為整飭之具也。曰土地之保存也，然非學無以為保存之具也。曰強鄰之平等也，然非學無以為平等之具也。學之不可以已也如是夫。且夫有一日之世界，則有一日之競爭，有一日之競爭，則有一日之學問。日

日有競爭，日日有學問，事事有競爭，事事有學問。……[27]

可見留學生負笈東渡的目的，就是要講求救國的學問和與列強競爭的學問。至於《鑒》作者的用心、編寫的體例，是這樣的：

余留學數年矣，馬齒加長，而學業未進，然幸身體壯健，所為亦鮮有外誤。蓋於暇時，輒考察日本學生趣向之方針，衛生之秘訣，積之既久，都為一帙，常供座右，以當箴銘。本之以行，故如夜行之有燭，無蹉躓之慮也。去歲友人多勸付梓，以鮮暇不果。茲特刪繁就簡，並輯譯日人議論數種匯刻之，題曰《留學生鑒》。蓋凡為留學生者，手置一編，其得益良非淺鮮，至於文字之間，非此書所重，不暇計其工拙焉。

首論為學之道，次論衛生之法，次述遊戲之事，次述應時之用。為學生者，能以此為標準，則不唯目前即可適用，達將來遠大之目的，此尤其基礎焉。願其勉之。[28]

2. 留學的經費

關於留學的經費，《指南》有詳細說明，今照原文所記，一一列出，以供讀者參考：

經費者，遊學之母也。欲計遊學，以籌經費為第一義，然吾國之人，往往以為至外國遊學，費用不貲，其實不然。日本物價，雖三倍於吾國，然一般學生社會，其節儉之狀，較之吾國苦學之士，有過之無不及，故核算其費

27 啟智書社著譯：《留學生鑒》（東京：啟智書社，1906 年），頁 13-16。
28 同上，頁 18。

用，若力意減省，則吾國志士能自辦者，尚不鮮也，今列舉各項必不可少之費，說明如下：

第一節　學費

學費分為二種。一受驗料，即贄金是也。初入學時納之。一授業料，即束修是也。官立學校，大抵分二季或三季徵收。私立學校，則有總徵收者，亦有每月分徵者，其額如下：

一、受驗料

官立學校　自一元至五元不等

私立學校　自一元至二元不等

二、授業料

官立學校　每月自一元至二元五角不等（間有三元者）

私立學校　每月自一元至二元不等，每年以十月計算，夏季休假二月概不徵收。

第二節　旅費

旅費者，專指住宿費而言。住宿有三種方法。一學校寄宿舍，一下宿（即常年租定客棧），一租屋。三種之中，各有便利之處，聽各人自定，其費約定如下：

一、學校寄宿舍，每月約五六元左右

二、下宿，分為三等。（下宿之外，復有所謂貸間者，即住家之中以其餘屋出租之謂。其居停亦頗有極親切者，價約與下宿等，而房屋較清淨焉。）

上等　房屋每月約五六元

飯食每月約十元

中等　房屋每月約三四元

飯食每月約七八元

下等　房屋每月約二元

飯食每月約五六元

此外尚有炭費油費每月約一元左右（又下人賞費一元或半元隨意）。

三、租屋，每月房飯一切約十元至十二元左右。

住宿之法，大都有此三種。寄宿舍價最廉，規則亦佳，惟與日本學生雜居，稍有不便，又學校不盡有寄宿舍，故不能一律而論。下宿最便利，一切均由旅店主人招呼，且隨時遷徙，均可自由，惟下宿中人類最雜，良莠不一，交際最宜留心。租屋非得四五人不辦。此法最為適意，一切習尚，可以從我之意，惟終日與本國人同居，語言之進步，不無稍阻，故最好俟半載或一年以後，然後約伴租屋，最為得計。此外又有寄居日本人家中之法，然中上之家，大抵不願寄留外國人。下等人家，則又無味，故頗不易言，若得熟人能介紹至中上以上之人家居住，則更佳矣。

第三節　書籍及筆墨紙費

日本大學校及各專門學校，大都均用筆記（即教師口講而學生筆述之謂）。故用教科書者甚少。此所謂書籍，專指教科書而言。每月匀計約得二元左右已足。若論各種參考書，則需用甚多，不能豫定。至筆墨紙費，每月約一元左右。總計二項費用，每月約三元左右，然此固至簡之數也。

第四節　雜費

雜費者，指一切零星費用而言。如剃頭、洗浴、洗衣、新聞紙、郵票等類，每月節省用之，約三元左右可足。茲為略舉各項價目如下：

剃頭　每次一角二分或一角五分（辮髮須隨時自理，日本剃頭店無能之者。）

洗浴　每次二分（日人最尚潔，約間日須一次，學生社會均然。）

洗衣　每件大者四分，小者一二分不等。

新聞紙　每種約三角

郵票

其他雜費

第五節　衣服費

日本各學校，各有一定服式，謂之制服，故凡入其學校者，必服其制服，以歸一例。今就尋常學生衣服，約定價如下：

冬服一套　約八元至十元

外套一件　約八元至十元

夏服一套　約三元至六元

帽靴及襯衣等　約五元左右

衣服費約計如上，然此不必每年新做，故初到之時，費用稍大，此後不過隨時添補而已。

第六節　交際費及旅行費

凡外國人與本國人不同。與日人來往，不能無應酬之舉。譬如，教習及同學等，須隨時酬勞之，則更加一層親切，又或彼等先施，則不能無以答之，此交際費之所以不可少也。旅行費者，大都在假期中用之。各學校學生，至放假時，往往至各處旅行，或夏期至山中避暑，又有至各地方工廠學校等參觀者，學校給以憑票（唯官立學校有之），隨處可以進去，謂之實地研究，又謂之修學旅行，此亦於遊學最有益處，且可以借此入其內地考察一切，惟費用甚巨，不能豫定。以上二項，均隨各人之境遇，以為支用之方，無從算入正項費用之內也。

以上所列，大概不出此數種。今就其至儉之數，核算一表如下：

	月額	年額
學費	1元至2元半	10元至25元
旅費	6元至9元	60元至90元
書籍、紙墨、筆費	3元	30元
雜費	3元	30元
夏期放假二月，不算在內。總算在內，則再加旅費及雜費二月可也。		
總額	13元或18元左右	150元或200元左右（夏期放假二月亦算在內）[29]

3. 留學的程序

關於留學的程序，《指南》亦有詳盡的介紹，今不避煩贅，為讀者詳引出來：

遊學有種種方法。啟行時舟車一切，如何情形。到日本後如何情形，及進學校時如何辦法，均遊學者所急欲知之者也，茲分節略述之。

第一節　上路之情形

凡自吾國至日本，分為南北二大道。南省各地，以上海為出發之地。北省各地，以芝罘為出發之地。自芝罘動身，可買船票至神戶。由神戶換坐火車到東京，凡火車行十七點鐘，計路程共十日。自上海動身，可買船票至橫濱，換坐火車到東京，凡火車行一點鐘，計路程共七日。若買票至神戶，由神戶坐急行火車至東京，則五日可到。到日本之第一埠，為長崎，其次為

29 《日本遊學指南》，頁23-27。

馬關，其次為神戶，其次即為橫濱。各埠除馬關外，均為從前通商口岸。吾國有領事館焉。商人以廣幫寧幫為最多。此外各幫均有。若有相識之人，則到埠停船時，可以上岸訪之，託其引導一切，並可望其代為招呼，惟船每到埠，停幾多時刻，及何時開船，均有一定，必須打聽明白，先期回船，否則恐有失誤，船或先開，受累不淺也。

凡自吾國至日本船隻，有英國公司、法國公司及日本郵船公司。其中以日本船為最親切便當。若言明留學生，則看待更好，其船中理事等，大都從學生出身，故於學生另有一番看待，蓋同類使然也，其船價分為三等，亦列舉如下：

自芝罘至神戶：一等 65 元，二等 45 元，三等 18 元

自上海至橫濱：一等 54 元，二等 33 元，三等 12 元

自上海至神戶：一等 42 元，二等 26 元，三等 10 元

凡輪船至神戶或橫濱後，須換坐火車，再到東京，其車價亦分三等如下：

自神戶至東京：一等 12 元，二等 7 元，三等 4 元

自橫濱至東京：一等 9 角 6 分，二等 5 角 6 分，三等 3 角 2 分

凡無論舟車，一等客艙，大抵係官員及富商等乘坐。二等及三等則尋常人均來坐之。日本學生，則往往坐三等者居多，取其廉也。三等艙固為最下，然較之吾國航船及輪船之散艙，則舒服遠矣。惟火車若行李過多（凡行李以少為貴，衣服有學校制服，故可不必多帶。中國書籍，固不可少，然有圖書館可以借閱，故不帶亦可），則反不如坐二等之得，因各等應帶貨物，其磅數均有一定，三等磅數最少，而另加則甚昂，且路途稍遠，須在車中過夜，則二等為最宜，三等則恐人數過多，不得坐地，晚上甚不便也。

第二節　到岸之情形

到神戶或横濱上岸時，如該埠有熟人，可於到長崎發一電報（價甚廉，不過一二角），或發一信，囑其某日某時，至該船來接，則一切可有招呼，否則可先至日本客棧託其招呼一切，亦甚妥當。凡船到埠時，即有無數接客，至船中招攬生意，身上均穿店中號衣，一望而知，可擇定一家，將行李幾件，一一點清，交付與渠，搬運一切，均聽渠為之，萬無一失。上岸時，即由渠引至店中，暫時休息，然後再託渠代買車票上京，最為妥當。（凡行李幾件由本棧按數發出銅牌，到時憑牌領取，惟零碎小物，均須手攜也。）日本客棧，大都均靠得住，其中招呼吾國人最熟悉者，今略舉如下：

神戶：田中屋

横濱：高野屋、山崎屋

上岸以後，行李一切，均須先搬至稅關，待其查驗，行李上可貼明留學生字樣，關吏較為親切，然萬不可因此夾帶私貨，自失體面。又鑰匙須隨身帶，否則匆促之間，欲開箱時，殊不便也。上京最終之停車場名曰新橋，此處即為東京。東京多少必有熟人，在未上車之先，可先發一電，言明某時開車，某時可到，囑其來接，必可無誤，否則下車後，可即至停車場側，購買東洋車票，不必先付錢，但告以某處某地，到後然後照票付錢亦可。行李可暫存車棧，隨後往取，惟銅牌萬不可遺失。此最宜留意。凡初到時，總未免人地生疏，故在本國未動身之先，最好宜先託人介紹在東某人，則到後一切，即可由某人招呼，若畢竟無人，則到京後，可坐車至中國公使館，告明來由，託館員或館中留學生招呼一切，亦無不可也。

第三節　入學之情形

凡學校分為二種。一官立學校，即由國家設立者；一私立學校，即由民間設立者。進官立學校者，必須吾國欽使或領事等先行諮照彼國外部，轉達文部，故必須欽使或領事作保。進私立學校者，則無須乎此，但須資格稍深者作保，或中國人或日本人，均無不可。官立學校，去年曾定外國留學生之例，今照譯如下：

《文部省直轄學校外國委託生規則》

（明治三十三年 7 月 4 日文部省令第 11 號）

第一條　凡外國人進文部省直隸學校（即官立學校），不照學校通則，於所定學科中，肄習一科或數科者，必須其本國公使或領事諮送，始能許可，作為外國委託生。

第二條　凡外國人入學時，必須其本國公使或領事之委託書，與入學志願書，同呈於帝國大學總長或各學校校長。

第三條　帝國大學總長及各學校校長得以上志願書時，必察看其有相當之學力，始能許可。其學力未到者，不在此例。

第四條　凡外國委託生，卒業時試驗有成績者，亦得給予憑據。

第五條　凡外國委託生於一切受驗料及授業料，可免徵收。（按此條近尚未實行，隨各學校校長之意而定，有徵收者有不徵收者，不一例也。）

第六條　本令應有之細則，由帝國大學總長及各學校校長，經文部大臣之認可，隨時定之。

第七條　本令施行之前，凡外國人已進各直轄學校者，以卒業為止，可以不在此例。

據以上規則，進官立學校之情形，可以概見。私立學校，亦大率類是，惟不必公使或領事諮送耳。[30]

---

30 《日本遊學指南》，頁 27-32。

4. 留學生生活上的問題

又有關留學生生活上的問題，《鑒》一書，對細微事情亦詳加說明。今錄其目次，蓋亦可推見留學生生活上的問題所在。

第一章　立志
　　立志之方針
　　堅忍之志操
第二章　勤勉
　　勤勉之效力
　　勤勉之順序
第三章　忍耐
　　忍耐力
　　忍耐之必要
第四章　時間
　　時間之貴重
　　時間之浪費
第五章　朋友
　　朋友之選擇
　　惡友
　　益友
　　交際
第六章　讀書
　　讀書之快樂
　　讀書之方法
第七章　住居

居宅之良否

居室之選擇

室內之掃除

第八章　衣服

清潔

洋服

寢具

第九章　食物

食物之溫度

重要之食料

第十章　睡眠

睡眠之時間

午睡

第十一章　運動

運動之方法

體操

擊劍

散步

食後之運動

大運動

第十二章　入浴

浴湯之溫度

禁入浴之時候

冷水浴

冷水摩擦

第十三章　身體各部之衛生

腦之衛生

眼之衛生

鼻之衛生

齒之衛生

耳之衛生

胃腸之衛生

第十四章　肺病及腳氣之預防

肺病

肺病之預防

肺病之徵候

腳氣

腳氣之預防

腳氣之徵候

病中之注意

轉地

第十五章　讀書法

讀書之時期

書籍之選擇

讀書之方法

讀書諸弊

音讀與默讀

第十六章　記憶術

腦筋之保護

適於記憶之地方

適於記憶之期節

各種記憶術

數字記憶法

連語及文章之記憶法

記憶數多事物法

第十七章　演說法

音聲

態度

演說中之心得

第十八章　旅行

旅行用具

旅行之注意

旅行用之藥品

海水浴

海水浴之方法

著名海水浴場

溫泉

第十九章　博物採集

昆蟲採集

必要之器具

採集之方法

標本之製法

植物採集

必要之器具

標本之製法

礦物採集

第二十章　游泳術

游泳之準備

遊學之期節

入學試驗

旅中之注意

宿所之選定

寄宿舍

下宿屋

東京遊覽地

第二十四章　日本苦學生之情狀

勞動

自活之方法〔工讀法〕

新聞配達〔報紙派送〕

新聞賣子〔報童〕

牛乳配達〔牛奶派送〕

寫字生

人力車夫

第二十五章　東京學校一覽

普通學校之部

專門學校之部

雜學校之部

第二十六章　文字雜記

省文

偏冠之名稱

類字集

假名遣〔日本字母拼綴法〕

字音假名遣〔假名遣的一種〕

萬葉假名

第二十七章　郵便電信

普通郵便種類

郵便禁制品

郵便物之容積制限〔限制〕

內地小包郵便料〔費用〕

特別郵便

郵便匯兑

電信

電信符號

第二十八章　世界第一[31]

此書可說是留學生的百科全書。由此可知當時的留學生所關心的事（譬如演說法、劍舞等）。與《指南》比較，成書時間僅五年之差，但可見留學生對日本的認識已大大增進了（例如以萬葉假名作為問題等）。

《鑒》與《指南》頗有重複之處，今特引錄其第23章〈東京之遊學〉，以供參考。

東京為日本全國之首都，百般施設，無一不備，真學問之淵藪、學校之中心也。故苟擬備一科一藝者，則不遠千里，無不年年歲歲，負笈而來，獨是東京固是絕好之修學地，而又為可恐之魔窟。種種誘惑擁於前後左右，為學生者，志操不堅，氣象不肅，鮮有不誤入迷途而墮落腐敗者。故遊學者，要能一意貫徹其目的，不為外界所引，不見哂於鄉里，是所甚願者也。

學費

31 《留學生鑒》，目錄頁。

遊學之主要物為學費。學費之豫算，亦隨其時物價之高低，及其學校之種類，不能一定。茲述其大體於下：

（一）月俸及下宿料　月俸，若在學校之寄宿舍居者，宿料與食料大抵一個月以六七元為率，又下宿料者，通常七八元以上，此外又有燈油金、炭金等開銷，約一二元之位。

（二）授業料　即每月之月謝，亦因其學校而異，大抵在一二元間。又官立學校中，一年之授業料有分為二期計算納之者。

（三）雜費　買書籍筆墨紙等金及其他之零用金等，每月三四元乃至五六元。此外設又因其學校所定之制服須仿造之，是為意外之費。

（四）一月之概算　合各項大抵一月十二三元至十六七元之譜。此乃不可減之費。又此外尚有入學金、桌椅及書籍等之購入費、鋪蓋汗衫襪鞋等之購入費，其他不時之費，不可不預為籌劃。

遊學之期節

東京學校大抵從九月十一日之頃開始者多。四月開始者亦有之。

入學試驗

官立學校，則於每學年之終，試驗次年之新學生；又有因人員不足之時，行補充試驗者。皆招學生入學之試驗也。私立學校，則無論何時皆得入學。唯中途入學，程度差異，試驗時不及格，勢必降一學年，欲捷轉紆，反不若自始至終之為得也。

旅中之注意

日本教育尚未普及，小竊為多。於人眾之停車場尤甚。又汽車中，亦時有小賊扮為客人以行竊取者，須十分留意。所有時計及金銀等品物，藏之宜堅。掏兒惡漢，言之可驚也。

宿所之選定

既到東京，不可不早選定宿所。適於學生之宿所者，有學校之寄宿舍與下宿屋二種。前者學校之附屬也，後者市中為商賣者也。寄宿舍因附屬於學校，故其照應甚周到。下宿屋以無監督，故所宿學生之內，往往有懦弱怠惰者。荒疏學業陷於墮落悲境，往往見之。甚至有一種下宿屋，不用主婦，不用下女，專以年輕女子以誑學生者。故諸君選下宿屋時，當求其嚴肅者投之，而後能正其志操，克己用功。

下宿屋最多之區域揭示於下：

區域	下宿戶數（約數）
本鄉區	四百
神田區	三百七十
芝區	二百五十
麴町區	一百五十

東京之遊覽地

東京內遊覽之地甚多，上所記者，不過最有名之數處而已。於休息之日，披襟曳杖，逍遙於此等之地，亦愉快之一事也。

上野公園（在東京之北方，老樹繁茂之下，有不忍池，其中遊覽之地甚多，為市內第一之大公園。）

淺草公園（在上野公園之東，為有名觀音之所在也。可觀之物等甚多，遊人常群集。）

芝公園（在東京之南，境內極幽靜，有德川氏之靈廟，又有山名丸山，眺望甚佳。）

靖國神社（在麴町區九段坂之上，以祀為國家之忠死者。）

日枝神社（在麴町區，名山王公園，境內幽靜之地。）

隅田堤（又名向島，在淺草公園之東，大川一帶，長堤如蛇，櫻花繁茂，最為有名。）

飛鳥山公園（在上野北約一里的山丘上，可以眺覽。）

帝室博物館（在上野公園，古今內外之珍品寶物至動植礦物之標本，無一不備。）

東京教育博物館（在本鄉湯島三丁目，關於教育諸種之物品皆畢集。）

動物園（在上野公園，集合珍禽奇獸而飼養之。）

帝國大學植物園（在小石川區白山御殿町，內外各國之草木甚多。）

帝國圖書館（在上野公園，和漢洋之書籍凡藏有二十萬部，每日平均有三百餘人之閱覽者。）[32]

三、留學生的日常生活

黃尊三為反對《清國留學生取締規則》，決心歸國。在友人為他開送別會之日（1905 年 12 月 15 日），正是另一位湖南省出身，名叫 So Kau-man [33]〔蘇高曼 —— 音譯〕的人留學日本抵達上海之時。蘇氏從到上海那一天起，便開始寫日記，一直記到第二年的 6 月 12 日，因母親去世而歸國為止。這本日記名為《瑣瑣錄》（稿本），共二冊。據此，可知他出自湖南省的名門，其叔父且曾遠赴西洋任公使。他當年 32 歲，中過科舉。（到日本後，在舊曆一月二日公使請他

32 《留學生鑒》，頁 63-68。

33 他的日記上只是寫着ソカウマン（So Kau-man），不知漢字正確寫法，暫從音譯蘇高曼。

參加茶會。被邀請的不過 40 人，他是其中之一。拍了照片紀念，他還後悔自己沒有穿禮服赴會。）他和黃尊三不同，他是私費留學生。

32 歲的蘇氏，在讀書人當中算是年青的。他為人認真，循規蹈矩。由於《清國留學生取締規則》的風潮，不能即時前赴日本，故直到翌年 1 月 14 日依然留在上海。這段時期，他開始學日本語。在日記中，他常常反省自己的言行，以及與朋友講求品德的修養，有時也會終夜不眠，談論國事。這些表現都和黃尊三相似。

他到日本後，知道有禁止未成年者抽煙的例規，因感於抽煙的禍害，遂對同宿的友人實行戒煙。雖然他說「遺憾的是未能使全體留學生都一起戒煙」，但亦足見他並非是個徒具空言的人。

他決定在東京的學生公寓居住，但對自己能不能適應日式的生活感到不安。因此，他到處拜訪友人瞭解情況，友人亦往往肯對他講述自己失敗的經驗，給他很多有益的指導。

某一前輩，給他看一本叫做《留學生自治要訓》的書，上面詳細寫着應注意的事項。這是當時在留學界非常流行的一本講述留日生活心得的書。今摘其要項，引錄如下：

—往來道路須靠左行。

—在路上遇見友人，不可揚聲呼喚，也不可久立路邊閒聊，稍作傾談，行過禮即宜分手。

—不可隨地吐痰。

—不可隨地小便。

—前往參觀時，要認清出口、入口，不可大聲談話。

—進入陳列所時，不可隨便打聽價錢。

—對下女[34]要莊重（不可開玩笑）。

—電車滿座之時，應讓座與老人、小孩和婦人。

—電車內不可抽煙，或盤腿而坐。

—待車停定後，始可上落電車。

—室內要打掃乾淨。

—不要穿着拖鞋進入屋內。

—夜間不要大聲呼叫。

—廁所的木屐和草鞋，只許在大小便時穿着。

—大小便要排在便器中。

—入浴之際，先把下半身洗乾淨，才可進入浴池裏。

—痰要吐在痰盂裏。

—就寢時要熄燈。

—不能代收別人的掛號郵件。

—同住者寫信時或溫習時，不要在旁打擾。

—他人書桌上的書籍或抽屜中的物件不可亂翻。

—慎密保管手錶及金錢。

—衣服要清潔。

—夏天也不可赤身露體。

—訪友之時，請先打聽是否在家，呈上名片，當入屋時，要脫下鞋子進入。

—在室內應坐下，不可徘徊打轉。

—出入房間之時，應要行禮。

—在吃茶果子時，應用筷子夾起，放在左手手掌中才吃，不可把筷子立即送入口中。

34　譯者注：下女即中國語的女傭人。

—食物掉落在席上時，應該拾起放在廚房一角，不能再放回口裏。

—不要隨便打聽別人的年紀。

—出入之時，要記得關上門戶。

—不可吃冰。

—日本的米難消化，不可吃太飽。

—要多運動。

在這日記中，還記着「聞貴州李君，因讀書之聲吵耳，被愛知社之學徒毆擊，因此甚為悵然」，指出此乃不好好遵守這個「自治要訓」所致。

在日本長久留學的人，多養成日本式的生活習慣。就算返回中國，由於不高聲談笑，人們便知道其人當是留日學生。這些事在中國小說中，多有描寫。又中國公學（由反對日本取締規則而罷課歸國的留日學生所創辦）學生穿着木屐的事，也往往被人引為佳話。

四、中國留學生會館

留學生在學校的生活，大體可從黃尊三的日記想見之。在公寓和路上的生活，則大體可從《留學生自治要訓》所記推知。此外還有一種留學生的生活情況，這就是他們的團體生活。

正如孫中山所言，[35] 中國人的鄉黨觀念強而國家觀念弱。可是當留學生到了日本後，由於彼此有着共同的利害，便產生了作為「中國人」的意識，因此也

35　參看《三民主義》中的〈民族主義〉第五講。

就感到有團結起來的必要。既然需要團結，就要有大家聚集的場所。在清末時期，有清國留學生會館；民國以後，有中國留日基督教青年會館（簡稱中華青年會，又稱青年會）。

清國留學生會館在 1902 年建成。[36] 在這個會館出現以前，初期的留學生有所謂「勵志會」的組織。該會會員有范源廉、曹汝霖、蔡鍔、章宗祥等，都是留學生的領袖。其後，以這些人為首腦，並得駐日公使及其他方面的協助，留學生會館遂告產生。館址在神田區駿河台鈴木町 18 番地（現在的駿河台 2 丁目 3 番地）。沿着從水道橋車站向御茶之水車站的溝渠的內側山坡（皂莢坂）的頂部，隔着溝渠可望見本鄉一帶的人家。在皂莢坂的那邊，又可見到小石川，牛込方面的人家，正對着的是九段台地。日語教師松本龜次郎描述如次：那座建築物有兩層高，正面至少有 5 間（30 尺）之寬。縱深我想是在 8 至 10 間之間。正中有走廊通過。樓下設接待室、會議室、事務室等多種房間，二樓則是教室。「在這座建築物之旁，另有一戶門牌細小的家。住着一個姓細川的男人，[37] 兼做傳達工作，又推銷這裏出版的書，生活過得頗為寫意。」[38]

這裏是留學生的世界，彷彿是中國在日本的縮影。它是策劃留學生全體活動的機關，有會議場、演說場、日語教室和俱樂部等，更是留學生書刊的翻譯和出版的總部。

松本龜次郎在《中華留學生教育小史》中指出：

> 在今日的中國青年會會館設立之前，留學生用這裏作為集會的唯一的場所。

---

36 關於 1902 年建成的考證，詳見拙著：〈清國留學生會館〉（載《東亞文化圈》第 3 卷第 2 期）一文。

37 細川是指《東語簡要》的作者兼發行代表人細川小三郎。該書在日本語講習會中用作教材。又魯迅的〈藤野先生〉也有提到，謂：「中國留學生會館的門房有幾本書買，有時還值得去一轉。」（《朝花夕拾》，《魯迅全集》第 2 卷，頁 271。）

38 譯者注：原書未注明此段引文的出處，譯者推測應為《中華留學生教育小史》所記，頁碼不詳。

關於留學生的公共事務，常在這裏商議決定。譬如成城學校入學事件以及反對《清國留學生取締規則》的運動的有關會議都在這裏進行。來自中國的視察人員抵日時，也會循例會晤這裏的幹事。

1902 年，奉袁世凱之命到日本視察農務的黃璟在他的《遊歷日本考查農務日記》上說：

> 九鐘，與秦輝祖至支那留學生會館。章宗祥、曹汝霖、范源廉、陸世芬、沈琨、何厚個等留飯，並贈以《同瀛錄》……會館章程、政法叢書、《譯書彙編》。乃法政大學學生吳振麟等課餘所譯錄，關於政治學術之書也。已印刷成編，南洋大臣已通飭所屬全部購閱。[39]

同年清皇族載振所寫的《英軺日記》也記有：

> 是日，中國學生五百餘人，為歡迎會於會館。請余一往臨存。余於午初刻，率同參議、參贊各員赴會館。使館參贊銓林、翻譯馮國勳咸在。會館為學生總長暫租，在神田區駿河台鈴木田（町）十九番地。房屋甚窄迫。余下車，諸生排班晉謁，彬彬有禮。余因近時學派歧雜，異說朋興，爰將為學大旨，為諸生勉勵數言。[40]

1903 年抵日遊覽的周輯之所寫的《東遊日記》，這樣說：

> 赴清國留學生會館，晤張肇桐，捐金百元。[41]

---

39 《遊歷日本考查農務日記》，光緒廿八年七月十九日條，頁 34。
40 《英軺日記》卷十二，光緒廿八年八月四日條，頁 7。
41 周輯之：《東遊日記》（著者自刊，1903 年），光緒廿九年四月廿二日條，頁 16。

李宗棠的《勸導留學生日記》中所錄的公使楊樞的《學界風潮始末記》之中，所稱「總會幹事」即指會館的幹事。總會當是留日學生總會之意。

吳汝綸在成城學校入學事件發生之時，會見日本外務長官珍田舍己，向他建議說：

> 若欲明其〔留學生〕來歷，則近來學生會館有幹事。若五人保一人，決無他慮。[42]

由此亦可窺見會館幹事的權威。

這些幹事除了協商處理在日本發生的問題外，對新來日本留學的中國學生也加以照拂。《清國留學生會館招待規則》有如下的規定：

> —東渡留學之士，因人地生疏之故，本館特設專門部門，代為招呼，凡致函本館者，本館即盡招待之義務。
>
> —招待之地方有二，一在橫濱，一在新橋。凡由神戶上岸者，本館之幹事，當至新橋招呼。凡由橫濱上岸者，本館之幹事，當在橫濱招呼。其於神戶、上海、天津三處一律有本館之贊成員，代為經理。即：
>
> 神戶：馮悅甫君，神戶市山下町清國領事館
>
> 神戶：孫實甫君，神戶海岸仲通清商盛源號
>
> 上海：王培孫君，上海大東門內育材學堂
>
> 天津：張亦湘君，天津玉皇閣前日日新聞社
>
> 各省之東渡留學者，固可至本館贊成員所在之處就詢，並購買船票。一切情形，可於動身前七日先行致函本館，以便於該日前往招呼。

42 〈摘鈔日記〉，《東遊叢錄》，頁26。

> 一取天津航路至神戶登岸者，船抵長崎後，發函致馮君或孫君。言明乘坐何船，何日何時可至神戶也。至時，二君代為照料，於神戶易車之後，可託二君代為電知本館（電費約二至三角）並車於何時抵京，本館幹事即至新橋招呼。
>
> 一取長崎航路至橫濱登岸者，可由長崎或馬關致函本館，謂船於何日何時至橫濱也。屆時，本館幹事即至橫濱招呼。
>
> 一東渡之士，行李物件，極力以少帶為便。其煙、酒、綢緞各項入港時應課稅者，決不可攜帶，以免多生枝節。
>
> 一到京之後，或入預定之學校寄宿，或暫寓旅館，一律聽本人自便。
>
> 一本館招待幹事之一切費用，一律由本館公款供給，至其本人之一切費用，則由本人自理。
>
> 一本館各處之招待人員，若有更動，當隨時登報申明。

這些工作，一直都進行着。所以黃尊三的《三十年日記》中，在船抵橫濱時，有「招待員蕭立誠君引導乘搭火車」一條。蘇高曼的《瑣瑣錄》中也記錄了在上海見到會館幹事錢承志。當他到橫濱時，先他一步返抵橫濱的錢承志又來迎接他，為他買車票，隨行照料，到東京，又帶他到愛宕山的旅館。

會館的二樓是教室。時常有日本語講習會的開設。秦興、葛夢樸合編的《東語簡要》的封面就有「清國留學生會館日語講習會出版」的字樣。

會館有時也有跳舞的練習，試看魯迅〈藤野先生〉的記載：

> 倘在上午，裏面的幾間洋房裏倒也還可以坐坐的。但到傍晚，有一間的地板便常不免要咚咚咚地響得震天，兼以滿房煙塵鬥亂；問問精通時事的

> 人，答道：「那是在學跳舞。」[43]

魯迅對此事，雖然不大高興，但他顯然也同意這是留學生的出版本部。

建此會館的勵志會會員，本來已創設了譯書彙編社。此社既編印雜誌《譯書彙編》，又出版了很多書。開始時，是以東京牛込區喜久井町20番地和東京本鄉區丸山新町19番地兩處作為發行所的，但《譯書彙編》第二年第3期（封面是3月號，封底內是明治三十五年6月發行）的「代派所」（即經銷處），則是清國留學生會館。（到了1903年的舊曆正月初一日，留學美國的嚴一所著《進化要論》出版時，就由神田區駿河台鈴木町18番地譯書彙編社發行了。由此可知這個社已遷到留學生會館去。）

繼《譯書彙編》後有《遊學譯編》，其發行所是湖南人組織的湖南編譯社。《遊學譯編》第六冊（1903年3月）封面裏有特別廣告，說：

> 本社編輯部現移置東京神田區駿河台鈴木町18番地，凡有意惠函請逕寄此處為禱。

在這冊的通告中刊出了〈勸同鄉父老送子弟航洋求學書〉一文，長達26頁。[44] 可說是較會館的《招待規則》更為親切周到。

在這雜誌中所見的會館名稱並不一致，有：清國留學生會館、支那留學生會館、中國留學生會館等三種稱呼；而其他刊物亦有類似的稱呼，但以稱清國留學生會館者為最多，大概這是當時正式的名稱吧。

自始即以留學生會館為發行所的有福建留學生組織的閩學會。此會亦有發

43 《朝花夕拾》，《魯迅全集》第2卷，頁271。

44 《浙江潮》第7期（1903年陰曆七月）頁30刊載的〈敬上鄉先生請令子弟出洋遊學並籌集公款派遣學生書〉中也有說明。雖然地方性的差別仍然存在着，但各省的留日學生均希望內地多遣派學生出國，此為當時一般的風氣。

行單行本。湖北法政編輯社亦設在會館中。出版講義式的《法政叢編》24 冊，及其他刊物。早稻田大學學生盧弼等於會館中設政治經濟社，翻譯出版早稻田大學教授的書。

留學生會館不僅是這些團體的根據地。個人刊行書籍時，亦多以此會館為發刊所或經銷處，不能一一盡錄。

留學生辦的雜誌《江蘇》和《湖北學生界》（後改題為《漢聲》）的出版部都是留學生會館。這雖是地方性的雜誌，但事實上它們的水準卻比中國國內的雜誌還要高，擁有廣大的讀者，具有很大的影響力。

大量購買這些書和雜誌後，興致沖沖地走下皀莢坂的留學生中，魯迅也是其中一人。這些書刊藏在他們的歸國行李中，流傳到湖南、四川、廣東等地，將新文化的氣息傳遍中國。

清國留學生會館就是這樣地發揮了重大的作用。1905 年，當反對《清國留學生取締規則》運動發生之時，各省代表，於 12 月 3 日在這會館中商議對策。由於日本政府當局拒絕了留學生的要求，留學生決議集體歸國。在 12 月 24 日發出的「總會公布」[45] 中聲明：因為一齊歸國，已將留學生會館移交屋主。但翌年又因很多留學生重返日本，會館得以仍舊繼續維持下去。不過，會館的結束的原因，卻已蘊藏在這次事件中。

日本既然獨佔了中國留學生的教育，西洋諸國自感不快。在那時候發生了這事件，各國當然拍手稱慶。在事件初起之時，美國政府已通過上海的中華基督教青年協會，進行活動了。該協會派出賴安博士 [46] 及張佩之前赴東京，在美國駐日大使協助下，對清國駐日使館及日本各學校的留學生人數、學習情況及生活情況等展開詳細調查。1906 年春，在神田的日本青年會館中有華人青年會的組織，此即後來之中華留日基督教青年會。

---

45 李宗棠：《東遊紀念》（著者自刊，1901 年）之七《勸導留學生日記》（清光緒年間刊），頁 34。
46 譯者注：原書實藤先生寫作ライオン（Lyon）博士，暫譯為賴安博士。

該會因教授英語，吸收了很多會員。1907 年，在早稻田設分會。1910 年，更脫離日本青年會館而獨立，設本部於北神保町，從此成為中國留日學生的大本營。

另一方面，從出版的書籍刊物來看，清國留學生會館的最盛時期是 1906 年。到了 1907 年，會館出版的書卻只有《最近統合外國地理》（山上萬次郎著，谷鍾秀譯）和《東語簡要》（第四版）兩種，似乎都是無關重要的書。約在這一年的前後，皀莢坂上的清國留學生會館似亦由衰微而至關閉。以後，基督教青年會逐漸成為留學生聚會的新場所。

在大正時代，北神保町的中華留日基督教青年會館（中華青年會館），成為中國留學生反對「二十一條」、反對西伯利亞出兵和反對日本其他的對華侵略的群眾運動的參謀總部。

會館雖毀於 1923 年的東京大地震，但不久即行重建。原有的會館似是三

中華留日基督教青年會（後期）

層，[47] 重建的卻是兩層和木造的。樓上是宿舍，樓下則有講堂、食堂及留日書店、洋服店等。講堂還時有留學生的戲劇表演。又根據食堂的規定，除了特定的菜餚外，饅頭、米飯都可無限制地取食。留日書店中有許多中國的新刊書和雜誌發售。

這個青年會在 1935 年 1 月 8 日失火焚燬，在來不及修復的期間內，中日兩國已捲入了那場不幸的戰爭之中。

47 王拱璧：《東遊揮汗錄》（著者自刊，1919 年）第 7 章第 8 頁記：「由『維新號』赴神田區警察署，經過中華青年會門口，時余居此會臨街三層七號，聞聲推窗，……」，可見最初會館應有三層。

第四章

留學生與日本人

一、部分日本人的好意

1. 為感恩圖報而教育留學生

中日甲午戰爭之後，日本軍政人員之中馬上有人向中國高官說項，力陳中國人有必要留學日本。參謀總部的福島安正大佐及宇都宮太郎少佐，歷訪張之洞、劉坤一、岑春煊、袁世凱，大力主張派遣陸軍留學生。而貴族議院議長近衛篤麿、前司法大臣清浦奎吾等人，在旅遊中國的時候，也對有力人士力陳教育之重要。張之洞撰寫《勸學篇》也可能受到這些日本人的啟示。1898 年 3 月，日本駐華公使矢野文雄對總理衙門稱：為了增進中日友誼……日本願意負擔 200 名中國留日學生的經費。[1] 因此，從 1898 年起，中國派遣大量留學生到日本。但是，到底日本政府有沒有承擔留學經費，就不得而知了。[2]

為了中日友好而教育中國留學生，這是日本一貫的對中國人的教育觀；直到 1930 年代，這句話依然經常掛在日本人嘴上。儘管如此，妨礙中日友誼開花結果的原因，偏偏發生在日本方面。

不過，在留學史早期，當上述教育觀形成之初，日本人的確抱有協助中國獨立這番大公無私的誠意。在這番誠意的背後，隱藏着日本人對千多年來承受中國恩惠的感謝之情。如前所述，前駐華公使大鳥圭介於 1899 年在學士館演講「對華今昔感情之變遷」時，就強調當日教育中國留學生，是為了「以酬往昔師導之恩義」。[3]

同年，日本在栃木縣舉行陸軍大演習，陸軍省邀請中國文武官員蒞臨參

1 《近代中國留學史》，頁 24。

2 根據《日華學堂日記》，去外務省領取留學生教育費的紀錄是有的，但這筆費用，究竟由外務省負擔抑由清政府的公使館經外務省而發出去，則不得而知。

3 《太陽》第 5 卷第 10 號。

觀。四川省派遣武官丁鴻臣及文官沈翊清赴日。二人於 10 月 27 日拜會參謀總長大山巖元帥，受大山元帥的談話所感動。丁鴻臣記錄當時情形如下：

> 拜參謀總長大山元帥，言中日協力之事。謂唐以來，日本飲食、衣服、起居、學問之事，皆中國貺之。今日之願助力者，不惟輔車脣齒之義，亦以報往日之賜。意至謙篤。[4]

沈翊清亦記道：

> 大山總長云：「漢唐以來，中國以漢文為日本開風氣，茲日本所講求各國武備，如可採擇，亦所以報中國也。」大山元帥魁梧奇偉，談吐亦溫雅。[5]

以上雖然並非針對留學生而言，但早期日本人對留學生之態度相信不會相差太遠。

2. 日華學堂的教師

1899 年，高楠順次郎創立日華學堂。該堂堂監（教務主任）寶閣善教的日記，詳述留學生教育情況；下面兩段紀錄，可見其欣慰心情的一斑：

> 明治三十一年（1898）十月三十日　星期日　晴
>
> 早餐後分發洋服的附屬物品給學生。他們一齊動手穿着新製的洋服，捲起辮髮，戴上帽子，穿上皮鞋，一身學生新裝，判若兩人，喜不自禁，在

4　丁鴻臣：《東瀛閱操日記》卷上（著者自刊，1900 年），頁 37。
5　沈翊清：《東遊日記》（1900 年刊），頁 22。

鏡前照來照去，好像女孩子穿上最漂亮的衣裳一樣，樂不可支。一同走訪孫君，共赴厚生館。[6]見到他們沾沾自喜，得意洋洋的樣子，我也情不自禁感到愉快⋯⋯黃昏返校，學生都說整日散步頗為愉快。

十二月十九日

本周放假，承楢原、高楠諸先生委託，我編造日清學校創辦經費及百餘留學生寄宿經費之預算，並且編訂修業期限五年的課程計劃，花了一天工夫。晚飯後與學生談話，嘗試勉勵他們立定決心，學業未成，誓死不歸。

由此可見這所學校的教師對其學生軟硬兼施，恩威並重，真誠地從事教育。

明治三十二年（1899）五月廿七日

鄭康耆攜乃父促其立刻歸國的家書往見教師田代氏，該氏用日文寫了篇送序，誠懇地勸鄭生再來留學。

五月卅一日 大雨

孫勤氏來校，擬用酒食招待舊生，惟依本校規定，當予以謝絕。

六月十三日

楊廷棟起程歸國，教師土屋氏偕學生七人送別於新橋，而教師梅原氏贈以詩，舍監田代氏贈以長篇日文送別序。

八月四日

吳振麟今晨起下痢數次⋯⋯是晚田代氏偕校工二人，拭擦吳生赴廁途中所遺糞便，看守病人至午夜十二時。[7]

後來，寶閣友人廣江萬次郎在中央商業學校的刊物《寶閣先生追悼號》，作

6 譯者注：厚生館，即衛生健康部。
7 譯者注：寶閣善教的《日記》，原書欠注頁碼。

了如下的追思：

> （寶閣君）在大學就讀期間，接受高楠順次郎博士的委託，負責監管中國留學生。他住在學生宿舍，起居飲食都和學生在一起，朝夕照顧；寶閣君也是學生身份，故其表現非常出色。的確，以寶閣君的性情，最適宜擔任教育工作。我多次到其宿舍探訪，這不但是為了交誼，而且為了察看實際情況。因而發覺中國學生非常欽服寶閣君，且勤奮向學。他自己亦於學業之暇，以輔導幫助學生為唯一樂事，其態度實在是和藹可親。[8]

3. 中島裁之與東文學社

本願寺學校的創辦人中島裁之，1891 年訪問中國，遊歷十四省；1898 年，成為保定蓮池書院山長吳汝綸的弟子。當時，他遵從吳氏意旨，為其同學講授日語與英語。1901 年 2 月，他在北京拜謁吳汝綸，商談創辦東文學社的事。由於吳汝綸姪婿廉泉的斡旋，獲得《老殘遊記》作者劉鐵雲 1,000 元的資助，借用北京外城錫金會館開始講學；六年間共有 1,767 人入學。

為甚麼中島氏投身教育中國人的事業呢？照他的解釋是：第一，「余非以利害關係，始力謀開發中國風氣者；而實純出於一片宗教心情，冀將一己之所欲而施之於人」；[9] 第二，「余之所以於貴國從事教育工作，係擬報答貴國昔日之恩義也」。[10]

中島氏這樣熱心於中國人的教育，倘若中國因而強盛，對日本來說，豈非造成危險？中島氏有以下答案：

8　譯者注：原書引述《寶閣先生追悼號》一段文字，亦未注明頁碼。

9　《東文學社紀要》，頁 180。

10　同上，頁 164。

（一）中國一旦步入開明盛運之域，則與日本之貿易便會增加，而日本對外輸出亦將增加。

（二）日本在非常時期，可以向清廷借債。

（三）鄰邦能夠抑制強國，日本始能永享安定，而有利於國家發展。

（四）從歷史上觀之，中國雖以四百州之大，亦未嘗毀滅日本。

（五）中國人以利字當頭，講求個人本位主義，故國家主義不會在中國形成。中島氏食素禁酒，以教育為樂。學生不必交付學費。若為學校籌款，千方百計，他亦不以為恥；但是對於無緣無故的捐贈，他一定堅決拒絕。學生如果不聽話，他總是認為自己有所不逮，學生才會如此，於是以鞭子鞭撻自己，直至鞭子三斷四裂而後止。學生見到此種情形，往往惶恐失色，從而不敢再犯，改過自新。

4. 魯迅與藤野先生

中島裁之先生在中國熱誠地講授日語；與此同時，藤野先生在日本親切地教導魯迅。魯迅離開胡混學生淵藪的東京，轉入仙台的醫學專門學校，而擔任骨學一科的是藤野嚴九郎先生。魯迅回憶藤野先生，說：

> 過了一星期，大約是星期六，他使助手來叫我了。到得研究室，見他坐在人骨和許多單獨的頭骨中間，—— 他其時正在研究着頭骨，後來有一篇論文在本校的雜誌上發表出來。
>
> 「我的講義，你能抄下來麼？」他問。
>
> 「可以抄一點。」
>
> 「拿來我看！」
>
> 我交出所抄的講義去，他收下了，第二三天便還我，並且說，此後每一星期要送給他看一回。我拿下來打開看時，很吃了一驚，同時也感到一種不

> 安和感激。原來我的講義已經從頭到末，都用紅筆添改過了，不但增加了許多脫漏的地方，連文法的錯誤，也都一一訂正。這樣一直繼續到教完了他所擔任的功課：骨學、血管學、神經學。[11]

藤野先生不但關懷魯迅的學業，而且能體察他的情緒。在開始做解剖實驗之前，藤野先生便擔心魯迅這個中國學生因敬重鬼神，肯不肯解剖屍體呢？

當魯迅因幻燈片事件決定放棄學醫，離去仙台，向藤野先生辭行，先生的「臉色彷彿有些悲哀，似乎想說話，但竟沒有說」。

在魯迅出發前幾天，先生請魯迅到家裏去，送給他一幀照片，後面寫上「惜別」二字。

返國之後，魯迅並沒有忘記藤野先生。他把先生改正的筆記，釘裝成厚厚的三冊，慎重地保存。藤野先生所送的照片經常掛在他的書桌前，每當他夜間工作疲倦，正想偷懶之時，仰面一見藤野先生又黑又瘦的面孔，便立刻受到激勵，鼓足勇氣，再工作下去。

二、一般日本人的態度

竹內好在〈藤野先生〉一文的「解說」中指出：「作者對藤野先生所以表現如此敬愛之情，大概是忘不了周圍的黑暗吧！」[12]

「周圍的黑暗」是指甚麼呢？那是指一般日本人對中國人的態度。這態度是一片黑暗的。由於周圍都黑暗的緣故，一兩線幽光的出現，就分外引人注目。

---

11 〈藤野先生〉，《朝花夕拾》，《魯迅全集》第 2 卷，頁 273。
12 魯迅著，竹內好等譯：《魯迅選集》第 2 卷（東京：岩波書店，1956 年），頁 286。

請看魯迅的周圍，與魯迅最接近的日本同學吧。他們認為「中國是弱國，所以中國人當然是低能兒，分數在六十分以上，便不是自己的能力了」。學生會幹事因此到魯迅寓所搜查其筆記，翻檢一番，企圖證明藤野先生洩漏試題給魯迅知道，並給魯迅一封匿名長信。信中第一句話是：「你改悔罷！」

這類情形不僅在仙台發生。甲午戰爭之後，日本人翻然改態，蔑視中國人。蔑視中國留學生的不只是他們的日本同學，社會上一般日本人對待中國留學生的態度更是等而下之。如前所述，上田萬年在其〈關於中國留學生〉一文，察覺到留學生蒙受極大委屈，他們的生活，實已處於「是可忍，孰不可忍」[13]的境況中。

面對日本人的輕蔑，中國人心裏作何反應呢？在夢芸生 1906 年的警世小說《傷心人語》中，有不少東京中國留學生的故事，其中有〈車夫與留學生問答〉這一個場面：

> 在日本，識字的人甚多，連車夫走卒亦看報紙，也知外國事。
>
> 日本自戰勝俄國以來，舉國上下都輕視中國人。即使拉着黃包車走路的車夫，也常常回頭與坐車的留學生聊幾句。以下是車夫和某個留學生的對話。
>
> 「日本和俄國打起仗來，現在日本打贏了，你知道嗎？」
>
> 留學生因初次來到日本，聽不懂話裏的意思，就馬上回答說：
>
> 「是，知道。」
>
> 車夫見此，更顯得意之狀，笑着說：
>
> 「這樣一來，老兄，你不羨慕嗎？」
>
> 留學生還是聽不明白，只有應道：
>
> 「是，是的。」

13 《太陽》第 4 卷第 17 號（1898 年 8 月 20 日）。

車夫知道自己的話，對方大概也聽不懂，就繼續說下去：

「對着支那人，講甚麼話，他們都聽不懂的啊！」

這樣的對話，東京的留學生一日之中不知碰上多少次。聽了使人內心悲慟。一提到這種事，任何人都要生氣。若不是自己親臨其境，親見其事，箇中苦痛，恐怕不能瞭解。

其實清末的情況尚不算太壞，因為兩國政治糾紛並不太多。一入民國時代，日本進行其露骨的侵略政策，步步緊逼，中日兩國間的衝突因而更尖銳起來。民國以來，中日間衝突的事件，其大者計有：

1915年，日本向中國提出的「二十一條」款；1918年，日本迫中國共同出兵西伯利亞；1919年，在巴黎和會上，日本主張接收德國在中國的「權益」(為反抗日本侵略，爆發了五四運動)；1928年，日軍為了阻止北伐軍的前進，發動了濟南事件等。這些都是日本接二連三搞出來的、令人不能容忍的侵略行為。最令人髮指的就是「九一八事變」和「蘆溝橋事變」，其間小型事件更不斷發生，使留學生非常憤慨。

日本當政者的國家優越感及其對中國的輕蔑態度，影響着一般的日本國民，使人人都懷着對中國和中國人輕蔑的態度。直到投降前，日本小孩子嘲弄別人時，常常愛說：「笨蛋笨蛋，你的老子是個支那人！」

郭沫若的自傳小說《行路難》，記述留日學生愛牟的辛酸事蹟。愛牟一家原住福岡箱崎，由於積欠房錢，被房東攆了出來。他忍痛典當了《歌德全集》，拿了錢到唐津找房子。房東太太看來是個和藹可親的人，他用日本姓名頂報上去。此時，留着兩端向上翹曲的「該撒髭」式的房東帶着一頭pointer獵犬回來了。房東比他的獵犬還要敏銳，兩眼向愛牟一相，便問：「唔，貴國呢？是上海？還是朝鮮？」愛牟以為自己真面目被識破，於是答道：「我是中國留學生。」「哦，支那人嗎？」房東太太的口中平地發出了一聲驚叫。愛牟逃到岸邊，遠眺連接祖國的大海，思量着：

啊，這兒是遣唐使西渡我國時的舊津。不知道那時候的日本使臣和入唐的留學生，在我們中國曾經有沒有受過像我們現在所受的虐待。我記得那阿部仲麿到了我們中國，不是改名為晁文卿了嗎？他回日本的時候，有破了船的謠傳，好像是詩人李白做過詩來弔過他呢。錢起也好像有一首送和尚回日本的詩。我想，那時候的日本留學生，總斷不會像我們現在一樣連一椽蔽風雨的地方也都找不到罷？我們住在這兒隨時有幾個刑事偵伺。我們單聽着「支那人」三字的聲音，便覺得頭皮有點吃緊。啊啊！我們到底受的是甚麼待遇呢？

日本人喲！日本人喲！你忘恩負義的日本人喲！我們中國究竟何負於你們，你們要這樣把我們輕視？你們單在說這「支那人」三字的時候便已經表現盡了你們極端的惡意。你們說「支」字的時候故意要把鼻頭皺起來，你們說「那」字的時候要把鼻音拉作一個長頓。啊，你們究竟意識到這「支那」二字的起源嗎？在「秦」朝的時候，你們還是蠻子，你們或者還在南洋吃椰子呢！

啊，你忘恩負義的日本人！你要知道我假冒你們的名字並不是羡慕你們的文明；我假冒你們的名字是防你們的暗算呢！你們的帝國主義是成功了，可是你們的良心是死了。你們動輒愛說我們「誤解」了你們，你們動輒愛說他人對於你們的正當防禦是「不逞」。啊！你們夜郎自大的日本人喲！你們的精神究竟有多少深刻，值得別人「誤解」嗎？司馬昭之心，路人皆見，你們別要把別人當成愚人呢！你們改悔了罷！你們改悔了罷！不怕我娶的是你們日本女兒，你們如不改悔時我始終是排斥你們的，便是我的女人也始終是排斥你們的！……[14]

14　郭沫若：《沫若文集》第5卷（北京：人民文學出版社，1957-1959年），頁178-186。

在夏衍的劇作《法西斯細菌》第一幕，留學生趙安濤說：

> 國家到了這個田地，我再也不能安心住下去了。號外滿街飛，我在街上走，覺得每一個日本人的眼光，都是一根刺……。（俞實夫默默地點頭）[15]

民國以後，日本人對中國人輕蔑（或憎惡）變得更厲害，這一點當局也承認。1922 年 3 月 9 日，荒川五郎在眾議院就「關於退還庚子賠款之建議」發表演說時，承認：

> 負笈東來之留學生……將來前途皆未可限量者，惟我輩日本人平素對彼等之待遇，實多值得遺憾。連宿舍之女傭及商店之夥計，亦持冷罵冷笑態度。……是以彼等學成歸國之後，殆成排日之急先鋒，是亦不得已者也。

如前所述，留日學生多與其留學國——第二故鄉為敵，投身於排日和抗日運動；最大的原因是他們留日時，早就看穿日本侵略的野心。留學生王拱璧在其《東遊揮汗錄》的序文寫道：

> 余遊學日本，恰似被盜苦主遊觀盜窩。無論何處，皆可發現其贓物盜謀。又似老幼被虜，偶入虜居，得見烹翁之藥，醢兒之膾，鼎鑊雜陳，備虜饔飡，縱使精神麻木，意志疏懶，亦思呼號家人禦盜伐虜。[16]

日本國策使一般日本人的眼光刻薄起來，經他們說出的「支那」一詞令人難以容忍，留學生堅決反對這個詞彙，而日本人也頑固地予以反駁。這個國號問

---

15 夏衍：《夏衍劇作選》（北京：人民文學出版社，1953 年），頁 152。
16 〈冠辭〉，《東遊揮汗錄》。

題，簡直是留學生與日本人之間惡劣關係的象徵。

三、國號問題

在明治時代，日本人侮辱中國人的綽號是「豬尾巴」或「豚尾奴」。甲午戰爭後，這個稱號，便開始流行起來。在《畫報近代百年史》中，關於甲午戰爭之後的情況，有這麼一句話：「小孩子侮辱居留日本的中國人的情景，使外國記者也大皺眉頭。」[17] 在一幅圖畫上，有兩個中國人為日本小孩子所侮辱，旁邊雖然有日本警察，卻並不加以制止。這幅圖畫附說明如次：

中日甲午戰後的街頭景（載《畫報近代百年史》第 6 集）

17　國際文化情報社編：《畫報近代百年史》第 6 集（東京：國際文化情報社，1953 年），頁 483。

「日本勝利！支那敗北！」—— 清國人走到街上，總是聽到日本小孩子這類侮辱性的叫嚷，而日本警察總是視若無睹，袖手旁觀。

從這時候起，日本人所稱「支那」這個名詞，似乎另有含義。

首批留日學生十三人中有四人中途退學歸國，原因之一就是忍受不住「豬尾巴！豬尾巴！」這種嘲弄。

這時候，中國人對於「支那」或「支那人」這種稱呼，似乎尚未產生反感。留日學生所發行的《大陸》雜誌的發刊詞，有這麼一句話：「善哉！我支那之大陸乎？……陋哉！我支那之大陸乎？」

「支那」這一稱謂，不但出現於中國人的文章，甚至用作書名。例如：

（一）《支那三百年史》，三宅雄太郎編輯，上海開明書店發行。

（二）《支那史要》，市村瓚次郎著，陳毅譯，上海廣智書局發行。同書的另一譯本是《支那四千年開化史》，支那少年編譯，上海支那翻譯社出版。

增田貢《清史攬要》被故意改題為《支那最近史》，由上海書局翻印。

梁啟超筆名之一是「支那少年」。他的著作《李鴻章》封面上用「支那之怪傑」為題簽。黃興等人所創辦的雜誌，題名為《二十世紀之支那》。

早稻田大學清國留學生部存藏好幾冊畢業紀念題名錄，稱作《鴻跡帖》。其中第四冊（1907 年度的一部分）共有 95 人執筆題字，有 33 人只寫姓名，不附籍貫，另 62 人則附記籍貫。這 62 人自稱國號如次：

支那	18
清國	12
中國（包括「中華」）	7
不附國號者	25

在這裏，使用「支那」國號，是含有否定清政權的革命意義的。

1911年版《普通百科大詞典》所收「支那」和「支那語」多條，並無任何厭惡的含義。

在以留日學生為題材的著名通俗小說《留東外史》（1916年起陸續刊行，共十集）中，有以下一段故事。

> 暑假期中，黃文漢遊箱根，宿於湯本的福住樓，正想出外散步之際，碰上陸軍少尉中村清八，便交談起來。
>
> 「貴國是清國嗎？」中村問。
>
> 「不是。」
>
> 中村感到有些詫異，又問：「是日本嗎？」
>
> 「不是。」
>
> 「那麼，是朝鮮吧！」
>
> 「不是。」
>
> 「那究竟是何處呢？」
>
> 黃文漢正色地說：「是世界各國公認的中華民國。」
>
> 中村隨即大談中日親善論。黃文漢聽後，有意要戲弄中村一下，便說中國若為列強所併，則尤希望為日本所併，借此以試探中村的真意。中村聽罷，眉飛色舞，說道：「日本若出兵十萬，一年之內即可平定四百餘州。西洋人因為不放心，所以不會依你們的意願做事的。」黃文漢因此又問他：「中國一旦強大了，對日本是好的呢？還是壞的呢？」中村又謂這不會成問題。黃文漢砰的一聲敲打草席，大聲喊道：「日本沒有中國，能活下去嗎？鐵呀、米呀、棉呀，都是從中國輸入的。」說着更向中村挑戰，要和他角腕力。中村自知理虧，只有鬼鬼祟祟地走開，以後再沒有出現。[18]

18 《留東外史》第1集，頁99-103。

在這本小說裏，周正勳被日本人嘲罵為「豚尾奴」，作者的注解說：

> 日文字典中，並無此字。其義不得知，大抵為日人用來罵中國人之詞也。[19]

從上面兩個故事看來，在大正時代（1912-1926）初期，「支那」一詞似尚未成為問題。但是，以「支那」為國號，由於不知道日本人的葫蘆裏賣甚麼藥，中國人心裏畢竟還是有點不舒服的。

聽到日本人口稱「支那」而感到不快的，是在「二十一條」、出兵西伯利亞、巴黎和會、五四運動等事件，日本的野心接二連三暴露以後的事。

在王拱璧《東遊揮汗錄》（1919 年 11 月初版），收錄了〈日本外交之概略——對支根本政策〉一文，[20] 有下面一段話：

> 倭近五十年來之外交真相，舍對華而外實無外交價值之可言。蓋倭人自戰勝前清以後，即稱我華為「支那」，垂為國民教育。且多方解釋支那二字若無意義適可代表華人之蒙昧者，於是支那二字乃風行三島，以資倭人輕侮華人之口實。每逢形容不正當之行為，則必曰「支那式」，藉以取笑，此種教育早已灌輸其國民之腦海。迨至今日，雖三尺童子，一見華人，亦出其一種醜態，曰：「支那人」、「支那人」。恍若支那二字，代表華人之萬惡也者。此皆由於倭人「對支根本政策」作成之教育，絕非一朝一夕之故，況現在倭人正事推廣此種教育，以增長其國人之侮華程度。[21]

---

19 同上，第 2 集，頁 101。

20 譯者注：作者認為此文是一位留日同學淨生的作品。

21 《東遊揮汗錄》，頁 10。

在這段文字之後，王拱璧做了注，指出「支那」二字從印度而來。「支」即為隋，而「那」是語尾。本來是「摩訶至那」（大隋）之意。他這樣說：

> 縱有人稱我國以外號，亦當稱「摩訶震旦」。今假扮〔日本〕以宗承華夏之族，吟哦漢文之種，講誦佛經之地，不惟中華民國四字、中國二字為彼邦所不齒，即摩訶震旦亦靳不我稱。稱我支那又將冠詞「摩訶」二字削去。報界及著作講演均僅用「支那」二字，政府公牘則舍「中華民國」四字之簡，而用「支那共和國」五字之繁，是對我不但無國際敬儀，並不以國家視我也。是我中華民國成立八年而倭人尚不承認也。猶憶當民國肇造之初，倭人聞我將以「中華民國」名我國。即由著名浪人某固請我民黨領袖，易以「大漢」，希冀離我五族，從可知堂哉皇哉之「中華民國」四字早為島國君民所不喜矣，推其用心，直不願地球上有中華民國之產出也。[22]

從這時起，留學生對出自日本人口中的「支那」一詞，非常反感。在下面篇幅，我們對一些文獻略加注釋，並追溯這個詞彙的歷史。

首先略談語言和文字的關係。語言和文字都是用來傳達思想與感情的。但是，兩者也有很多不同的地方。[23]

大體上文字可以改變語言，但不能改變一般通用的語言。在語言上，有男性、女性的音調；即使在同性的語言上，也因人而異，有多種不同的個性，有高有低，有強有弱，因而得以表露喜怒哀樂的感情。故此，語言是多方面的，而文字是單方面的。

若從文字立場來看，「支那」這一詞彙是中國人用漢字音譯印度語而來，千

22　同上，頁 17。

23　有關此問題可詳參拙著：《日本語の純潔のために》（東京：淡路書房，1956 年）中的〈言語と文字はどうちがうか〉一節。

多年來，沒有變化。不過，在尊敬和鄙視的場合，其音調完全不同。因此，出自日本人口中的「支那」一詞，其音調也有變化。後來他們用明治時代對所謂「豚尾奴」的態度去對「支那人」，故使中國人反感。故此，在明治時代留學生覺得沒有問題的「支那」一詞，後來卻成為大問題。

五四運動前後，留學生不斷反對日本人稱中國為「支那」。郁達夫在其小說〈雪夜〉中記敘自己在東京的經歷。當時的東京有小石川區植物園，郊外武藏野有井之頭公園，都是幽雅勝地。

> 你若於風和日暖的春初，或天高氣爽的秋晚，去閒行獨步，總能遇到些年齡相並的良家少女，在那裏採花、唱曲、涉水、登高。你若和她們去攀談，她們總一例地來酬應；大家談着，笑着，草地上躺着，吃吃帶來的糖果之類，像在夢裏，也像在醉後，不知不覺，一日的光陰，如箭也似的飛度過去。而當這樣的一度會合之後，有時或竟在會合的當中，從歡樂的絕頂，你每會立時掉入到絕望的深淵底裏去。這些無邪的少女，這些絕對服從男子的麗質，她們原都是受過父兄薰陶的，一聽到了弱國的支那兩字，哪裏還能夠維持她們的常態，保留她們的人對人的好感呢？支那或支那人的這一個名詞，在東鄰的日本民族，尤其是妙年少女的口裏被說出的時候，聽取者的腦裏心裏，會起怎麼樣的一種被侮辱、絕望、悲憤、隱痛的混合作用，是沒有到過日本的中國同胞，絕對想像不出來的。[24]

郁達夫的〈沉淪〉中出現了這麼一個場面：作為留日學生的男主角，在聽到一位漂亮的日本餐廳女侍應問：「貴國是哪裏？」就結結巴巴地欲言還止。

24　郁達夫：〈雪之夜〉，載《宇宙風》第 1 卷第 6 期（1935 年 12 月）。

> 原來日本人輕視中國人，同我們輕視豬狗一樣。日本人都叫中國人作「支那人」，這「支那人」三字，在日本，比我們罵人的「賤賊」還更難聽，如今在一個如花的少女前頭，他不得不自認說：「我是支那人」了。
>
> 「中國呀中國，你怎麼不強大起來！」
>
> 他全身發起抖來，他的眼淚又快滾下來了。[25]

郭沫若在〈關於日本人對於中國人的態度〉一文說：

> 日本人稱中國為「支那」。本來支那並非惡意，有人說本是「秦」字的音變，但出自日本人口中則比歐洲人稱猶太人還要下作，這態度最顯明地是表現在他們表示國際關係的文字慣例上。
>
> 英支、法支、德支、美支、俄支、鮮支、滿支，中國始終是處在最劣等的地位的。這些表現稍稍留意他們的新聞紙，便可以明白。而且最可佩的是他們的整齊劃一。[26]

1930年，中國政府對1919年以來留學生所關注的國號問題作了反應。據同年5月27日《東京朝日新聞》報導：

> **今起禁用「支那」稱呼 —— 國民政府訓令外交部**
>
> 〔南京26日電〕日本人稱呼中華民國為「支那」，素為中華民國所厭惡，今日國民政府對外交部發出訓令如下，顯示其禁絕「支那」稱呼的決心。
>
> 中國政府中央政治會議鑒於日本政府及其人民以「支那」一詞稱呼中國，而日本政府致中國政府的正式公文，亦稱中國為「大支那共和國」，認

25　郁達夫：《沉淪》，《郁達夫全集》，頁29。
26　載《宇宙風》（1936年9月）。

為「支那」一詞意義極不明顯，與現在之中國毫無關係，故敦促外交部須從速要求日本政府，今後稱呼中國，英文須寫 National Republic of China，中文須寫大中華民國。倘若日方公文使用支那之類的文字，中國外交部可斷然拒絕接受。

十日後，在 6 月 5 日《東京日日新聞》的「角笛」欄（讀者來函欄）上，出現了下面一篇文章：

「支那」與「中華」

據南京電訊，支那政府已決定不接受一切來自日本政府而使用「支那」一詞的公文。今後的公文往來，一律要稱支那為「中華民國」。

但是，「中」及「華」之語，是自古以來支那對夷狄傲慢的自稱。然而，在支那境內的東夷西戎及南蠻北狄，久已統屬於所謂「中」或「華」的版圖內，故對內部而言，早該沒有中、華、夷、狄之別。

今日對外擬用「中華」之名，其實含有鄙視列國為夷狄之意，對列國可謂無禮之極。故此，支那在討論使用不使用「支那」稱呼之前，實宜先行以適當文字，取代「中華」二字的稱呼。

況且，支那政府並不能判明「支那」一語的起源。此語自遠古時代使用以來，並無包含侮辱之意。就法理而言，支那政府理論上當可決議正其國名為中華民國，而不作支那。惟堅執拒絕一切習慣使用之稱謂，態度則未免過激。尤其是中華民國本身自寫的英文名稱作 National Republic of China，其中的 China，敢問難道不是支那嗎？（士朗）

同欄在 6 月 8 日刊出以〈中華之稱呼〉為題的短文，駁斥上文：

正如士朗氏在本欄（5 日）所指出，國民政府決定拒絕接受使用「支那」一語的公文，同時自訂英文名稱為 National Republic of China，確不免使人感到有些矛盾。不過，對方希望改稱為「中華」或「中國」，我國是沒有理由置喙的。

人的姓名，即使不合乎其本人性格，誰都不會因此而不稱其姓名。國名既然是專有名詞，不管它是否傲慢抑或無禮，大概亦不應去之而後快吧！準此以言，我國「日本」這個名稱，在外國人看來，也許亦會認為是個自尊自大的名稱啊！

「支那」一語，即使不含侮辱的意思，但究竟並非正式的國名。若仍堅持用之，就好比以綽號稱呼人家，難免招惹別人的不快。我們不但不應責難其國名過於美麗，要求改易，反應承認彼等所認為正當的名稱。這才是民族間交際的正當禮儀。

有關此次遠東大會的報導，多數新聞報章已改稱中國為「中華」，本人甚為高興。新聞界走在社會的前端，今後的報導，極應作如是的改革，是所至禱。（實東）[27]

1930 年底，雖然日本政府的公文都改「支那共和國」為「中華民國」，但社會上一般書面語及口語，仍然沿用「支那」名稱。對此，留日學生每投書報紙要求停止使用「支那」一語，而日本人亦投函反覆辯駁。總之，日本人並無決心放棄「支那」一詞的使用。

1940 年，當中日戰爭之際，大眾作家菊池寬以國民使節身份訪問佔領區後回來，在《文藝春秋》雜誌撰文，主張日本「此時似宜改掉對支那人的稱呼」，頗引起社會的注意。1941 年，大政翼贊會為了「宣撫」佔領區的人民，呼籲停止使用「支那」一詞，改用中國稱號。雖然改變稱號的問題在新聞雜誌上熱烈地討論過一陣子，但最後還是沒有效果。

27　實東為實藤惠秀的筆名。

日本人喜用「支那」而拒用「中國」的心理，直到戰後依然繼續保存下來。具有這種心理的人，以從事中國研究及與中國有關係的人為多，其他人士對這個問題大體上並不關心。讓我們舉津田左右吉和谷崎潤一郎兩人的作品為例吧。

> 我一直稱支那為支那，用日文字母寫為シナ。支那這個名稱，並不是自古以來支那整體的地理名稱、民族名稱、或我們所指的國家名稱，而是秦漢唐宋等不斷變化的王朝的名稱而已。當我們考慮把自古以來的支那視為一歷史整體之時，以「支那」一詞稱它最為恰當，而且此亦為世界所通用。中華民國這個國名，是該國成立之後的名稱，並非自古以來支那的通稱。秦漢唐宋等實為王朝之名，其名互異，但同為支那則一。故在正式場合及政治意義上，須以中華民國的名稱作為今日支那的國名，但不能同時以之指稱昔日的支那，特別在指稱古代文化的時候，我們斷不能用此。又，「シナ」一詞多寫成「支那」，原無任何字義，有人寫成「至那」或「脂那」，亦有人寫成「震旦」或「振旦」（震、振二字互通），我則寫作「シナ」。此名雖然由「秦」字而來，但其意義卻與「秦」迥異。[28]
>
> 津田左右吉

> 甲午戰爭時，吾人稱中國人為「Chanchan」（豬尾巴豬尾巴），又稱之為「bōzu」（「坊主」，禿子）。此與歐美人士稱吾人為Jap之意義相同。然而，說Chanchan時，其音色尚帶些許好感，Jap就完全不是滋味。Chanchan是因當時日本小孩子覺得有趣好玩而來，至於連着bōzu一同稱呼中國人者，都是幼童。不過，這個對中國人甚為無禮的稱呼，到了他們廢除蓄辮之後，我們亦漸漸不再使用。記得第二次世界大戰之後，大約是1946

28 參看津田左右吉著：〈シナ文化研究の態度〉的「附言」，載《新中國》第1號（1949年3月）。

年左右，報載郭沫若氏的談話：「日本人稱我們中國人為支那人，這是令人不愉快的事。這是他們輕侮中國人的證據，今後宜加改正。」——正確字句我已記不起來，但我的確是讀過這樣內容的新聞報導。像郭氏一樣精通日本事情的人，也作如是觀，真使我感到意外。戰後，我們不再使用引起中國人如此不愉快的支那一詞，而盡量使用「中國」去代替，這都是事實。我輩文人，有些人使用支那一詞，其心理與歐美人士使用 China 一語，並無二致，故不得謂此詞在戰前含有輕蔑之意。（實藤注：對於古代來說，容或如此，對於現代來說，則不無可疑之處。）又，日本內地自古便有「中國」這個地名，用起來容易與支那引起混淆，故有時不得不以「支那」稱呼中國，其情形與稱「露西亞」為「蘇維埃」（Soviet）一樣。[29]

谷崎潤一郎

大正時代（1912-1926）以後 40 餘年間，日本人拒用「中國」這個稱呼，大抵有四種理由：

（一）「中國」是個傲慢的名稱；

（三）作為歷史上的通稱，除「支那」之外，便無更好的名稱；

（三）「支那」，亦即 China，是世界性的名稱；

（四）日本國內有「中國地方」這個地名。

以下讓我們仔細分析這四種理由可否成立：

（一）中國是個傲慢的名稱——這是通曉中國古典的漢學家的意見。他們認為支那人稱自己的國家為中國是極其無禮的事！「中國」是個自高自大的稱號。古代的中國，自以為是世界上最偉大的國家，而稱東鄰民族為東夷，西鄰為西戎，南鄰為南蠻，北鄰為北狄。四周都是野蠻人，唯我獨尊，故稱自己的國家

29 〈老いのくりごと〉，1954 年 1 月，谷崎潤一郎：《谷崎潤一郎全集》第 28 卷（東京：中央公論社，1957 年），頁 252-253。

為中國。這不是傲慢又是甚麼！要日本人使用這一自高自大的稱號，豈非一種侮辱。

日本人之中也有承認「中國」這個稱號是理所當然的。古代日本人的確是以上述意義看中國的，因為事實上中國是東亞文化的中心。直到與中國接觸之前，日本文化尚未發達。日本過去非常崇尚中國文化，派人到中國留學；這一點，只要翻開日本歷史便會明白。在室町時代（1333-1600），中國錢幣成為日本的貨幣。足利將軍雖受屬國的待遇，叩頭向中國要錢，依然感到榮耀。故此，在古代的日本，不但從中國輸入精神文明，而且亦有過接受中國的物質援助的時代。

不過，光看古代事物是不夠的。中國對自己的古代容或感到驕傲，但在鴉片戰爭以後，已痛感國勢衰弱。這種衰弱不僅是在國勢方面，連學問方面也承認了落後。這一點，中國人在五四運動以後，知道得更清楚。與西洋比較之下，總覺事事不如人。故此，中國人已把中國這個國名看成為一個專有名詞，在中國二字旁邊或下面，劃上了一畫「專有名詞線」，除了表示是一個名稱外，別無其他含義。

若不明瞭上述的演變便貿然說：「你的名稱好得可以，不許講！」—— 就未免太不合情理了。即使個人命名，大都取個好聽的名字，既是專有名詞，當然人人都可用。更何況是國名！「日本」這個名稱又何獨不然？所謂「日本」，即指太陽的出處，亦即意味是世界上最偉大的地方。其實，當地球是球體的事實已成為常識的今日，我們根本就不能再說甚麼日出之處之類的話。但是，日本一詞還不是照用不誤？漢學者流所指「古代支那自高自大」，這一點說得不錯；但他們忽視以後的演變，因而犯了錯誤。

（二）作為歷史上的通稱，除「支那」之外，便無更好的名稱 —— 對東洋史學者來說，這是個不可變動的結論。他們認為支那這個國家，自古以來便是一個「易姓革命」的國家，王朝老是變動，不像日本一樣「萬世一系」。秦、漢、唐、宋、元、明、清等不斷改朝換代。要稱呼總體的支那，沒有比「支那」更好的名稱了。這似乎是言之成理的說法。

但是所謂「中國只能有支那一個稱呼」，到底是甚麼時候和在甚麼地方說起來的？時間這個問題容後討論，讓我們先看看支那一詞究竟先在甚麼地方說起來的。這似乎是在日本！因中國人通常是不會使用支那一詞的。

那麼，日本人所稱「支那」一詞，何時開始？

我輩在明治時代出生的日本人，是在一片「支那、支那」聲中成長的，自幼便以「支那」去看待中國。但稍為翻閱古籍，便可知道支那一詞，從前叫做「唐土」或「唐」。

然則，「支那」一詞何時傳來日本？如何萌芽？又如何發育起來的呢？

關於支那一詞的詞源，有五種說法。至於這個詞彙在日本成為學術上和歷史學上的問題，則是甲午戰後的事。日本人在此時喜用支那一詞是有其原因的。一說謂此時的支那是指「印度支那」；另一說謂因「支那」在印度語中，表示智慧之義，而中國人有優越的智慧，故得支那一名。最易被人接受的一說是：秦始皇聲威遠被印度，而秦字的讀音是 Chin，印度人在 Chin 之後加上母音，向東流入中國，向西傳到歐洲。在歐洲，中國讀作 Chi-na、China 或 Chine。中國唐代不少僧侶到印度學習佛法，在該國聽到別人稱中國為 Chi-na。正如一般出洋人士一樣，這些僧侶也愛仿效別國語言，故稱中國為 Chi-na（支那）。在他們所譯的佛經上，往往出現「支那某地某人譯」字樣。這時候，Chi-na 是個時髦的詞彙。Chi-na 的寫法有「支那」、「脂那」、「至那」等。Chi-na 作為國名，也沿用印度語的讀音，寫成「震旦」或「振旦」。所以，對中國人來說，上述的名稱其實都不過是用漢字寫出 Chi-na 這個外來詞的結果。

在日本古代，支那一詞不過是偶爾用用罷了。例如，1106 年（嘉承元年）出版的《東大寺要錄》扉頁，有「印度支那未嘗見聞矣」一語。在這裏，好像有追逐時尚、標奇立異的味道。在《今昔物語》中，有支那國。空海大師在其詩集《性靈集》中，有「支那台嶽曼殊廬」之句。這段時期，或稱中國為漢土，或稱中國為中華，這些稱號都已成為大家慣用的陳詞舊語，而「支那」一語，卻別具一番新鮮韻味。

必須指出的是：《東大寺要錄》、空海《性靈集》之類的著作，僅為學者所誦讀，一般人無從問津，故支那一語並未成為日語詞彙。

「支那」在甚麼時候成為日語詞彙的呢？就筆者所知，似以 1713 年為最早。當時，羅馬人史多提（Sidotti, Giovanni Battista, 1668-1715）漂流到九州的屋久島，旋被解送至江戶（東京）幕府。幕府命學者新井白石調查其身世。白石趁調查的機會，從史多提處瞭解世界的情狀，並作了筆記，後來整理而成《采覽異言》一書。這是一本關於世界地理的書，也有提及日本的事情。例如，稱日本為 Japan，注以「日本」字樣。該書也提到蝦夷，除以日本字母（假名）標出外，還用漢字「野作」（イエゾー）標示。印度則以「應帝亞」（India）三個漢字表出。關於チイナ（Chi-na），則在左下角附以小號「支那」二字。而歐美地名，則全部用漢字拼寫。當時用漢字標記的地名，雖然不難讀，對於白石之流，是不得已的做法。白石用漢字標記地名的秘密，大抵是以《坤輿圖說》為準繩的。《坤輿圖說》是在中國出版的關於世界地理的書。中文沒有字母（假名），地名全以漢字標示。白石參考過這本書，故此用漢字標示用日文字母寫成的地名。從史多提處，白石聽到 Chi-na 的讀音，而他又見過「支那」二字，因此便以「支那」注釋チイナ（Chi-na）。

在江戶時代（1600-1868），チイナ（Chi-na）或支那是常用的詞彙嗎？不是的。它只在一些地圖上出現。《采覽異言》一書可以說是分水嶺；在此之前的地圖，中國全部以漢土稱呼；在此之後的地圖，多改用支那（但不是所有地圖都如此）。

支那一詞也曾在日本人的漂流記出現過。江戶時代，日本人常常漂流外國。有些漂流者漂流到美洲，也有的漂流到俄國去。他們在美洲聽到美洲人稱呼中國為 China，在記錄時就寫上支那二字，例如：「シナのホンカンには」（在支那之香港）。特別有趣的是：他們給支那做一個注腳——「唐、唐土、唐山也。」這顯示一般人對支那一詞尚未熟悉。

新井白石死後約100年，佐藤信淵寫成了驚人的《宇內混同秘策》（1823年，文政六年）。這本書肯定日本是個神國，有能力征服全世界；先從中國東北進入大陸，吞併支那，隨着便可使世界各國淪為日本屬下的郡縣。本書強調中國懦弱，中國人卑鄙無恥。在此之前，是個崇拜中國的時代。住在江戶山之手的漢學者，眺望品川海，不禁興奮地說：「啊，這個海是連接漢土的啊！」自本書起，輕視中國的思想開始出現。該書稱中國為支那。新井白石的支那是個單純的地理名詞。佐藤信淵的支那是否也那麼單純呢？顯成疑問。

新井白石輸入支那一詞，相當於播種。日本的地圖和漂流記使用該詞，無異澆水施肥。但該詞尚未能在日語生根，更談不上萌芽發育。

支那一詞在日語生根成長，似是明治時代（1868-1912）以後的事。這一點，我們可從舞台劇本推測而知。順着默阿彌的劇本及其他書籍寫作年代，便知明治以前的作品並不使用支那一詞。1869年（明治二年）的《遺失的藥》（忘れ藥）卻有「支那」一詞，附上「moroko-shi」（唐土）的注音，但只在「從支那（唐土）到天竺」這句話中出現了一次。在這劇本內，「唐人」一詞多得很，「支那人」一詞卻未出現。

同年出版的村田文夫的《西洋聞見錄》，有「支那海賊船」一目。這裏所稱的支那是西洋人的口吻。1870年（明治三年）出版的中井弘的《西洋紀行航海新說》，出現了「支那海岸」及「支那人」兩個詞彙，但也是出自西洋人之口的。

1872年（明治五年），假名垣魯文的《世界都路》出版，在支那及唐土二詞的旁邊，都加以注音。同年，日本政府發表「外國僱員一覽」，其中對「支那」含有惡意，那是因為與歐洲人比較的結果。

1873年（明治六年）出版的翻譯書《萬國奇談》，收有「支那的萬里長城」一目。同年出版由英國人斯溫霍（Robert Swinhoe）原著、箕作麟祥等譯的《北支那戰爭記》（*Narrative of North China Campaign of 1860*, London, 1861），也用「支那」一詞。不過，1874年（明治七年）出版的默阿彌的劇本《三個殘廢人》，仍然使用「唐人」，而不用「支那人」一詞。

1875 年（明治八年），《吉備大臣支那譚》出版。在該書出版前一年，外務卿副島種臣為台灣生蕃事件赴北京談判，採取非常強硬的態度，終於獲得賠款 50 萬兩而歸。該書影射這段史實，敘述遣唐副使吉備真備（Kibino Mabi, 693-775）抵達唐朝之後提出種種難題，令唐人驚奇的故事。在劇本內，「支那」一詞再不是模擬西洋人的用法，而是首次以日本人口吻出之。

但這並不是說，作為日語詞彙的「支那」，已經安定下來。1879 年（明治十二年）出版的默阿彌的《漂流奇談》使用了「支那人」一詞，但出現於同年出版的岡本監輔漢文譯本《萬國史記》首頁的「支那」一詞，依然附上「China」這個注音。注音的出現，顯示支那一詞尚未成為通用的日語詞彙。

這時候，前上州高崎城主大河內輝聲住在東京淺草今戶町，其住宅的二樓全是中國式陳設，用來款待其漢詩漢文教師王桼園寄住。1878 年（明治十一年）1 月 3 日，大河內與王桼園筆談。

> 「請教支那一名之所由興。」
>
> 王桼園曰：「大抵為天竺國上奏中華皇帝時，稱之為支那皇帝而起者，於中華則為唐之時，其事見於《佩文韻府》。」

由此觀之。這時候日本人似乎仍然感到「支那」一詞是個問題，需要向中國人請教。

1880 年（明治十三年）出版的默阿彌《霜夜之鐘》反而稱中國為「唐」。而 1881 年出版的外山正一編《新體詩抄》，則稱中國為「支那」，很可能把該詞當作新詞彙使用。總之，「支那」一詞，仍未成為日語的通用詞彙。

1887 年（明治二十年），默阿彌出版了《花井梅》。該劇稱中國為「唐土」、「支那」，而稱中國人為「南京先生」（南京さん）。

1894 年（明治二十七年），中日甲午戰爭爆發。該年 10 月，竹柴其水的劇本《會津產明治組重》出版。劇中人物有中國人一人，他是旅居東京築地的華僑道昌忠，娶日本女人阿兼為妻。該劇有一幕描敘一群住在築地的女掌櫃對於爆發甲午戰爭的看法。阿兼和她的鄰居阿鈴、阿仙等，都昧於當時的國際形勢，還以為在朝鮮半島上進行的中日戰爭，與十七八年前在日本發生的「西南之亂」是同一宗事情。[30] 這種人在東京城多得很。由此觀之，直到中日甲午戰爭，日本一般老百姓並沒有使用「支那」這個詞彙的。在這劇本上，「シナ」出現了 27 次，「南京」17 次，Chanchan 也不時出現。很明顯，上述詞彙在這裏是充滿輕蔑意味的。

1895 年（明治二十八年），李鴻章到馬關議和，結果日本獲得二萬萬兩賠款及佔據台灣。日本人因此洋洋得意，對中國的態度變得輕蔑起來。「支那」一詞也從此在日本語言中生根，而且很快便融混了輕蔑之意。

關於支那一詞何時開始在日本使用這一問題，恐怕有人覺得我們的考證太過瑣碎。不過，由於主張「要稱呼總體的支那，沒有比『支那』更好的名稱」的都是歷史家，我們不得不從歷史上追溯這個名詞的由來。

如上所述，我們明瞭「支那」一詞的沿革是這樣的：始創於印度，先傳到中國，再傳到日本；進入日本之後，播下了種，又加以澆水栽培，經過漫長的歲月，才在日本語言內生根。

從歷史發展過程上看，不論過去或現在，日本人所使用的「支那」一詞，在日本原來是無根的。日本人用「支那」去取代 2,000 年來沿用的「中國」，只是最近 60 年光景的事。關於這段史實，歷史家本身是曾想過的，對一般的人也當談論過的。但正如前所述，由於好惡的感情先入為主，學問的界線也就模糊起來。

只要我們一翻開史籍，事實就擺在眼前。從前我們說「唐土之唐帝玄宗」；

30 譯者注：原書有一段對談文字，反映日本婦女對當時國際大事的無知，稍嫌煩贅，故略去不譯。

1895 年以後，改說「支那之唐朝玄宗皇帝」。在過去 50 餘年間，硬不肯說「中國之唐朝玄宗皇帝」。

此外，似乎還有其他誤解。有人以為「中國」是「中華民國」的簡稱。萬沒想到這完全是錯誤。據曹亞伯的《武昌起義》，革命軍於 1911 年（辛亥年）10 月 11 日，在諮議局議定 13 條重要方針。其中第二條是：「稱中國為中華民國。」[31] 這就是說：中國並不是中華民國的簡稱。

（三）支那即 China 說。有人以為 China 一詞是世界性的名稱，故應可接受。所謂世界性名稱，亦即學術性名稱。這一說法，驟耳聽起來似乎並無問題，其實也大成問題。理由很簡單，世界上人口最多（六億以上）的中國，並不自稱「支那」；也就是說：「支那」並未成為世界性名稱。事情很明顯，世界性云云，並非那麼「學術性」。

（四）稱中國為支那，就會與日本的「中國地方」引起混淆。這就是說：完全是為了避免玷污日本語的純潔！很多人都相信這一套，我也不例外。正因如此，我認為必須改稱支那為中國。這不但為了敦睦邦交，而且為了改正日本本身不合理的地名。日本國內的「中國」是甚麼意思呢？原來古代官吏往來於京都與九州太宰府之間，「中途之國」的中國地方是必經之路，「中國」由是得名。現在，太宰府已經廢除，京都也不再是首都，「中途」的意義也失去了。雖然地名所含的歷史與現實不同，不一定要更改。例如，今日不再用弓，卻仍然保存「弓町」這個地名。但是，如果對其他事情有所妨礙，地名也非不可更改的。例如，因政治理由，江戶改稱東京。倘使有很好的理由，歷史性地名是可以更改的。「中國地方」這個地名，有其歷史因由。但現在這些因由不復存在，而且更與鄰邦的國號混淆起來。廣島有份報紙叫做《中國新聞》，假如有「中國的禾稻生長狀態」這篇報導，很可能是報導中國的新建設。在同一份報紙上往往出現同一地

31 轉引自中國史學會編：《辛亥革命》第 5 卷（上海：人民出版社，1957 年），頁 130。

名變成兼指外國與國內事宜的現象。因此，為了日本語言的純潔，我希望廢棄這個名稱。我想現在是改稱「中國地方」為「西部地方」的好機會。日本國內已經有「中部地方」、「東北地方」這些地名，因此我想本州「西部地方」這一名稱，不但地理上貼切，而且從國際關係的考慮上也是應該接受的。這是個政治問題，也是個教育問題。倘使由國會通過，教育部便可改訂教科書，上述地名便可迅速普及了。

除了上述四說之外，還有以下的奇說。即支那人不喜歡「支那」二字。「支」有「支店」之嫌，而「日本」有「本家」之嫌。因此，如果不寫漢字，改用假名「シナ」，就不成問題了。——這簡直是小兒之見。今日中國人討厭的並不是字面問題，而是「支那」一詞的讀音——包容了輕蔑感情的讀音。該詞在清末並未混入輕蔑的感情，故相安無事。該詞必須廢除，並非為了文字問題，而是該詞的調子令人憎惡的緣故。

在中國也有奇說，且與日本人的意見大異其趣。王拱璧《東遊揮汗錄》所收〈日本外交之概略〉一文說：

> 然則支那二字，在倭文中果有何等意義乎？支那，倭音讀西那シナ，有將死之意，有物件（俗語東西）之義，又與ヒナ音相近，ヒナ釋雛泥木偶也。既不遵印度原音，又不譯印度原義。[32]

上述說法雖然都牽強附會，卻反映出留日學生對包含了輕蔑感情的「支那」及「支那人」語調，無不反感。

總之，日本出現多種多樣反對改變「支那」一詞的論調，完全違背中國人的意願。直到戰敗投降，才有轉機。

---

32 《東遊揮汗錄》，頁 17-18。

1946 年 6 月 6 日，日本外務次官發出《關於避用支那稱呼事宜》通知，下達各新聞雜誌社、出版社；同年 7 月 3 日，教育次官也將通知轉發各大學和專科學校等。通知內容如下：

> 往昔通常用支那二字作為中華民國之國名，今日應改用中國等稱號。查支那之稱呼素為中華民國所極度厭惡者。鑒於戰後該國代表曾多次正式及非正式要求停用該詞，故今後不必細問根由，一律不得使用該國所憎惡之名稱。
>
> 要言之，除不再用支那一詞之外，不妨使用：
>
> 中華民國、中國、民國
>
> 中華民國人、中國人、民國人、華人
>
> 日華、美華、中蘇、英華
>
> 至於在歷史性、地理性或學術性敘述之場合，例如：東支那海、日支事變等，萬不得已時方可破例使用。
>
> 又，現今之滿州即稱滿州，不得稱為滿州國，附帶通知如上。

這一通知在新聞界及出版界發生相當效果。但是，對於一般口語影響不大 —— 中國一詞，日本人總覺得難以上口，因為那時中國國內，國共正進行內戰。

1949 年 10 月 1 日，中華人民共和國誕生。翌年，朝鮮爆發戰爭，中國出動志願軍，抗美援朝，給裝備卓越的美軍重創。加上以後蒸蒸日上的建設事業，連古昔聖人都束手無策的治水工程、大橋、鋼鐵增產、糧食增產、文字改革等，不管喜歡不喜歡，日本人不禁咄咄驚奇，歎為觀止。

從此，即使政府默不作聲，「中國」一詞也會從日本人口中溢出；而「支那」一詞，明治以來運用的次數也許較「中國」一詞為多，但無論如何已注定成為日本語言中的死語。留學史中的「支那」，卻不幸地一直成為日本人與中國留學生糾紛的癥結，直到留學史閉幕才結束。

第五章

留日學生的翻譯活動

一、留日學生對新文化的貢獻

中國學生在日本雖受盡屈辱，但留學者仍然不絕於途。他們忍辱負重，期待學成之後，參加救國的神聖工作。

事實上留學生從日本學了不少東西回去，這對於建設新中國發生很大作用。郭沫若在〈中日文化の交流〉一文說：

> 中國就是這樣地傾力向日本學習，更通過日本學西洋的文化。由於當時受到某種客觀的條件的限制，中國的資本主義階段的革命並未成功。但向日本學習的結果，卻有巨大的收穫。這個收穫，既有助於打破中國古代的封建的因襲，同時又有促進中國近代化過程的作用。換言之，近代中國的文化，是在很多方面受了日本的影響的。[1]

郭氏所稱的「通過日本學習西洋的文化，……促進中國近代化」的運動，其涉及的範圍非常廣泛，包括了法律、經濟、教育、文學、科技等等。例如在法律方面，清末法律修訂館聘用岡田朝太郎、小河滋太郎、松岡義正、志田鉀太郎等日本法學家為顧問，並得一批專攻法律的留日學生的協助，編制了中國的新法律。教育方面亦然，最初的新式教育全是留學日本的產品。這種日本式教育的形成，只要閱讀郭沫若自傳小說《我的童年》就會明白。

新文學與留日學生的關係特別深切。魯迅、周作人兄弟的《域外小說集》，不但在日本編纂，而且在日本出版。創造社也是郭沫若、郁達夫、張資平、成仿吾、田漢、馮乃超、陶晶孫等人在留日期間成立的。最先，他們發刊油印的日文

1　見《高遠》第 1 輯（1956 年），頁 45。

期刊 *Green*，不久便印行活字橫排的《創造季刊》、《創造月刊》、《創造週刊》、乃至《創造日》等刊物，開展積極的文學活動。郭沫若指出：「中國的新文藝深受了日本的洗禮，而日本文壇的毒害也就盡量的流到中國來了。」[2] 由於日本文學的影響，張資平等作家大寫殉情文學（例如《苔莉》），影響所及，竟然使殉情的風氣也在中國流行起來。[3]

廚川白村的文學理論，經魯迅翻譯介紹，常常在中國的文藝論戰中被引用。中日文學的關係，委實太密切了。[4]

中國的新劇也是在日本誕生的。春柳社在日本成立，而田漢的南國社，大體上也是模仿小山內薰的築地小劇場而建成的。關於這件事的真相，可閱《南國》第 2 卷第 1 期的〈我們的自己批判〉一文。

1935 年 4 月，「中華同學新劇」這個團體（後改稱「中華話劇同好會」及「中華同學新劇公演會」）在東京一橋講堂上演了曹禺的四幕話劇《雷雨》。雖然這是一部叫人驚異的社會問題作品，可是因為種種緣故，當時還不能在中國國內公演。然而，「在〔中國〕人不知不覺之間，《雷雨》突然為一群流浪東京的愛好演劇的青年搬上舞台。」[5] 又，「中華話劇同好會自本年春上演《雷雨》以來，國內亦爭相演出這個劇本。」[6]

大概是大勢所趨的緣故吧，同年（1935）年底，除了前述「中華同學新劇」之外，還誕生了「中華國際戲劇協進會」和「中華戲劇座談會」。這三個新劇團體都是留日學生的組織。「新劇」在 1935 年 10 月 12、13 兩日假一橋講堂作第

---

2 郭沫若：〈桌子的跳舞〉，《沫若文集》第 10 冊（北京：人民文學出版社，1959 年），頁 333。

3 參看拙著：《日本文化の支那への影響》中〈中國情死考〉。

4 有關日本文學與中國文學的密切關係，請參看拙著：〈日本文學の支那への影響〉（收入《日本文化の支那への影響》一書），以及中村忠行的〈中國文藝に及ばせる日本文藝の影響〉（《台大文學》第 7 卷第 4 期、第 7 卷第 6 期）、〈德富蘆花と現代中國文學〉（《天理大學學報》第 1 卷第 2-3 期）、〈新中國未來記考說〉（《天理大學學報》第 1 卷第 1 期）、〈晚清における文學改良運動〉（《國語國文》第 21 卷第 1 期）、〈晚清兒童文學界の一側面〉（《天理大學學報》第 18 輯）等文。

5 《雜文》第 1 號。

6 《留東新聞》第 5 期（1935 年 9 月 27 日）。

二次公演，「協進會」在 11 月 6、7 兩日假築地小劇場作第一次公演，而「座談會」也在 11 月 29、30 兩日在同地演出；這些團體彷彿在作戲劇比賽。

這三個團體在 1936 年合併為「中華戲劇協會」。到了 1937 年，又誕生了一個新團體——「中國留日劇人協會」。這三年間（1935-1937），新劇運動不但為留日學生所關心，而對中國國內的衝擊亦復不少。在演技、布景和效果方面，很多日本藝術家提供的指導和幫助，博得了中國留學生的衷心感謝。[7]

留日學生劇團公演目錄

中華同學新劇			
第一次公演	1935 年 4 月 27、28、29 日	一橋講堂	曹禺：《雷雨》（四幕）
第二次公演	1935 年 10 月 12、13 日	一橋講堂	洪深：《五奎橋》（獨幕）；李健吾：《這不過是春天》（三幕）
中華國際戲劇協進會			
第一次公演	1935 年 11 月 6、7 日	築地小劇場	袁牧之：《一個女人》（獨幕）；久米正雄原作：《何地客翻案·牧場兄弟》（三幕）；馬彥祥：《打漁殺家》（獨幕）
第二次公演	1936 年 4 月 18、19 日	築地小劇場	Madam Gregory 原作，文津譯：《月亮上升》（獨幕）；山本有三原作，克明譯：《嬰兒殺戮》（獨幕）；斐琴：《夜明》（三幕）
第三次公演	1937 年 3 月 19、20、21 日	一橋講堂	曹禺：《日出》（四幕）

7　參看中華國際戲劇協進會第一次公演的節目表，負責「燈光」的有：岡田猿之助、吳懷斌；擔任「顧問」的有：伊藤熹朔、岩村成允、杉野橘太郎、鈴木英輔，近藤春雄、歐陽予倩、唐槐秋、青柳信雄、河合信雄；當「贊助」的有：伊藤智子、木村太郎、寺田太郎、寄山弘、岩村成正、岩村成典等。

中華戲劇座談會			
第一次公演	1935 年 11 月 19、20 日	築地小劇場	吳天：《決堤》（獨幕）；果戈里原作：《視察專員》（五幕）
中華戲劇協會			
第一次公演			田漢：《洪水》；（佚名）：《姨娘》
第二次公演			朱可夫原作：《孩子們》
第三次公演	1937 年 1 月 11、12、13 日	一橋講堂	托爾斯泰原作，田漢改編：《復活》（四幕）
中國留日劇人協會			
第一次公演	1937 年 1 月 29、30、31 日	築地小劇場	易卜生原作：《娜拉》
第二次公演（預定）			茅盾：《子夜》

以上不過略舉數例而已。至於深入研究，將來宜分門別類逐一討論。本書只能探討若干與留日學生有關的基本問題：第一，留日學生是如何翻譯日本書籍的；第二，由翻譯所引致的兩種現象：中國印刷和裝幀的改變，及現代漢語對日本詞彙的攝取。其實，這兩種現象都是中國近代化不可缺少的要素。

二、翻譯的必要性及留日以前的翻譯

甲午戰爭結束那年（1895）的年底，總理各國事務衙門上奏，請求開設官立書局，說：

臣等公同商酌，擬援照八旗官學之例，建立官書局，欽派大臣一二員管理，聘訂通曉中西學問之洋人為教官，常川住局，專司選擇書籍、各國新報及指授各種西學，並酌派司事譯官收掌書籍，印售各國新報，統由管理大臣總其成，司事專司稽察。[8]

翌年，即首次派遣學生留學日本的一年（1896）的 1 月 21 日，孫家鼐被委任為留學生監督。同年，孫氏提出《官書局奏開辦章程》，官書局事務包括籌設下列設施：(一) 圖書館；(二) 出版社；(三) 博物館；(四) 學校。關於出版社，《章程》說：

擬設刊書處，譯刻各國書籍，舉凡律例、公法、商務、農務、製造、測算之學，及武備、工程諸事，凡有益於國計民生與交涉事件者，皆譯成中國文字，廣為流布。[9]

同年 5 月，侍郎李端棻上〈奏請推廣學校設立譯局報館摺〉。李氏認為去年戰爭結束之後，雖然皇帝力圖一新庶政，謀求自強，明詔擢用通達中外事情能周時用的人材，事實上未能達到目的，因為京師及各省州府都未開辦學堂。他主張不但要推廣學堂，而且要開設藏書樓（圖書館）、創儀器院（實驗室）、辦譯書局（翻譯局）、廣立報館（新聞雜誌社）及選派遊歷（外國留學及考察）。以下是李氏關於開設翻譯局的意見：

三曰開譯書局也。兵法曰：「知己知彼，百戰百勝。」今與西人交涉而不能盡知其情偽，此見弱之道也。欲求知彼，首在譯書。近年以來，製

8　張靜廬：《中國近代出版史料．初編》（北京：中華書局，1957 年），頁 46-47。
9　同上，頁 48。

造局、同文館等處，譯出刻成已百餘種，可謂知所務也。然所譯之書，詳於術藝而略於政事，於彼中治國之本末，時局之變遷，言之未盡。至於學校、農政、商務、鐵路、郵政諸事，今日所極宜講求者，詳哉言之，今此等書悉無譯本。又泰西格致新學，製造新法，月異歲殊，後來居上，今所已譯出者率十年以前之書，且數亦甚少，未能盡其所長。今請於京師設大譯書館，廣集西書之言政治者，論時局者，言學校、農、商、工礦者，及新法學近年所增者，分類譯出，不厭詳博，隨時刻布，廉值發售，則可以增益見聞開廣才智矣。[10]

既為日本所敗，而又遭列強窺伺的中國，應該如何認真從事新學呢？中國人認識到不僅要派遣學生出洋留學，而且肯定翻譯比留學更是當前急務。至於留學的目的，甚至可以說主要是為了培養翻譯人材。

1896 年 7 月，梁啟超創辦了中國最早的新式雜誌——《時務報》。從編例上看，該雜誌分為論說、上諭、奏摺、資料（學校規則等）、外國報章雜誌翻譯、文藝各種專欄。其中外國報章雜誌翻譯欄，從第 3 號起，細分為英文、法文和東文（日本文）三部分，日文翻譯由古城貞吉[11]負責。根據《時務報》第 4 號「本館告白」內「本館辦事諸君名氏」條，古城氏是《時務報》六個職員之一。

從《時務報》第一期起便連載的〈華盛頓傳〉，原是黎汝謙所譯的舊稿。連舊稿也要刊登，可見當時梁氏等人的焦急心情，也可以窺見當時翻譯人材短缺的一斑。出版譯本是急不容緩的事，中村正直選、岡本監輔譯的十冊《萬國史記》便是例子。這是岡本氏在 1878 年用漢文翻譯的書，1895 年在中國重刊。由於這是一本用漢文撰寫的世界歷史的書，所以就不必重新翻譯即可在中國刊行。[12]

10 張靜廬：《中國近代出版史料．二編》（北京：中華書局，1957 年），頁 6-7。

11 古城氏其後擔任東洋大學及慶應大學的教授。

12 此書出版以前，日人以漢文撰寫的書籍在中國翻刻的有：1875 年在廣東出版的《日本外史》，1879 年在上海出版的《日本外史》。這是為瞭解日本而出版的。

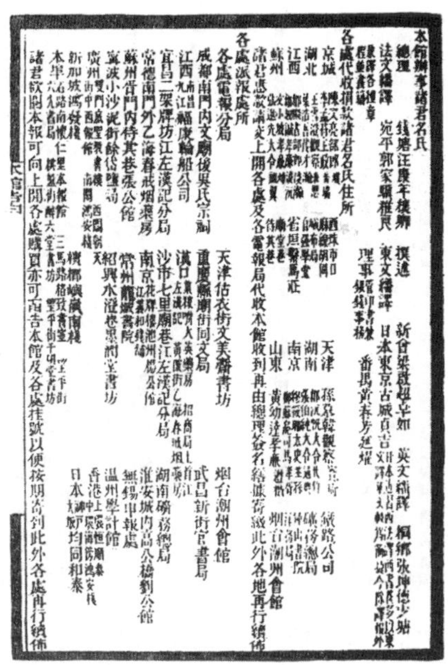

本館辦事諸君名氏

總理 錢塘汪康年穰卿 撰述 新會梁啟超卓如 英文繙譯 桐鄉張坤德少

法文繙譯 宛平郭家驥稚良 東文繙譯 日本東京古城貞吉

理事

各處代收捐款諸君名氏住所

京城 天津 鐵路公司

湖北 湖南 礦務總局

江西 南京

蘇州 山東 烟台潮州會館

諸君惠款請交上開各處及各電報局代收本館收到再由總理簽名給據寄繳此外各地再行續佈

各處派報處所

各處電報分局 天津估衣街文美齋書坊 烟台潮州會館

成都南門內文廟後吳氏宗祠 重慶縣廟街同文局 武昌新街官書局

江西九江福康輪船公司 漢口

宜昌二架牌坊江左漢記分局 沙市七里廟巷江左漢記分局 湖南礦務總局

常德南門外乙海春戒烟藥房 南京 淮安城內高公橋劉公館

蘇州胥門內侍其巷張公館 常州龍城書院 無錫申報處

寧波小沙泥街 紹興水澄巷墨潤堂書坊 溫州學計館

廣州 香港

新加坡 日本

本埠

諸君欲閱本報可向上開各處購買亦可函告本館及各處挂號以便按期寄到此外各處再行續佈

《時務報》第 4 冊卷末的〈告白〉

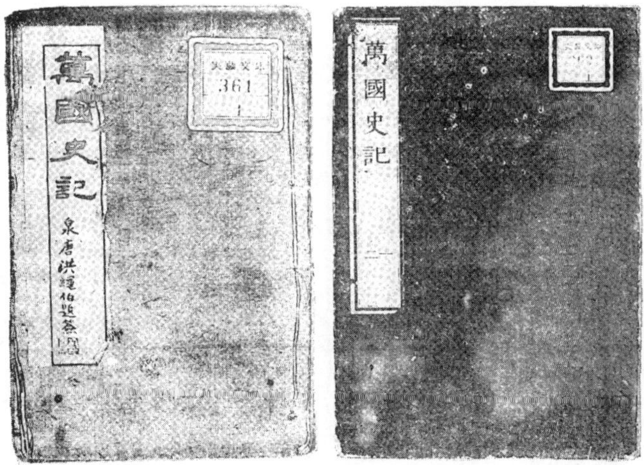

《萬國史記》的原本（右）和譯本（左）

史學書目提要

萬國史記二十卷　上海排印本　石印本

日本岡本監輔著監輔好讀書游中國最久洞見夫萬國中惟中國文明之運早啟次埃及次日本希臘羅馬今諸國多改紀其政以進富强而埃及羅馬反遠遜於前大率研求新政新學者勝擁虛名而亡實際者敗古今不易之理也至爭教爭種動糜爛數十萬衆蔓延千百餘年未有所底尤爲地球萬國之奇慘讀是書者可以悚然矣

泰西新史攬要二十四卷　廣學會本　湖南刪本

英馬懇西著李提摩太譯大恉以國爲經以事爲緯英爲泰西樞紐所紀獨詳法爲歐洲治亂關鍵首二三卷先以法事

《西學書目提要》中的〈史學書目提要〉

東西學書錄上

史志第一　先通史次編年次古史次專史次政記次戰記次帝王傳次臣民傳記

萬國史記二十卷　上海排印本十冊　石印本

日本岡本監輔著書雖甚略然於五洲各國治亂興衰之故頗能撮其要領華文西史無詳者姑讀之 [illegible]

天下五洲各大國志要一卷 [illegible]

英李提摩太著以富於養民強於教民二語為本書宗旨歷論古今各國有益於民諸大政其意將合五洲萬國為一家而尤汲汲以講求教養諷中國考教士所作諸書皆以保國養民為主與他教士取義不同雖簡略未可厚非是書亦名三十一國志略 [illegible]

泰西新史攬要二十四卷　廣學會本八冊　湖南刪本

英馬懇西著英李提摩太譯蔡爾康述亦名泰西第十九周大事記首法事記歐洲治亂關鍵也英為泰西樞紐技所記尤詳大恉以國為經以事為緯於近

《東西學書錄》

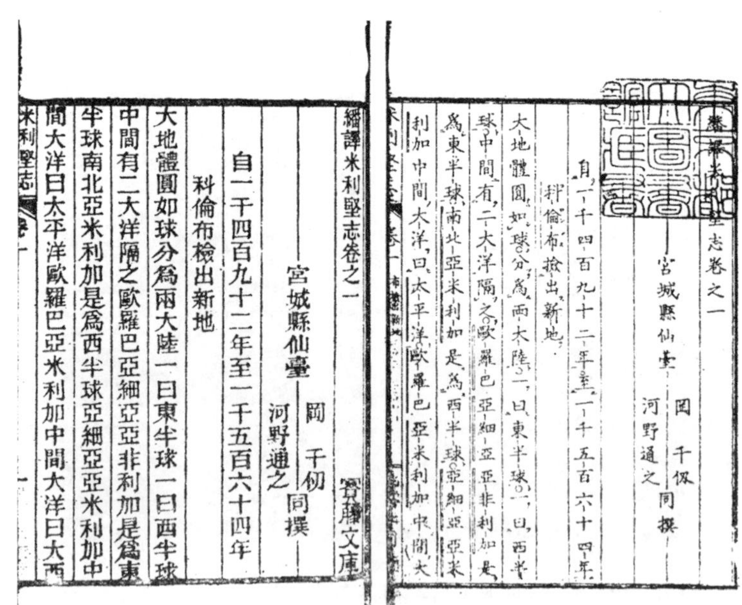
米利堅志卷之一

宮城縣仙臺　岡千仞　河野通之　同撰

自一千四百九十二年至一千五百六十四年

科倫布撿出新地

大地體圓如球分爲兩大陸一曰東半球一曰西半球中間有二大洋隔之歐羅巴亞細亞亞非利加是爲東半球南北亞米利加是爲西半球亞細亞亞米利加中間大洋曰太平洋歐羅巴亞米利加中間大

繙譯米利堅志卷之一

宮城縣仙臺　岡千仞　河野通之　同撰

自一千四百九十二年至一千五百六十四年

科倫布檢出新地

大地體圓如球分爲兩大陸一曰東半球一曰西半球中間有二大洋隔之歐羅巴亞細亞亞非利加是爲東半球南北亞米利加是爲西半球亞細亞亞米利加中間大洋曰太平洋歐羅巴亞米利加中間大洋曰大西

《米利堅志》的原本（右）和譯本（左）

這部書頗受當時中國讀書人歡迎，梁啟超《西學書目提要》的〈史學書目提要〉項把它列在最前頭，而《東西學書錄》亦把它放在第一位。在翻譯及出版事業興盛之前，由於迫切渴求對新事物的知識，留日學生不斷翻印日本人報導和介紹新知識的漢文書籍。1896 年，亦即第一批留日學生抵達日本的同年，岡千仞、河野通之合譯的《翻譯米利堅志》（二冊）被翻刻，而石井忠利所著《戰法學》亦於 1897 年被重刊。

1897 年，梁啟超起草〈大同譯書局敘例〉。他認為變法之先，須有介紹新法的書籍問世；倘先學西方語文然後從事翻譯，便不能應付當前之急務。京師同文館、天津水師學堂、上海製造局之類的機構，在 30 年間，譯書不過百種，恐怕再過 30 年，亦只不過共得 200 種，「是以憤懣，聯合同志，創為此局，以東文為主，而輔以西文，以政學為先，而次以藝學」。[13]

1897 年，羅振玉等人在上海出版《農學報》，最初是半月刊，後來改為旬刊。這是藤田豐八（劍峰）等人用漢文翻譯日本的農業書籍的叢刊。從 1898 年起，這部雜誌轉由香月梅外經營，一共出版了 315 冊書籍。今天我們無法知悉全套書的內容，但就實藤文庫所藏《農學叢書》第一集的九冊書中（《農學報》合訂本），[14] 便有下列的專著。這雖是極少的部分，但亦可略窺全書之一二：

書名	著者	譯者	重譯者
農具圖說	〔法〕藍涉爾芒	吳爾昌	
奇埃哀安摩太風車圖說	〔美〕風車公司	胡濬康	
泰西農具及獸醫	駒場農學校	藤田豐八	
治療器械圖說			

13 《飲冰室文集類編》上，頁 741。

14 因為第二集（第 12 至 20 冊）出版於 1900 年，第一集相信是在 1899 年出版。

書名	著者	譯者	重譯者
代耕架圖說	王忠	（李樹人校）	
福田自動織機圖說	大隴製造所	川瀨儀太郎	
製紙略法	今關常次郎	佐野謙之助	
實驗罐藏製造法	豬股德吉郎		
畜疫治法	〔美〕	宗我彥麿	薩端
山羊全書	內藤菊造		
牧羊指引	後藤達三		
人工孵卵法	楊艸（羅振玉附記）		
馬糞孵卵法	〔美〕胡兒別士	大寄保之助等	山本正義
家禽疾病篇	屈克	赤松如一	山本正義
水產學	竹中邦香	山本正義	
金魚飼育法	奎五峰（姚元之錄）		
奧國飼蠶法	〔奧〕哈昂五	佐佐木忠二郎	井原鶴太郎
蠶體解剖學	佐佐木忠二郎	山本正義	
膿蠶	佐佐木忠二郎	井原鶴太郎	
蠶桑實驗說	松永伍作	藤田豐八	
飼育野蠶識略	〔法〕魏雷	陳貽範	
湖蠶述	汪日楨		
養蠶成法	韓理堂		
粵東飼八蠶法	蔣斧		
製絮說	杉山源治郎	井原鶴太郎	
害蟲要說	小野孫三郎	鳥居赫雄	
驅除害蟲全書	松村松年		
京師土產表略	壽富		

書名	著者	譯者	重譯者
江震物產表	陳慶林		
南通州物產表	陳啟謙		
寧波物產表	陳壽彭		
武陵土產表	李致楨		
善化土產表	龔宗遂		
瑞安土產表	洪炳文		
札幌農學校施設一斑	札幌農學校學藝會	沈紘	
杭州蠶學館章程			
蠶業學校案指引	東京丸山舍	安藤虎雄	
瑞安務農支會試辦章程			
整飭皖茶文牘			

上列書籍的譯者吳爾昌、胡濬康、薩端、陳貽範、沈紘等人，大概是羅振玉所辦的東文學社的學生。在《畜疫治法》一書有「東文學社譯書之二」字樣，故可作上述推想。這批翻譯者可能都是在中國國內修習日語而成為翻譯日本書籍的先驅。

此外，在藤田豐八所譯的書籍中，雖然《物理學》（十二冊，飯盛挺造原著）和《顏料篇》（二冊，江守襄吉郎原著）兩書，曾作為江南製造局的譯書出版，而《蜜蜂飼養法》（花房柳條原著）一書，亦曾作北洋官書局的譯書出版，但三部書的原稿都可能是在《農學報》刊登過的。

1898 年，康有為、梁啟超發動戊戌新政。在〈廣譯日本書派遊學摺〉上，康有為斷定中國為日本所敗，是因為中國故步自封，沒有輸入新法、新學和新器。康氏慨歎翻譯洋書的困難，說：

> 臣愚顓顓思之，以為日本與我同文也，其變法至今三十年，凡歐美政治文學武備新識之佳書，咸譯矣，但工藝少闕，不如歐美耳。譯日本之書為我文字者十之八，其成事者少，其費日無多也。請在京師設譯書局，妙選通人主之，聽其延群通學，專選日本政治書之佳者，先分科程並譯之，不歲月後，可大略皆譯也。[15]

康氏提議大量翻譯日本書以代替科舉考試。

同年，湖廣總督張之洞著《勸學篇》一書，在〈廣譯〉篇指出依靠西洋人翻譯洋書有兩大弊端。第一，國人精通西洋語文者甚少，故多誤譯；第二，西洋人故意拖延教導，費時甚多，不能應急。接着，張氏論述各種外國語的用途：

> 大率商賈市井，英文之用多；公牘條文，法文之用多；至各種西學書之要者，日本皆已譯之。我取徑於東洋，力省效速，則東文之用多。[16]

最後張氏比較翻譯洋書與日本書的功效：

> 學西文者，效遲而用博，為少年未仕者計也；譯西書者，功近而效速，為中年已仕者計也。若學東洋文，譯東洋書，則速而又速者也。是故從洋師不如通洋文，譯西書不如譯東書。[17]

康梁派與張之洞雖政見不同而互相攻擊，但在獎勵翻譯日本書這一點上，卻採同一步伐。1898 年，細田謙藏譯《日本軍政要略》(陸軍經理學校的教材)，

---

15 康有為：《戊戌奏稿》(1911 年刊)，頁 44。
16 《勸學篇》外篇，頁 14 右。
17 同上，頁 15 右。

由南洋公學出版；而古城貞吉譯《日本學校章程三種》，則由時務報館出版。後者的出現，似乎與張之洞派赴日本考察的姚錫光的《東瀛學校舉概》相呼應。古城貞吉譯緒方南溟著《中國工藝商業考》二冊，亦由時務報館出版。這類由日本人為中國人而漢譯的書籍，與《萬國史記》之類專供日本人閱讀的漢文書籍不同。在留日學生養成翻譯能力之前，這類書籍對引進新知識起了一定作用。在1899 年出版的同類書籍有下列四種：

書名	譯者	出版者
日本警察新法	小幡嚴太郎纂譯	東京：善鄰譯書館
大日本維新史（2 冊）	重野安繹	東京：善鄰譯書館
支那通史（5 冊）	那珂通世	上海：東文學社
戰法學	石井忠利譯，王治本校訂	東京：國光社

上列各書只有那珂通世的書，專為日本人而寫，但因為該書在中國印刷，亦可算入此類。其餘三書都是專為中國人而寫而在日本印刷的。這些書，可以說是在當時日本「清國熱」氣氛中誕生的營利主義的初期產品。

1898 年以後，留日學生翻譯的書籍出現了。1900 年，留日學生的第一個譯書團體「譯書彙編社」也成立了，這些問題我們將在下一節論述。現在先談1901 年在上海誕生的《教育世界》。這是《農學報》創辦人羅振玉和王國維編輯的刊物，發行 116 期之後才停刊。從分類纂輯的《教育叢書》第 2 集和第 3 集觀之，日本人的漢譯仍然繼續不斷出現：

書名	著者	譯者	重譯者
教育學教科書	牧瀨五一郎	王國維	
哲學小辭典			
家庭教育法	利根川與作	沈紘	
簡便國民教育法	清水直義	沈紘	
社會教育法	佐藤善治郎	沈紘	
實業教育	〔美〕	一戶清方、上岡市太郎（漢譯）	
女子教育論	永江正直	錢單	
心理的教授原則	杉山富槌	（譯者不明）	
小學教授法	東基吉	沈紘	
理科教授法	矢澤米三郎	（譯者不明）	
教授法沿革史	大瀨甚太郎、中川延治	（譯者不明）	
歐美教育觀	日本育成會	沈紘	
日本近世教育概覽	（著者不明）		
孔門之德育	亘理章三郎	（譯者不明）	
自助論	〔英〕斯邁爾	中村正直（日譯）	中村大來（漢譯）
愛美耳鈔	〔法〕盧騷	山口小太郎、島崎恒五郎（日譯）	中島端（漢譯）
西洋倫理學史要	〔英〕	王國維	
費爾巴爾圖派之教育	〔美〕	中島端（漢譯）	
海軍機關學校內則		（譯者不明）	
學校衛生書	坪井次郎	（譯者不明）	

三、中國人最早的中譯日書

中國人第一部漢譯日文書是在1899年（光緒二十五年、明治三十二年）出版的。那是桑原騭藏原著、樊炳清譯的《東洋史要》（四冊），由東文學社出版。其後，該書由屠長春增補，文學圖書公司出版。[18]

於1898年，羅振玉在上海設立東文學社，教授日本語文，而教學工作則委藤田豐八任之。由於樊炳清的譯本由東文學社出版，看來他似曾在該社學習日文，然後才從事日本書籍的翻譯。

樊氏是東文學社的學生，這一點也可從下面事實推斷。1900年《農學叢書》中有《畜疫治法》[19]一書，而漢譯者是薩端。《畜疫治法》是「東文學社譯書之二」。該書既有「東文學社譯書」字樣，可以肯定譯者是東文學社出身的人。1901年，薩端和樊炳清還合譯了小川銀次郎、佐原篤介二人合著的《東洋史要》一書。

東文學社社長羅振玉後來負責《教育世界》期刊發行工作，而由教育世界社刊印《科學叢書》。樊炳清所譯的教科書，很多都收錄於《科學叢書》內。

因此，樊炳清是中國最早翻譯日本書籍的人。他並沒有到日本留學；他的日文是從居留中國的日本人（藤田豐八）學來的。培養出第一批翻譯日本書籍的人，這是東文學社的功績。

18 譯者注：中國人第一部漢譯日文書似是姚文棟譯《琉球地理志》，1883年（光緒九年、明治十六年）在東京出版，原著者是日本政府；第二部是林廷玉譯《歐美各國政教日記》，1889年（光緒十五年、明治二十二年）在上海出版，原著者是井上圓了。詳見譚汝謙：〈中日之間譯書事業的過去、現在與未來（代序）〉，實藤惠秀監修，譚汝謙主編，小川博編輯：《中國譯日本書綜合目錄》（香港：香港中文大學出版社，1980年），頁56。

19 原著者為美國人，日本人宗我彥磨譯，薩端重譯。

四、留日學生翻譯團體

留日學生的翻譯團體，主要有譯書彙編社、教科書譯輯社、湖南編譯社、普通百科全書（會文學社）、閩學會等。

1. 譯書彙編社

甲午戰爭之後，雖然最初的日本書籍漢譯本，大都出於中國國內修習日語者之手；不過，留日學生在留學之後第五年 —— 1900 年，已有實力去翻譯日本書籍，並且組織譯書團體。第一個這樣的團體是譯書彙編社。

譯書彙編社社員名錄：

姓名	就讀學校
戢翼翬	字元成，東京專門學校畢業生
王植善	字培蓀，上海育材學堂總理
陸世芬	字仲芳，東京高等商業學校學生
雷奮	字繼興，東京專門學校學生
楊蔭杭	字補塘，東京專門學校學生
楊廷棟	字翼之，東京專門學校學生
周祖培	字仲蔭，前東京專門學校學生
金邦平	字伯平，東京專門學校學生
富士英	字意誠，東京專門學校學生
章宗祥	字仲和，帝國法科大學校學生
汪榮寶	字袞甫，慶應義塾學生
曹汝霖	字潤田，明治法學院學生
錢承志	字念慈，帝國法科大學校學生
吳振麟	字止欺，帝國法科大學校學生

社長戢翼翬是首批 13 名留學生之一，其餘社員大部分是日華學堂畢業生，而當時仍在東京專門學校攻讀。

譯書彙編社主要的業務是出版《譯書彙編》月刊。譯文多分期連載，沒有通卷頁碼，內容每期不同。編輯法好像編教學講義一樣，每一編刊完之後，便出一單行本。創刊號刊登下列譯文：

書名	著者
政治學	〔美〕伯蓋司
國法泛論	〔德〕伯倫知理
政治學提綱	〔日〕鳥谷部銑太郎
社會行政法論	〔德〕海留司烈
萬法精理	〔法〕孟德斯鳩
近世政治史	〔日〕有賀長雄
近時外交史	〔日〕有賀長雄
十九世紀歐洲政治史論	〔日〕酒井雄三郎
民約論	〔法〕盧騷
權利競爭論	〔法〕伊耶陵

上述西洋人的著述的中譯，當是從日文譯本重譯過來的。

除了翻譯和出版工作之外，譯書彙編社還照顧新到留日學生，而且代理日本書籍在中國內地銷售事宜。在一定意義上，它像個留日學生中心。所以，1902 年初，以該社社員為骨幹的清國留學生會館得以建立，是理所當然的事。

該社是文化運動初期的產物，最初似乎頗有財政困難。推其原因，當時中國甚少定期刊物，讀者不免擔憂該刊何時會停刊，故不踴躍長期訂閱。最先每期印 1,000 份以上，而銷量僅及十分之一二。不過由於該刊內容新鮮，國內讀者紛

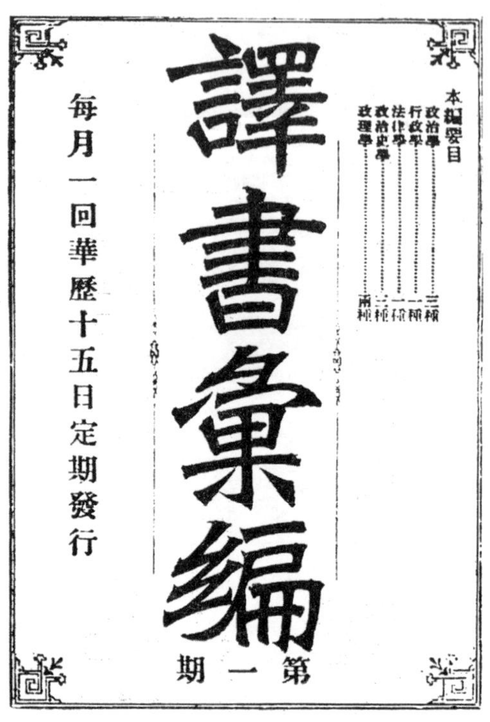

《譯書彙編》第 1 期的封面

紛訂閱，有時甚至要重印。

《譯書彙編》是 1900 年 12 月創刊的，翌年刊行下列單行本：

書名	著者	譯者
波蘭衰亡戰史	澀江保	譯書彙編社同人
國家學原理	高田早苗	嵇鏡
國法學	岩崎昌、中村孝	章宗祥
各國國民公私權考	井上毅	章宗祥

據《譯書彙編》第 7 期（光緒二十七年、1901 年 7 月 30 日發行）的「已譯待刊書目錄」，有以下譯書：

書名	原著者
政治進化論	〔英〕斯賓塞爾
社會平權論	〔英〕斯賓塞爾
教育論	〔英〕斯賓塞爾
政黨論	〔德〕伯倫知理
今世國家論	〔法〕鮑羅
理學沿革史	〔法〕阿勿雷脫
歐洲文明史	〔法〕尼騷
教育論	〔法〕盧騷
平民政治	〔美〕勃拉司
政治泛論	〔美〕威爾孫
社會學	〔美〕吉精顏斯
教育論	〔美〕如安諾
東西洋教育史	〔日〕中野禮四郎
美國民政	〔美〕莫里
國際論	〔日〕陸實
國法學	〔日〕有賀長雄
文明之概略	〔日〕福澤諭吉
明治歷史	〔日〕坪谷善四郎
外交通義	〔日〕長岡春一
加藤講演集	〔日〕加藤弘之
國際法論	〔法〕羅諾而

書名	著者
自助論	〔英〕斯邁爾
新聞學	〔日〕松本君平
國家學原理	〔日〕高田早苗
近世二英雄傳	〔英〕格里飛司
經濟學史	〔日〕井上辰次郎
俄羅斯史	〔日〕山本利喜雄
十九世紀	〔日〕博文館編
丈夫之本領	〔日〕鈴木天眼
政教進化論	〔日〕加藤弘之
近世海軍	〔日〕福本誠
近世陸軍	〔日〕新橋榮次郎編
萬國國力比較	〔英〕默爾化
國法學	〔日〕岩崎昌、中村孝

上列各書，有的似未出版（或未在該刊發表），但可察知這批留學生早期的昂揚志氣。

我們推定西洋諸國書籍的譯本全由日文重譯，是因為該社社員全屬留日學生，並無留學西洋諸國的學生。

根據「譯書彙編社出版及發行書目」（刊於 1903 年發行的《日本明治維新百傑傳》封底），該社又加添下列譯書：

歐美日本政體通覽	日本制度提要
法律學論綱	最近俄羅斯政治史
法制新編	歐洲財政史
日本財政之過去及未來	波蘭衰亡戰史
美國獨立史	日本維新活歷史
名學	物競論
生物之過去及未來	論理學
女子教育論	比律賓志士獨立傳
累卵東洋	愛國精神譚
學校建築模範圖	

梁啟超在〈清議報第一百冊祝辭並論報館之責任及本館之經歷〉中評論當時（1901）的譯書彙編社說：

> 客冬今春以來，日本留學生有《譯書彙編》、《國民報》、《開智錄》等之作。《譯書彙編》至今尚存，能輸入文明思想，為吾國放一大光明，良可珍誦。然實不過叢書之體，不可謂報。[20]

馮自由在〈辛亥前海內外革命書報一覽〉中說：

> 《譯書彙編》……留學界出版之月刊，以此為最早。所譯盧騷《民約論》、孟德斯鳩《萬法精理》、斯賓塞《代議政治論》等，促進吾國青年之

20 《飲冰室文集類編》上，頁 794。

民權思想，厥功甚偉。[21]

2. 教科書譯輯社

這可以說是譯書彙編社分社。在《譯書彙編》第 2 年第 3 期（1902 年 6 月）的封裏，標明發行所在東京本鄉區丸山福山町 15 番地，而在封裏前一頁的「教科書譯輯社廣告」，亦標明「本社發行所設日本東京本鄉區丸山福山町 15 番地」。又據教科書譯輯社第一部出版物《物理易解》的版權保護狀，說：「據留日學生陸世芬等稟稱：竊生等在日本東京糾合同志，設教科書譯輯社，編譯東西教科新書，備各省學堂採用。」[22] 而陸世芬在譯書彙編社 14 名社員中名列第三位。由於其發行所與譯書彙編社相同，又在《譯書彙編》刊登廣告，可見教科書譯輯社是譯書彙編社的分社。譯書彙編社以翻譯大學教材為主，教科書譯輯社則專譯中學教科書，兩社業務因而有所差別。教科書譯輯社最早的出版計劃，包括下列書籍：

21 《中國近代出版史料．二編》，頁 283。
22 據《物理易解》一書的版權保護狀。參看頁 251 下圖。

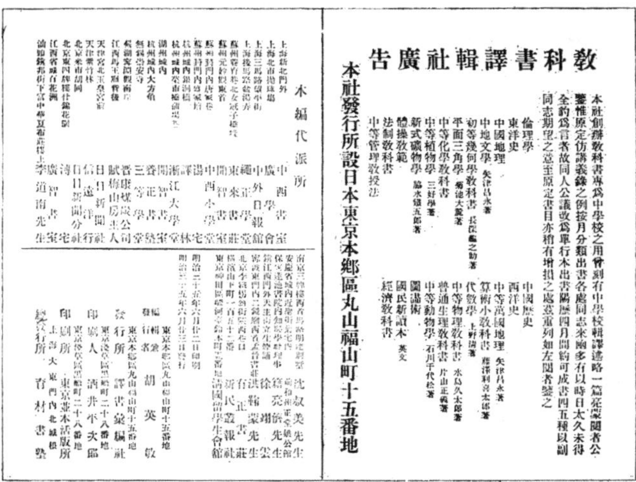

教科書譯輯社廣告

本社創辦教科書專爲中學校之用曾刻有中學校輯譯述略一篇冀閱者公鑒惟原定仿講義錄之例按月分類出書各處同志來函多有以時日太久未得全豹爲言者故同人公議改爲單行本出書隔歷四月間約可成書四五種以副同志期望之意至原定書目亦稍有增損之處茲重列如左閱者鑒之

倫理學
東洋史
中國地理
中地文學　矢津昌永著
初等幾何學教科書　長澤龜之助著
平面三角學　菊池大麓著
中等化學教科書
中等植物學　三好學著
新式礦物學　脇水鐵五郎著
體操教範
法制教科書
中等管理教授法
中國歷史
西洋史
中等萬國地理　矢津昌永著
算術小教科書　藤澤利喜太郎著
代數學　上野清著
中等物理教科書　水島久太郎著
普通生理教科書　片山正義著
中等動物學　石川千代松著
圖畫術
國民新讀本　英文
經濟教科書

本社發行所設日本東京本鄉區丸山福山町十五番地

本編代派所

沈叔美先生
徐翰雲先生
有正書莊
游民叢報社
清國留學生會館

明治三十五年六月廿二日印刷
明治三十五年六月廿三日發行

編輯兼發行者　胡英敏　東京本鄉區丸山福山町十五番地
發行所　譯書彙編社　東京本鄉區丸山福山町十五番地
印刷人　酒井平次郎　東京淺草區黑船町二十八番地
印刷所　東京並木活版所
總發行所　上海大東門內北城根　育材書塾

《譯書彙編》第 2 年第 3 期封底裏頁及廣告頁

欽命二品頂戴江南分巡蘇松太兵備道袁　為

光緒[illegible]捌年陸月廿二日示

《物理易解》所載的版權保護狀

書名	著者
倫理學	
東洋史	
中國地理	
中地（中等？）文學	矢津昌永
初等幾何學教科書	長澤龜之助
平面三角學	菊池大麓
中等化學教科書	
中等植物學	三好學
新式礦物學	脇水鐵五郎
體操教範	
法制教科書	
中等管理教授法	
中國歷史	
西洋史	
中等萬國地理	矢津昌永
算術小教科書	滕澤利喜太郎
代數學	上野清
中等物理教科書	水島久太郎
普通生理教科書	片山正義
中等動物學	石川千代松
圖畫術	
國民新讀本（英語讀本）	
經濟教科書	

3. 湖南編譯社

該社由 1903 年（光緒二十九年）起發行月刊《遊學譯編》。這本雜誌不但和《譯書彙編》一樣選譯單行本書籍，而且也選譯報紙雜誌的論文（多與中國有關者）。除此之外，該社曾刊出廣告，出版下列單行本：

書名	著者	譯者
支那教育問題	嘉納治五郎	
新國民之資格	塚越芳太郎	
六大強國		
日本維新二大傑（西鄉隆盛與福澤諭吉）		
學校實踐管理法		
哲理微言	井上圓了、川尻寶岑	
史學原論	浮田和民	楊毓麟
國家學	有賀長雄	許直
十九世紀歐洲教育之大勢	中野禮四郎	
獨逸國家法教科書		
英漢對譯萬國地名表		
國家生理學		
新國民之資格		
新編成城學校日語教程		

同純學術性的譯書彙編社比較，湖南譯編社略帶政治傾向。與此同時，《湖北學生界》、《浙江潮》、《江蘇》等，以各省份為單位的雜誌也相繼出現；這些雜誌的政治氣味卻又比《遊學譯編》為濃。雖然這份月刊經常引用日本的學說和

遊學譯編

（每月一回望日發行）

再版

第四冊

《遊學譯編》第 4 冊的封面

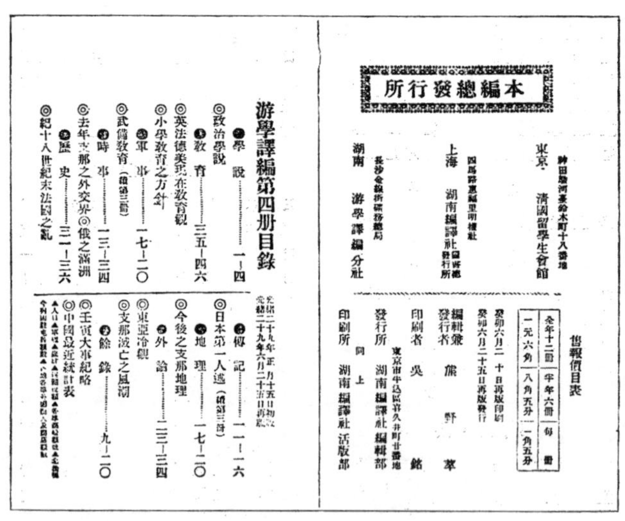

本編總發行所

東京 神田駿河臺鈴木町十八番地 清國留學生會館

上海 四馬路惠福里明權社 湖南編譯社留滬總發行所

湖南 長沙金線街礦務總局 游學譯編分社

售報價目表

全年十二冊	半年六冊	每冊
一元六角	八角五分	一角五分

癸卯六月二十日再版印刷

癸卯六月二十五日再版發行

編輯兼發行者 熊野萃

印刷者 吳銘

發行所 東京市牛込區若久井町廿番地 湖南編譯社編輯部

印刷所 同上 湖南編譯社活版部

游學譯編第四册目錄

光緒二十九年正月十五日初版

光緒二十九年六月二十五日再版

《遊學譯編》封面裏頁之二和目錄頁

時論，但並不能因此否定其為翻譯雜誌的性格。顧燮光在《譯書經眼錄》(1904)的〈述略〉中說：

> 留東學界，頗有譯書，然多附載於雜誌中，如《譯書彙編》、《遊學譯編》、《浙江潮》、《江蘇》、《湖北學生界》各類，考其性質，皆借譯書別具用心，故所譯以政治學為多。[23]

這類雜誌所刊登的論文，經常引用各種日本的學說和時論，而在引用的時候，不時混入翻譯資料。

4. 普通百科全書

1903 年，范迪吉等譯《普通百科全書》100 冊，由會文學社出版。這是當時日本中學教科書和一般大專程度參考書，由范氏等人選譯，石印舊裝出版，真是件大事業。內容分類如下：

書名	著者
宗教．哲學	
宗教哲學	姊崎正治（譯）
世界宗教史	加藤玄智
西洋哲學史	蟹江義丸
東西洋倫理學史	木村鷹太郎
論理學問答	富山房

23 《中國近代出版史料．二編》，頁 98。

宗教．哲學	
哲學泛論	藤井健治郎
文學	
帝國文學史	笹川種郎
教育	
教育學	熊谷五郎
教育學新書	富山房
教育學問答	富山房
教授學問答	富山房
學校管理法問答	富山房
政治．法律	
稅關及倉庫論	岩崎昌
國法學	岩崎昌、中村孝
民事訴訟法釋義	梶原仲治
議會及政黨論	菊地學而
法律泛論	熊谷直太
行政裁判法論	小林魁郎
商法泛論	添田敬一郎
日本帝國憲法論	田中次郎
政治泛論	永井惟直
國際私法	中村太郎
國際公法	北條元篤、熊谷直太
民法總則篇物權篇釋義	丸尾昌雄
民法債權篇釋義	丸尾昌雄
民法親族編相續編釋義	田豐

日本法制史	三浦菊太郎
政治史	森山守次
經濟泛論	池袋秀太郎
財政學	笹川潔
地理 · 歷史	
日本歷史	木寺柳次郎
東洋歷史	幸田成友
日本風俗談	坂本健一
日本新地理	佐藤傳藏
萬國新地理	佐藤傳藏
帝國文明史	白河次郎、國府穗德
萬國地理學新書	田道新之助
帝國歷史	富山房
萬國歷史	富山房
地理學新書	富山房
帝國歷史問答	富山房
日本歷史問答	富山房
世界歷史問答	富山房
日本地理問答	富山房
世界地理問答	富山房
西洋歷史	吉國藤吉
日本旅行地理	山上萬次郎
萬國旅行地理	山上萬次郎
自然科學	
植物新論	飯塚啟

黴菌學	井上正賀
日用化學	井上正賀
動物通解	岩川友太、佐佐木忠次
有機化學	龜高德平
時學及時刻學	河村重固
氣中現象學	小林義直
測量速成法	小船井里吉
地質學	佐藤傳藏
星學	須藤傳治郎
分析化學	內藤游、藤井光藏
動物學新書	八田三郎
化學問答	富山房
動物學問答	富山房
植物學問答	富山房
礦物學問答	富山房
數理問答	富山房
植物學新書	富山房
礦物學新書	富山房
地文學新書	富山房
地文學問答	富山房
生理學問答	富山房
物理學問答	富山房
初等算術新書	富山房
初等代數學新書	富山房
初等幾何學新書	富山房

無機化學	真島利行
新撰三角法	松村定次郎
實業	
船舶論	赤松梅吉
植物營養論	稻垣乙丙
農藝化學	井上正賀
土地改良論	上野英三郎、有働良夫
森林學	奧田貞衛
農學泛論	恩田鐵彌
肥料學	木下義道
農產製造學	楠巖
氣候及土壤論	佐佐木祐太郎
應用機械學	重見道之
商業經濟學	清水泰吉
簡易測圖法	白幡郁之助
運送法	菅原大太郎
畜產泛論	高見長恒
畜產各論	田口晉吉
栽培各論	田中節三郎
商工地理學	永井惟直
森林保護學	新島善直
農用器具論	西村榮十郎
提要農林學	本多靜六
栽培泛論	橫井時敬
農業經濟論	橫井時敬、澤村真

其他	
罫線學	海野力太郎
美術新書	富山房

這套書可以作為本年度漢譯日本書最高成績的代表。

5. 閩學會

1904 年，福建省留學生組織閩學會，發行《閩學會叢書》。據該會第一部書《西力東侵史》（日本齋藤阿具著，閩縣林長民譯）所刊廣告，其出版計劃如下：

書名	著者	譯者
出版書目		
哲學原理	日本哲學大家	王學來
史學原論	浮田和民	劉崇傑
人種誌	鳥居龍藏	林楷青
近刊書目		
國際公法精義		林棨編譯
社會進化論	有賀長雄	薩端
泰西格言集		高鳳謙輯譯
國際地理學	守屋荒美雄	楊允昌
已譯書目		
近時外交史	有賀長雄	
最近時政治史	有賀長雄	

已譯書目		
南清貿易	小山松壽	
今世外交史	酒井雄三郎	
進化新論	石川千代松	
貨幣論	高田早苗	
新式地文學	岩崎重三	
歐洲教育史要	谷本富	
社會問題	大原祥一	

當然，除上述團體之外，個人翻譯而由中國書店出版的書籍為數亦不少。

五、留日學生的譯書與中國的教科書

留口學生所翻譯的書，有一般大專程度參考書籍，也有專為中國國內學校而譯的教科書；大部分在日本印刷，但運返中國銷售。

教科書情況如何呢？國民政府教育部編《教育年鑒》所載〈教科書之發刊概況（1868-1918）〉一文，記述 1903 年（光緒二十九年）情況如下：

> （三八）光緒二十九年，京師大學堂刊有暫定各學堂應用書目一本，內分十六門目。修身倫理門，稱修身重私德，倫理重公德，列入《弟子職》、《曲禮》、《朱子小學》、《近思錄》、《人譜類記》，及教育改良會編商務印書館本之《高等修身教科書》；廣智書局本日本元良勇次郎之《中等教育倫理學》；江楚編譯局本日本井上哲次郎著、樊炳清譯之《倫理教科書》等數種。

字課作文門，列入蜚英館本張維新之《初級普通啟蒙圖課》、王筠之《文字蒙求》、苗夔之《說文建首字讀》；文明書局本之無錫三等學堂《蒙學課本》、戴懋哉之《漢文教授法》及馬建忠之《馬氏文通》等書。

經學門，列入《四書集注》、《明監本五經》、《古注十三經》、《經典釋文》；洪亮吉《傳經表》、《通經表》、《皇清經解》等書。

詞章門，列入梅曾亮《古文詞略》；姚鼐《古文辭類纂》、《今體詩抄》；王士禎《古詩選》等書。

中外史學門，列入鮑東里《史鑒節要便讀》；潘世恩《讀史鏡古編》；普通學書室本之日譯《普通新歷史》；廣智書局本日本市村瓚治郎著、陳毅譯之《支那史要》；東文學社本日本那珂通世著之《支那通史》；振東室本日本河野通之輯之《最近支那史》；作新社譯本之《世界近世史》；東文學社本日本桑原鷺藏著、樊炳清譯之《東洋史要》；金粟齋本日本小川銀次郎著、樊炳清譯之《西洋史要》；東亞譯書會本日本箕作元八等著、胡景伊等譯之《歐羅巴通史》等書。

中外輿地門，列入作新社編之《世界地理》；丸善本日本矢津昌永著、吳啟孫譯之《世界地理學》；輿地學會譯印之《大地平方圖》、《皇朝一統總圖》、《五大洲總圖》等書。

算學門，列入商務印書館本之《普通珠算課本》；益智書局本美狄考文著、鄒立文譯之《筆算》、《數學》、《代數備旨》、《形學備旨》；美華書館本美羅密士著、潘慎文譯之《代形合參》；利瑪竇、偉烈亞力譯，徐光啟、李善曾筆受之《幾何原本》等書。並稱此門科書甚多，參考丁福保撰《算學書目提要》云。

名學門，列入西學啟蒙本英哲分斯著、艾約瑟譯《辨學啟蒙》；金粟齋本英穆勒著、嚴復譯之《名學》等書。

理財學門，列入作新社本楊廷棟著《理財學教科書》、文明書局本日本天野為之著《理財學綱要》等書。

博物學門，列入英傅蘭雅著、格致須知本《動物須知》、《植物須知》、《全球須知》；英約瑟著、西學啟蒙本《植物學啟蒙》；作新社譯《植物學教科書》、《中等植物學教科書》、《動物啟蒙》；科學叢書本日本藤井健次郎著、樊炳清譯之《近世博物教科書》；五島清太郎著、樊炳清譯之《普通動物學教科書》；譯輯社本美斯起爾原本、何燏時譯補之《中學生理教科書》等書。

物理化學門，列入格致須知本英傅蘭雅著之《重》、《力》、《電》、《聲》、《光》、《氣》、《水》、《熱》等八種；科學叢書本日本木村駿吉著、樊炳清譯之《小物理學》；開明書店售、教科書譯輯社本日本水島久太郎編、陳榥譯補之《物理學》；會文學社本美那爾德著、范震亞譯《化學探原》；科學叢書本樊炳清譯《理化示教》等書。

地質礦產學門，列入益智書會本英教士著、李慶軒譯《地學指路》；英傅蘭雅著《金石略辨》等書。

同時，大學堂譯書局譯成之書，尚有罕木楊斯密《算法》一卷；威理斯《形學》五卷；洛克平《三角》一卷；裴立馬格納《力學》一卷；額伏烈特《動靜力學》、《氣水學》、《熱學》、《光學》、《電學》各一卷；《垤氏實踐教育學》五冊；《歐洲教育史要》三冊；《中等礦物學教科書》、《東西洋倫理學史》、《格氏特殊教育學》、《獨逸教授法》各一冊。

（三九）同年，江蘇編譯官書局出版樊炳清譯《倫理學教科書》四本；又木版本小學堂用《詩歌》四卷；程先甲編木版本《高等國文教科書》二篇；又木版本《蒙學課本算學歌訣算法初級》一本，算式用漢字一二九十直列者，載明六歲至九歲兒童用云；徐虎臣選譯、木版本《普通新代數》六卷，係用甲乙丙丁天地等為代字者，凡例有文辭以簡易為主，期合教科書性質云；又木刻本英國羅式古著、孫筠信譯、石印本《化學導源》二卷，每課每節之後，均附以試驗法，末附以考試問答，另有附圖。此外又有沈紘譯之《高等小學幾何學》；學海指針社編之《小學萬國地理教科書》；樊炳清譯之

> 《倫理教科書總說》、《幾何畫法》、《植物學實驗初步》、《地文學簡易教科書》；沈紘譯之《礦物學教科書》、《生理教科書》；徐有幾譯之《小學理科》；橋本海關譯之《經濟教科書》等數十種，多係譯自日文者。[24]

由此觀之，中國人自己編寫的教科書為數並不多，而西洋人為中國人所寫的卻相當多。標明為日本原本的書物亦不少，其實凡以「教科書」為名的書籍，都可看作「從日文翻譯過來的東西」。說起來，「教科書」這個詞彙，也是從日本輸入的。

1955年12月8日郭沫若在早稻田大學，以「中日文化の交流」為題演講，回顧他在四川讀中學時的光景，說：

> 中國為了向日本學習，在派遣大批留學生去日本的同時，又從日本招聘了很多教師到中國來。我們當時又翻譯了大量的日本中學用的教科書。我個人來日本以前，在中國的中學所學的幾何學，就是菊地大麓先生所編纂的。此外，物理學的教科書則是本多光太郎先生所編的。[25]

可見清末民初新式學堂的教科書，大部分是留日學生的譯著。

24 《第一次中國教育年鑒》戊編（上海，1931年刊），頁118-119。
25 見《高遠》第1輯（1956年），頁45。

六、《東方雜誌》廣告所見的譯書

《東方雜誌》是中國的商務印書館於 1904 年（光緒三十年）3 月 11 日創刊的洋裝刊物。創刊號本文有 256 頁，是份大型雜誌。在該號的前、中、後部用青紅二色刊出了商務印書館新書廣告。今按原著者國別而分為：(一) 日本人原著；(二) 西洋人原著；(三) 中國人原著等三類的書，列表如後：(有 * 號者為教育部審定)

(一) 日本人原著

書名	著者	譯者
政治一般	檜前保人、上野岩太郎、池本吉治、緒方直清	出洋學生編輯所
歐美政體通覽	上野貞吉	出洋學生編輯所
萬國憲法比較	辰巳小二郎	戢翼翬
憲政論	菊池學而	林棨
議會政黨論	菊池學而	菊池學而
德國學校制度	加藤駒二	中國國民叢書社
廣長舌	幸德秋水	中國國民叢書社
日本武備教育		商務印書館
日本監獄法	佐藤信安	中國國民叢書社
世界文明史	高山林次郎	商務印書館
支那教學史略	狩野良知	商務印書館
世界近世史	松平康國	中國國民叢書社
歐洲最近政治史	森山守次	商務印書館

書名	著者	譯者
埃及近世史	柴四郎	商務印書館重譯
希臘史	桑原啟一	中國國民叢書社
羅馬史	占部百太郎	陳時夏、章起渭、章師濂、胡敘疇
* 理財學精義	田尻稻次郎	王季點
經濟通論	持地六三郎	商務印書館
國債論	土子金四郎	王季點
地方自治財政論	石塚剛毅	友古齋主人
歐洲財政史	小林丑三郎	胡宗瀛
清史攬要	增田貢	商務印書館譯訂
* 西洋歷史教科書	木多淺治郎	出洋學生編輯所
日本政治地理	矢津昌永	陶鎔
* 礦質教科書	據日本礦學諸書輯編	商務印書館編譯
* 論理學綱要	十時彌	田吳炤
* 心理教育學	高島平三郎	田吳炤
東西洋倫理學史	木村鷹太郎	商務印書館
新說教授學	槙山榮次	商務印書館
讀書法	澤柳政太郎	商務印書館
拿破崙傳	矢島元四郎	范枕石
納遜遜傳	中村佐美	何震彝、劉張侯
各國憲法略		出洋學生編輯所
各國國民公私權考	井上毅	出洋學生編輯所
明治政黨小史	東京日日新聞	出洋學生編輯所
新聞學	松本君平	商務印書館
揚子江	林安繁	出洋學生編輯所

書名	著者	譯者
帝國主義	浮田和民	出洋學生編輯所
造化機新論	細野順	出洋學生編輯所
日本學校章程彙編		陶森甲編輯

以上共 40 種。

（二）西洋人原著

書名	著者	日文譯者	中文譯者
新譯俄羅斯《露西亞帝國》	〔法〕波利	專門學校	中島端
群己權界論	〔英〕穆勒約翰		嚴復
社會通詮	〔英〕甄克思		嚴復
政治學	〔德〕那特硜	李家隆介、小崎哲藏	戢翼翬、王慕陶
政治泛論	〔美〕威爾遜	高田早苗	商務印書館重譯
萬國國力比較	〔英〕默爾化	專門學校	出洋學生編輯所
國際公法大綱	〔德〕雷士特		商務印書館編譯所
符拉迪沃斯托克公董局城治章程	〔俄〕官本		李家鏊
俄租遼東暫行省治律	〔俄〕官本		李家鏊
普魯士地方自治行政說	〔德〕臭塞	野村靖	商務印書館重譯
泰西民族文明史	〔法〕賽奴巴	武澤野之助	沈是中、俞子彝
歐洲新政史上編	〔德〕米勒爾	稻田孝吉、綾部竹之助	商務印書館重譯

書名	著者	日文譯者	中文譯者
法蘭西史			商務印書館編譯
俄羅斯史	〔俄〕伊羅瓦基伊	八代六郎	商務印書館重譯
日爾曼史	〔英〕沙安		張鑄
蘇格蘭獨立史	〔美〕那頓		商務印書館
英國度支史	〔英〕司可得開勒		華龍
哲學要領	〔德〕科培爾	下田次郎	蔡元培
德國工商勃興史	〔法〕伯羅德爾	文部省	商務印書館重譯
萬國商業歷史	〔英〕器賓	林曽登吉	商務印書館重譯
伊索寓言			林紓、嚴培南、嚴璩
* 化學教科書	〔英〕史砥爾		謝洪賚
* 生理學教科書	以〔法〕包培爾原著為本，旁據他書		商務印書館編譯
理財學課本	〔美〕華克		顏惠慶
克萊武傳	〔英〕馬可來		商務印書館
闢地名人傳	〔美〕愛德華		王汝宇
版權考	〔美〕羅伯孫、〔英〕斯克羅敦普南		周儀

以上 27 種中，能斷定是中國人直接從西洋人著作翻譯過來的，只有嚴復和林紓等所譯的三種。標明從日本書重譯過來的有 11 種。其餘 13 種之中，可以說大部分（甚或全部）都是從日本書重譯過來的。

（三）中國人原著

書名	著者	備考
新編日俄戰紀		分期刊行
近世陸軍	陶森甲編輯，出洋學生編輯所校訂	
* 亞米利加洲通史	戴彬編輯	
中國歷史教科書	商務印書館編輯	中學堂用
最新中國史教科書	姚祖義編輯	高等小學堂用
國史初級教科書	商務印書館編輯	高等小學堂用
普通新歷史	普通學書室編輯	高等小學堂用
* 瀛寰全志	企英學館編輯	中學堂用
萬國地理新編	陳乾生編輯	高等小學堂用
文學初階（6 卷）	杜亞泉著	初等小學堂用
* 馬氏文通	馬建忠著	
漢文教授法	偉廬主人譯輯	
* 格致教科書	商務印書館編譯	
* 礦物學教科書	商務印書館編譯	
* 普通珠算課本	誦芬室主人	
中國通覽	商務印書館譯輯	
中國歷史問答		
世界歷史問答		
普通博物問答		
地文學問答		
生理學問答		
富國學問答		
學校管理法問答		

華英音韻學字典集成	企英譯書館編校	
華英字典	商務印書館編譯	
袖珍華英字典	胡文甫、吳慎之編輯	
中西文合璧教科書		28 種
英文教科書		17 種
義大利獨立戰史		
美國獨立戰史		
普奧戰史		
尼羅海戰史		
法國戰史		
飛獵賓獨立戰史		
日本近世豪傑小史	商務印書館編輯	
御批歷代通鑒輯覽		24 冊
資治通鑒		60 冊
綱鑒易知錄		16 冊
王船山《讀通鑒論》		10 冊
十一朝《東華錄》覽要		28 冊
李文忠公朋僚函稿		12 冊
農話	陳啟謙編輯	
繡像小說		半月刊雜誌

以上 86 種書中，除英語教學用書 48 種外，中國人所著的 38 種，大都與日本有密切關係。例如，《新編日俄戰紀》（分期刊行）就明言：「日本博文館、金港堂、秀英社、富山房皆刻《日俄戰紀》，書仿其例……」，其內容似亦多以翻譯日文資料為主。

《近世陸軍》為陶森甲所「編輯」，而陶氏是《日本學校章程彙編》的編者。《近世陸軍》不稱「著」，而稱「編輯」，復標明為出洋學生編輯所「校訂」。該所是留日學生組織的翻譯團體，其中心人物是戢翼翬。這裏所稱的「校訂」，可以作為該書以日本書為底本的證據。

《普通新歷史》（高等小學堂用）為普通學書室編輯，明言：「是書以日本中等學科教授法研究會所著《東洋歷史》為藍本，取其序次……。」

《瀛寰全志》（中學堂用）為企英學館所編輯，自稱：「並從日本訂製銅版數百幅，插印卷內，美麗精緻，光彩照人。」從該書所言的數百幅插圖，可以想像其內容亦當以日本書為藍本。

《礦質教科書》與《礦物學教科書》在廣告上並排，都作「本館編譯」。前者是「據日本礦學諸書編輯而成」，屬於A類；後者並無標注，屬於C類。不過，後者的出版說明稱：「是編與前書（《礦質教科書》）性質不同。前書注重綱要，此書務條分縷析，以便學者……用與前書相得益彰。」據此，或可肯定原本也是日本書。

此外「編輯」或「譯輯」11種，大概都是從日本書重譯過來的。《義大利獨立戰史》以下六種戰史之中，《美國獨立戰史》為日本澀江保著、東京留學生譯；《普奧戰史》為日本羽化生著、趙天驥譯；《飛獵賓獨立戰史》為日本宮本平著、中國同是傷心人譯。由此推之，其他三書也可能譯自日本書。

又《日本近世豪傑小史》雖是「本館編譯所編輯」，全是集合日本人的漢文著作而成的。

此外，《中國歷史問答》等七冊「問答」書，不記著者姓名，但從書名便可推定從日本書譯來的。

可以肯定是中國人的著述者，只有《馬氏文通》及《御批歷代通鑑輯覽》等七種古典書籍。

以上A、B、C三類合計153種。若除去英語教科用書48種外，餘下105種。在105種中：A類40種，B類11種，C類3種，共有54種，約佔全體

51%，很明顯是日文譯本或重譯本。若加上被我們推定的日文譯本，則 105 種書中，有三分之二以上是受日本書的影響的。

七、各國譯本比較表

中日甲午戰爭之後，閱讀新書以學習新學（東西洋學問），已成為中國知識分子的當前急務；此類讀書指南陸續出現，例如：

書名	著者	出版年份
西學書目表	梁啟超	1896 年
讀西學書法	梁啟超	1896 年
東西學書錄（3 冊）	徐維則	1899 年
增版東西學書錄（6 冊）	徐維則著，顧燮光補	1902 年
新學書目提要（4 冊）	通雅齋同人	1903 年
古越藏書樓書目（8 冊）	徐樹蘭	1904 年
譯書經眼錄	顧燮光	1927 年

從上列目錄觀之，可以想見時人渴求有關東西洋學問的書籍的情況。

最後的《譯書經眼錄》雖然在 1927 年出版，其內容卻只收錄 1901 年至 1904 年間出版的書籍。楊壽春就其收錄內容，編製了一個一覽表：[26]

---

26 《中國近代出版史料．二編》，頁 99-101。

原本 類別	日本	英國	美國	法國	德國	俄國	其他	合計
史志	87	8	10	3			17	125
法政	35	5	2	2	6	2	18	70
學校	39	3	1				5	48
交涉	2	5		1			1	9
兵制	6	1		3		13	9	32
農政	4		1					5
礦務	5	1						6
工藝					1			1
商務	2						1	3
船政	1							1
理化	10	2	2	2			5	21
象數	6	1	1	1				9
地理	34	5	3				4	46
全體學	14		3				1	18
博物	9						4	13
衛生	6	1	2					9
測繪	2				1			3
哲理	21	9	2		1		1	34
宗教	2	1						3
體操	5				1			6
遊記	3							3
報章	1	2					3	6
議論	15	2	2	1	2		1	23
雜著	8	1					4	13
小說	4	8	3	2		2	7	26
合計	321	55	32	15	12	17	81	533

從上面的一覽表看出，譯自日本書的佔 60%。譯自西洋諸國者，主要是留日學生從日譯本重譯過來的。由此觀之，從日文翻譯過來的東西委實不少。雖然，這種情況後來略有變遷，但大體上直到清朝末年（1911），日書中譯，盛況依然。

八、清末翻譯的特色

清末留日學生學習的對象，以「普通學」和「憲政」為主。要實行憲政，必先普及教育。因此，這一時期翻譯最多的是關乎教育（包括各科教科書）和法律的書籍。這類書籍的大量出現，成為出版界的一大特色。

羅振玉將《教育世界》登載的譯文，分類輯錄在《教育叢書》（直接關於教育的書籍）和《科學叢書》（關於普通學的書籍）中的，便有好幾集，每集約十冊。

會文學社刊行的《普通百科全書》，共 100 冊，前面已經提過了。湖北官書處的《師範教科叢編》有 14 冊。東亞公司（這是日本博文館等合營的公司）的《普通科師範科講義錄》也有 14 冊。此外有《湖南師範講義》，但冊數不明。

法律方面的書籍，群益書局的《法政講義》有 15 冊，湖北法政編輯社的《法政叢編》有 24 冊，丙午社的《法政講義》第 1 集有 29 冊、第 2 集的新書預告有 14 冊（完成與否，不得而知）。此外，《早稻田大學政法理財科講義》有 12 冊，戢翼翬、章宗祥、馬島渡、宮地貫道共同編輯的《政治類典》有四大巨冊。《六法全書》的全譯本 ——《新譯日本法規大全》，則有線裝 80 冊。

至於這一時期有名的譯者，有國學大師章炳麟（譯岸本能武太《社會學》）、日後知名中外的北京大學校長蔡元培（譯井上圓了《妖怪學講義》及下田次郎《哲學要領》），還有王國維（譯中村五六、頓野廣太郎《日本地理志》）等等。

九、文學書籍的翻譯

民國初年是留學生人數激增時期。然而，翻譯事業反而不振。翻譯的是《岡田式靜坐法》、《日本柔術》、《近世催眠術》之類實用性書籍，出現前所未見的趨向。

1919 年「五四運動」前後，文學革命使白話文學成為文學正宗，思想革命使民主與科學受到尊崇。

曾經留學日本而在北京生活的魯迅，創作《狂人日記》、《阿 Q 正傳》等小說，充實了新文學理論。就在這時候，他所譯的武者小路實篤《一個青年的夢》也出版了（1922）。後來，他一面創作，一面翻譯了下列日本書籍：

書名	著者	出版年份
現代日本小說集	夏目漱石等	1923 年（同周作人合譯）
苦悶的象徵	廚川白村	1925 年
出了象牙之塔	廚川白村	1926 年
思想．山水．人物	鶴見祐輔	1928 年
現代新興文學諸問題	片上伸	1929 年

上述武者小路實篤的作品《一個青年的夢》，因其內容是謳歌反戰，頌揚和平，又加上魯迅胞弟周作人對武者小路的「新村」所作的訪問與介紹，使該書大受歡迎。結果，武者小路實篤的作品，大量地被翻譯；光是單行本，便有下列數種：

書名	譯者
武者小路實篤集	周作人等
新村	孫百剛
武者小路實篤戲曲集	崔萬秋、楊雲飛
孤獨之魂	崔萬秋
四人及其他	王古魯、徐祖正
人的生活	毛詠棠、李宗武
母與子	崔萬秋
忠厚老實人	崔萬秋
愛欲	章克標
妹妹	周白棣
戲曲研究	沈章白

廚川白村的著作，除了魯迅所譯二種外，尚有下列譯本：

書名	譯者
文藝思潮論	樊從予
苦悶的象徵	豐子愷
近代的戀愛觀	夏丏尊
走向十字街頭	綠焦、劉大杰
北美印象記	沈端先
歐美文學評論	夏綠焦
文學十講	楊開渠
近代文學十講（2 冊）	羅迪先

書名	譯者
戀愛論	任伯濤
小泉八雲及其他	綠焦
歐洲文藝思想史	黃新民
文藝思想論	汪馥泉

因此，廚川白村的文藝思想，一度成為中國文藝理論的準繩。中國新文學主要人物，不論語絲派（魯迅等）也好，創造社（郭沫若等）也好，幾乎全是留日學生。是故，20 年代至 30 年代翻譯了很多日本文學作品。現在把有五種以上作品被譯的作者姓名列下：

秋田雨雀	芥川龍之介	有島武郎	小川未明
菊池寬	藏原惟人	小泉八雲	佐藤春夫
谷崎潤一郎	夏目漱石	林房雄	本間久雄
宮島新三郎			

實藤惠秀編《中譯日文書目錄》收錄作家 141 名，作品（包括理論著作）324 種。

由於大量日本文學作品被翻譯，郭沫若評論中日文學關係時，說：

> 中國文壇大半是日本留學生建築成的。創造社的主要作家是日本留學生，語絲派的也是一樣。此外，有些從歐美回來的彗星和國內奮起的新人，他們的努力和他們的建樹，總還沒有前兩派的勢力浩大，而且多是受了前兩派的影響。
>
> 就因為這樣，中國的新文藝是深受了日本的洗禮的。而日本文壇的毒害

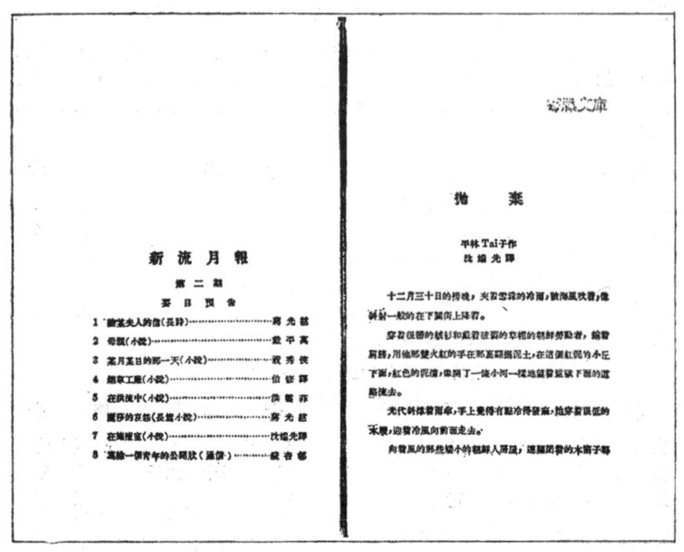
新流月報

第二期

要目預告

1 給某夫人的信（長詩）……蔣光慈
2 母親（小說）……戴平萬
3 某月某日的那一天（小說）……祝秀俠
4 烟草工廠（小說）……伯悠譯
5 在洪流中（小說）……洪靈菲
6 麗莎的哀怨（長篇小說）……蔣光慈
7 在施療室（小說）……沈端先譯
8 寫給一個青年的公開狀（通信）……錢杏邨

拋　棄

平林Tai子作
沈端先譯

十二月三十日的傍晚，夾着雪珠的冷雨，被海風吹着，像斜射一般的在下關街上降着。

穿着很舊的絨衫和戴着破爛的草帽的朝鮮勞動者，縮着肩膀，用他那雙火紅的手在那裏掘掘泥土，在這個紅泥的小丘下面，紅色的泥漿，象開了一條小河一樣地望着監獄下面的道路流去。

光代斜撐着雨傘，手上覺得有點冷得發麻，她穿着很低的木屐，迎着冷風向前面走去。

向着風的那些矮小的朝鮮人房屋，這隔閉着的木窗子都

《新流月報》第 1 頁

也就盡量的流到中國來了。[27]

芥川龍之介自殺之後，中國文藝雜誌立刻出版追悼專號，而日本人的作品也經常出現於顯著的卷首。中國人頗難理解的「情死」（為殉情而雙雙自殺），由於張資平在他的小說《苔莉》中加以描繪，竟然在中國男女青年中間流行起來。[28]

27　〈桌子的跳舞〉，《沫若文集》第 10 卷，頁 333。
28　請參閱拙著：《日本文化の支那への影響》中〈中國情死考〉一節。

十、社會科學書籍的翻譯

五四運動以來，工人運動及社會運動頻繁，孫中山亦採容共政策。1925 年發生五卅慘案，1926 年開始北伐。

這種情勢之下，關於工人問題、社會問題等的社會科學研究興盛起來，譯自日文的書籍佔壓倒性的大多數。例如，單是河上肇的著作，便有下列譯本：

書名	譯者
救貧叢談	楊山木
資本主義經濟學之史的發展	林植夫
經濟學大綱	陳豹隱
人口問題批評	丁掘一
新經濟學之任務	錢鐵如
唯物論綱要	周拱生
社會變革底必然性	沈綺雨
經濟原論	鄺摩漢
馬克斯主義經濟學的基礎理論	李達等
唯物史觀研究	鄭里鎮
馬克斯主義經濟學	溫盛光
近世經濟思想史論	李天培
唯物史觀的基礎	巴克
社會主義經濟學	鄧毅
社會主義社會組織	郭沫若
唯物辯證法的理論鬥爭	江半庵

書名	譯者
勞資對立的必然性	汪伯玉
通俗剩餘價值論	鍾古熙

這方面的作者，有五種著作以上被翻譯的有：

安部磯雄	石濱知行	上田貞次郎	加田哲二
河田嗣郎	河西太一郎	北澤新次郎	堺利彥
高橋龜吉	高畠素之	長野朗	波多野鼎
林癸未夫	堀江歸一	室伏高信	山川均

這方面的譯本共有 374 種。[29]

十一、自然科學書籍的翻譯

1931 年，「九一八事變」爆發；翌年，1 月 28 日「一二八事變」發生，留日學生因而離日返國。不久，事態稍緩，中國學生又湧去日本，出現第三次留日高潮。

「九一八事變」以前，研讀文科的留日學生佔多數；事變之後，留日學生也認識到空理空論不能救國，於是熱衷於研讀自然科學。日本書籍的翻譯事業，亦

29 據拙著：《中譯日文書目錄》（東京：國際文化振興會，1945 年）作的統計。

以自然科學書籍為主，巨型的專門書籍因而被翻譯過來。

當時中國最大出版社商務印書館（出版量佔全國總量之一半）所出版的《大學叢書》水準極高，其中收錄了好幾種日本自然科學者的著作：

書名	著者	譯者
近世婦人科學	木下正中、清水田隆	湯爾和
生物學精義	岡村周諦	湯爾和
行列論	藤原松三郎	蕭君絳
農林種子學	近藤萬太郎	楊開渠
水力學	歌原定二	劉肇龍
昆蟲學通論	三宅恒方	繆端生

永津嘉一郎的《理論化學》、《無機化學》、《有機化學》、《分析化學》、《製造化學》諸書，孔慶來輯譯為《化學集成》，由商務印書館出版。該館出版的其他叢書，例如「萬有文庫」、「科學叢書」、「算學叢書」、「自然科學叢書」、「新知識叢書」、「百科小叢書」、「地學小叢書」、「算學小叢書」、「自然科學小叢書」等，亦有日本書籍譯本。特別是「自然科學小叢書」，收錄日本譯本 42 種，日本人林鶴一關於數學論著的中譯本，在「算學叢書」和「算學小叢書」中，就有 20 種，很值得注意。包括清末啟蒙時期，從日文書翻譯的自然科學中譯本共有 540 種之多。[30]

當然，這時期的譯書，並不限於自然科學書籍，文藝及社會科學的書籍

30 此為《中譯日文書目錄》中著錄的自然科學 347 種、醫學 193 種的合計數字。

也大量翻譯，其盛況可與清末媲美。[31] 雖然如此，自然科學譯本比率劇增，是「九一八事變」以後一段時期的特徵。

十二、日本書籍的中譯及其對中國的影響

從 1896 年首批學生赴日至 1937 年「蘆溝橋事變」的 42 年間，日本書籍的翻譯數量雖有起落，但並無間斷。精確總數雖不得而知，實藤惠秀編《中譯日文書目錄》收錄的單行本數目如下：

宗教 · 哲學	113 種	自然科學	347 種
文學 · 語學	324 種	實業	177 種
教育	140 種	醫學	193 種
政治 · 法律	374 種	軍事	132 種
經濟 · 社會問題	374 種	雜類	84 種
地理 · 歷史	344 種	**合計**	**2,602 種**

以上數目是編者自 1929 年以來，長期搜集實物及從目錄，包括北平圖書館全部書目卡片，與報章雜誌的廣告所得來的，務求完備。不過編者僅收錄單行本，下列各種書物概不採錄：

（一）在期刊雜誌譯載者；

（二）不明是否為單行本者。例如，《東西學書錄》卷一頁 32 所記：「伊達

31　1931 年 1 月發行的《中國新書月報》（第 2 卷第 2 期）中有若虛所著〈評中國著譯界〉一文，其中說：「翻開新刊書一看，十之八九為日本來之作品」，據此可知。

邦成傳一卷，農學報本，柳井錄太郎著，沈紘譯」，《農學報》是期刊名稱，其分類彙編「農學叢書」中，有些每類只有一冊，也有數類合為一冊。由於編者未得見實物，故不採錄。

（三）與西文譯文混合的單行本。例如，《新學書目提要》所述：「俄國蠶食亞洲史略……分為上下二篇，自題養浩齋主人輯譯。上篇蓋日本人佐藤宏之編。下篇即為英國人克樂詩之說。」由於與英國人著作譯本混合，不予收錄。

（四）懷疑為譯自日本書籍但無確實證據者。例如，《新學書目提要》所指：「那特硜政治學，商務印書館本……那特硜曾為日本之帝國大學教授……中多日本名詞，或就和文轉譯也。」此處標示「或」字，故不採錄。[32]

拙編目錄是以上述態度編成的，所收項目僅限於此，其實日本書籍的漢譯，當遠比上列數目為多。[33]

這許許多多的日本書籍中文翻譯，產生了甚麼結果呢？以下兩種情況似乎不容忽視：

（一）在日本印刷的影響下，中國的出版物，從線裝單面印刷，改為洋裝兩面印刷。

（二）現代漢語由於融匯了大量日本詞彙，中國文體為之一變。

上述情況，分在以下兩章詳述。

32 《中譯日文書目錄》，頁 202-203。
33 譯者注：詳見《中國譯日本書綜合目錄》。

第六章

對中國出版界的貢獻

一、印刷術的發明與西洋印刷術的東漸

紙和印刷術，都是中國人發明的。它們對人類文化的傳播，發揮了重大的作用。在公元八世紀的時候，印刷術已成為一種普遍應用的技術。[1] 到了十一世紀，畢昇更發明了活字。最初用於印刷的，是用黏土製的活字，其後更出現了用木製的和銅製的。總之，活字印刷術的發明是中國一項名耀於世的貢獻。

韋爾斯（H. G. Wells）評價中國人發明造紙術的貢獻時曾說：

> 即謂歐洲再興之得力乎紙亦未為過也。造紙之術，創始於中國，其應用蓋約在西元前之二世紀……十三世紀末造以前良紙名箋大都非歐洲所產，十三世紀而後，亦僅以義大利所產者為佳。[2]

可惜韋氏沒有明言西洋印刷術的興起，其實也是受到中國影響的。張秀民在《中國印刷術的發明及其影響》一書中，補充說明了這點：

> 萊麥撒（Abel Remusat）以為中國人所發明之航海羅盤針、火藥、鈔幣、紙牌、算盤，皆由蒙古輸入歐洲，活字版印刷術同時亦由遠東而輸入歐洲。[3]

西洋的活字印刷術從中國得到啟發而發展起來後，又轉過來傳入中國和日本，影響兩國近代文化的發展。陸費逵在〈六十年來中國之出版業與印刷業〉一文中，把西洋的印刷術傳入中國之事比喻為「外孫回外婆家」，傳到日本之事則

1　張秀民：《中國印刷術的發明及其影響》（北京：人民出版社，1958 年），頁 64。
2　H. G. Wells 著，梁思成譯：《世界史綱》第二冊（上海：商務印書館，1935 年），頁 645-646。
3　《中國印刷術的發明及其影響》，頁 184。

比喻為「另一個外孫往遊日本」。[4]

一般人認為西洋的印刷術是在十五世紀時，德人谷騰堡（Johannes Gutenberg）所發明的。由中國的印刷品得到啟發的印刷術更成了推動近代文化的原動力。

1807 年基督教傳教士馬禮遜（Robert Morrison）來到廣東，為了要做文字的傳道工作，僱人刻了字模，準備鑄造漢字活字。可是刻字的人卻害怕為官廳所知而惹禍，燒掉了字模的底版。

馬禮遜逃到澳門，得中國人的援助，終於鑄成漢字活字。1815 年，成功地出版了《察世俗每月統記傳》雜誌，1819 年又出版了《新舊約聖經》。

1834 年，美國的教會買了一套木刻漢字活字回波士頓，並以此為模型製造了鉛活字，用來印刷教會的書刊。

1836 年，法國人葛蘭德（W. G. Grand）在澳門製成了組合式活字（例如和字是合「禾」和「口」字而成），但由於型體不整齊，終於停止了這個嘗試。

1844 年，美國的長老會在澳門成立了花華聖經書房，以谷玄（Richard Cole）為主任。谷玄用現在的 4 號活字印刷了許多書。這所書房在 1845 年遷到寧波，其後易名為美華書館。1858 年姜別利（William Gamble）出任印刷主任，他用電胎法成功地製出字母，並且鑄造了大小不同的七種活字，使之與西文活字的 1 號至 7 號的大小相當。從此漢洋兩種活字的大小便取得一致。

美華書館 1859 年遷到上海，並且還能供應日本的假名活字，故在日本明治維新前後，和、洋兩種文字書籍，多亦委託上海美華書館印刷。平文（James Curtis Hepburn）編製的和英辭典《和英語林集成》，是由美華書館印刷的。1867 年，為了擔任本書的校正工作，岸田吟香也去了上海幾個月。

這時候，日本也有些人苦心研究發明活字。像江戶的木村嘉平、長崎的本

4　張靜廬：《中國出版史料 · 補編》（北京：中華書局，1957 年），頁 274。

木昌造便是。

1869 年（明治二年），本木知道姜別利要返回美國，便請他經過日本時稍作逗留，向他請教了活字的製法。因此，維新後不久，日本便能夠進行活字印刷，而無須依賴外人協助。

1876 年在費城（Philadelphia）舉行的美國獨立 100 周年紀念博覽會中，日本展出了自製的小型印刷機。到該博覽會視察的中國使節李圭見後，曾激讚說：「印書活字版甚精，皆日本人倣西法自製，青出於藍。」（《環遊地球新錄》）

其後，日本製的活字逐漸改良，並且銷售至中國。1883 年，築地活版所因此而擴張營業，設分店修文館於上海。

留學生開始到日本留學的第二年，上海出現了商務印書館。顧名思義，這是為印刷商務的書籍而設立的印書館。這所印書館的產生，實因當時留學生來日後湧現的新空氣所孕育而成。該館所用的機械和活字主要是日本的製品，故其印刷鮮明，獲得好評，不久成為中國最大的出版社。

二、留學生的出版物與中國的出版樣式

中國的留日學生，在留學的歲月中，努力地從事著書和翻譯的工作。

最初出版的書籍是為了學習日語而編的教科書《東語正規》。

這本書出版於 1900 年（明治三十三年）8 月。著者是唐寶鍔和戢翼翬。他們在嘉納治五郎門下受了三年的教育後，轉入東京專門學校就讀。

這本書，單以內容而言，較過去學習日語的入門書遠為充實，也是中國人第一部科學地研究日語的書，值得作特別的介紹；同時，在形式上（印刷、製本〔指裝釘〕），這書也是劃時代的作品。

所謂劃時代，是指這本書用洋紙和表裏兩面的印刷，且用洋式裝釘。

明治三十三年七月廿三日印刷
明治三十三年八月五日發行
光緒三十二年一月廿五日十版發行
（定價大洋壹元）
不許複製
著者 唐寶鍔 戢翼翬
發行所 上海英租界四馬路老巡捕東首第五十五號 作新社
印刷所 上海英租界四馬路惠福里五十三號 作新社印刷局
總販賣所 上海英租界四馬路老巡捕東首第五十五號 作新社

《東語正規》封底裏頁

日本自明治初期以來，印刷和裝釘書本都是用洋式的，故並非特別罕見。但對於中國來說，卻是空前的事。

如前所述，在明治維新以前，中國的印刷雖已使用了西洋人製造的新式鉛活字，但在印書之時，卻還是只印一面，而把紙對摺起來，釘裝成書。

馬禮遜等傳教士開創的出版事業，逐漸蓬勃地發展。1842 年，隨着《南京條約》的締結，傳教士獲得進入中國內地自由傳教的便利。他們便在各地建立教堂、學校、圖書館、博物館、醫院等，並且設有印刷所，出版一些宗教和科學的啟蒙書籍。

1877 年，隨着這些教會出版事業的擴大，合作經營的時機遂臻成熟，於是作為教會的共同事業的益智會便告誕生。益智會出版的叢書《西學初步》共有 42 部 80 冊之多，但都是單面印刷和對摺裝釘的。

1887 年，廣學會創立，陸續出版一些關於歷史、自然科學、倫理、宗教及時事問題的書刊，其程度卻較教科書水準為高。例如花之安（Ernst Farber）的《自西徂東》5 冊（1884 年香港初版，1893 年廣學會重版）、李提摩太（Timothy Richard）的《時事新論》3 冊（1894）和《泰西新史攬要》8 冊（1896）、林樂知（Young J. Allen）的《中東戰紀本末》12 冊（1897）和《全地五大洲世俗通考》21 冊（1903）、李思倫白（Lembert Rees）輯譯的《萬國通史》30 冊（1900-1905 年），等等。

就其內容而言，固然是新的東西，且還加插了不少地圖、圖版、照片等，但即使如此，卻仍不脫歷來的單面印刷和對摺裝釘的樣式。像《萬國通史前編》，是 18.2cm X 30.4cm 的大開本，在線裝書而言，算是屬於豪華的了，但卻不是洋裝本。《萬國通史前編》和《東語正規》正好是同年出版的書。

西洋人為中國人的啟蒙而推動的出版事業，為甚麼仍用這樣的舊形態進行呢？

原因之一，是為了保存明末來華的傳教士利瑪竇等人的傳統，寓有「力求不抵觸中國人的風俗習慣，和盡量避免引起磨擦」的深意。其次，當時的西洋人，將世界各國劃分為文明、半開化、未開化和野蠻四個階段。而以日本為半開、中國為未開之國。他們認為對未開之國直接輸入文明的事物，是有害的。

中國本身的出版界，情況又如何呢？1891 年，倫章造紙廠在上海創立，出產洋紙。[5] 但在中國出版的書籍卻還是單面印刷，對摺裝釘的，即使是新式印刷所商務印書館的印刷品也不例外。《東語正規》在日本出版的同年，上海出現了《亞泉雜誌》，這是中國人自己編刊的第一種科學雜誌，書中出現了化學符號，舊裝也不見得不相稱，而單面印刷和對摺裝釘成書的形式卻一點未改。[6]

這樣說來，以洋裝印製《東語正規》可說是中國印刷史上有革命意義的事

---

5 劉國鈞：《中國書的故事》（北京：中國青年出版社，1964 年），頁 79。

6 有關這方面請參看拙著：《日本文化の支那への影響》中〈初期商務印書館〉一節。

譯書彙編社發行書目

（已刊）

憂亞子增廣 再版和文漢讀法 全一冊 定價大洋三角

房縣戢翼翬 香山唐寶鍔合著 再版增廣 東語正規 全一冊 定價大洋一元

憂亞子譯 政治小說 累卵東洋 全一冊 定價大洋二角

無錫楊廕杭譯 物競論 全一冊 定價大洋四角

烏程章宗祥著 日本遊學指南 全一冊 定價大洋二角

本社同人譯 波蘭衰亡戰史 第一冊（全書二冊）定價大洋二角五分

無錫稽鏡譯 國家學原理 全一冊 定價大洋三角

吳縣楊廷棟 周祖培合譯 女子教育論 全一冊 定價大洋四角

本社同人譯 日本制度提要 全一冊 定價大洋五角

本社同人編輯 和文奇字解 全一冊 定價大洋一元

《譯書彙編》第 2 年第 3 期廣告

件。《東語正規》是在明治三十三年 7 月 23 日印刷、同年 8 月 5 日發行的，[7] 最初似乎是自費出版。[8] 明治三十五年以後，由譯書彙編社增補再版。這可從明治三十五年 6 月發行的《譯書彙編》第 2 年第 3 期的廣告得知。在此以前，即明治三十一年 10 月，梁啟超在橫濱發行的旬刊雜誌《清議報》，雖然是在日本印刷，但依舊保留着對摺裝釘的樣式。即使在《東語正規》出版之後，該誌還是依然故我。在連雜誌也不用洋裝的中國書刊之中，以洋裝的姿態出現的《東語正

7　該書至少出版了十版，見《東語正規》作新社版封底裏頁。

8　參看明治三十四年（1901）7 月發行的《譯書彙編》第 7 期的新書廣告可知。廣告文字云：「《東語正規》全一冊，定價一元，外埠加郵費一角。此書專為初學日語者津逮，其中分文言俗語，長句短句，精當便易，由淺入深，誠學日語者必要之書。寄售處：橫濱山下町 201 番地，信箱 202 番號福和號。」

規》，是應受重視的。

1900 年《東語正規》的著者之一戢翼翬和其他同志組成的譯書彙編社在東京誕生。（詳見第五章）這個社的機關雜誌《譯書彙編》的創刊日期是 1900 年 12 月 6 日。它與《清議報》不同，一開始便是洋裝的。在中國，自甲午戰爭以後，雜誌的出版如雨後春筍。1896 年，梁啟超主編的第一種雜誌《時務報》創刊。1897 年，維新派支持的《知新報》、[9]《湘學新報》、《農學報》等亦相繼誕生。1898 年《無錫白話報》、《蜀學報》、《工商學報》也出版了。但這些雜誌卻全都是舊裝的。《工商學報》誕生的第二年（1899），在日本橫濱創刊的《清議報》也不例外地沿襲中國雜誌的印製傳統，雖然用活字印刷，但仍保留對摺裝釘的款式。[10] 所以，留學生在日本所發行的《譯書彙編》成為中國雜誌採用洋紙、兩面印刷和洋式裝釘的鼻祖。

關於《東話正規》何以在日本印刷之事，其再版的序文有如下說明：

> 以東文之書，殊未便於中國發刊，不得不於東付刊之。

這裏所謂「未便」，實指以假名入書中所引起的不便。

其次，為何《譯書彙編》和譯書彙編社出版的單行本，也要委託日本的印刷所印刷呢？其理由是：

（一）委託日本的印刷所印刷比把原稿送到中國去出版更為便利，特別是便於校正的工作；

（二）日本的印刷較中國為優，插入圖片及圖表時，委託日本的印刷所更為便利；

---

9 譯者注：實藤原書所記為《新知報》，按實為《知新報》之誤，故改之。

10 《清議報》以前的中國雜誌是木刻或石版印刷的。其中商務印書館印刷的《亞泉雜誌》（1900）既用活字印刷，又用對摺釘裝，可說是一種新的形式。

（三）用假名時較為便利。

日本當時書籍的裝釘，除了特殊的東西外，全部是洋裝的。中國書的印刷和裝釘的改革就在不知不覺中進行着。這與學生到日本後剪除辮髮，同樣是使人感到新鮮的事物。

這種兩面印刷和洋式裝釘是如何發軔於日本而傳到中國的呢？以下我將利用「實藤文庫」的藏書與拙編的《中譯日文書目錄》，比較日本和中國的印刷界，以說明洋裝本如何逐漸傳到中國的情況。

三、舊裝本之中的洋裝本

《東語正規》和《譯書彙編》出版的第二年，即 1901 年，中國書的出版情況是怎樣的呢？

首先，看看中國方面的情形。有新內容的書刊，較引人注目的有如下所列各種，但全部都是舊裝的。

書名	著者	發行所
時務通考續編（16 冊）	點石齋	點石齋
格致叢書（32 冊）	徐建寅	中西譯書會
錢輯財政考（4 冊）	錢恂	
中西蒙學便覽（2 冊）	恩光	
威廉振興荷蘭紀略（2 冊）	Dr. W. E. Macklin 著，譯者不明	廣學會

書名	著者	發行所
新政真詮（6 冊）[11]	何啟	格致新報社
萬國政治藝學全書（53 冊）	鴻文書局	鴻文書局
黑奴籲天錄（4 冊）	Harriet Beecber Stowe 著，林紓、魏易譯	武林魏氏

其次，再看看日本書的漢譯情況，可數出者有 29 種，其中 22 種在中國出版，都是舊裝的。

書名	著者	譯者	發行所
泰西教育學（2 冊）	能勢榮	葉瀚	金粟齋
日本皇室典範義解	伊藤博文	沈紘	金粟齋
東洋新史攬要（7 冊）	石村貞一	遊瀛主人	時學廬
大日本中興先覺志（2 冊）	岡本監輔	（原漢文）	開導社
西洋史要（2 冊）	小川銀次郎、佐原篤介	樊炳清、薩端	金粟齋
拳匪紀事（6 冊）	佐原篤介、漚隱	（原漢文）	普通學書室
日本地理志（3 冊）	中村五六、頓野廣太郎	王國維	金粟齋
日本歷史（5 冊）	荻野由之	劉大猷	教育世界社
萬國地誌（3 冊）	矢津昌永	樊炳清	教育世界社
西巡大事本末記（6 冊）	吉田良太郎	八詠樓主人	上海書局
新編小物理學	木村駿吉	樊炳清	教育世界社
普通動物學	五島清太郎	樊炳清	教育世界社
近世博物學教科書	藤井健次郎	樊炳清	教育世界社

11 譯者注：《新政真詮》的著者是何啟和胡禮垣。

書名	著者	譯者	發行所
中等植物教科書	松村任三、齋田功太郎	樊炳清	教育世界社
製羼金法（2 冊）	橋本奇策	王季點	江南製造局
男女婚姻衛生學	松平安子	誘民子	香港永利源
中等日本文典譯解初編	三土忠造		教育改良會
泰東之休戚	西師意	（原漢文）	河北譯書局
實學指針	西師意	（原漢文）	河北譯書局
大學義疏	西師意	（原漢文）	河北譯書局
史眼	西師意	（原漢文）	河北譯書局
新撰東西年表	井山賴囫、大槻如電		小方壺齋

譚嗣同的遺著《仁學》，1899 年在日本出版時是舊裝的，到了這一年的國民社版（神田、愛善社印刷）出版時，則是洋裝本，發行所除了日本的國民社外，尚有上海新馬路的出洋學生編輯所。《國民報》是革命派所發行的雜誌，而戢翼翬是重要的成員。國民社和出洋學生編輯所與戢翼翬都有關係，由此可見舊裝在日本變成洋裝時的端緒。

上海的商務印書館出版了《和文漢譯讀本》。此書是把日本坪內雄藏所編的《國語讀本》中的漢字全部注上片假名的讀法，而在假名之處則注上漢文的同音字。這就是所謂「和文漢讀法」。這種學習日語的方法，其實是把日本人的漢文訓讀法倒轉過來。不過，這本書是舊裝的。[12]

另一方面，在日本，譯書彙編社除發行《譯書彙編》外，還出版了下列的單行本，正如第五章所述。這些書全部都是洋裝本。

12　這本書的樣式是 B6 開，商務印書館出版的中小學教科書，都是以這種形式出版的，直到現在仍是一樣。

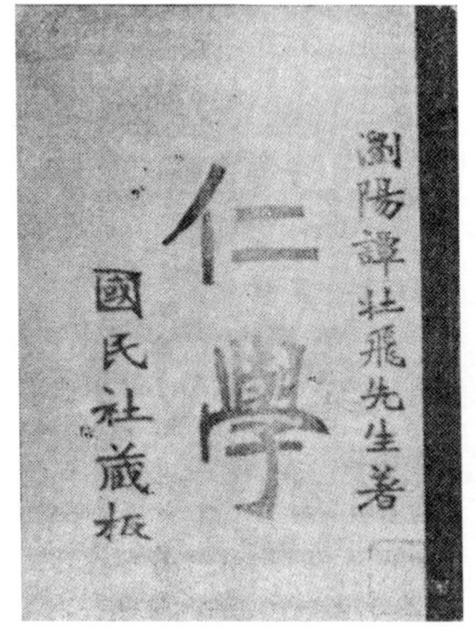

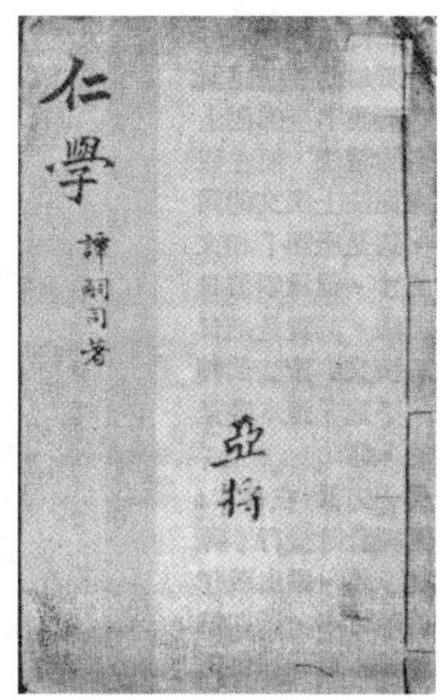

《仁學》的舊裝本和洋裝本

《波蘭衰亡戰史》封面

書名	著者	譯者
波蘭衰亡戰史	澀江保	譯書彙編社同人
國家學原理	高田早苗	嵇鏡
國法學	岩崎昌、中村孝	章宗祥
各國國民公私權考	井上毅	章宗祥

又憂亞子譯大橋乙羽著的《累卵東洋》，由神田愛善社印刷，以洋裝本出版。封底裏雖記有「譯者兼發行者：大房元太郎」，但觀其譯序，則說：

> 庚子之仲春，於書肆見乙羽生所著之《累卵東洋》一卷，市而讀之。言英人蠶食印度種之虐政之慘，黯無天日。甚至食鹽賦稅，照原價加重三十倍。嗚呼，此真足為吾中國之車鑒，譯以漢文，將欲刊行之。[13]

可知憂亞子者，實為中國人。又此憂亞子於同年尚著有《和文漢讀法》一書，由此亦可確知是中國人。封底裏的譯者作大房元太郎，或者是由於政治和法律的顧慮所致吧？

同一年，在上海也出現了一家名為作新社的出版社，專門出版洋裝書。所見有如下兩種：

書名	著者	譯者
女子教育論	成瀨仁藏	楊廷棟、周祖同
物競論	加藤弘之	楊蔭杭

13 〈譯者序〉，大橋乙羽著，憂亞子譯：《累卵東洋》（東京：愛善社，1901 年）。

《累卵東洋》原本

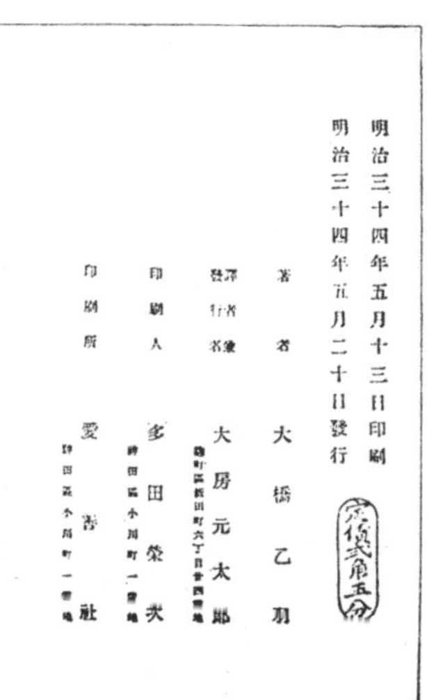

明治三十四年五月十三日印刷
明治三十四年五月二十日發行

著者　大橋乙羽

譯者兼發行者　大房元太郎
麴町區飯田町六丁目廿四番地

印刷人　多田榮次
神田區小川町一番地

印刷所　愛善社
神田區小川町一番地

《累卵東洋》譯本的封面和封底裏頁

這家出版社是留日學生戢翼翬與日本著名女教育家下田歌子合作開辦的。下田女士在這一年開始從事中國女子留學生的教育。她同時又邀請戢翼翬教她和一位姓逸見的人學習中國語。她希望為中國人出版一些更好的書。實踐女學校的一篤志家知悉此事，捐助了十萬元給她。因此，她便與戢翼翬和逸見氏商量，在上海創辦了作新社。擔任該社的編輯和印刷職務的工作人員中，有不少是日本人。[14]

由此社出版的《白山黑水錄》一書封底內頁所記文字看來，印刷者雖然是「上海四馬路惠福里 53 號作新社印刷局」，但印刷的日期卻是「明治三十五年陽曆十月二十七日印刷」。與此相同的例子是《世界近代史》的封底內頁，同樣也印着「明治三十五年陽曆十一月二十五日印刷、光緒二十八年陰曆十一月一日發行」，假如是在上海印刷的話，「明治三十五年」這些文字是不該出現的，我想這大概是在日本印刷的吧！

這家出版社陸續出版了一些日本書的漢譯本和學習日語的書，全部是洋裝本。《東語正規》其後亦由作新社出版。[15]

戢翼翬身兼譯書彙編社、作新社、出洋學生編輯所、國民社和國民報社等出版機構的重要領導者的職位，對推動中國出版事業的近代化有一定的功勞。如果說戢氏是中國書刊洋裝化之父，似亦不為過。

14　中國方面的紀錄，王漢章的《刊印總述》中這樣說：「作《汴梁賣書記》之王立才設開明書局，梁啟超弟子何澄一（天柱）設廣智書局，競印新書，頗為三十年來文人所景仰。未幾又有作新社（按：係興中會戢翼翬等創設）……」，轉引自《中國近代出版史料．二編》，頁 366。

15　筆者買到的是作新社的第 10 版。現藏日比谷圖書館「實藤文庫」內。

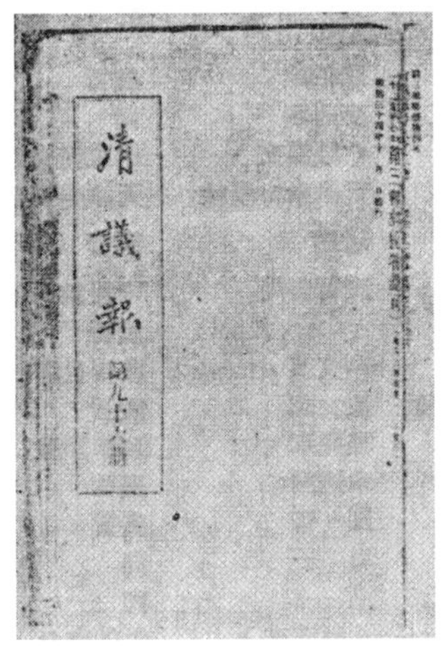

《清議報》封面

《新民叢報》封面

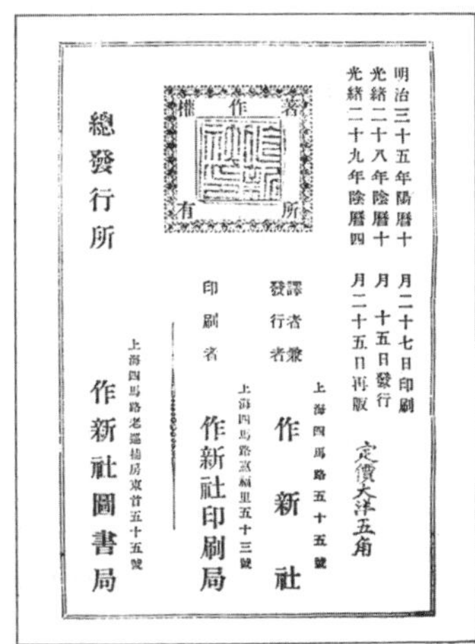

明治三十五年陽曆十月二十七日印刷
光緒二十八年陰曆十月十五日發行
光緒二十九年陰曆四月二十五日再版

定價大洋五角

著作權所有

譯者兼發行者　作新社　上海四馬路五十五號

印刷者　作新社印刷局　上海四馬路惠福里五十三號

總發行所　作新社圖書局　上海四馬路老巡捕房東首五十五號

《白山黑水錄》封底裏頁

四、洋裝本的發展

1902 年 1 月起，梁啟超停辦《清議報》，改出《新民叢報》。10 月以後，又刊行了「中國最早的文學雜誌」《新小說》，二者均為洋裝本。

這些刊物的印刷和裝釘的樣式，受《譯書彙編》的影響是明顯的。被稱為「中國新聞事業始祖」的梁啟超，即使曾聲言以「不惜以今日之我難昔日之我」的態度來追求時尚，尚且不能首先由他自己開始改舊裝為洋裝，而在他逃亡日本三年以後，才從留學生雜誌得到啟示，開始踏進洋裝本的境域，這真是一件不可思議的事。日後回顧起來，才知道這雖是不大的改革，但在當時情況下，也不是容易的事。

這一年，在中國方面出版而具有新內容的書，主要有下列各種，全部都是舊裝本。

書名	著者	發行所
增版東西學書錄（6 冊）	徐維則輯，顧燮光補	
暫定各學堂應用書目		京師大學堂
萬國政治藝學全書（53 冊）	朱大文、凌賡颺	鴻文書局
五洲述略（6 冊）	蕭應椿	紫藤華館
外國尚友錄（6 冊）	張元聲	明達學社
覺顛冥齋內言（4 冊）	唐才常	
最新經世文編（8 冊）	寶善齋	寶善齋
皇朝經世文新編續集（18 冊）	甘韓	絳雪齋書局
皇朝經世文三編（16 冊）	陳忠倚	上海書局
歐洲十九世紀史	美國人原著，麥鼎華譯	

同年，日本書的中譯本，以舊裝本出版的有 43 種。

書名	著者	譯者	發行所
哲學要領（2 冊）	井上圓了	羅伯維	廣智書局
中等教育倫理學	中島力造	麥鼎華	廣智書局
日本學制大綱（4 冊）	泰東同文局	（原漢文）	泰東同文局
日本新學制	文部省	天津東寄學社	天津開文書局
英國憲法論	天野為之、石原健三	周達	廣智書局
族制進化論	有賀長雄	廣智書局	申報館
英國制度沿革史	工藤精		廣智書局
十九世紀歐洲政治史論	酒井雄三郎	華文祺	教育世界社
明治政黨小史	東京日日新聞社	陳起	廣智書局
日本變法次第類考初集（7 冊）		程堯章	政學譯社

書名	著者	譯者	發行所
社會學	岸本能武太	章炳麟	廣智書局
歐洲財政史	小林丑三郎	羅普	廣智書局
社會黨	西川光次郎	周子	廣智書局
經濟教科書	和田垣謙三		廣智書局
世界通史（10 冊）	石川利之	（原漢文）	中外書會
支那史要（4 冊）	市村瓚次郎	陳毅	廣智書局
新撰日本歷史問答（2 冊）	岡野英太郎	逸人後裔	廣智書局
東洋史要	小川銀次郎	屠長春	普通學書室
亞西里亞巴比倫史	北村三郎	趙必振	廣智書局
滿洲旅行記（2 冊）	小越平陸	清克濟	廣智書局
萬國史綱目（8 冊）	重野安繹	（原漢文）	東京勸學會
日本全史（15 冊）	高谷疑夫	（原漢文）	世界教育社
中國文明小史	田口卯吉	劉陶	廣智書局
支那文明史論	中西牛郎	普通學書室	普通學書室
世界地理志（3 冊）	中村五六	桶田保熙	金粟齋
日本維新三十年史（6 冊）	博文館	羅普	廣智書局
回鸞大事記（6 冊）	長谷川雄次郎		三樂書屋
十九世紀外交史（2 冊）	平山久	張相	杭州史學齋
普奧戰史	羽化生	趙天驥	商務印書館
泰西通史（4 冊）	箕作元八、峰岸米造	華文祺、李徵	文明書局
支那最近史（4 冊）	增田貢	（原漢文）	上海書局
歐洲文明進化論	民友社	陳國鏞	廣智書局
日本政治地理	矢津昌水	陶容	商務印書館
俄大彼得帝傳	山路敬一郎	張稷先	江左書林

書名	著者	譯者	發行所
西巡回鑾始末記（6 冊）	吉田良太郎		上海書局
地球之過去及未來	橫山又次郎	馮霈	廣智書局
歐亞各港史	參謀本部	廣智書局	廣智書局
生徒心得	陸軍士官學校	王肇鋐	工防營
修辭學	飯田規矩三	蔣方震	廣智書局
日本維新慷慨史（2 冊）	西村三郎	趙必振	廣智書局
揚子江流域現勢論	林繁		廣智書局
東亞現勢論	持地六三郎	趙必振	廣智書局
理學鈎玄	中江篤介		廣智書局

其中，泰東同文局是藤山富太經營的，東京勸學會是岸田吟香經營的，二者雖同設於東京，但印的書都是舊裝的。這與上海的廣學會相同，是為了投合中國人的愛好。

這年，譯書彙編社出版了十數種洋裝本的新書。據 6 月發行的《譯書彙編》第 2 年第 3 期的廣告「譯書彙編社發行書目（已刊）」，有如下諸書：

書名	著者	譯者
再版和文漢讀法	噶陰主人著，憂亞子增廣	
政治小說累卵東洋	大橋乙羽	憂亞子
物競論	加藤弘之	楊蔭杭
日本遊學指南	章宗祥	
女子教育論	成瀨仁藏	楊廷棟、周祖培
日本制度提要		譯書彙編社同人

書名	著者	譯者
和文奇字解	本社同人	
名學		楊蔭杭
政學入門	本社同人編輯	
財政四綱（角縮版）	錢恂	
最近支那論		譯書彙編社
歐美日本政體通覽	巔涯生（章宗祥）編輯	
法律學論綱		巔涯生
外國國勢一覽	巔涯生編	
歐美各國最近財政及組織		譯書彙編社

其中，《再版和文漢讀法》、《日本遊學指南》、《和文奇字解》是中國人編著的，其餘都是日文書的漢譯。

《女子教育論》與《物競論》，前年是由作新社出版的，譯者也都相同。我只看到了作新社版的，而未見譯書彙編社版的書。就此，有兩種可能的解釋：

（一）既有作新社版，也有譯書彙編社版。不過由於譯者相同，故只是書的封面不同，內容則是一樣的。無論怎樣，都可以證明譯書彙編社與作新社有密切的關係。

（二）若以為是由譯書彙編社發行的話，則所販賣的或者就是作新社版的。由於前年出版的《累卵東洋》一書亦列入此書目之中，這種可能性是存在的。筆者較傾向於此一說。

作新社出版了《白山黑水錄》和《世界近世史》，前者是小越平陸著《滿洲旅行記》的譯本，後者的原著者是松平康國。封底內頁雖有上海印刷的字樣，但印刷的日期是明治紀元，恐怕也是在東京印刷的吧！且後者還附有三幅着色的地圖。由此觀之，益可相信它是在日本印刷的。[16]

這一年，留學生又組織了教科書譯輯社，開始翻譯和刊行中學教科書。這可說是譯書彙編社的姊妹團體。其出版物中有一種為陳榥著的《物理易解》，紙質、印刷圖版都與日本的教科書一樣，且是東京並木活版所印刷的。

同年，大學者吳汝綸到日本訪問，視察教育，獲日本朝野上下歡迎。即使在吳氏足跡不到的地方，當地的報章也發表歡迎他的社論。[17] 對吳汝綸來說，此行的觀感和收穫甚豐。他把這次遊歷的觀感寫在《東遊叢錄》中。這本書由東京的三省堂代為印刷，是布面精裝的洋裝本。該書出版後，在中國獲得異常的好評，不久又出版了《重訂東遊叢錄》。由於是舊裝本，遂分成四冊。

這是清楚地顯示出當時日本與中國出版界的關係的一個典型例子。吳汝綸既是備受尊敬的古典學術的大宗師，同時也是對新學有充分瞭解的學者，對日本文字的改革問題有他的見地，他還是簡體字運動的支持者。他把自己在日本的視察紀錄交給三省堂印刷，相信正是這個緣故。從明治初年以來出版的東遊日記，到此時為止，總計已有 57 種。[18] 可是用洋裝的連一部也沒有。吳氏的《東遊叢錄》是這類遊記洋裝印製的濫觴。假如可能的話，吳氏的書也許會以洋裝本再版的。不過，在中國，這究竟是不可能的事。故再版時，即改用宣紙鉛印，分為四冊。

吳汝綸之子吳啟孫，當時正在日本留學，在這年將《和文釋例》交由文明書局出版，由秀英舍印刷，是洋裝書中的上品。

---

16 《中國近代出版史料．二編》所載淨雨的〈清代印刷史小紀〉一文，是這樣說的：「石印既行，印圖大易，故有繪印時事者，如上海之《點石齋畫報》、《書畫譜報》、《求我報》、《蒙學畫報》等，然皆單色印刷。迨富文閣、藻文書局等出，乃有彩色石印，而其出品色彩無深淺之分，單調粗濁，所謂平色版而已。日本之石印術，初得之於我國之上海，繼自研究，乃轉青勝於藍。光緒二十餘年，法人在滬設法興書局，聘日人製彩色印版，始能印濃淡分明之圖畫，色彩判別陰陽，深淺各如其度，殆能與實物彷彿。其法以金鋼砂將石磨粗成許多之散布微顆粒，一如網目之狀，謂之砂版。洎上海商務印書館聘日人和田、岡野、松岡及細川等彩印技師，此道益精，仿印山水花卉人物，設色能與原底無異。」（頁 357）

17 此可從中國人翻譯日本報章記事編印成一冊書的《東遊日報譯編》（華北譯書局）見之。

18 據拙著：《東遊日記目錄》（未刊）統計而得。

同年，東京泰東同文局出版了大矢透的《東文易解》，是用舊裝的。與吳啟孫的《和文釋例》洋裝本比較，不得不承認吳氏父子的進步性。

這年夏天，俞復、廉泉在上海創立文明書局。開始出版小學用的教科書 30 種；[19] 同時還出版中學用或一般用的書，其中一種為高田早苗著、嵇鏡譯的《憲法要義》（未見）。文明書局出版的書籍，最初多屬舊裝，只有吳啟孫的《和文釋例》是洋裝的。由此看來，這本《憲法要義》恐怕也是舊裝的吧。不過嵇鏡也譯了高田早苗的《國家學原理》，由譯書彙編社出版，卻是洋裝本，故《憲法要義》的製本問題，暫不敢論定。

上海的出洋留學生編輯所出版了福本誠著、馬君武譯《法蘭西近世史》，是洋裝本，不難想像這是在東京印刷的。

可是，這年 8 月，一份叫《新世界雜誌》的洋裝本雜誌在上海發行。其印刷不鮮明，切裁不一。以當時的印刷水準看來，當是出於中國人之手。這應可說是由中國人在中國地方第一次用洋裝本印製書刊的嘗試。1900 年由留學生開始的洋裝本，到 1901 年，經譯書彙編社、作新社、出洋留學生編輯所的努力而得到推廣。1902 年，又有吳汝綸父子的進步的嘗試，終於有中國自己印刷的洋裝本雜誌的產生。如果以 1900 年為中國書洋裝印刷萌芽之年的話，接着的 1901 年是幼苗茁長之年，到了 1902 年，小幼苗已長出幼枝來了；同時，在遙遠彼岸的中國，更萌出了一支新芽。

19 據《第一次中國教育年鑑》戊編頁 118 所記統計而得。

五、舊裝本和洋裝本的對立

1903 年，這棵新樹的枝幹都有增長，已經有與古樹爭長之勢。這一年，可以說是新舊對抗、平分天下的一年。所以如此，實有以下種種原因。

這年，留日學生增至 1,000 名。這些留學生發行了《湖北學生界》、《浙江潮》、《江蘇》、《遊學譯編》等雜誌，全都是洋裝本。與此同時，留學生也出版了很多洋裝的日文書中譯本。因此，這一年的中譯書刊就有 187 種之多，呈現空前的盛況。

中國出版界方面，也起了重大的變化。這就是中國的出版社商務印書館[20]與日本的出版機構金港堂達成合作經營的協定。

據商務印書館創立 35 周年的紀念刊物《最近三十五年來之中國教育》（1931）中〈三十五年來之商務印書館〉一文說：從 1903 年，雙方各出十萬元資本以擴大經營事業。同時，編輯陣容之中，增聘高等師範學校教授長尾槇太郎（雨山）、加藤駒二等作顧問，[21]印刷技術方面，亦輸入了日本的技術。[22]

1903 年，該社招聘了印刷技師前田乙吉、大野茂雄，教中國的技師網點照相的製法。1905 年，又招聘了彩色石印技師和田滿太郎、細川玄三、岡野、松岡、吉田、武松、村田、豐室等，輸入彩色石印技術。此外，又聘請了三品福三郎、角田秋成，向他們學習凹版印刷。到了 1908 年，更招聘了木村今朝男，學習平版印刷術和洋鐵印刷術。於是，印刷技術的發展，一日千里。正因為商

---

20 1897 年創業之際，向日本購入印刷機，1900 年購買上海的修文館印刷所（日資）的全部機械。1901 年設編譯所，以蔡元培為所長，除印刷外，亦開始出版書籍。

21 據《中國出版史料．補編》中的〈六十年來中國之出版業與印刷業〉一文，有如下的記述：「文明開辦之後，商務方編印教科書，由張元濟、高鳳謙主持；日人長尾槇太郎、加藤駒二等任顧問。」

22 參看《最近三十五年來之中國教育》（上海：慶祝商務印書館三十五周年紀念特刊，1931 年）所輯的〈三十五年來中國之印刷術〉一文。

務印書館從日本輸入了編輯、印刷的進步技術，不久便一躍而成為中國第一家大出版社。

1903 年以來，從日本輸入了資本，招聘了編輯顧問和印刷技術指導者的商務印書館進行大規模的教科書編譯和出版的事業，同時也把出版範圍擴張到一般書籍去。1903 年出版的書籍，就「實藤文庫」中有實物可見的，是舊裝、洋裝並見。

書名	日文譯者	中文譯者	裝釘
日本明治法制史	清浦奎吾	商務編譯所	舊
日本近世豪傑小史（2 冊）		商務編譯所	舊
納爾遜傳	中村佐美	何震彝	洋
賣國奴	登張竹風	吳檮	洋

《賣國奴》是「說部叢書」的第一部。「說部叢書」是翻譯世界文學作品的叢書。以此為先導，商務印書館陸陸續續出版了不少這一類的書。

這裏有一件事要注意的。以前作新社、出洋留學生編輯所、文明書局等洋裝書，雖然自稱是上海印刷，實際上卻毫無疑問地是在日本印刷和裝釘的。可是商務印書館的書籍，卻真真正正是在上海印刷和裝釘的，所以有劃時代的意義。

這年的 11 月，北京產業畫報館印刷的洋裝本雜誌《商務報》創刊，同樣也值得注意。這充分表明洋裝本在中國的南北方都萌芽了。

不過，其他的出版物，其後依然多在日本印刷。商務印書館的出版物與日本印刷的中國書籍，在此後數年間，繼續維持着正比例的發展。

當時的文明書局，在這一年，一方面出舊裝本，一方面也增加出版洋裝書。見下表：

書名	著者	譯者	裝釘
續哲學妖怪百談	井上圓了	晴臘園主（徐渭臣）	舊
東文典問答		丁福保	舊
中等日本文典譯解（3 冊）	三土忠造	丁福同	舊
改正世界地理學（3 冊）	矢津昌永	吳啟孫	舊
西史通釋	浮田和民	吳啟孫	洋（芝區三田印刷所）
海軍第一偉人（納爾遜傳）	島田文之助	侯士綰	洋（並木活版所）
華盛頓	福山義春	丁錦	洋（文明書局活版所）

《華盛頓》也許是在上海印刷的。不過，一見「版權所有」的括弧，就可窺見其與日本的密切關係。

在上海，誕生了一家名為通社的出版社，發行洋裝本的「通社叢書」。這年還出版了：

書名	著者	譯者
自助論	中村正直	羊杰
伊大利亞史	坂本健一	通社編譯部
世界之大問題	島田三郎	通社編譯部

這些書無論印刷、廣告和紙質等，全都是日本印刷的式樣，只是活字形體稍有不同。該社的印刷所在上海鐵馬路鴻安里底的中新活版部。以後，通社亦大量出版日文書的中譯本。

在東京，湖南編譯社出版《遊學譯編》月刊雜誌的同時，也刊行了井上圓了、川尻寶岑共著的《哲學微言》；浮田和民的《史學原論》（楊毓麟譯）；成城學校講師述、湖南編譯社的《日語教程》（翔鸞社印刷）等書。其上海的發行所

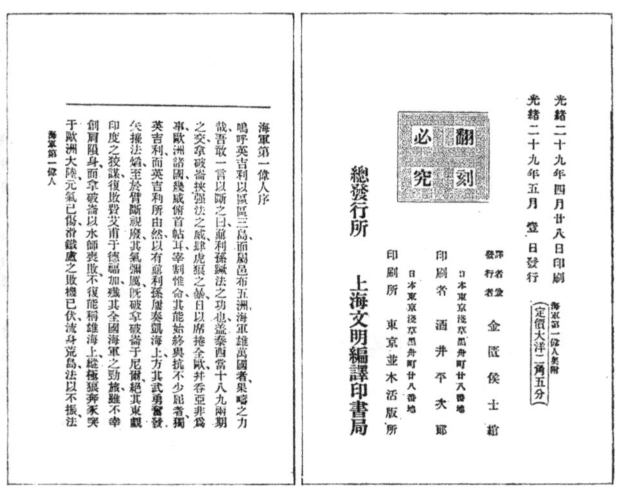

海軍第一偉人奧附
（定價大洋二角五分）
光緒二十九年四月廿八日印刷
光緒二十九年五月壹日發行
譯者兼發行者　金匱侯士綰
日本東京淺草區舟町廿八番地
印刷者　酒井平太郎
日本東京淺草區舟町廿八番地
印刷所　東京並木活版所
翻刻必究
總發行所　上海文明編譯印書局

海軍第一偉人序

嗚呼英吉利以區區三島而闢邑布五洲、海軍雄萬國者、果誰之力哉、吾敢一言以斷之曰、扁利孫蹶法之功也、蓋泰西當十八九兩期之交、拿破崙挾强法之威、肆虎狠之燄、日以席捲全歐、并吞亞非爲事、歐洲諸國、幾咸俯首帖耳、宰割惟命、其能始終與抗不少屈者、獨英吉利、而英吉利所由然以有扁利孫屢奏凱海上、方其武勇奮發矢摧法焰、至於臂斷視廢、其氣彌厲、既破拿破崙于尼羅、絕其東覷印度之狡謀、復敗斐艾甫于德福加、殲其全國海軍之勁旅、雖不幸創肩隕身、而拿破崙以水師喪敗、不復能稱雄海上、縱極猖奔豕突于歐洲大陸、元氣已傷、滑鐵盧之敗機已伏、流身荒島、法以不振、法

海軍第一偉人

《海軍第一偉人》首頁（左）與封底裏頁（右）

則為四馬路惠福里的明權社。又，明權社也是《江蘇》雜誌的總經銷處。

上海明權社不僅做代銷，也營出版。汪榮寶、葉瀾共著的《新爾雅》即由它出版。印刷則在東京並木活版所。

福建省的留學生組織了閩學會，出版「閩學會叢書」。這年刊行的書就有如下數種，亦由東京並木活版所印刷。

書名	著者	譯者
西力東侵史	齋藤阿具	林長民
哲學原理	井上圓了	王學來
國家政府界說	民友社	薩君陸
國際法精義		林棨編譯
社會問題	大原祥一	高種

書名	著者	譯者
史學原論	浮田和民	劉崇傑
印度史	北村三郎	程樹德
國際地理學	守屋荒美雄	楊允昌

譯書彙編社出版的《日本行政法綱要》（董鴻禕譯），及留學美國的廣東人嚴一著的《進化要論》等，亦在東京並木活版所印刷。

又譯書彙編社的上海總經銷是四馬路東首的開明書店。開明書店本身也出版中譯的日文書，如：

書名	著者	譯者
東西教育史	中野禮四郎	蔡艮寅、賀廷謨
德意志史（2 冊）	白石真	人演社
日本維新百傑傳	干河岸貫一	（原漢文）

前二書未見，恐怕是洋裝本吧。《日本維新百傑傳》是東京並木活版所印刷的洋裝本。

作為出版洋裝書的先驅的作新社，以及前年在東京成立的教科書譯輯社和開明書店之間，似乎有相當密切的關係。參看附圖所示三者出版的書，其封面的題字都是張廉卿的書法，可以推見之。

以上，雖然全部論述了新興勢力影響下的洋裝本發展的大概，但也不是說舊裝本已形衰落。如果以數量計，舊裝本仍是居多數的。具有新內容的一般性書籍，循例是用舊裝出版。檢其主要者一看：

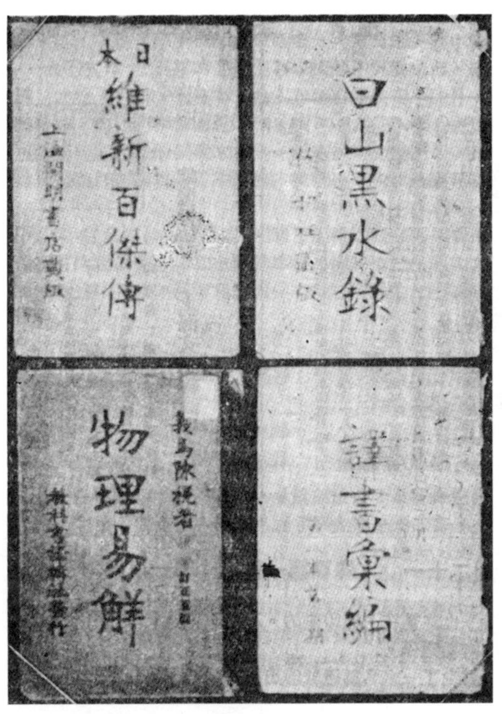

《白山黑水錄》等四種書的封面

書名	著者	發行所
各國政藝通考（24 冊）	文盛堂	文盛堂
新時務通考（8 冊）	儲丙鶉等	富強齋書局
泰西各國名人言行錄（6 冊）	張兆蓉	上海書局
全地五大洲女俗通考（21 冊）	林樂知輯譯，任保羅譯述	廣學會
科學叢書（2 集）		教育世界出版所
奏定學堂章程（5 冊）	張百熙等	湖北學務處
選定經濟叢編		

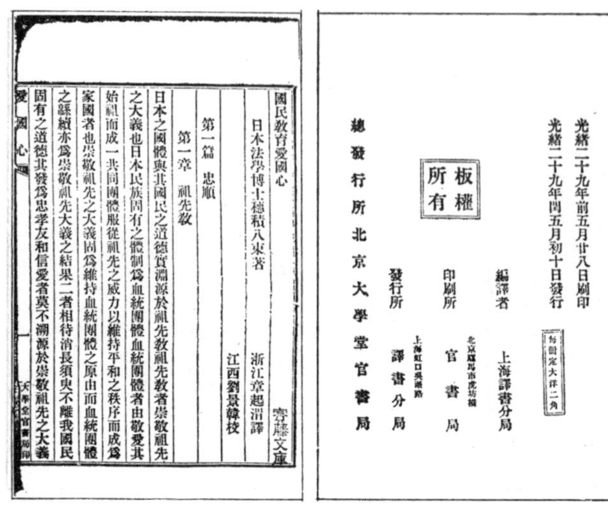

國民教育愛國心　容膝文庫
日本法學博士穗積八束著　浙江章起渭譯
江西劉景韓校
第一篇　忠順
第一章　祖先教
日本之國體與其國民之道德實淵源於祖先教祖先教者崇敬祖先之大義也日本民族固有之體制爲血統團體血統團體者由敬愛其始祖而成一共同團體服從祖先之威力以維持平和之秩序而成爲家國者也崇敬祖先之大義固爲維持血統團體之原由而血統團體之綿續亦爲崇敬祖先大義之結果二者相待消長須臾不離我國民固有之道德其發爲忠孝友和信愛者莫不淵源於崇敬祖先之大義
愛國心　一　大學堂官書局印

光緒二十九年前五月廿八日刷印
光緒二十九年閏五月初十日發行
每冊定大洋二角
板權所有
編譯者　上海譯書分局
印刷所　北京騾馬市虎坊橋　官書局
發行所　上海虹口吳淞路　譯書分局
總發行所北京大學堂官書局

《國民教育愛國心》的首頁（左）和封底裏頁（右）

其中《全地五大洲女俗通考》[23]一書，是通過全世界的婦女生活而論述其文化的概況，書中加插了許多照片和圖版。其內容最適合洋裝，可是由於是西洋人印製的，到了這年還是舊態依然。由此可見其受洋裝本所迫的情形。這是廣學會出版的大套的啟蒙書的殿軍，其後已不復見。

這年，京師大學堂官書局印刷的書有穗積八束著、章起渭譯的《國民教育愛國心》。這是由「管學大臣審定」，作教科書用的，但還是舊裝本。雖然是舊裝，但封底裏已有印刷。這種款式也是這時開始的，與日本的印刷品同一類型。（參上圖）

這年，漢譯的日本書有 187 種之多，數量可謂空前，但其中有 100 冊是由會文學社出版的《普通百科全書》，選擇了日本的中等學校教科書 100 冊譯出，

23　參看拙著：〈西洋人の中國女性觀 ——「全地五大洲女俗通考」のこと ——〉，載《新中國》第 6 號。

用同一形式的舊裝本出版。如果減去這套書，剩下來的 87 冊，其中有舊裝的，也有洋裝的。總計起來，舊裝本仍佔多數。這個現象，多是由於以前既有的趨勢，或是以往的出版計劃的延續而做成的。

1904 年以後，中國出版的書刊，大體已洋裝化了。到 1905 年，洋裝本更取得決定性的勝利。1903 年可以說是中國出版史上新舊交替的分水嶺。

六、洋裝本的勝利

1904 年，中、日兩地的中文書刊，洋裝本佔了優勢，中國的新出版物，大體都是洋裝的。

這年中，漢譯日文書 17 種之中：洋裝本，6 種；舊裝本，3 種；情況不明的 8 種。這個統計與去年比較，似無任何特別重要意義，但若就以下各點來說，則可見有了很大的變化。

1899 年出版的《訄書》(章炳麟著)，這年改用了洋裝本（翔鸞社印刷），譚嗣同的《仁學》也由舊裝改為洋裝。雖未必有顯著的重要性。不過，從來以舊裝本發行新內容的書刊的廣智書局也開始出洋裝書，實在是一個大變化。像飲冰室主人著的《中國之武士道》，在這年由東京京橋弓町三協合資會社印刷，用洋裝本出版。這家出版社，翌年起，出了很多洋裝書。

廣智書局版中有馮自由譯的《政治學》。「實藤文庫」所藏的本子沒有封底，所以出版者不明。不過，其用於補白的插圖，全是日本的圖片。

再看廣智書局出版的其他書籍，其印刷所是上海英租界大馬路同樂里。這本《政治學》封底裏所印的恐怕也是一樣的吧。即使其印刷不是由日本的印刷所承擔，我想印刷的機械是日本製的，恐怕不會錯。與廣智書局關係密切的《新民叢報》，每號必刊有東京築地活版製造所的廣告，亦可以證實這種關係。

以此觀之，可以窺見當時中國與日本印刷界的密切交流狀態。

較廣智書局的出版改為洋裝更有決定性作用的事件是《東方雜誌》的創刊。這本在 1 月 25 日創刊的雜誌，是新興的和最大的出版社商務印書館發行的綜合雜誌，它一直出版至 1949 年，是一部有份量的雜誌，自始即以洋裝本出版。

回顧自 1900 年《譯書彙編》在日本出版以來，留日學生在日本刊行的雜誌全是洋裝的。受此刺激，梁啟超主編的雜誌也在 1902 年改為洋裝本。這些影響，也在中國的最大的雜誌《東方雜誌》中反映出來。

《東方雜誌》是兼有日本的《太陽》和《中央公論》的形式的一份大雜誌，而它以洋裝本出現，正象徵着中國出版界以洋裝書為本位的轉變。

1905 年是中國出版界洋裝書取得決定性勝利的一年。

據《邦書漢譯年表》，[24] 這年中，漢譯的日文書增加至 48 種，而沒有一部是舊裝的。

中國人的著作，帶有新的內容的書，也都改用新的外形——洋裝本來出版。康有為所著的《歐洲十一國遊記》（廣智書局印刷，廣智書局發行）是如此，清國公使館編輯的《日俄戰時紀要》（日本三省堂印刷）也是如此。

京師譯學館印行的《漢譯新法律詞典》的印刷所是牛込的秀英舍，這是布面精裝的上品洋裝書。

湖北官書處的「師範教科叢編」中有：（一）教育學；（二）（不詳）；（三）倫理學；（四）教授法；（五）管理法；（六）學校制度；（七）法制經濟學；（八）化學；（九）物理學；（十）（不詳）；（十一）（不詳）；（十二）動物學；（十三）植物學；（十四）音樂，計 14 冊，都是秀英舍印刷的。

同盟會的機關報《民報》也在這年創刊，前後共出 26 冊，其印刷所是神田的秀光社。

---

24 實藤惠秀編，未刊稿。

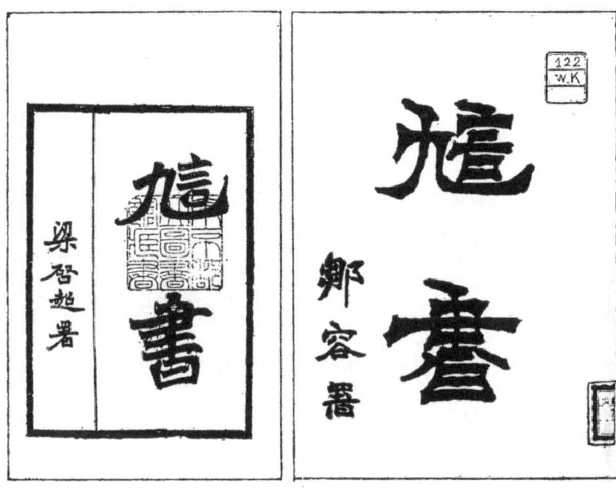

《訄言》的舊裝本（左）和洋裝本（右）

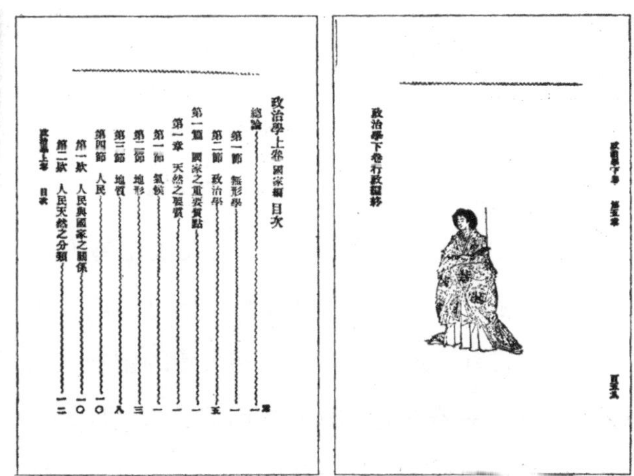

政治學上卷 國家編 目次

政治學上卷 目次

《政治學全編》的目錄與末頁

七、日本印刷公司印行的中文圖書

如上所述，留日學生在日本為了從事翻譯出版活動，要倚靠日本的印刷公司代為印刷，因而舊裝的中國書變為洋裝書。其後，這個變化傳到中國去，使文明書局、商務印書館、廣智書局等出版的書刊次第由舊裝改為洋裝。

這樣，儘管在中國已出現了洋裝本，但由於留學生有翻譯上和印刷技術上的需要，其後，假手於日本的印刷所印刷的風氣依然流行。

舉例來說，1906 年，江蘇師範生編輯《江蘇師範講義》歷史、地理、音樂、體操……等 16 冊，是編譯日本的教授的筆記而由東京並木活版所印刷的。《教育年鑒》有「裝釘印刷均佳」的評語。

蔣智由的《中學修身教科書》也在同年出版。無論是封面和正文的編排，全部是日本式的。雖然用線來連綴成書，但書頁的兩面都印刷，這正與當時日本的教科書同一樣式，大概由於它是由東京的同文印刷舍印刷所致。

當時，承印中國書刊的印刷所有淺草的東京並木活版所、牛込神樂坂的翔鸞社、牛込市之谷的秀英舍第一工場、神田愛善社、秀光社等家。其中似乎以開始印《譯書彙編》的並木活版所得到留學生的訂單最多。

並木活版所在淺草區黑船町 28 番地，其印刷人大抵為酒井平次郎。到了 1906 年，酒井平次郎在同區新猿屋町 2 番地開辦了同文印刷舍，這可以前述的《中學修身教科書》的封底裏頁得知。可能是因為大量的留學生的訂單湧到，舊有的並木活版所應付不來，故要在鄰近的新猿屋町設立專門印刷漢文書籍的同文印刷舍。其證據可從 1907 年刊行的山上萬次郎著的《最近統合地理》的中譯本和孟傳琴的《日本各政治機關參觀詳記》等書的封底裏得知。這些書全部是黑船町 28 番地並木活版所印刷的。又 1908 年刊行的工藤武重《日本議會史》的中譯本（東京多文社，上海群益書社）則由淺草茅町 1 丁目 7 番的同文印刷舍印刷，印刷人是酒井平次郎。

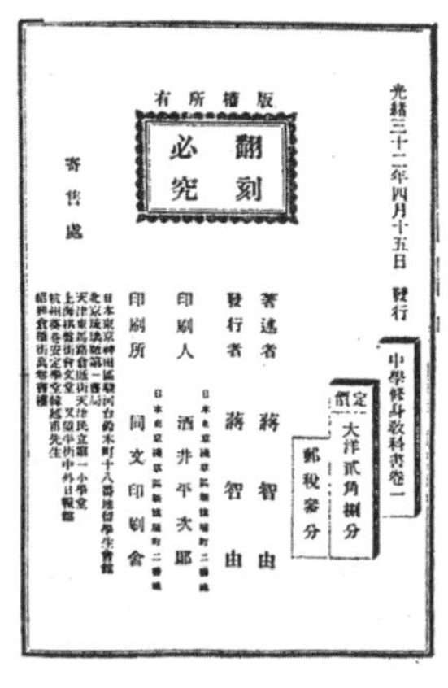

光緒三十二年四月十五日發行

中學修身教科書卷一

定價　大洋貳角捌分
郵稅豪分

版權所有
翻刻必究

著述者　蔣智由
發行者　蔣智由
印刷人　酒井平次郎
印刷所　同文印刷舍

寄售處

《中學修身教科書》的封面（左）和封底裏頁（右）

「同文」是指中日兩國是同文的國家之意。當時，出版社命名為同文舍，是為了博取留學生的好感之故。

1907 年，即同文印刷舍從並木活版所分離出來的第二年，產生了日清印刷有限公司。其設立的宗旨中有：「隨着清國文明啟蒙的發展，在其本國及居留我邦的清國人士，倚賴我邦印刷者正逐年顯著地增加。」[25] 所以這間公司以接受中國人的印刷訂單作為其營業方針之一，因此取名為「日清」。

隨着留學生的出版物的增加，產生了由中國人印刷中國書的要求。中國人辦的印刷所終於在東京誕生了。據《粵西》創刊號（1907 年 11 月）的廣告，有如下的標題與文字內容：

25　大日本印刷株式會社史：《七十五年の歩み》（東京：大日本印刷株式會社，1952 年），頁 1760。

看看看！東京留學界之中國印刷所出現！

自東京留學界發達以來，我同胞孜孜以輸入新智識為急務。於是擲金錢予日本之活版社者，比年以來，蓋已百萬餘圓。益處固多，所損亦云鉅矣。吾中國地大物博，為購換文明計，此區區者雖云原不必吝。……文語既異，情感難通，因而欺騙留難，在所不免，費時涉訟，層出不窮，當此國危時急之際，吾同胞徒消耗其有用之光陰，已覺可惜。況復以高尚之人格，日津津然與市儈較長短，所失寧有涯耶。敝所有鑒於此，特不惜重資，購買機械，修築工廠，聘請匠役，刻已告成。凡廠中司事悉延學界中諳印刷之事務者任之……

三大特色：

（一）本工廠由中國新女界雜誌社與本國數人合資創辦。實無絲毫之外股（外國股份），不同於日清合辦者，故不致侵我主權。

（二）監廠及外務各員，悉用華人，款接來賓，務極和洽，無文語不通之患。

（三）本工廠現購備上等機械三台。……現役工匠二十餘人。……

日本東京小石川區竹早町 34 番地

中國新女界社合資印刷所謹啟

雖然在這裏印刷的書籍似乎不多，但卻含有文化上、經濟上和政治上的重要意義。中國留日學生要求出版權獨立的昂揚意氣，在這件事上表現無遺。

八、日本出版社出版的中譯日文書

上文所述的作新社、泰東同文局、勸學會等是日本人開設的譯書出版社。到了留學生的最盛期，原有的大資本出版社亦對中國書的出版表示歡迎。其中之一是富山房，另外一家是由博文館的大橋新太郎及其他人合組的東亞公司。除出版了《普通師範講義》14 冊外，也出了《農學叢刊》、巖谷小波的童話故事對譯本和學習日本語言的書籍等。

1906 年，早稻田大學出版部出版了《政法理財科講義》（參頁 321 圖），其代銷處是商務印書館。又《漢譯學校會話篇》（誠之堂書店發行，1906）的情況也相同。神田的誠之堂書店，其「大清國的專買處」是上海的中國教育機械館。此外，同樣的情形也很多。

《政法理財科講義》第一編的封面

由此可見當時中日兩國出版界的友好狀態。

到了留學生最盛期，出現了很多專為出版中國人用書的出版社。神田的奎文館書局以《法律經濟辭典》為首，陸續出版了五至六種教科書式的書。神田的誠之堂書店亦出版了《漢譯東瀛遊學指南》[26]和日語的讀本。

這些書的譯者全部是留學生。以此而言，使人感到這恐怕不是留學生自發的翻譯，而是受日本出版社的邀請而做的。

不過，由於這些書大多是布面精裝的上等製品，它給予中國印刷出版界的刺激是不能否認的。

九、從日本傳來的洋裝本

為了傳播近代的知識給予中國人，出版啟蒙書籍的工作是由西方人先開始的。但書籍的外形，或者書籍的體裁，仍是中國舊有的線裝書形式。

留學生到了日本，為了出版日本書的中譯本，遂委託日本印刷所代為印刷。因此，由單面印刷、對摺裝釘改變為雙面印刷和洋裝。

雙面印刷及洋裝製本的書，逐漸也在中國的新書店中銷售發行。中國的書店中，日本印刷的洋裝書籍和上海印刷的洋裝書籍雖並列其中，但西洋人經營的廣學會的出版書刊卻遲遲未能擺脫它的老樣子。那些在中日戰爭（甲午戰爭）後

26 筆者所據為誠之堂書店發行的《漢譯學校會話篇》（1906 年 8 月）卷末的廣告，原書未見。拿它與木川加一、田中龜治編譯的《東瀛遊學指南》比較，則撰序文的三人的出現順序相同，頁數、定價亦僅有少許不同，故其內容當相同。

曾為中國讀書界所異常歡迎的廣學會的出版物，[27] 其後已不再震動知識界了。廣學會變成僅出版教會書刊的機關。中國讀書界已把他們的注意力轉移到蘊藏着新文化的日本系的讀物上來。

除了古典書籍的重刻以外，洋裝書的傾向至今依然持續着。因為無論在節約用紙的數量、減少藏書的容積及增加閱讀的速度等方面，均有數之不盡的方便和好處。

中國書籍的印刷和製本全部變為現在的樣子，是經過日本和留學生的文化活動而加速形成的。這一點是任何人都不得不承認的吧！[28]

27 廣學會發行的書籍，最初讀者甚少。免費贈送，讀者稍增。至中日甲午之戰後，全國皆表歡迎。從其銷貨帳目就可知道。1893 年為 800 餘元，1895 年為 2,000 餘元，1896 年為 5,000 餘元，1897 年為 12,000 餘元，1898 年為 18,000 餘元；五年之間，上升 20 倍以上。（據李提摩太著，蔡爾康譯：〈廣學會第十一次年報記略〉，收入林樂知編譯：《中東戰紀本末》第 3 編卷 4，頁 82-85。）

28 開始至最近為止，洋裝本書籍的封底裏頁的印刷，中國與日本是相同的。但自 1959 年全部改為橫排後，封底裏頁的印刷移到封面裏頁。

第七章

現代漢語與日語詞彙的攝取

一、中日語文共用漢字的基礎

遠在明治時代（1868-1911）以前，日本便已從中國學來漢字。很早以前，日本人便借漢字來書寫日本固有的「大和言葉」；[1] 這些假借的漢字，亦稱「嵌字」。因為中國人不用這些「嵌字」，「嵌字」只用於日本語文，故較為特殊。除此之外，其他漢字都是中日兩國共用的。

日本的漢字，都是從中國一點一劃地學過來的。所以倘使某字的寫法在中國加多了一劃時，日本也跟着增加一劃；減少了一劃，日本也跟着減少一劃。[2] 對於成語，日本人亦墨守中國的成規。

明治以後，當西洋新文化傳入之際，〔明清兩代〕西洋人所作的漢譯，在日本頗受歡迎。這段期間由西洋傳入的詞彙，不論在中國或日本，都是相同的。例如「幾何」一詞，來自利瑪竇（Matteo Ricci）所譯的《幾何原本》，至今仍為中日語文所通用。

在幕府末期及明治維新的時候，日本除了通過中國學習西洋文化之外，還

1　譯者注：「大和」是日本民族的別稱；「言葉」有語言的意思。「大和言葉」（Yamato Kotoba），指日本固有的語言，特別指平安時代（約公元八世紀至十二世紀）的雅言。按日本現代詞彙通常分為四類：大和言葉、字音語（大多來自漢語）、西洋外來語及以上三類的複合語或派生語。其中「字音語」佔最多，在上田萬年、松井簡治編的《大日本國語辭典》（東京：富山房，1915年10月初版，1953年3月新裝再版）中，「字音語」便佔60%以上。（見金田一春彥：《日本語》〔東京：岩波書店，1968年9月〕，頁20）。「大和言葉」被「字音語」取代，殘留在現代日本語的數量不多。彙集「大和言葉」的最早書籍，有十一世紀初期刊印的《類聚名義抄》等書。

2　譯者注：實藤氏所稱日本在漢字字形上一律向中國看齊的原則，似應有一個時間上的界說。在明治時代或以前，日本人堅守這個原則，似無疑問。但是，在1910年代，便似開始動搖了。例如，日本「臨時教育調查會」在1915年，便有〈國語國字國文改善建議〉；在「國字」部分，對於當時漢字字形混亂情形不滿，感到有「改善」的必要。二十及三十年代，動搖的程度更加明顯。1929年的〈字體整理案〉和1937年的〈漢字字體整理案〉，對於混亂的字形，決定大張旗鼓地「整理」。1946年公布了「當用漢字」（常用漢字）1,850個；1948年又製定了〈當用漢字字體表〉，規範了1,850個漢字的寫法。根據這個〈字體表〉，中日不同寫法的漢字就有幾十個。

開始直接從荷蘭、英國、法國、德國等地努力輸入新文化，正如《蘭學事始》[3]所描述的，這種努力是大規模地展開了。當輸入西洋新事物及新思想時，日本人不使用原語，但借漢字逕造新詞彙。大槻文彥的《箕作麟祥君傳》，曾對這種苦心作如下的描寫：

> 在此之前，即明治二年〔1869〕，當麟祥君在〔東京帝國〕大學南校[4]的時候，政府任命他翻譯法國刑法。竣工之後，又馬上翻譯了民法、商法、訴訟法、治罪法、憲法等等。後來，這些翻譯都被教育部公諸於世。由是，我國人開始知曉法律為何物。然而這些譯本有不少誤譯的地方。當時，法學仍然未開，麟祥君仍未通曉這門學問，沒有參考書，沒有字典，又缺乏指導老師，遇到難解的詞句，麟祥君唯有獨自苦心鑽研。當時，我國人仍未具有近代法學意識，故此沒有可資枚舉的成例。他不但苦無可用的譯語，即使向那些漢學專家請教，亦毫無用處。雖然創造了新詞語，由於人們對這些新語不熟悉，所以往往備受非難。麟祥君所創的新語中，似乎只有「權利」和「義務」兩譯語（right 及 obligation）是從漢譯《萬國公法》一書取來，其他法律用語，例如「動產」、「不動產」、「義務相殺」、「未必條件」等，都是麟祥君辛苦推敲出來的。尤其是「治罪法」等語，更是備嘗艱苦，復得辻士革君多方參議而成的。[5]

日本人借漢字製作新語時，有時用中國成語的字彙；然而新語卻不含這個成語原來的意義，只當作包含一種新鮮意義的詞語使用。例如，日本人所製作的

3　譯者注：《蘭學事始》，日本杉田玄白（號鷧齋，字翼）著，明治二年（1869）東京天真樓出版。這本書紀錄明治維新以前日本人研習西洋學問、特別是荷蘭學問的事情。後來，日本人不斷研究這部珍貴的紀錄。有的人給這本書附加白話注釋，有的專做書內提及的人物和書項的考證，還有人給這本書做補充工作，著名的有大槻茂楨的《蘭學事始附記》（1913 年）。

4　譯者注：「東京帝國大學南校」，原文是「大學南學」，指今日東京大學南部的校舍。

5　大槻文彥：《箕作麟祥君傳》（東京：丸善株式會社，1907 年），頁 88-89。

「文學」一詞，是借用中國成語「文章博學」的字彙而成的；維新以後，這個詞彙在日本被用來代表西洋所謂 literature 的意義。又如「革命」一詞，來自漢文「革天命」;「革命」原是革天之命的意思；但是，在維新以後的日本，這個詞彙被用來表示人民推翻舊政時的 revolution 的意義。

還有一個造詞法，就是當中國沒有適當的成語可用的時候，日本人組合不同的漢字來製作新語。例如，以「哲學」表 philosophy，「說明」表 explanation，「斷交」表 rupture 等是。上述新語，雖然由漢字薈萃而成，卻非傳統中國語文所固有的。

這種新語的構成，全部依照漢語語法。其構詞法有下面幾種：

（一）修飾語 + 被修飾語

A. 形容詞 + 名詞

例：哲學、美學、背景

B. 副詞 + 動詞

例：互惠、獨佔、交流

（二）複合同義語

例：解放、供給、說明

（三）動詞 + 賓語

例：斷交、脫黨、動員

（四）上述各項的複合語

例：治外法權、最後通牒、消火器

總而言之，日語新語的造語法，是依據傳統漢語的構詞法的。特別是第三種造語法，正好和傳統的日語造語法相反；雖然大逆不道，日本人仍然樂於取用這種方法，大概是為了縮短音節的緣故吧。日本人借用久已存在於中國的漢字去翻譯西洋詞語，又依漢語構詞法逕造新語；不過這些作為並非和中國人協議而後決定的。因此，雖然日本人也在使用漢字，但是可以創出僅在日本才使用的詞彙。

中國對於西洋新文化的渴望，比較日本遲出。[6]當中國人有此需求時，首先獲得的便是西洋人自告奮勇所做的漢譯，後來才有嚴復、林紓等中國人的翻譯。

到甲午戰爭之後，由於西洋人及中國人譯書的數量，到底未能滿足中國人對於新文化的需求，所以中國人留學日本，而且翻譯日本書籍。因為日本書籍使用大量漢字，中日「同文」的要素甚多，故此中國人翻譯日文較為容易。那些用漢字造成的新語，乍然一看，有的字面上與漢語相同，其實含義與漢語迥異（例如「文學」、「革命」）；有的雖用漢語組合而成，但在傳統的中國卻不見這種名詞（例如「哲學」、「美學」）。不過對於這種新語，中國人一聽解說便可理解；理解之後，記憶便容易；只要改換讀音，便可以立刻當作中國語使用了。

二、中日兩國詞彙的區別

我們檢視甲午戰爭後的中日兩國文化情況，可以知道一種實情：當表現西洋新事物的詞彙在日本氾濫時，在中國仍然極為稀少；中國僅有少量為西洋人及中國人所造出的譯語，而且這些譯語往往與日本的譯語不一致。梁啟超《飲冰室文集類編》所搜集的，就有下列中日兩國不同的詞彙：〔按：括弧內為梁氏原文的譯注〕

> 日本尋常師範學校之制，其所教者有十七事。……三，國語（謂倭文、倭語）……；八，物理、化學（兼聲光熱力等）；九，博物（指全體學、動植物學）。（上，頁39）

6 譯者注：對於「中國對於西洋新文化的渴望，比較日本遲出」一語，參看本書第一章，實藤氏所作〈中日近代化比較年表〉（頁010）。

> ……華商之不敵洋商也，洋商有學，而華商無學也。彼中富國學之書（日本名經濟書）為皆合地球萬國之民情物產。（上，頁 71-72）
>
> 工群問題（日本謂之勞動問題或社會問題）（上，頁 143）
>
> 美利堅……一戰而建造獨立自治之國家者，華盛頓時代也……三戰而掌握世界平準（日本所謂經濟，今擬易以此二字）之權者，麥堅尼時代也。（上，頁 529）
>
> 以通商論之，計學（即日本所稱經濟財政諸學）不講，罕明商政之理。（上，頁 584）
>
> 日本自維新三十年來，廣求智識於寰宇，其所著有用之書，不下數千種，而尤詳於政治學、資生學（即理財學，日本謂之經濟學）、智學（日本謂之哲學）、群學（日本謂之社會學）等。（上，頁 584）
>
> ……若此者，日報與叢報（叢報者指旬報月報來復報等，日本所謂雜誌者是也）皆所當務，而叢報為尤要。（上，頁 792）
>
> 專門實際之學，亦多起乎其間。……其四曰平準學（日本所謂經濟學）。（上，頁 63）
>
> 夫物競天擇優勝劣敗（此二語群學之通語，嚴侯官譯為物競天擇適者生存，日本譯為生存競爭優勝劣敗，此今合兩者並用之，即欲定以為名詞焉），天演學之公例也。（下，頁 73）

魯迅在他的回憶短篇〈瑣記〉，關於南京江南水師學堂所授的學科，有這樣的描敘：

> 此外還有所謂格致、地學、金石學……都非常新鮮。但是還得聲明：

> 後兩項，就是現在之所謂地質學和礦物學，並非講輿地和鐘鼎碑版的。[7]

魯迅提到的「地學」和「金石學」，與現在的名稱（即日本的名稱）不同；同時，「格致學」也不是日本的稱謂。「格致學」似乎依廣義及狹義的概念，包含了「自然科學」、「物理學」、「博物學」、「理科」等意義。[8]

三、進入中國語文的日本詞彙

在明治時代當中國人開始翻譯日文的時候，日語的名詞、動詞、形容詞、副詞等，在原文幾乎全用漢字書寫。用假名[9]書寫的，只不過是動詞的語尾和て、に、を、は等助詞罷了。這類被中國人翻譯的日文，簡直可以說是以漢字為主而雜以假名的文章。因此，中國人倘若瞭解那些助詞的作用，只要顛倒或變換原文詞彙的排列，便可以說理解日文的大意了。梁啟超〈論學日本文之益〉一文，是就這種「日本文」而發的：

> 學日本語者一年可成，作日本文者半年可成，學日本文者數日小成，數月大成。

中國人利用這種「方便」，創造了所謂「和文漢讀法」。這是一種學習日語的速

7　魯迅：《魯迅全集》第 2 卷，頁 267。

8　魯迅在這篇文章內所用的「格致」兩字，人民文學出版社本注為「博物學」；竹內好日譯本（《魯迅選集》）注為「理科」。

9　譯者注：「假名」（Kana），是日文字母，一種音標符號。分「平假名」和「片假名」兩種字型，從唐代中國文字的草書體或簡體得來。

成方法。在明治初年的日本語文內，漢字委實太多了。中國人所不懂的，只有假名；即使碰到假名，如果懂得て、に、を、は等假名的意義，亦可顛倒次序來讀懂日文。方法大略如此：首先抓着主語，眼睛馬上奔向句子的尾部（即是句號之前），找出動詞，最後轉頭閱讀句子的賓語。例子可在商務印書館刊行的《和文漢譯讀本》內找到。這書取材自坪內逍遙（1859-1935）編的《小學讀本》，而譯者則在假名旁邊注上了 7 號小楷漢字，以明句義。

根據「和文漢讀法」，倘使把那些「顛倒」的漢字依中文句法抄正，便可作為日文的漢譯了。對中國人來說，這種形式的漢譯，名詞和動詞的使用，雖感生硬和罕見，但文句的結構，已大致近於中文體裁了。在早期的翻譯裏，這類東西似乎特別多。

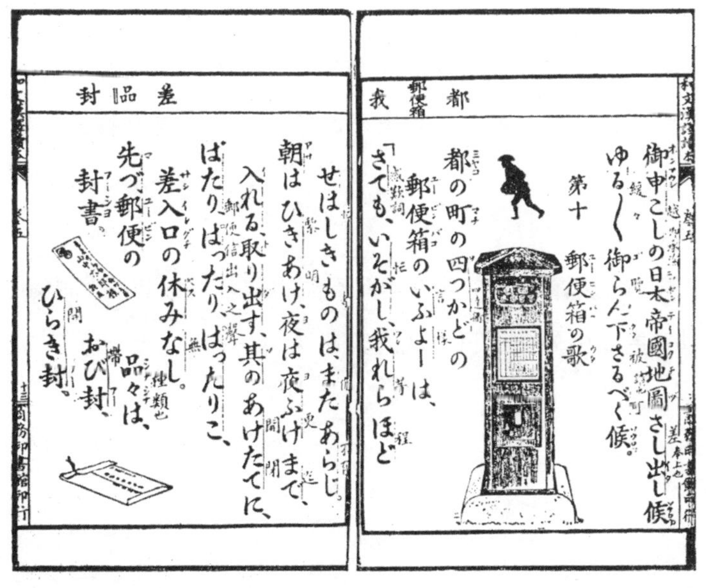
都　郵便箱　我

御申こしの日本帝國地圖さし出し候
ゆるゝ御らん下さるべく候。

第十　郵便箱の歌

都の町の四つかどの
郵便箱のいふよーは、
「さても、いそがし我れらほど

差　品　封

せはしきものは、またあらじ。
朝はひきあけ、夜は夜ふけまで、
入れる取り出す、其のあけたてに、
ばたりはったりはったりこ、
差入口の休みなし。
先づ郵便の品々は、
封書。おび封、
ひらき封。

《和文漢譯讀本》卷 5 第 12 頁底頁（右）和第 13 頁面頁（左）

不過，早期的翻譯對讀者來說，有着很多「半懂不懂」、「莫名其妙」的譯文。因此，《譯書彙編》第 7 期的「本編告白」，有下面幾句話：

> 本編所譯各書，間有沿襲外國名目。難於索解之處，閱者盡可函致本編同人，相與析義問難。同人知力所及，無不竭力以告。閱者鑒之。

這裏所稱的「外國」，其實僅指日本一國而言。

《教育年鑒》的〈教科書之發刊概說〉「總論」亦說：

> 科舉廢後，正式教科書遂相繼出現，有由學堂自編應用者，有由私人編輯者，有由書商發行者，有由日本教科書直譯而成者。[10]

大概這裏所謂「直譯」的文章，就是指攙雜了半懂不懂的語句的東西吧。

〈教科書之發刊概說〉23 號，曾作如下的記載：

> 同年廣智書局發行日文翻譯教科書多種，銷路甚佳。有《速成師範講義叢書》，陳文譯《支那史》及《中等教育論理學》等數種。惟完全按日人語氣及日本材料者。[11]

這裏所謂「完全按日人語氣」的翻譯，當亦含有半懂不懂的詞彙，尤其從「語氣」一詞的使用來看，用意似乎更要格外顯出日本式的表達法。

---

10 《教育年鑒》戊編，頁 115。
11 同上，頁 116。

四、日本詞彙的注釋

完全「直譯」及有「日本語氣」的漢譯本，中國人讀起來，最初還可以把它們作為具有異國情調的東西看待，但久而久之，難免產生隔靴搔癢之感。因此，留日學生最初的翻譯團體譯書彙編社，刊出了「難於索解之處，閱者盡可函致本編同人」的告白。

不但如此，他們在早期的譯文內加入很多注釋。例如《譯書彙編》第 7 期刊登的鳥谷部銑太郎原著《政治學提綱》（共 44 頁）就有如下的譯注：〔按：括弧內為原來的譯注〕

為保全己國計，與敵國開戰，除好意為仲裁外（仲裁者，中間人之意，局外國居間調和，謂之仲裁國），決不許他國容喙，是為積極國防權（積極者，猶言陽極，如電氣之正極，代數之正號也）……初不受他國制限也，是為消極國防權（消極者，猶言陰極，如電氣之負極，代數之負號也）。（頁 21）

且命令中之最重大者，為緊急命令。而行政權得由緊急命令，不待立法之手續（手續者，經歷一定之方法之謂，如立法必先發案，次議決，次公布之類）。（頁 24）

公使者，為國家元首之代表，故各國皆有特別之禮遇，在治外法權之下（治外法權者，蓋謂不受他國法律之制限，如有罪必使其本國自治，他國不得而治之是也），而不受他國法律之支配（支配者，即處治之意）。（頁 29）

君主有法人之性質（人有自然人與法人之別；自然人者，天生之人；法人者，法律所承認為有人之資格者也，如團體等類皆有法人之性質者也）。（頁 35）

英國憲法，為不成文憲法（不成文者，即習慣之謂，凡法律由習慣而成，不經制定之手續者，謂之不成文法，反是者謂之成文法）。（頁 37）

在《譯書彙編》其他號上的譯文中，亦有與上舉各例大體相同的，對那些「半懂不懂」詞彙的譯注。

在這段期間內，日本詞彙除了通過譯文而融匯於中國語文一途之外，也有很多詞彙由於中國人讀了日本書，受到感染，而在自己的文章內廣泛地使用，或者從其他日本書的中文翻譯獲知這種新詞彙。大概梁啟超是最好的例子了。

梁氏通過日本書籍吸收新思想，並將自己消化了的西洋思想向中國人介紹；同時，他又被日本人的論文（例如德富蘇峰等的作品）所感染，因而一面向中國人介紹這些論文，一面借此抒發自己的識見，還不時批評日本報紙的文字。梁氏在這類文章中，遇有中國人前所未見的詞彙，亦即日本詞彙，便加上自己的注解，例如：〔按：以下引自《飲冰室文集類編》，括弧內為梁氏原文的譯注。〕

新倫理之分類，曰家族倫理，曰社會（即人群）倫理。（上，頁 113）

以一國之財，辦一國之事，未有不能濟者也，而又於先事有預算焉，於濟事有決算焉（預算者，先大略擬此事費用，逐條列出而籌之也；決算者，徵信錄之意也）。（上，頁 318）

歐洲之人，只有此數，其勢固不足以分配（即遍布充塞之意）於大地，而其人開明之度既日進，分利之人愈多，而生產之人（即任勞力者）愈少。（上，頁 349）

今者西人製造物品之原料（即天產之物）。（上，頁 352）

君主無責任，故其責皆在大臣。凡君主之制一法，布一令，非有大臣之副署（副於君主以署名也⋯⋯）。（上，頁 403）

優強民族能以同化力（能化人使之同於我謂之同化力）吞納劣弱民族。（上，頁 518）

於是經濟上（日本人謂凡關係於財富者為經濟）之勢力範圍，遂寖變為政治上之勢力範圍。（上，頁 523）

於是創論理學（即侯官嚴氏譯為名學者）以範之。……亞氏又明哲學與科學（中國所謂格致學之類）之別。（下，頁 91）

孟氏謂法治國（以法律施治謂之法治），人人得以為其所當為，而不能強其所不可為。（下，頁 163）

希臘之地形，半島也（三面環海一面連陸者謂之半島）。（下，頁 533）

故使路得非生於十六世紀（西人以耶穌紀年一百年為一世紀），而生於第十世紀，或不能成改革宗教之功。（下，頁 659）

做這類注釋的人，不僅梁啟超一個。我想：這類譯注在日本詞彙融匯到中國語文的過程中，扮演了一個很重要的角色。

五、日本詞彙的借用

中國因為流行着廣含日本詞彙的翻譯及攙入日本詞彙的新作，所以中國的文章體裁產生了明顯的變化。

梁啟超翻譯了日本文學作品《佳人之奇遇》及《經國美談》；[12] 實際上他一方面是翻譯者，另一方面又是充分利用日本知識的評論家。他的文章不但採用日本詞彙，而且加進了日本式的文氣；因而熱力萬鈞，新穎可喜，人們都稱之為「啟超體」或「新文體」。讓我們舉一兩個例子看看吧。〔按：圓點為原作者實藤氏

12 譯者注：《佳人奇遇》，柴四朗（東海散士）原著，是長篇政治小說，明治十八年（1885）起分卷出版。《經國美談》，矢野文雄（龍溪）原著，也是長篇政治小說，明治十六年（1883）起分卷出版。兩本小說都曾風靡日本讀者。丁文江《梁任公年譜長篇》認為《佳人奇遇》和《經國美談》是梁啟超所中譯。但是最近許常安先生卻提出相反理論。許氏在 1969 及 1970 年日本中國學會的報告〈《清議報》登載の梁啟超譯《佳人奇遇について》〉，最先懷疑梁譯的確實性。許氏 1970 年 12 月 16 日給譯者的信中更指出「《經國美談》，恐毫無梁譯之證據」。

所加。〕

某頓首，上書於最敬最愛之中國將來主人翁留學生諸君閣下。某聞人各有天職，天職不盡，則人格消亡。今日所急欲提問於諸君者，則諸君天職何在之一問題是也。[13]

有一人之報，有一黨之報，有一國之報，有世界之報。以一人或一公司之利益為目的者，一人之報也。以一黨之利益為目的者，一黨之報也。以國民之利益為目的者，一國之報也。以全世界人類之利益為目的者，世界之報也。中國昔雖有一人之報，而無一黨報，一國報，世界報。日本今有一人報，一黨報，一國報，而無世界報。若前之《時務報》、《知新報》者，殆脫一人報之範圍也。敢問《清議報》於此四者中，位置何等乎？曰：在黨報與國報之間。今以何祝之？曰：祝其全脫離一黨報之範圍，而進入於一國報之範圍，且更努力漸進以達於世界報之範圍。乃為祝曰：報兮報兮，君之生涯，亙兩周兮，君之聲塵，遍五洲兮，君之責任，重且道，君其自愛，罔俾羞兮，祝君永年，與國民同體兮。重祝曰：《清議報》萬歲，中國各報館萬歲，中國萬歲。[14]

這種文體，似乎可以叫做「日本化文體」。梁氏的文體，對當時的青年有很大的影響，餘波所及，一直到民國以後。[15]

使用日本詞彙，受到日本文體的影響，其實也不僅梁啟超一人。即使說，所有留日學生都如此，我想亦不為太過。

諸宗元的《譯書經眼錄·序例》（1927）說：

---

13 〈敬告留學生諸君〉，《飲冰室文集類編》上，頁 713。

14 〈清議報第一百冊祝辭並論報界之責任及本館之經歷〉，《飲冰室文集類編》上，頁 798-799。

15 胡適、毛澤東和郭沫若年青的時候，都迷倒於梁氏的文章。陳獨秀在《新青年》所發表的文章的體裁，也屬啟超體的。

……光緒甲午我國與日本構釁，明年和議成，留學者咸趨其國，且其國文字迻譯較他國文字為便，於是日本文譯本，遂充斥於市肆，推行於學校，幾使一時之學術，寖成風尚，而我國文體，亦遂因此稍稍變矣。[16]

1911年刊行的《普通百科新大詞典》的「凡例」說：

吾國新名詞大半由日本過渡輸入，然所用漢字有與吾國慣用與相同而義實懸殊者，又有吾渾而彼晝疑似涉易者，皆隨條分析。

若盧在〈評中國著譯界〉（《中國新書月報》第1卷第2號，1931年1月）一文說：〔按：圓點為原作者實藤氏所加。〕

東文——就是日文——因為和中文是同文的，所以名詞等等倒可以將就引用，因此翻譯日文好似比翻譯西文容易些。而中國人素來是輕視日本的，所以學術上也輕視日本；於是一班投機的譯者都從日文書中找到外國書的譯本，糊裏糊塗地譯了過來，在廣告和封面上卻大吹大擂說是由西文原書直譯；其實，日譯未必都是壞，西譯未必都是好。只要譯得不錯，何妨就用日譯呢？還有一種文丐勉強學了一二年日文，就動起筆來翻譯一切日文的書籍——上自文哲，下至科學——弄得讀者莫明其妙，那真是糟透了。最是惡作謔的是東洋小鬼，他們做書往往不用原文真名；因此，引得譯界裏產生了無數笑話，記得從前某君把「伊甸之園」譯作「雅典之園」，在文壇上引起了長篇辯駁的文字。……最妙的是處處偷取日人的貢獻，還在跟人拚命鄙薄日人的作品。翻開新書一看，十有八九是東洋的來路貨；這豈不是新文化

16 《中國近代出版史料・二編》，頁95。

上一重大的污點。（頁 4-5）

這裏所謂「翻開新書一看，十有八九是東洋的來路貨」，是就內容方面說的；為了引入這些內容，日本詞彙亦會同時進入中國語文，這是毫無疑問的。

皕誨在《廣學會三十六周年紀念冊》（1923）的〈基督教文字播道事業之重要〉一文中，宣述文字傳道的重要性，曾說：

> 中國文字界，似尚未有與基督教有把臂入林之雅，故作一文字，引用佛教經典，非但不為蕪累，而且更覺詞藻之佳妙；至涉及基督教經典之字樣，便有異常刺目之嫌，此非為佛教古而基督新有所不慣也。如年來由日本販入之新名詞，人人樂用，何嘗不反以新為善乎。[17]

本文主題是基督教的傳道問題，不是中日文化問題。因此，我想：在這種場合的發言，應該是十分公平的吧。

六、對日本詞彙的責難（一）

清季以來，中國的新名詞，便「大半從日本輸入」、「人人樂用」，但是某些為中國所慣用的日本詞彙，曾遭不客氣的反對。

梁啟超在〈論民族競爭之大勢〉（1902）一文，有這麼一句話：「紐約、芝加哥諸市，遂為全地球金融之中心點」。他對「金融」一詞，作了如下的注解：

17 《中國近代出版史料．二編》，頁 333。

> 謂金銀行情也；日本人譯此兩字，今未有以易之。[18]

他對日本詞彙「金融」發生了疑問。然而，他在〈論近世國民競爭之大勢及中國之前途〉(1898)一文中，有「故其爭也……非屬於政治之事，而屬於經濟之事」一語；對於「經濟」一詞，他解說：「用日本名，今譯之為資生。」[19] 可見他由疑問而進於抗議了。[20]

他在〈樂利主義泰斗邊沁之學說〉(1902)一文，曾說：「於是乎，樂利主義 utilitarianism 遂為近世歐美開一新天地。」梁氏有如下的注釋：

> 此派之學說，日本或譯為功利派或譯為利用派。西文原意則利益主義也。吾今隱括本派之梗概定為今名。[21]

梁氏不但抗議日本詞彙，毅然反對日本詞彙，並且試圖以其他詞彙取代日本詞彙。他曾就「革命」一詞(從日本借來的)，特別作了〈釋革〉(1902)一文，以推敲這個詞彙的意思，結果提議用「變革」兩字去取代「革命」一詞。讓我們摘錄其要點看看吧。

> 「革」也者，含有英語 reform 與 revolution 之二義。reform 者，因其所固有而損益之以遷於善，如英國國會一八三二年之 revolution 是也。日本人譯之曰改革曰革新。revolution 者，若轉輪然，從根柢處掀翻之，而別造一

---

18 《飲冰室文集類編》上，頁 529。

19 同上，頁 551。

20 譯者注：實藤先生着重梁氏對日本譯語態度本身的變化，因而忽略所引例文的年代次序。梁氏〈論民族競爭之大勢〉一文，於光緒二十八年(1902)發表，而〈論近世國民競爭之大勢及中國之前途〉一文，卻刊於光緒廿五年(1899)，後者比前者早出三年。因此，倘純從年代觀點來看，就不能說梁氏「進於」抗議日本詞彙。

21 《飲冰室文集類編》下，頁 170。

> 新世界。如法國一七八九年之 revolution 是也。日本人譯之曰革命。革命二字，非確譯也。「革命」之名詞，始見於中國者，其在《易》曰，湯武革命，順乎天而應乎人；其在《書》曰，革殷受命。皆指王朝易姓而言，是不足以當 revo.（省文，下仿此）之意也。人群中一切有形無形之事物，無不有其 ref.，亦無不有其 revo.，不獨政治上為然也。即以政治論，則有不必易姓而不得謂之 revo. 者，……ref. 主漸，revo. 主頓；ref. 主部分，revo. 主全體；ref. 為累進之比例，revo. 為反對之比例。其事物本善，而體未完法未備，或行之久而失其本真，或經驗少而未甚發達；若此者，利用 ref.。其事物本不善，有害於群，有窒於化，非芟夷蘊崇之，則不足以絕其患，非改弦更張之，則不足以致其理；若是者，利用 revo.。此二者皆大《易》所謂革之時義也。其前者吾欲字之曰改革；其後者吾欲字之曰變革。[22]

跟着，梁啟超說「革命」只不過是王朝的更換，不啻億萬人中的一人，瀛海中之一滴，毫不重要。西洋 revolution 的意義，作為「國民變革」解釋，比起「王朝革命」，更重要得多了。故此，他主張不再說「革命」，必須改說「變革」。[23] 梁氏的說法，其實與他自己的政治立場有關，不能視作純粹的語言問題。

當梁啟超寫那篇反對「革命」一詞的論文時，中國正在氾濫着經學革命、史學革命、文學革命、詩歌革命、戲劇革命、小說革命、音樂革命、文字革命等等「革命」的名詞，而梁氏在那篇文章亦對這些「革命」一一指摘。然而，梁氏儘管奔走呼號，務必改「革命」為「變革」，卻終歸無效。

---

22 《飲冰室文集類編》上，頁 328-329。
23 同上，頁 329-333。

梁氏雖然寫了〈釋革〉（1902）一文；然而他自己在 1904 年作〈中國歷史上革命之研究〉，1905 年又寫〈俄羅斯革命之影響〉等文章了。[24]

七、日本詞彙的辭典（一）

從中國人來日本留學開始直到清朝覆亡的期間內〔按：1896-1911，共 15 年左右〕，因為中國人翻譯了很多日本書籍，大量日本詞彙得以流入中國，以致中國人對那些詞彙有應接不暇的感慨。

日本詞彙不但深入中國的教育及法律方面，而且亦深入到人文科學和自然科學等任何方面。以一人之力，是不能完全讀通各方面的書籍的。更加上閱讀翻譯書籍（後來，甚至一般非翻譯書籍）時，難明白的非專門的詞彙亦會源源不絕地湧現。因此，中國人需要一些解釋來自日本的新語的辭典了。

最初應付這種需求的，是汪榮寶和葉瀾編的《新爾雅》（上海：明權社，東京並木活版所印刷，1903）。這本書分 14 部分：釋政、釋法、釋計（經濟）、釋教育、釋群（社會）、釋名（論理學）、釋幾何、釋天、釋地、釋格致（物理學）、釋化（化學）、釋生理、釋動物、釋植物。各部分又有詳細的分目。例如「釋政」，其詳細分目如下：

第一篇　釋國家
釋國家之定義
釋國家

24　又，在《飲冰室文集類編》上（1904 年），頁 629，有〈革命！俄羅斯革命！〉短文一篇，但其寫作年期不明。

釋國家之起源

釋國家之種類

第二篇　釋政體

第三篇　釋機關

現在舉「釋計」（經濟）中的「釋生財」（生產），作為這種體裁的例子。字體下面的圓點都是原文所有；它們有標示新語，即標示日本詞彙的作用。

生財必不可欠之要素有三：曰自然（有時僅言土地），曰勞力，曰資本。自然可分為三：禽獸草木有形物，生長由於天然，而可採供人用者，謂之自然物。發於天然之勢力，可為人所利用者，謂之自然力。厥類凡二：風力水力等，不待人力而自然成立者，謂之原始之自然力；電氣力蒸氣力等，由人力而發生者，謂之誘導之自然力。有一定之面積及自然力者，謂之土地。生財時所用之心力或體力，謂之勞力。因勞力之性質而其分類甚多：為人所未為之事，或造出世所未有之物，謂之發明；物雖已成，人皆未知，我獨顯之，謂之發見；漁樵採礦等，取自然之物而用之，謂之採取；農業林業等，產出粗品，謂之粗製；以粗品造精品，謂之精製；運搬種種物品，或賣買之，謂之運送業，謂之商業；醫生律師官吏教習等，所用精神之勞，謂之勤勞。勞力又可大別之生產不生產二種：農工商等，直接間接有裨於生財者，謂之生產勞力；盜賊乞丐等，無裨於生財者，謂之不生產勞力。以過去勞力之結果，助未來之生產者，謂之資本。專賣權、版權、商標之屬，與人以無形之利者，謂之無形之資本；機械器具之屬，直接與人以利者，謂之有形之資本。用以產物，其損減以漸，非經一次使用而即為消費者，謂之固定資本；用以產物，經一次使用便已消費者，謂之流動資本。（頁 39-40）

中國初期留日學生的翻譯，以法律及教育有關的書籍為主。因此，在 1905

年，京師譯學館出版了《漢譯新法律詞典》。原作者是日本「新法典講習會」。後來由徐用錫翻譯、張緝光主編，在東京秀英舍第一工場印刷，封面黑色、精裝。全書有 767 頁。

這個譯本依照原著體例，按「伊呂波」的次序[25]排列。最後附以長達 76 頁的部首筆劃索引。主編張緝光在序文裏說明了這種編排的理由：〔按：原文無標點，標點為譯者所加〕

> 書中所陳，若相手方、若相續、若戶主、若隱居、若株主、若言渡、若拂込、若後見人、若手續、若法團財團諸名字，觸目皆是。小注所云參照某條者，皆彼中法律正文。

1907 年，《日本法規解字》出版了。當商務印書館編印《新譯日本法規大全》（共 80 冊，這是日本《六法全書》的全譯本）的時候，敦請錢恂和董鴻禕兩人詳細注釋其中難懂的名詞，於是他們編撰了按部首次序排列的《日本法規大全解字》（線裝，共 202 頁），作為「附錄」。當它作為單行本出版時，便取名為《日本法規解字》。編者們在「編後話」中說：

> 嗣因近來東譯盛行，政法等書，多沿日本名詞，初學頗以為苦。又將是書刊為單行本，以備讀東譯者之參考，或不無少助云。

同年，又有一本《漢譯法律經濟辭典》在日本出版。這本辭典原是日本清水

25 譯者注：「伊呂波」的次序，是〈伊呂波歌〉的文字次序。傳說這首歌是日本高僧空海（弘法大師）用 47 個不同的假名，翻譯佛教《大般涅槃經》第七品〈聖行品〉所得的歌謠。原文如下：いろはにほへど　ちりぬるを／わがよたれぞ　つねならむ／うるのおくやま　けふこえて／あさきゆめみじ　えひもせず（諸行無常，是生滅法，生滅滅已，寂滅為樂）。從九世紀末期到現在，這首〈伊呂波歌〉在日本家傳戶曉，所以日本人有時用歌內的文字次序來算數，一如中國有人拿〈千字文〉的「天地玄黃」等字次序來算數。

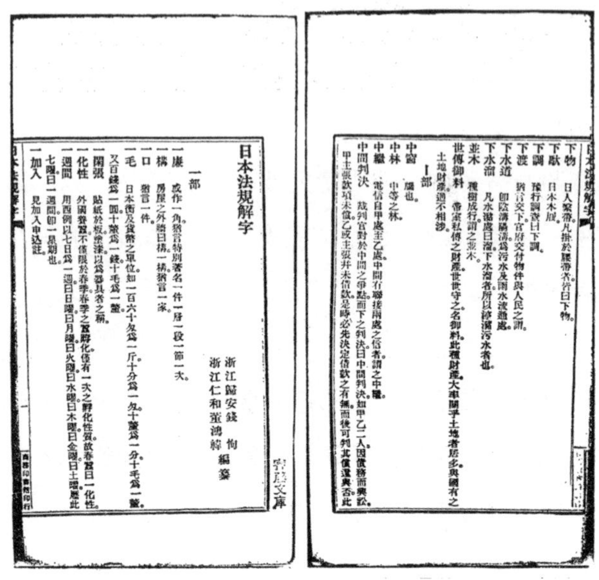

《日本法規解字》第 1 頁面頁（左）和第 3 頁底頁（右）

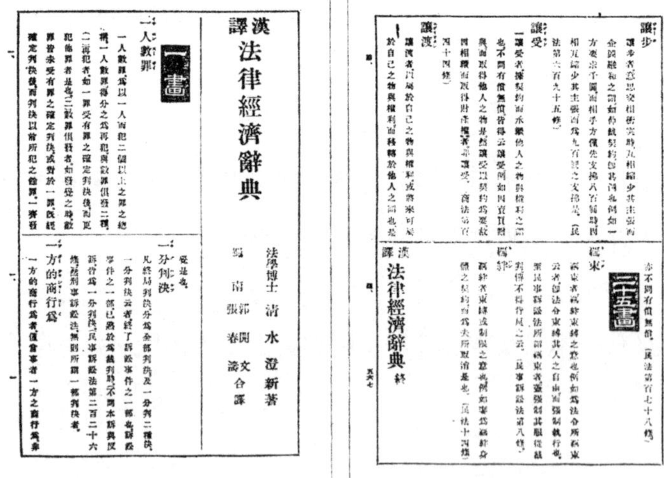

《漢譯法律經濟辭典》首頁（左）和末頁（右）

澄特別為中國人編寫的，後來由留學東京帝國大學的張春濤和郭開文翻譯，並由精通日文的陳介將譯文全部校閱，在東京神田區的奎文館發行。陳介的序文說：

> 吾國人士研究政法者，多取道於日本，累年以來，以數千計。學有心得，復編譯新籍，以惠國人，冀以發達其政治思想，普及其經濟觀念，法至善也。所惜者，名詞艱澀，含旨精深，譯者既未敢擅易，讀者遂難免誤解，差之毫釐，謬以千里。辭典之作，其何能已。日本法學博士清水澄先生，因感於是，特有此著。奎文館主橘君，復請吾國人之留學於東京帝國大學者，集而譯之。書將成矣，託為校閱，並囑為序。余固有志於斯學者，喜其嘉惠吾徒，有益於我國民前途者良多，匪為供參考而已。即將來編纂法典審取名詞，亦可奉為圭臬，誠近來之善本也。

這個譯本共有 567 頁，16 開本，每頁分上下兩欄排印，精裝，書背裝璜華麗。編者說，辭典內每項都附以日本假名，就是為了方便留學日本的學生及曾經留日的公務員自修的緣故。

1909 年，商務印書館出版了《漢譯日本法律經濟辭典》。本書為田邊慶彌原著，王我臧譯，精裝，每頁上下兩欄排印，16 開本，共 148 頁。

1911 年，中國詞典公司刊行了黃摩西編輯的《普通百科大詞典》15 冊，收錄項目達 11,883 條。這部詞典雖亦刊載中國固有的學術用語和歷史地理名詞，然而僅錄最主要用語，挑選至為嚴格；可是對於外國辭語，則悉力以赴，大量收錄。編者加入一些中國固有的學術用語，點綴一下，大概是為了避免「河頭賣水」之嫌，兼辭「只愛野鶩而棄家雞」之責難吧。除了收錄大量外國新知識用語（主要是取自日本的譯語）之外，這部辭典也刊載日本及西洋的地名和人名。編輯體例，悉依字彙筆劃多寡排列，每一詞彙編以號碼，西洋詞彙（普通名詞及專有名詞）附以原文，必要時加附插圖。每一詞彙所屬學科性質，亦一一注明。學科大略分為政治、教育及格致三大部門，各大部門又有詳細的類別：政治 13

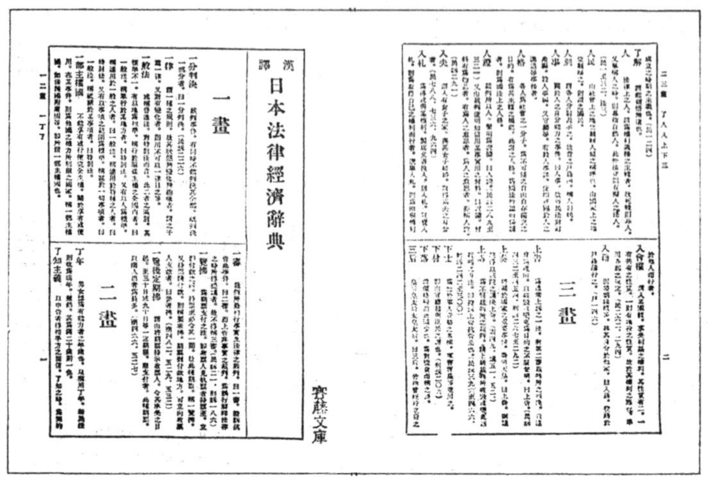
漢譯 日本法律經濟辭典

一畫

二畫

三畫

寶藤文庫

《漢譯日本法律經濟辭典》第 1 頁（左）和第 2 頁（右）

四畫

太晤士 片双 片盤 片假名 片 片岩 片腦油 片麻岩 幻燈 幻覺 欠伸 勾節勾股

不定積分 不定方程式 不能方程式 不可能方程式 不拉干薩家 不拉格馬的克制約 不拉格馬的司[illegible] 不灰木 不倒翁 不利斯底尼 不留長 不拉及烏斯

不拉低阿 不尋太幾 不滅性 不安定之塵 不安定之平衡 不換紙幣 不完全 不敬罪 不定芽 不隨意筋 不定稱 不動關節

不動產 不動產登記 不等式 不等速運動 不透明體 不盡根 不勒希 不勒斯德 不良導體 不定級數 不定形 不名數

不合理 不同類項 日月潭 日射病 日食 日英同盟 日俄戰爭 日韓協約 日本海 日本勸業銀行 日本銀行 日本興業銀行

日本[illegible]教會派 日週運動 日本語 日雀 日附後定期付 日斯巴尼亞 日耳曼帝國 日耳曼聯邦 尤來納司 尤來尼弗 尤德塔 尤梯克

四畫 十九

《普通百科大詞典》總目錄第 19 頁面頁（右）及第 19 頁底頁（左）

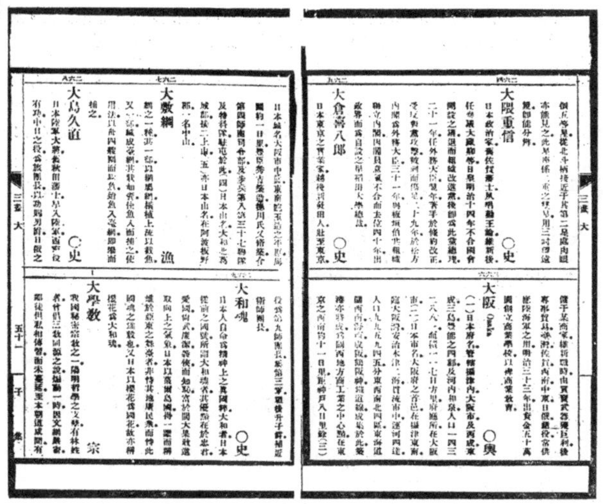

《普通百科新大詞典》子集第 50 頁底頁（右）及第 51 頁面頁（左）

類、教育 20 類、格致 33 類；各種類別均揭一字表示。（按：例如近代日本首相「大隈重信」一項，附以「史」字；日本城市「大阪」，附以「輿」字；物理學上的「不安定之平衡」，附以力學的「力」字。）

八、對日本詞彙的責難（二）

1915 年，出現了一本專門非難日本詞彙、題曰《盲人瞎馬之新名詞》的書。著者（彭文祖）以「將來小律師」之號署名。由於這本書是在東京飯田町的秀光社印刷的，可知著者當時是一位在日本留學的人士。張步先的序文說：

顧吾國人之談新學也有年矣。非唯不受新學之賜，並吾國固有之文章語言亦幾隨之而晦。試觀現代出版各書，無論其為譯述也，著作也，其中佶屈聱牙解人難索之時髦語比比皆是。嗚呼，是何故耶！是不治外國文之過也，或治之而未深求也。盲談瞎吹，以訛傳訛。曩者大隈氏重信譏我曰：日本維新以前，漢文行乎日本；自維新而後，日文行乎中土。予聞此語，深慨國人之愈趨愈下而不知自振作也。

首先，彭氏就所謂「新名詞」一語，表示了下面的意見。他指那些所謂「新人物」，競相向慕新名詞；而新名詞是在甲午大敗之後，由留學生和新人物（梁啟超等）所開始使用的。儘管舊人物對這類新名詞大皺眉頭，可是新人物卻樂此不疲。

他繼而認為，辛亥革命之後，新名詞氾濫全國，連小學生也說起新名詞來，唯恐後人。那些出版商更厚顏無恥地強調「著作所有權，不准翻印」，簡直像從祖先方面承受遺產一樣，口中喋喋不休地套用新名詞（如「手續」、「取締」之類），即使在通信中，十句便有六句是用新名詞書寫的（如「目的」、「宗旨」、「絕對」等）。最後，更感慨地喊出：啊，這是多麼「恬不知恥」呀！這是一件關乎「亡國滅族」的事，怎能沉默！

依上述旨趣，作者所攻擊的「新名詞」，有下列 59 個：

支那	取締	取扱	取消	引渡
樣	殿	哀啼每吞書（ultimatum）	引揚	手續
的	積極的—消極的	具體的—抽象的	目的	宗旨
權利	權力	義務	相手方	當事者
所為	意思表示	強制執行	差押	第三者

場合	又ハ	若クハ	打消	動員令
無某某之必要	手形	切手	律	大律師
代價	讓渡	親屬	繼承	片務—雙務
債權人—債務人	原素—要素—偶素—常素	取立	損害賠償	姦非罪
各各—益益	法人	重婚罪	經濟	條件付之契約
働	從而如何如何	支拂	獨逸—瑞西	衛生
相場	文憑	盲從	同化	

對於一些中國人過度的「同化性」，毫無批判地使用日本詞彙，甚至得意忘形地使用一些連日本人也避而不用的、具有「日本語氣」的詞彙，彭氏感到萬分氣憤。

トリシマリ
取　　締（上欄小字係日文，特錄以供參考）

予一見此二字，猶鐵匠由爐房出而遇烈日，不由得心中火起，深恨大多數國人瞎眼盲從，隨風隨雨，人云亦云，恬不知恥也。留學生誰不曰取締規則、取締規則，報紙亦無日不大書取締取締，政界中與學堂中無時不曰非取締不可、非取締不可。尋其義與夫來歷，則茫然不知。咄！是何盲從之深也。殊此二字之魔力甚大，不獨彌漫全國，響映大多數人之心理。大總統之命令文中，且備其位。民國二年六月某命令中，有「自應嚴加取締」之句，永為將來史書中之一革命文章，其魔力誠可驚矣。雖然褒姒之得寵，由於弧人；取締二字之見用，由於吾國現號稱為大文豪之梁啟超也。梁之文章中，新名詞故多不可數，以《新民叢報》為嚆矢，是其建功於國之第一階也，國人不可不佩服而宗仰者也。今言取締二字之來源。先說取字，取字在日文中毫無意義，所謂接頭語是也。如《左傳》「翳我獨無」之「翳」字，祭文首句「維萬國元年」之維字，同無意思者也。此非據余一面之言，乃據參考者也。日本東亞語學研究會出版之小紅本《漢譯日本辭典》取字注下，明言此字加於他字之上，未有意義。凡留學日本者，其初未有不購一冊者也，豈視而不見乎！日文中所謂接頭語接尾語者，不可勝數，大半皆無意思者也。在吾國言接尾語，亦為數甚多。如呦囉嗎等音，皆書不出字，僅表其狀態耳。取字已明，茲再言締字。據《康熙字典》，則締者，締結也，結而不解也，閉也。日文取締二字，即取後二者之意思，而結而不解之意，即不放之意；不放之意，即與閉之義無何差別。再廣解閉字之意思，即封鎖也；封鎖之意思，即禁止不許動也；禁止不許動之意思，即拘束也，管束也。所謂取締規則，則管束學生之規則，自應嚴加取締，即自應嚴加管束、禁止。警察對於吊膀子之惡風，所謂非取締不可，即非禁止不可。吾國人是何心理，偏嗜不倫不類牛蹄馬腿之取締二字，而唾棄光明磊落之禁止、管束等字哉！咄，余欲罵之曰瞎眼盲從。殊大總統猶歡迎之，亦難言矣。謚之曰亡種同化性。閱者以為當否。

著者大聲疾呼，認為使用正如「取締」一詞那樣毫無道理的外來語，實際上不如用「禁止」、「管束」等中國語，這樣的例子委實太多了。（然而，今日「禁止」及「取締」兩詞，同時都通用。）他又說：

ドウインレイ

動員令

此三字無可說。然其為一盲人瞎馬之新名詞，恰合本書之本旨。所謂動員者，動教員乎，動委員乎，動公務員乎，動國務員乎，意思毫不明瞭，所指亦無一定。然我國人及報館漫然不察，人云亦云，唯上帝是從，佑我小民無疆之福。人作禽獸浴，吾效之；人不穿衣袴，吾亦效之。言之令人切齒，

> 深以不能一刃其頸為憾。日人所謂之動員令，即吾所謂之動兵令，雖軍艦亦曰兵，無論水陸皆包含者也。何必效曹瞞作挾天子以令諸侯之假面哉。

「動員」一詞，今日的中國人仍然使用。著者非難的理由，因為這個詞不但在軍事上使用，而且也在政治上用來表示煽動人民之意。

著者所排斥的詞彙中，有「文憑」一詞。文憑就是日本所稱的證書。細讀原作者的文字，便可知道他並不非難「文憑」這個詞彙的本身，而批判僅以證書為目的的留學。著者對於那些用錢買證書或偽造證書的卑鄙行為，非常憤慨。故此，著者所怒視的，不僅是語言問題，進而為留學問題和社會問題；他所觸及的問題，尚有很多很多。總而言之，彭氏「痛恨」毫無批判地使用日本詞彙的人。對於那一小撮毫無批判頭腦的傢伙不惜憤恨到「令人切齒，深以不能一刃其頸為憾」。

這本書所攻擊的詞彙，主要是清末所輸入的；其實有些詞彙，連日本人也覺得有過分生吞活剝之嫌。例如，日語的「各各」一詞，有些中國人也「譯」做「各各」；其實，中文單寫一個「各」字便夠了。日文句子如「強盜人ヲ傷シタルトキハ，無期，又ハ七年以上，懲役ニ處ス」，有人譯作：「強盜傷人者，處無期徒刑又處七年以上之徒刑」；其實，「又ハ」必須譯作「或」才行。又例如，日文「損害賠償」，有些中譯亦依樣畫葫蘆；其實，應該譯為「賠償損害」才對。上舉各例，都可以確證中國初期的翻譯，實在是帶有「日本語氣」的。

「各各」、「又」等字的錯誤用法，不會再在現代中國語文出現了；但是，相當於「損害賠償」的用法，並未完全絕跡。「文字改革」、「文學研究會」等詞語的構詞法，就是例子。

在彭文祖所攻擊的日本詞彙中，倘若作為中國語使用，確有很多是不合理的；日後證明它們也的確不能在中國語文內生存。其中原因頗為複雜，彭文祖的大聲疾呼，或許多少有些效果；然而，我想最大原因還是由於這些詞彙本身沒有發展性，再者是因為後來中國人創造了更好的詞彙。

儘管彭文祖咬牙切齒地痛恨這些詞彙，甚至要砍掉使用這些詞語的人的頭，但是時至今日，仍有很多日本詞彙融匯到中國語文裏去。例如：「積極的」、「消極的」、「具體的」、「抽象的」、「目的」、「XX的」、「權利」、「義務」、「債務」、「債權」、「原素」、「法人」、「經濟」、「衛生」等等，在現代漢語中都是常用的詞彙。甚至那些真正的「大和言葉」，例如「取締」、「取消」、「引渡」、「手續」、「場合」等，亦已在中國語文內生了根，似乎不能驅逐它們出境了。

九、日本詞彙的辭典（二）

五四運動（1919）以後的中國，「新文化」運動盛行，中國人翻譯了很多有關文學及社會科學的日文書籍。這時，中國人對日本語的研究，也變得精細了；乃至有《日語助動詞助詞使用法》（許達年編，1934）等書的出版。翻譯者有魯迅、郭沫若等名作家；翻譯亦變得正確而且雅達了。

清末之際，譯本以法科的佔最多，但是五四以後，則以社會問題的佔大多數。因此，當時從日本輸入的詞彙，亦以社會問題方面的佔大多數。

由於大量日本詞彙的輸入，中國人漸漸感到辭典的必要，於是有各式各樣的辭典問世。清末的辭典都是直行的，五四以後的卻相反。下面介紹的辭典，全部都是橫行的。這大概是時代的風氣吧。

1.《新文化辭書》

唐敬杲編，商務印書館 1923 年發行。全書 1,107 頁，共載 7,901 項，索引 157 頁。（漢字索引 69 頁，羅馬字索引 88 頁。）

這部辭典，屬於「大項目主義」（體裁宏偉）。編輯方針以原文為主，而在

四 畫 心戶手文斗方日月木止比毛 7

心的[illegible](171)。
心的存在(1019)。
心的作用(490)。
心的勞動者(378)。
心[illegible](571)。
心象(637)。
心理主義(295,350,704,777,984)。
心理[illegible]學說(788)。
心理的分析(337,909)。
心理的快樂主義(776)。
心理的[illegible]關說(299)。
心理的事實(655)。
心理[illegible](689)。
心理學([illegible]62)。
"心理學"(425)。
心理學上之主知說(408)。
心理學上的主情說([illegible]85)。
心理學上的自[illegible]說([illegible]2)。
心理學的二元論(329)。
心理學的主意說(1073)。
心理學的決定論(251)。
心理學的觀念(1004)。
心理學派(337,777)。
"心理學原理"(961)。
"心理[illegible]教科書"(411)。
心理概念(1095)。
心意(468)。
心意[illegible](719)。
心境[illegible](168)。
心境[illegible](108)。
心質元素(602)。
心[illegible](221)。
心智[illegible]正(772)。
心靈[illegible](346)。
心靈的希望(849)。
戶外派(743)。
戶外勞動(508)。
戶外寫生(743)。
手工業時代(156)。
文化(538)。
文化主義(536)。
文化的國家(519)。
文化的階級(414)。
文化的[illegible]克拉西(244)。
文化科學(985)。
文化哲學(985,1086)。
文[illegible](184)。
"文[illegible]"(918)。
文成公主(541)。
文明(34)。
"文明人"(870)。
"文明:其[illegible]因和其救治"(16[illegible])。
"文明底崩潰"(1012)。
文科中學校(672)。
文[illegible](111)。
文[illegible](295,677,983,1081)。
"文[illegible]的森林"(757)。
文[illegible](192,673)。
文[illegible]工斯(170)。
文學上的印象主義(461)。
"文學[illegible]"(349)。
文學俱樂部(339,423)。
文藝上的自由主義(829)。
文藝上的[illegible]主義(991)。
文藝上的[illegible]說(1017)。
文藝主義(10[illegible])。
文藝史上的自然主義(661)。
文藝史上的寫實主義(804)。
文藝復興(196,464,772)。
文藝復興的[illegible](433,990)。
文藝復興運動(791)。
"文藝[illegible]"(618)。
"斗底下的[illegible]"(222)。
方法論(2[illegible])。
方法論的分類(984)。
方法論的[illegible](679)。
"方[illegible]心論"(704)。
方[illegible]士(122)。
方廣道人(110)。
"日出前"(787,663)。
日耳曼民族的[illegible](184)。
"日常[illegible]"(207)。
日曜學校(187)。
月之[illegible](633)。
月的軌道(163)。
"月[illegible]"(854)。
[illegible](341)。
木[illegible](624)。
止(119)。
止息(1098)。
止觀(119)。
"止觀[illegible]例"(116)。
比丘(84)。
比丘尼(865)。
比多芬(40,822,1076)。
比[illegible](754)。
比利克[illegible]斯(12,416,918,9[illegible])。
"比[illegible]"(370)。
比例不等(929)。
比例的[illegible](928)。
比[illegible](340)。
比[illegible](755)。
比[illegible]斯(179)。
比[illegible](17[illegible])。
"比[illegible]"(601)。
"比[illegible]"(643)。
比爾.[illegible](739,1033)。
比[illegible](912)。
比[illegible](703,878)。
比[illegible](2[illegible]9)。
比較法學派(312)。
"比[illegible]"(222)。
比入(917)。
比附多[illegible](612)。
比[illegible](234,831)。
比[illegible](10,751,783,[illegible],1039)。
毛[illegible](1026)。

《新文化辭書》漢字索引，第 7 頁。

原文底下附以譯語。項目依 ABCD 的次序排列。為甚麼要依 ABCD 的次序排列呢？編者的序文說：

> 敬杲敢再以本書編制上底特色，略為報告讀者諸君：因為本書底材料大概是外國的，許多術語我國尚未有一定的譯名，為檢查底便宜上，依西文字母底順序排列，而另附以漢文索引。

編者雖說「許多術語我國尚未有一定的譯名」，但結果仍以漢字將原語譯出。這些譯語，雖然編者沒有明顯表示「採用了日本的譯語」，然而事實上大都借用日本的譯語。只要翻看任何一頁漢文索引，都可以看出這一事實。

這部辭典不但刊載外國學者及文學家的傳略，連佛教事項也選錄，故此所收 7,901 項，並非全是新文化詞彙；不過有半數以上確是新文化詞彙，而且在任何一頁，都可以見到與日本詞彙相同的詞彙。

2.《新術語辭典》

吳念慈、柯柏年、王慎名合編，南強書局 1929 年發行。全書 516 頁，收錄 1,359 條目，筆劃索引 28 頁。

根據「編集凡例」，這本辭典依下列方法編輯，而且具有下列的特色：

一、我國自五四運動以後，不斷地介紹歐美的學術進步，因此，讀者閱

《新術語辭典》索引，第 16 頁（左）和第 17 頁（右）。

讀書報時，就常常碰到許多的「新術語」。讀者每以不能完全瞭解其意義且不知如何查考為苦。本書之目的就在於解決這種困難。

二、本書以一般讀者之需要為標準，選擇在一般的讀物所最常見的屬於經濟學、政治學、法學、社會學、社會心理、社會問題、社會思想、社會運動、哲學、文學、歐洲外交史、中國外交史等的術語以及我國自己所有的流行的新術語，一一加以扼要的解釋。

三、本書一面力求篇幅簡省，使定價低廉，為一般的讀者之購買力之所能及；一面力求內容充實，文字簡明，使能適合一般的讀者之需要。

四、我國翻譯外國術語，極不一致。本書採用其最流行的或最正確的，並附注原辭，以便讀者對照。

五、各術語中有須閱他術語方能完全瞭解其意義的，則於其後注明參看某術語；有異名同義的或附載於他術語底說明中的，則於其後注明詳見某術語。

六、本書之排列，以中文部首為綱，以筆劃為目。末附索引，以便檢閱。

七、本書編輯時參考中外書報極多，不克一一列名道謝，謹在此對各著作者及發行者表示歉意。

這本辭典雖然選錄了「最流行」(第四點)的術語，但是對一般中國人來說，仍是「不能完全瞭解其意義」(第一點)的，這是因為它們本質上大都是源自日本的新鮮的譯語的緣故。第七點所稱的「中外書報」，我想大部分是指日本的圖書雜誌。

第二點所說的「我國自己所有的流行的新術語」，是指例如「五四運動」、「五卅慘案」、「工部局」等語。不過，這種新術語為數不多。第二點雖說收錄文學術語，可是數量極少。這本辭典的重點，是放在經濟學、政治學、社會問題等學術用語上面。

關於日本的項目特別多，是為這本辭典的特色。例如「日本勞動總同盟」、

「全日本農民組合」、「東洋自由黨」等是。

「取締」、「手續」、「場合」等純粹的日本詞彙，都是明治時代的法律辭典所必錄的，到了現在，似乎已經成為中國詞彙了，所以在這本辭典內便見不到它們的芳蹤了。

這本辭典所錄的詞彙，究竟和日本詞彙如何相似，只要我們看看它的索引，便可體會出來。

3.《現代語辭典》

李鼎聲編，上海光明書局 1933 年發行。總目錄 71 頁，本文 722 頁，收錄 4,190 條目。編者描述這本辭典的特色如下：

> 雖然與本辭典類似的書在目前很是不少，但本辭典卻是保有它底特點的，因為在量的方面，它搜集的條目比較多；在質的方面，本書力求材料的廣博、解釋的淺顯、編制的統一、文字的經濟，而且有許多名辭是為其他辭典所未收納的。（編者序，頁 2）

編輯體例如下：

> 本辭典包括範圍，計有社會科學、哲學、文藝、國際知識、自然科學及普通用語諸門類；以社會科學條目最多，哲學文藝次之，國際知識又次之；至於自然科學名辭與社會科學或哲學有相當聯繫者，始列入之。全書條目約近五千（其中最新名辭所佔條目約二千餘）。

所錄的條目中，有關日本事項的（例如「甘粕事件」、「白樺派」等），共有 78

116　五畫——甘生

【甘粕事件】アマカスヂケン(政)　1923年日本關東大地震，官憲及暴力團體肆意虐殺朝鮮人及思想激進份子，憲兵大尉甘粕於九月十六日秘密處死無政主義領袖大杉榮夫婦，是為～。

【生活】Life (E); Vie (F); Leben (G) (哲)　狹義說，～是指有機體及個人生命的總延過程(如飲食起居等)。廣義說，～可指集體的物質與精神方面的創造，變革，活動與享用過程，如社會～，政治～，文化～皆是。普通將～分為物質～與精神～兩種，但二者不是各自孤立的，寧可說，後者是由前者所決定的。

【生產】Production (E. F); Produktion (G) (經)　人類加工於自然物質以改變其形態或位置而使之滿足自己或他人的慾望及增加社會全體之富的總量的行為，即是創造或構成使用價值*與價值，這種行為在社會中不斷的總延發展，就稱為"～過程"。

【生殖】Reproduction (E. F); Reproduktion (G) (社;生)　是人類總延種族之生物的過程。社會一方面由生產來維持人類的生活，一方面由～來延續人種的生存。

【生存權】Right of existence (E); Droit à l'existence (F); Recht auf Existenz (G) (社)　社會主義主張個人既為社會之一員，便不應剝奪其生活的權利。這種要求～的口號是在資本主義社會中勞動階級受生活的壓迫所激起來的。

五畫——生　117

【生命力】Vital force (生;哲)　本指有機體內一種蘊蓄的生活機能。(引伸)凡物活躍而含有生氣的原動力。如云"訊號是文藝的～"。

【生活素】Vitamin (生)。見"維他命"。

【生命線】Life-line (哲)　除重大關鍵與主要生存利益，如日本帝國主義者稱"滿洲為日本的～"。

【生產力】Productiveness (or productivity) (E); Force productive (F); Produktivkraft (G) (經)　一定社會之富的生產所需用的諸要素之總和。它是由所屬時代之社會的自然資源(原料及副原料，水力，風力等)，勞動工具(器具，牲畜，機械等)的發達程度，交通運輸力及人類自己的勞動力所構成的。～是社會的基礎及社會發展的指示器。

【生產物】Produce (E); Produit (F); Produkt (G) (經)　即勞動者生產的結果，如布是紡織勞動的～。～如果是直接用來滿足生產者*的慾望*而不拿去交換的，便不是商品*。

【生產性】Nature of production (經)　見"生產性質"。

【生產者】Producer (E); Producteur (F); Produzent (G) (經)　以勞動生產工業品及農作物者。～在各社會的地位是不同的，如中世紀有生產工具的手工業者，在現代則成為除勞動力而外一無所有的自由勞動者*。

【生產費】Cost of production (E); Produktionskosten (G) (經;

《現代語辭典》第116頁（左）和第117頁（右）

《現代語辭典》全書條目，第14頁(左)和第15頁(右)。

項。關於「九一八事變」等中國事件，及中國特有的詞彙如「田徑賽」等，也收錄了一些；不過，它們大都與日本詞彙相同。我們看看「全書條目」便可知道。

4.《新名詞辭典》

春明出版社編，該社 1949 年印行。編輯體例大別為國際、政治、經濟、歷史、地理、社會、哲學、科學、文藝、人物諸類，然後又逐類分列細目。筆劃索引（包括人物索引）58 頁，本文 1,118 頁，共錄 6,575 條目。

這本辭典在 1949 年初版，1953 年已經增訂三版，但內容變更不大。所錄條目不單是名詞，又有「國際主義的民族觀」、「內部矛盾與外部矛盾」之類的片語，有「人民文學」、「中山大學」等中國特有名詞，並且刊載國內外人物傳略及肖像，具有百科辭典的內容，其風格與其前的新辭典都不同。中華人民共和國成立以後的新詞彙亦有載錄，而日本詞彙（包括與日本詞彙結合的詞彙），佔了大半。

5.《新知識詞典》

新知識詞典編輯室編輯，新知識出版社 1958 年出版。條目索引 64 頁；本文 1,550 頁；條目依筆劃次序排列，並刊有圖解。

內容包括馬克思列寧主義、哲學、政治社會、經濟、地理、自然科學、工農業、生產技術等名詞和術語，及與上述各種學科有關的重要著作和主要人物。在這本詞典內，大半是日本詞彙或與日本詞彙結合的詞彙。

十、日本詞彙融匯到中國語文的過程

日本詞彙是怎樣融匯到中國語文裏去的呢？讓我們就「經濟」一詞，詳細地檢查一下吧。在古代中國，「經濟」有「經世濟民」或「經國濟民」的意義。明治以來，日本人用「經濟」兩字，作為 economy 一詞的釋語。

誠如本章第二節所述，初期留學生知道中國人對這個譯語反感，所以後來有人試用「富國學」、「計學」、「資生學」、「平準學」等詞彙去代替「經濟學」。

中國人雖然對這個日本詞彙反感，而且企圖改用其他詞彙，可是在日本書的中譯本內，卻到處可以看見「經濟」一詞。最後他們還是照日本詞彙的老樣子使用。例如，1901 年 7 月發行的《譯書彙編》第 7 期，刊登法學博士天野為之的〈經濟學研究之方法〉一文的中譯，並且在題目下面，附加一個說明：

> 經濟云者，理財或富國之義。因原文通用此名，故仍之。

在這篇譯文的第一頁（《譯書彙編》第 7 期第 89 頁），就三番四次地使用「經濟學」、「經濟雜誌」、「經濟要義」、「經濟指標」、「經濟原論」等含有「經濟」的用語，共有 12 次之多。倘使翻閱全書，恐怕「經濟」兩字的出現次數，不會少過幾百幾千次。其實，中日兩國都寫「經濟」兩個漢字，只不過在日本讀作 keizai，而在中國則讀作 jingji，在讀音方面有所不同罷了。故此「經濟」一詞常見於日文，亦常見於中文。

現在，讓我們檢查一下在第七節及第九節所提過的辭典，看看它們怎樣解釋經濟一詞吧。

1903 年的《新爾雅》：

> 論生財析分交易用財之學科，謂之計學，亦謂之經濟學，俗謂之理財學。

1907 年的《漢譯法律經濟辭典》：

經濟者，人類之獲得財貨及使用財貨之順序的活動與其狀態之謂也。

1909 年的《漢譯日本法律經濟辭典》：

人類欲得財使用之，以滿足其欲望；此種順序的活動或狀態，稱之曰經濟。通俗亦有以節制儉約之義用者。

1911 年的《普通百科新大詞典》：

經濟者，經綸幹濟也。而吾國通俗以善計者曰經紀，日人輸入中語因音近而誤作經濟。（此類甚多）今此一名詞又回輸吾國，而沿用為生計義，與原義全別；雖已積習難返，然其本原界限不可不知也。

1915 年的《盲人瞎馬之新名詞》，則有下面冗長的理論：

經濟之語，吾國自古文章中亦有其用法，多駢曰某人有經濟之才云云。然現在所謂經濟之語與昔不同，政治學科有曰經濟學者，日人翻譯而成之也；其意義即曰經國濟民之學問。縮其範圍言之，即與個人經營事業以濟一己之生活無異。以國為主體而言，與以個人為主體而言，皆無不可。其意思本來通順，無嚼舌之因由者也。雖然，我國新人物一用則大謬不然。動曰經濟困難，又曰不經濟。前語猶能解釋，後語請問是何意味乎？譬如李鴻章向曾國藩函借銀圓三百，曾覆曰現在經濟困難，不能如命。此其為意，即現在手中拮据不能如命之語，猶可通也。然現在一般人所用者，則非此意。竟有以經濟二字視為銀錢二字之概。譬如云經濟缺乏，不能舉辦某種事業之語是也。又不經濟三字之語，梁大文豪亦喜作之。梁之演說中，時有曰「現在人材不經濟」云云。此不經濟三字所示者何耶？余輩淺學蒙童殊難索解。只得強釋其意曰：「現在人材缺乏。」彼所作者，係漢和合併文章；余所改者，係大漢獨立文章；主觀不同，故未可非難彼也。不經濟三字之語，猶有一用法。譬如北京米糧貴，天津米糧賤，人有欲向北京買米者，告之曰：天津米價甚廉，汝往北京買豈非不經濟乎！此不經濟三字，即不合算之意。又為不知打算之意。追其蛛絲馬跡，即不懂經營之意。語病至此，可謂深矣。國人日日同化於人而不覺，悲夫！且不經濟三字之語，日人亦從未用於談說之內，不過偶爾見諸紙上耳，何一效人即更有甚於人者耶！總之經濟之義即經營人間一切財用以濟其生活之意，不可誤會於他也。……

上面的論說，並不是要徹底地排斥「經濟」一詞，而是非難中國人把「不經濟」誤解為「不善算數」。

不過，1923 年出版的《新文化辭書》及 1929 年的《新術語辭典》，卻沒有刊載「經濟」一項了。[26] 大概因為這個時候，「經濟」一詞已不算是「新文化」或「新術語」。它已經變成一般用語，人們也忘記它是外來語。實際上它已在中國語文內生了根；如果現在仍要把它拿出來當「新術語」解說，就未免有點兒滑稽可笑。編者們毫不猶豫地使用「經濟」的轉義語以表示「簡單」一詞的意義，有趣極了。例如，《新文化辭書》的序文說：

一方面，又竭力的避除繁冗，在能夠明白而暢達的範圍內，務必應用最經濟的結構、最簡單的辭句。

---

26 《現代語辭典》（上海：光明書局，1933 年）比《新術語辭典》（上海：南強書局，1929 年）遲出，但前者錄有「經濟」一項。不過，這項不是專門用來解釋「經濟」一詞的，而着重說明一些與經濟有關的附屬語，例如「經濟行為」、「經濟活動」、「經濟人」、「經濟主體」、「經濟物」、「經濟財貨」、「經濟客體」、「經濟關係」等等。「經濟」兩字只是用來代表上面眾多的項目罷了。

1933 年的《現代語辭典》的編者序亦說：

在質的方面，本書力求材料的廣博、解釋的淺顯、編制的統一、文字的經濟。……

現在，讓我們看看另一個日本詞彙進入中國語文的例子吧。這一類日本詞彙不一定是通過翻譯而傳入中國，卻是因為介紹日本事物時，漸漸移植到中國語文內的。例如，日本「不景氣」一詞，是在 1935 年左右才傳入中國的，最初見的敘述法是：

「日本之所謂『不景氣』。」

不久便將「日本之」三字除去，變成：

「所謂『不景氣』。」

後來，成為：

「不景氣」。

最後，連括弧都不要，變成：

不景氣。

通過這種路徑而傳入中國的「時局語」或「戰時用語」，在數量上遠比通過翻譯而傳入中國的「學術語」為少，這大概也是因為「同文」的緣故吧。在這種

「時局語」中，例如「配給」、「防空演習」、「燈火管制」、「空襲警報」等，對中國人來說，似曾引起一些異樣的感覺。

十一、從「外國」學來的詞彙

在明治時代，日本與中國之間雖有磨擦，但大體說來，兩國關係仍算友好。大正時代（1912-1925）「二十一條」問題首先招怨於中國；後來，激起中國人民抗日思想的「濟南事變」、「九一八事變」、「蘆溝橋事變」等等侵略行動亦相繼發生。

儘管如此，中國人仍然不斷來日本留學，日本書籍的漢譯仍然非常盛行。中日關係進入了一個甘苦難言的時代。

這個時候，中國人不想照實明言那些從日本借來的詞彙，大概是人情和面子的問題吧。中國人說「這是從外國借來的詞彙」，以代替說「這是從日本借來的詞彙」。

在1934年，中國文藝界發起了反省「五四」以來文學上應有的態度。「五四」之後，文學用語大體上都用白話體；不過，因為這種文體大都偏重知識分子的口味，又含有過分的翻譯腔調，故此一般民眾根本不甚瞭解，這當然是不對的。在以大眾文學為主流的時代裏，使用大眾所不能瞭解的語言去從事寫作，是錯誤的。因此，他們大聲疾呼：必須使用人人能懂的語言，必須以大眾的用語去寫作，這便是「大眾語運動」。

然而，江亢虎、王西坤、胡樸安、姚明輝、潘公展、顧實等60餘人，則極力反對「大眾語運動」。他們提出「保存文言」的口號，組織「存文會」，發表了如下的宣言：

△發起旨趣書

昔顏習齋標揭四存，曰存人，曰存性，曰存學，曰存治；同人以為今日所需，尚有一存，即存文是已。慨自新文化運動以來，教育普及功效未見，而國文作風日壞，國學程度日低，近更有昌言廢棄文言，並廢棄漢字者矣。同人懷伊川為戎之懼，矢文章報國之誠，當存亡絕續之交，盡奔走呼號之責，斯文未喪，來日方長，願與有志者共勉之。

△宗旨及工作

宗旨：（一）本會專以保存漢字保存文言為目的，聯合同志努力邁進；（二）本會認注音為識字符號，如字母反切之用，但反對以之替代漢字；認白話為學文階梯，有啟蒙通俗之功，但反對因而廢棄文言；（三）本會主張以群經正史諸子百家乃國文最高之標準；（四）本會主張中等以上學校教本作文悉用文言，一切文字除特殊與必要外亦悉用文言。

工作：（一）向政府當局合詞請願推行本會主張；（二）向各處教育文化學術及出版機關提出意見喚起同情；（三）聯絡各學校國學國文教員請其贊助實施；（四）推廣識字運動，普及文言教育，養成國學師資，提倡文學結社，流通文藝作品；（五）編輯發行存文雜誌負下列使命：一、徵求當代作家鴻文鉅制以端趨向而示楷模；二、選錄各學校最優國文成績，以資獎勵而備觀摩；三、批評糾正出版書報之誤失，以免謬種流傳貽誤後學；四、登載本會消息及有關國學國文之新聞。

△組織及規戒

組織：（一）凡贊同本會宗旨者皆得報名為會員，一機關有會員十人皆得設立分會，一地方有會員百人皆得設立支會；（二）會員除共同擔任維持當地會務外不另收會費；（三）本會希望會員每人訂閱本會雜誌一份；（四）本會每月各處開會員會一次，每年聯合開代表會一次。

規戒：（一）本會除上列各條外，絕不參加其他活動；（二）本會會員不得以本會或會員名義參加其他活動。[27]

很多學者反對這個「存文會」。1935 年 4 月，《現代》雜誌發刊了「反讀經存文」特輯；其中，汪馥泉指出：上述「宣言」內有下劃線的詞彙，是在任何「群經正史諸子百家」都見不到的。其實，大部分有下劃線的詞彙，就是日本詞彙。[28]

1942 年，毛澤東在以「反對黨八股」為題的演講中，認為從群眾中及由外國學來的詞彙，多是生動而且恰當的。他說：

> 要從外國語言中吸收我們所需要的成分。我們不是硬搬或濫用外國語言，是要吸收外國語言中的好東西，於我們適合的東西。因為中國原有詞彙不夠用，現在我們的詞彙中就有很多是從外國吸收來的。例如今天開的幹部大會，這「幹部」兩個字，就是從外國學來的。[29]

王力在《中國現代語法》（1943）及《中國語法理論》（1944）兩書中，都有專章討論中國語文內「歐化的語法」；前者用了 85 頁，後者有 97 頁的篇幅。其中關於日本詞彙的部分，他的論斷要旨如下：

在所謂「歐化」之中，有語法、風格及詞彙諸事。在風格上，正如「書籍是人類的精神的食糧」這個句子，其表達形式很不錯；但語法上真正的歐化，比起詞彙的歐化來，還差得很遠。

因為詞彙歐化了，結果複音的譯語大量產生，例如：

---

27 《申報》，1935 年 3 月 1 日。

28 有下劃線的詞彙，例如「白話」、「支會」、「工作」及「認……為」、「除……外」，都是中國的新語。其他有下劃線的，便是日本詞彙了。同時，汪馥泉沒有指出的，例如「文化」、「文學」、「雜誌」等語彙，都是由新的（日本的）意義所形成的，「國文」、「國學」、「漢學」等，也是近代用語。

29 毛澤東：《毛澤東選集》第三卷（北京：人民出版社，1964 年），頁 794。

複意法		
society 社會	right 權利	reason 理由
action 行為	happiness 幸福	patient 忍耐
attack 攻擊	attempt 企圖	consider 考慮
拐彎法		
animal 動物	circumstance 環境	instinct 本能
truth 真理	absolute 絕對	relative 相對
international 國際	improve 改良（改善）	realize 實現
mobilize 動員	bless 祝福	

新興的歐化記號出現於語尾的，有「化」、「性」、「度」、「品」、「家」、「者」等。

「化」是從英語的語尾 -ize 譯來的。例如：標準化（standardize）、普遍化（generalize）。尚未有這些譯語之前，standardize 譯作「使合標準」，generalize 譯為「使成普及」。因為使用了這個「化」字，所以可以創造出「人間化」、「具體化」等英語所無的字彙。

「性」是英語語尾 -ty、-ce、-ness 的翻譯。例如：possibility 譯為可能性，importance 譯作重要性；mysteriousness 譯作神秘性等。在未有這些譯語之前，importance 譯作「重要」，mysteriousness 譯為「神秘」、「玄妙」。

「度」是英語語尾 -th 譯過來的。例如：depth 譯作深度，strength 譯成強度。（從前叫做深淺、長短。）

「品」是由一些英語名詞譯來的。例如：work 譯為「作品」，food 譯作「食品」。

「者」是英語語尾 -er、-or 的翻譯。例如：reader 譯作「讀者」，creator 譯為「造物者」。

對於歐化詞彙及語尾歐化記號的創造（或來源），《中國語法理論》解釋說：

> 在本節（第 41 節「複音詞的創造」）裏，我們沒有辨別日本的譯名和中國自造的譯名，因為大致說起來，日本也是利用漢字（至少，中國所採的日譯是用漢字的），而且大半也是用拐彎法，和中國的翻譯方法並沒有甚麼分別。例如「銀行」，咱們如果不追究它的來歷，幾乎要說它是中國自造的一個譯名。[30] 不過，其中也有和中國字源學不合的。例如「經濟」，本是「經世濟民」的意思。日本把 economy 譯為「經濟」，若憑中國人去創造譯名，不會得到這種結果的。至於 affirmation 之譯為「肯定」，negation 之譯為「否定」，positive 之譯為「積極」，negative 之譯為「消極」，在中國語裏可說是費解。不過，現在大家用慣了，也就不覺得了。[31]

又，《中國現代語法》中提到「銀行」一詞的注釋說：

> 有些新名詞並不是中國人創造的，而是採用日本語的。但日本人當初創造新名詞的時候，也是利用漢字，和咱們後來創造新名詞的方法大致相同，所以不必分別討論。[32]

王力在論中國的歐化詞彙中，雖然承認了有從日本借用的事實，可是認為除了那幾個曾被引用的詞彙之外，並無必要加以溯本尋源的甄別。

30　這是指被中國人所採用的日本譯語「銀行」而言。

31　王力：《中國語法理論》下（北京：中華書局，1957 年），頁 266-267。

32　同上，頁 313。

十二、從日本學來的詞彙

中國和日本的關係，自從1910年代以來益形惡化，後來，更不幸發生為期八年的戰爭。結果，日本軍國主義覆亡，中國勝利。

戰勝國的中國對戰敗國的日本，伸出友誼的手，以德報怨；送還滯留在中國的日本人，互相派遣文化使節等等。雖然國交還沒有恢復，文化交流卻興盛起來了。[33]

中華人民共和國在1949年誕生以後，用前所未有的熱心去推行文字改革。例如，選定常用字、普及簡化字、採用羅馬字等等。與文字改革息息相關的運動——普及標準國語運動，也展開了；為了使標準國語普及，於是進入了嚴格地把中國語規範化的階段。中國語的規範化有三方面；讀音、詞彙和文化。在詞彙的規範化內，也留意到學術用語、外來語等其他問題。現在馬上就要用科學方法去研究外來語，但是應該如何着手呢？——中國語言學者們把這些問題都列入他們工作的日程內。

他們根據種種事實及其變化，將那些一直尚未明確表明「從日本借來」的外來語，直截了當地承認是「從日本借來」的事實。[34]到1958年2月，更出現了一些討論這些事情的書籍及雜誌論文。例如：高名凱、劉正琰合著的《現代漢語外來詞研究》（文字改革出版社）及王立達的〈現代漢語中從日本借來的詞彙〉（《中國語文》總第68期）等是。

---

33 指1958年5月以前的時期。

34 譯者注：中國的語言工作者不但明顯地承認從日本借來的詞彙，而且公開承認抄襲日本人作品的事實。例如，董秋斯（中國作家協會代表）在「現代漢語規範問題學術會議」上，以「翻譯工作中的漢語規範化問題」為題，作了如此的報告：「直到現在，還沒有一部比較好的英漢詞典可用。一般翻譯工作者用得最多的是商務印書館的《綜合英漢大詞典》。這本詞典是抄襲了日本人的。……英文方面是這樣，別的語文方面當然更要差了。」（《現代漢語規範問題學術會議文件彙編》，頁202。）

高名凱、劉正琰的《現代漢語外來詞研究》一書，共有六章：

第一章　外來語是甚麼
第二章　漢語外來語歷史的回顧
第三章　現代漢語的外來語
第四章　現代漢語外來語和漢民族文化發展的趨勢
第五章　現代漢語外來語的創造方式
第六章　現代漢語外來語的規範化問題

作者們在第一章說，在發音和文法方面，中國語受外國語影響不多；至於詞彙方面，即中國語和外國語是互相吸收的。特別是本國所無的關於自然界事物、文物制度及思想的詞彙，最易於吸收。不過，這些都是基本詞彙以外的東西。新語的創造動機，是因為人們接觸到外國新事物，但沒有現成詞彙可以表達。例如，中國人見到 aeroplane 這東西，便創造了「飛機」這個新語。這個新語是意譯的詞彙，有「外來義」，但不是「外來語」。發音和意義兩方面都是來自外國的詞彙，才是外來語。[35]

第三章分述來自下列語言的外來語：英語、法語、德語、日本語、俄語、意大利語、西班牙語、中國少數民族語等。[36]

該書第四章第二節討論「現代漢語外來詞所表現的外來事物及概念」。作者把全部外來詞分成 29 組，又將各組依國別和數量而排列。現在按照該書所錄的數目，製成「漢語外來詞所表現的外來事物及概念一覽表」。

根據這個一覽表，來自日語的外來語有 459 個，而英語的有 547 個；來自

35　鄭奠先生有不同的說法。他認為外來詞有五種：（一）音譯，如「邏輯」（logic）；（二）意譯，如「馬力」；（三）音譯兼意譯，如「啤酒」（beer）；（四）借用，如「手續」；（五）描寫，如「飛機」。

36　譯者注：原著以下引錄該書第三章第五節全文，因引文頗長，略嫌冗贅，闕譯。

英語的外來語似乎多到出乎意料之外。不過，這只是表面的看法，若按內容去查考，便會發覺使人吃驚的事實。

漢語外來詞所表現的外來事物及概念一覽表

來源 事物概念	西藏	蒙古	回紇	日本	俄國	德國	法國	意大利	英國	西班牙	印尼	合計
政治	4	7	4	39	26	5	5	2	23			115
文學、藝術			5	12	2	2	12	10	51			94
幣制					3	5	6	3	51	16		84
哲學				61		2	1		12			76
經濟				47	2	2	1		21			73
度量衡			1		6		29		37			73
化學				7			1		57			65
文化、教育、出版、體育				27	1		3		23			54
社會		3		17	4	2	6		17			49
醫藥				12		1			35			48
宗教	7	10	3	4					22			46
飲食	1	1	1	2	4		3		33			45
物理				23		2	3		14			42
軍事	1			23	1	2	1		13			41
法律				39								39
心理				17					9			26
動植物		2		4	1				17			24
機器				3	3				15			21
日用品				2	1				16			19
交通		1		8					9			18
建築	1	1		6	1				6			15
數學				9			3		2			14
紡織	1	1			1		1		9			13

來源 事物概念	西藏	蒙古	回紇	日本	俄國	德國	法國	意大利	英國	西班牙	印尼	合計
服裝	1			1	1				9			12
地質 · 地理	3	3							4			10
生理				5					5			10
外交				6					1			7
言語				1					4			5
其他	2	4	2	84	3		3		32		2	132
合計	21	33	16	459	60	23	78	15	547	16	2	1,270

在這個一覽表內，全部外來語共有 1,270 個，其中來自日本語的有 459 個，大概佔全體的 35% 強。可是，來自日語以外的語言的詞彙，有很多不是中國人所熟習的；相反地，來自日語的詞彙，似乎大都是慣熟了的詞彙。[37]

來自日語以外的外來語，看起來總是「外國的」；不但日本人有此感覺，就是中國人也如此感覺。證據可從下面敘述的事實中見到。

中國人敘述其他外來語時，通常有一個特徵：必定解釋該語的意義。例如，敘述來自英語的外來語，《現代漢語外來詞研究》便分下列四點：（一）中國語的詞彙；（二）英語的詞彙；（三）英語的來源；（四）語的意義。即使敘述來自中國少數民族的詞彙，亦有「語的意義」一項。可是，在敘述從日本來的詞彙，便不同了。該書只分下列三點敘述：（一）中國語的詞彙；（二）日語的發音；（三）日語的來源。對於日語的意義，不加說明了。關於這事，該書有一個注解：「從日本語彙來的外來語的意義，因為都是我們周知的，所以『語的意義』一項，便不需要了。」是的，來自日本的詞彙，都是常見的——不但日本人有

37　來自日語的外來詞之中，不是沒有不常見的詞彙，例如「吉地」、「便所」、「美濃紙」等便是。

此感覺，連中國人也有同感。

來自日本以外的漢語外來語，為甚麼連中國人也會感到不熟悉呢？理由很多。

（一）這些外來語只有名詞而無動詞。來自日本的則不然，例如「服從」、「複習」、「解決」、「克服」、「支配」等常用的動詞，曾大量地傳入中國。

（二）這些外來語之中，有些並不是在全中國都通用，而只在粵、滬等地通用；更有不少是必須加以注解才能明白的通商口岸的特有用語。

為了知道那些難以熟習的，來自日語以外的漢語外來語其數量是如何的龐大，讓我們在那 547 個來自英語的外來語中調查一下，看看有幾個詞彙是稍懂漢語的日本人所能瞭解的吧：

阿們 amen	啤酒 beer	密斯特 Mister
先令 shilling	司的克 stick	泰晤士 Times
華爾街 Wall Street	僕歐 boy	高爾夫 golf
摩登 modern	撲克 poker	托辣斯 trust
道林紙 Dowling paper	達姆達姆彈 Dumdum bullet	威士忌 whisky
福爾馬林 formalin	吉普車 jeep	乒乓球 ping-pong
雷達 radar	華爾滋舞 waltz	愛克司光 X-ray
白蘭地 brandy	阿士匹林 aspirin	基督教 Christianity
引得 index	面速力達 mentholatum	馬達 motor
鴉片 opium	普羅列太林 proletarian	維他命 vitamin
歇私的里 histeria	哀的美頓 ultimatum	烏托邦 Utopia
安琪兒 angel	酒巴 bar	酒巴間 barroom
甲必丹 captain	士敏土 cement	冰琪淋 ice-cream
葛郎瑪 grammar	幽默 humour	邏輯 logic

密斯 Miss	塞因斯 science	嗶嘰 serge
西崽 servant	卡車 car	摩托卡 motor-car
巴士 bus	加農炮 cannon	卡片 card
加特力教 Catholicism	德謨克拉西 democracy	檸檬 lemon
模特兒 model	木乃伊 mummy	奧林匹克 Olympic
浪漫蒂克 romantic	巧克力 chocolate	雪茄 cigar
可可 cocoa	坦克車 tank	珂羅版 collotype
德律風 telephone	婆羅門 Brahman	耶和華 Jehovah
撒但 Satan	沙發 sofa	爵士樂 jazz

在 547 個詞彙中，日本人所懂的僅有 69 個。同時，有些「音譯」的外來語，已被日本的譯語取代了，例如，「葛郎瑪」改為「文法」、「塞因斯」改為「科學」、「德謨克拉西」改為「民主」、「德律風」改為「電話」等等。雖然高名凱、劉正琰的書裏還列記這些「音譯」的外來語，它們只不過偶然在早期的文獻中出現罷了。

還有一些來自英語而為日本人所懂的語彙，例如「噸」、「俱樂部」、「虎列拉」、「淋巴」、「窒扶斯」、「浪漫史」、「加答兒」等，王立達把它們算入「日本人用漢字音譯的外來語」之內。

此外，「繃帶」（bandage）這個「意譯」的詞彙，雖然也被列入「音譯」的範圍內，但是，它也是日本人所創造的吧。「淡巴菰」（tobacco）一詞，似乎亦被認作中國人所音譯，然而黃遵憲的《日本雜事詩》（1879）裏，曾有詩詠「淡巴菰」，並自注云：「淡巴菰，煙也。」大概是因為當時 tobacco 在中國稱做「煙」，而在日本叫做「淡巴菰」的緣故吧。由此，我們可以知道：「淡巴菰」的確是日本人的音譯。

在 274 個英語以外的外來語中，日本人所熟悉的僅有下面 15 個：

來自法文		
愛美的 amateur	芭蕾舞 ballet	咖啡 cafe
香賓 champagne	法郎 franc	克蘭姆 gramme
意德沃羅基 ideologie		
來自德文		
奧伏赫變 aufheben	馬克 mark	先令 schilling
來自俄文		
蘇維埃 сове́т	沙皇 царь	
來自意大利文		
法西斯 fascisti		
來自蒙古文		
達賴喇嘛 dalai lama	哈巴 haban	

按照上面的調查，為日人所熟悉的來自日語以外的漢語外來語僅有 84 個。總計起來，（來自日本的）459 個加上（日本以外的外來語）84 個，共有 543 個，在這 543 個之中，來自日本的 459 個詞彙，佔了 84% 以上。

最後，就「質」方面來說，來自日本的詞彙的用途甚廣，使用的頻率亦高；如果精細地閱讀上面的一覽表，便可理解這種事實了。

對於高名凱、劉正琰與王立達的兩種說法，也有些中國人持反對的意見。例如，邵榮芬在他的書評（《中國語文》總第 73 期，1958 年 7 月），指摘高名凱和劉正琰對於日本以外的外來語來源，追溯得不完全；對於來自日語的詞彙，所論亦有錯誤。其指摘綜要如下：

（一）所謂純粹的日本語詞彙，例如「服從」、「希望」、「記錄」、「命令」，其實是中國古語。

（二）所謂日本人意譯西洋語詞彙，例如「破產」、「解放」、「假設」、「交易」、「作用」、「算術」、「絕對」、「試驗」、「宿舍」、「新聞」、「材料」，全部都是中國古語，現在仍然使用。「民主」一語，王芝在他的《海客日譚》(1872)，便以現在的意義而使用。

(三)例如「軍事」、「法則」、「關係」、「刑法」、「交流」、「供給」、「鐵道」、「消化」、「相對」諸語，全是中國古語，非日本人創造；不過，日本人把意義略加變化，使之成為譯語罷了。

對於王立達的批評，有鄭奠的〈關於現代中國語的「日本詞彙」〉一文(《中國語文》總第68期，1958年2月)。該文指出：王立達認為「權利」是日本詞彙，是一個錯誤；因為事實上在1864年同文館所譯的《萬國公法》卷一，就有「人民通行之權利」一句；故此，日本人只不過借用這一個詞彙罷了。把grammar譯為「文法」，見於1627年的《名理探》。[38] 該文又認為「歷史」、「倫理」、「心理」、「積極」諸語，也是中國古語。

除了上述的反對論，尚有「化學」一詞，似乎不是來自日本而出於中國。丁韙良原著、傅任敢輯譯的《同文館記》，有如下的記載：

> 丁韙良博士則於畢氏著作出版以前，作了一本關於物理學的書，最先為化學錫〔賜〕以現在的名稱。[39]

上述的批評，不管對與不對，現在的中國人大體上仍然以為它們是借自日

38　戶水寬人在《新法律詞典》序中，也認為「文法」一詞是丁韙良所創造的譯語。
39　《中國出版史料．補編》，頁8。

語的。[40] 特別是「文法」、「權利」、「民主」、「歷史」、「作用」、「積極」、「絕對」，這些〔常用〕詞彙，竟被高、王等學者共認來自日語。這些詞彙就好像那些長期僑居外國的人，一旦白首回鄉，常被誤作外國人一樣。很多中國人都不知道，這些詞彙早就在中國古典和近代翻譯出現過，於是把它們誤作來自日語的外來語。批判這種錯誤的文章，實際上正好反證了一個事實：日語融匯到漢語的程度，是多麼的深廣啊。

十三、中國人承認來自日語的現代漢語詞彙

綜合並整理前節介紹過的《現代漢語外來詞研究》及〈現代漢語中從日語借來的詞彙〉所記錄的來自日語的現代漢語，去除了重複的詞彙，可得下面的一覽表。[41]

茲將表內所用的符號說明一下：

---

40 倘若加上有「～」的詞彙，便不只 784 這個數字了。例如，「～化」的詞彙有「一元化」、「多元化」、「一般化」、「公式化」、「特殊化」、「現代化」、「工業化」、「民族化」、「科學化」、「大眾化」、「自動化」等等。這個一覽表收錄了一些時常連着「化」字的詞彙，例如「特殊」、「現代」、「工業」、「民族」、「理想」等等；不過，卻沒收錄「大眾」、「公式」、「口語」等詞彙。「大眾」一詞，原來是佛教用語，日本人借來表達現今的新義；「公式」及「口語」可能也是在日本創造的新語，可是，因為中國人沒有明言，所以也不錄在這個一覽表裏面。由此看來，除了上表所列的外來詞之外，來自日本語的漢語詞彙恐怕尚有很多很多。

41 譯者注：原表只有 784 個詞彙。由於原作者實藤氏及譯者分別發現新資料，故同意將原表增補至 871 個詞彙。首先實藤氏根據北京師範學院中文系漢語教研組編《五四以來漢語書面語的變遷和發展》（北京：商務印書館，1959 年），加入 46 個詞彙。其次，譯者根據余又蓀氏的三篇文章：〈日本之康得哲學譯者〉（《國聞週報》第 10 卷第 4 期，1934 年 1 月 15 日）、〈日譯學術名詞沿革〉（《文化與教育旬刊》第 69、70 期，1935 年 10 月 20、30 日）、〈談日譯學術名詞〉（《文哲月刊》第 1 卷第 7 期，1936 年 3 月），增補 36 個詞彙。此外，譯者在民質〈論翻譯名義〉一文（《國風報》第一年第 29 期，宣統二年〔1910〕10 月 21 日），找得幾個被證實為來自日語的詞彙：三段論法、政社、政治經濟學、換位，亦補入表內。最後，在 1958 年之前，還有一本有關的書籍出版，那就是孫常敘的《漢語詞彙東北師範大學講義》（長春：吉林人民出版社，1957 年），該書在第 21 章（頁 304-322）中，專論外來語詞彙，討論來自日語的漢語外來詞頗為詳細，其所引用的詞彙，除了「拔河」一詞外，餘皆見於上述資料。以上各項所得詞彙合共 871 個。又，實藤氏原著曾引錄王立達〈現代漢語中從日語借來的詞彙〉一文，其中指出借自日本詞彙者共有 588 個。引文頗長，闕譯。

△：表示一般人（即上述高、劉、王三位以外的中國人）認為不是來自日語的詞彙（即認為是中國固有的或為中國人首先創造的譯語）。

X： 表示僅在輸入時所通用的詞彙；現在有了其他譯語，已經不再使用的詞彙。

～：表示「某某」之意。例如「～化」，表示其他以化字作語尾的詞彙：「一元化」、「一般化」、「特殊化」等等。

中國人承認來自日語的現代漢語詞彙一覽表

一元論	一覽表	二重奏	人道
人格	人權	人力車	人生觀
人為的	人格化	入口	入超
入場券	七曜	～力	三角
三輪車	三段論法	上水道	下水道
小型	小熊座	大型	大熊座
大本營	工業	工業化	工藝美術
士官	土木工程	土木工學	反映
反射	反動	反對	反應
反黨	反革命	方式	方法
方面	方針	方案	方程式
內包	內用	內在	內服
內容	內分泌	文化	△文法
文明	文庫（文化）	文學	支店
支持	支部	支配	支線
分子	分析	分配	分類表
手段	手續	手工業	手榴彈

不景氣	不變資本	予約（預約）	公債
公開	公證人	予算（預算）	化石
△化學	互惠	予備役（預備役）	引渡
瓦斯	△心理	巨頭	欠點
幻燈	水成岩	火成岩	太陽燈
～化	反～	主任	主食
主席	主動	主義	主筆
主權	主觀	主體	生理
生產	生物學	生產力	生存競爭
生產手段	生產關係	出口	出版
出席	出訴	出超	出庭
代表	代理	代數	代言人
△民主	民法	民族	目的
目標	目的物	外延	外在
外分泌	必要	必然	世紀
世界觀	可決	可變資本	布景
由於	古典	石油	打消
市場	立場	失蹤	申請
右翼	左翼	片豔	未知數
甲狀腺	加答兒	～主義	交易
交流	交通	交感神經	交涉
交換	交戰團體	交感價值	交際
交響樂	自發的	自然科學	自白
自由	自治	自然淘汰	自然
共和	共同	共產主義	共產
地主	地上水	地下水	地質

成分	成為	有價證券	有機
同盟	同盟同工	泛心論	泛稱
印刷品	印刷的	回收	刑法
行政	列車	年度	仲裁
妄想	多元化	百貨店	全稱
劣勢	企業	血色素	光線
休戰	吉地（げた，日本木屐）	巡洋艦	吋
米	～式	泛～	低溫
低潮	低壓	低周波	低能兒
作用	作物	作品	作戰
否決	否定	否認	改良
改造	改善	投票	投資
投機	技手	技師	判決
判斷	身份	即決	克服
住所	冶金學	形而上學	局限
△材料	冷藏庫	攻守同盟	但書
助教	汽船	防空演習	見習
△希望	系統	言語學	決算
抗議	呎	瓩	～作用
法人	法式	法定	法醫學
法則	法律	法科	法學
法庭	表決	表現	表象
表情	表演	社團	社團法人
社交	社會	放射	放射線
放送	協定	協會	協議

金庫	金融	金額	直流
直接	直覺	物質	物理
批判	批評	拔河	河川工學
服務	△服從	固體	固定資本
命題	命令	空間	空襲警報
免除	免許	例外	使用價值
制約	制裁	性能	治外法權
定義	定額	初步	弧光（電學）
取消	取締	非金屬	非戰鬥員
肯定	迫害	迫擊炮	味之素
味素	拘留	所得稅	所有權
長波	周波	突擊隊	武士道
玩具	典型	注射	併發症
宗教	供給	抽象	虎列拉
承認	知識	事變	和聲學
具體	～的	～炎	～法
～性	～物語	～社會	保健
保證	保障	保險	保釋
政社	X 政治	政治經濟學	政府
政策	政黨	政治家	美化
美感	美術	美濃紙	美學
侵犯	侵害	侵略	侵蝕
要素	要衝	要點	信用
信托	信號	軍事	軍需品
軍國主義	客觀	客體	故意
故障	宣誓	宣戰	指數

指導	思想	思潮	促成
促進	退化	退卻	重點
重工業	派遣	派出所	版畫
便所	革命	封建	背景
活動	差等	前提	相對
規範	建築	科學	計劃
馬鈴薯	粁	～界	～型
消化	消防	消毒	消費
消極	消火栓	消火器	消音器
消費者	特別	特約	特殊
特許	特稱	特務	特徵
特權	高溫	高潮	高壓
高利貸	高周波	財政	財務
財閥	財團	財團法人	原子
原則	原理	原素	流行
流感	流體（物理）	流通資本	通名
通理	通貨收縮	通貨膨脹	神經
神經過敏	神經衰弱	展望	展開
展覽會	時間	時效	浪人
浪漫	連絡	連繫	△記錄
記憶	破門	△破產	配給
配電盤	病蟲學（農學）	病理學	索引
借方	條件	症狀	乗客
海事	倉庫	真理	△倫理
狹義	氣體	哲學	根本的
真空管	俱樂部	航空母艦	哩

粍	～時代	～問題	動力
動向	動脈	動產	動態
動機	動議	動體	動員（政治）
動脈硬化	唯一	唯心	唯物
唯心論	唯我論	唯物論	唯理論
唯神論	唯物史觀	現代	現役
現金	現象	現實	理念
理性	理事	理想	理論
假死	假定	假想	假釋
假設	進化	進步	進度
進展	基於	基地	基準
間接	間諜	組合	組織
教育	教授	商品	商業
偵探	偵察	停止	停戰
常識	常備兵	處刑	處女作
國際	國際公法	強化	軟化
淋巴	腳本	執行	接近
△宿舍	細胞	偏見	副食
規則	偶然	情報	被動
陰極	曹達	週期	得數
專賣	距離	脫黨	液體
牽引車	窒扶斯	參考書	舶來品
～率	勞動	勞動者	X 勞動政府
X 勞動組合	場合	場所	場面
溫床	溫度	溫室	集中
集合	集團	單位	單子葉

單行本	遊擊	遊擊隊	遊擊戰
復員	複習	寒流	寒帶
視為	視察	提供	提案
換位	運動場	運動（政治）	博士
博覽會	最惠國	最後通牒	超自然
超短波	量子	散文	硬化
貸方	報告	短波	備品
道具	登記	結核	景氣
僱員	傍證	勤務	陽極
揚棄	過渡	極端	番號（軍事）
貯蓄（儲蓄）	無機	△絕對	悲觀
紫外線	混凝土	嗎	超～
電力	電子	電池	電車
電波	電信	電流	電報
電話	電業	電導體	電氣通信學
意匠	意志	意味	意圖
意識	意識形態	傳票	傳統
傳播	傳染病	經理	經驗
經濟	經濟恐慌	解決	解放
解剖	會計	會話	會談
幹事	幹部	幹線	蒸氣
蒸發	蒸溜	感性	感官
感受性	資本	資料	債務
債權	農民	農作物	催淚彈
催眠術	△新聞	新聞記者	號外
節約	暖流	階級	義務

業務	鉛筆	詩歌	想像
話題	△試驗	蓄電池	微積分
園藝學	～感	～腺	～階級
對比	對象	對稱	對應
對於	對偶法	演出	演奏
演習	演說	演繹	領土
領空	領海	領域	領會
概念	概算	概括	概括力
概論	漫畫	漫筆	漫談
認可	認為	認識論	圖案
圖案畫	圖書館	管制	管理
說明	說教	數量	數學
碩士	旗手	綜合	銀行
構造	△算術	彙類	個別
實體	輕工業	適者生存	寡頭政治
論文	論壇	論理	論理學
論戰	廣告	廣場	廣義
調整	調節	調製	確定
確保	緊張	緊縮	請求
請願	選舉	選擇學	導師
導火線	綠化	舞台	衛生
談判	課程	劇場	遺傳
膠着	熱帶	質量	潰瘍
象徵	複寫	範疇	樂觀
糎	膣	～論	～線
學士	學位	學期	學齡

機械	機會	機關	靜力
靜脈	靜態	積分	△積極
獨佔	獨裁	△歷史	憲法
諷刺	戰線	還元（原）	燈火管制
噸	～學	總計	總理
總體	總動員	講義	講演
講座（教育）	檢波器（電學）	檢討	聯想
環境	營養	謄寫版	隱花植物
癌	～點	斷交	斷言
斷定	關於	關係	歸納
職員	藝術	類型	雜誌
優勢	醫學	雙子葉	轉換法
證券	瀝青	警察	簿記學
議決	議案	議會	議員
懸壅垂	驅逐艦	辯護士	辯證法
△權利	屬性	歡送	權威
鐵道	攝護腺	鬥爭	變壓器
體育	體操	體積	體驗
鑒定	纖維	顯花植物	觀念
～觀			

我們看看上列詞彙在中國現代文章內的分布情形，便可知道來自日語的詞彙，在中國語文中的作用是如何的重要了。

十四、中國語文的變遷及其對中國現代化的貢獻

日本詞彙在中國語文內的融匯，到了甚麼程度呢？

高名凱指出，現代漢語外來詞大部分來自日語：

> 日語詞彙對現代漢語詞彙的影響很大，是現代漢語詞彙中的外來詞的主要來源之一，甚至可以說是最大的來源；許多歐美語言的詞都是通過日語轉移入現代漢語詞彙裏的。[42]

由於這些外來詞，漢語的複音語增加了。王力說：

> 中國本來是有複音詞的，近代更多，但是不像現代歐化文章裏的複音詞那樣多。打個很粗的比例，古代、近代和現代的複音詞數目大約是一、三和九之比。[43]

由於複音詞的增加，原本是單音語的漢語，現在變成複音詞的語言了。王力說：

> 複音詞對於中國語法的影響 —— 中國語向來被稱為單音語，就是因為大多數的詞都是單音詞；現在複音詞大量地增加了，中國語也不能再稱為單音語了。這是最大的一種影響。[44]

---

42 高名凱、劉正琰：《現代漢語外來詞研究》（北京：文字改革出版社，1958 年），頁 158。

43 王力：《中國現代語法》下（北京：中華書局，1955 年），頁 300。

44 同上，頁 309。

中國語由單音語變成複音語這一事實，若將《論語》原文和白話譯文比較，便更加明顯了。

〔原文〕子曰：「見義不為，無勇也。」

〔語譯〕孔子說：「看見正義的事情不去幹，就是不勇敢！」

〔原文〕子曰「朝聞道，夕死可矣。」

〔語譯〕孔子說：「早晨聽到真理，晚上就死掉，我也願意。」[45]

單音語的複音化，產生了一種效果：本來是為了表示中國所無的新事物而創造的詞彙，結果又使中國語言向更明朗的方向邁進。例如「行」字在漢語向來有「行、走」及「行為」的意義，倘若將英文 action 一字譯成「行」一個字，我們便難以知道它究竟指「行、走」抑或「行為」了，要等到譯成「行為」才算精確明顯；「慮」字有「考慮」及「憂慮」的意義，譯 consider 為「考慮」，意思便不會不清楚了。

因為這類複音詞多了，表達法也變得細緻和詳密了，複雜的理論和情感亦易於表達。與以前的文章比較起來，現代文章就變成長得多；這就是因為現代文章顯得更細緻、更詳密之故。王力說：

有時候，若要運用現代的思想，使文章合於邏輯，確有寫長句子的必要；⋯⋯句子的歐化應該是不得不然的。[46]

王力認為現代文章的變化，有下面的表現：

45 白話譯文取自倪海曙的《論語選譯》（上海：東方書店，1954 年）。

46 《中國現代語法》下，頁 336。

> 從民國初年到現在，短短的二十餘年之間，文法的變遷，比之從漢至清，有過之無不及。[47]

中國語文的複音化，與其表現法，變得更細密和詳盡，這是中國語文本身的進步。至於表現中國所無的事物的詞彙日益豐富，卻是中國語文的發展。甚至可以說，由於這件出色的武器，使中國在攝取近代文化時，得到最大的便利。在整個通過日本書籍吸收近代化的過程中，適宜吸收近代文化的近代漢語便產生了。充分使用這些近代中國語，必將有利於中國的建設事業的順利發展。王立達說得對：

> 綜上所述，可知在現代漢語中，實包含着許多從日語借用過來的詞彙。由於這些詞彙的輸入和流行，不僅使漢語的詞彙更加豐富，同時也給我們在接受近代科學技術時帶來了很大的便利。[48]

47 《中國語法理論》下，頁 258。
48 《中國語文》總第 68 期，頁 94。

過去，來自日語的詞彙對中國現代化有所貢獻，今後亦將有貢獻；[49] 同時，這些詞彙給閱讀中文的日本人帶來了莫大裨益，這種裨益，勢將繼續 [50] 一段時期吧。

49 1950 年代中國語規範化，並沒有清算來自日本的語彙。《現代漢語外來詞研究》一書論〈現代漢語外來詞在語法上的創造方式〉及〈現代漢語外來詞的規範化問題〉有下面的意見：所謂「外來語」，就是中國人把外國語改造，而以中國語法去利用的東西；故此，外來語是中國國語的一個要素。這是中國人曾經施加勞力、花費相當代價而後獲得的，並非「坐享其成」。外來語是一種創造，也是一種在其他民族所創造的基礎上所作的改造。外來語的增多，使漢語詞彙更加發展，更加豐富。但是，在外來語中，也有一些足以妨害國語健康發展的。有些漢語外來詞有五花八門的寫法，讀音也不一致，十分混亂。外來語規範化，概以一語一音一字為原則。如果外來詞與國語或新語相似的話，就以後者取代之，例如：吉他 guitar ➔ 六弦琴；麥克風 microphone ➔ 擴音機；披亞諾 piano ➔ 鋼琴；司必令 spring ➔ 彈簧；生風尼 symphony ➔ 交響樂；透平機 turbine ➔ 渦輪機。現代漢語與歐洲語並非出自同一語系；發音、語彙和語法都與歐洲語言大不相同。因此，要使歐洲外來詞適合現代漢語的內部發展法則，是不容易的；必須在純粹的漢語內改造它們。在創造新語及改造外來語的時候，現代中國語文內出現一種特殊情況：這就是利用日本人用漢字創造的外來語去取代來自歐洲語的漢語外來語。例如：

英文原文	**初期中文譯語**	**日本譯語**	**後期中文譯語**
democracy	德謨克拉西	民主	民主
dictatorship	狄克推多	獨裁	獨裁
economy	愛康諾米	經濟	經濟
science	塞因斯	科學	科學
telephone	德律風	電話	電話
ultimatum	哀的美頓	最後通牒	最後通牒
unit	么匿	單位	單位

大部分日本人所創造的外來詞，都是用漢字組合的「意譯」詞彙。這些漢字的結合法，大抵上與漢語的構詞法吻合，所以與中國人自己所創造的詞彙沒有多大差別。由此看來，所謂外來語的「規範化」，並不針對來自日語的詞彙，而是針對那些由中國人自己音譯的譯語。因此，從前融匯到漢語的日本詞彙，相信將來也會是一種發展新文化的武器，而且是一種極其有用的武器。

50 直至文字改革進展到完全使漢字變成表音文字為止。

第八章

留日學生的政治活動

一、中國革命的進展

中國人留學日本史，一方面是近代中國的文化史，另一方面又是近代中國的政治史。在辛亥革命以前，不少革命活動是在日本策動的。從事革命活動的人物，包括亡命客、留日學生和日本的「支那浪人」等。

在論述亡命客和留日學生的史事以前，必須從一般的情勢講起。中日甲午之戰，中國戰敗；有些中國人認為中國由此而講求自強之策。實際上就在這場戰爭結束時，便有人發起種種救國運動。

不過，早在甲午以前，中國的改革已經萌芽了。康有為在 1884 年以前就創辦萬木草堂，[1] 媲美於日本吉田松陰的松下村塾，從事講學著作，先後撰寫了《新學偽經考》、《孔子改制考》及《大同書》，鼓吹新思想。1894 年更糾合廣東、廣西新學之士，組織桂學會。

孫中山在 1892 年發起了革命的組織興中會。[2] 1895 年，孫中山在廣東起事失敗，康有為在北京發動了「公車上書」，進「變法自強」之策。

康有為的弟子梁啟超，在上海創辦《時務報》，竭力宣傳「維新」。1898 年，康有為組織保國會。所謂「保國」，乃反對列強在中國強行「租借」土地。

同年 6 月，因徐致靖奏薦，光緒帝召見康有為，接納變法的建議，下詔定國是，拔擢維新派人物，銳意改革。以廢八股為首，一時新政之詔令，密如雨下，但受到守舊派的反對。9 月 21 日，因袁世凱告密，慈禧發動政變，譚嗣同等六君子死難，康、梁逃亡日本，戊戌新政僅百日而告失敗。

面對帝國主義的侵略，義和團產生了。當時有識之士覺悟到期待清廷改革

---

1 譯者注：康有為於 1891 以後，才開始於廣州聚徒講學。萬木草堂當於此年以後才成立。參看胡濱：《戊戌變法》（上海：新知識出版社，1956 年），頁 27。

2 譯者注：興中會於 1894 年成立於檀香山。

是愚不可及的事，「滅滿興漢」的思想[3]遂成為漢族思想的主流。維新派爭取到社會較上層的力量，而排滿黨[4]則在較下層社會中紮下了根。

這兩派都認為義和團事件是「奇禍」，事先沒有聯繫便同時舉事。唐才常所領導的維新派在漢口發難，而孫中山則在惠州起義。

「滅滿興漢」派，除孫中山的興中會（廣東）外，還有黃興一派的華興會（湖南）和章炳麟一派的光復會（浙江）。1904 年，華興會命哥老會頭目馬福益至廣東聯絡會黨舉事，並在長沙策動起義與此呼應，但未發而事洩，主要成員逃亡日本。（光復會的章炳麟則由於鄒容的《革命軍》一案，正在獄中服刑。）惠州起義失敗後，為籌募革命經費而周遊歐洲的孫中山，亦到東京。

1905 年，三派勢力終於團結一致，在東京組成中國革命同盟會，為革命運動開一新紀元，此後革命運動，風起雲湧。舉要言之，有如下各項：

（一）萍鄉起義（第二湖南事件）（1906）

（二）北京車站吳樾行刺考察憲政五大臣事件（1906）

（三）黃岡起義（1907）

（四）七女湖事件（1907）

（五）徐錫麟暗殺安徽巡撫恩銘事件（1907）

（六）欽廉起義（1907）

（七）鎮南關起義（1907）

（八）雲南河口起義（1908）

（九）安徽新軍事件（1908）

（十）廣東新軍事件（1910）

（十一）汪兆銘行刺攝政王未遂事件（1910）

3　譯者注：排滿興漢才是當時思想本質。

4　譯者注：排滿黨應理解為其後的革命派。

（十二）溫世才暗殺廣東將軍孚瑙事件[5]（1911）

（十三）黃花崗起義（1911）

（十四）陳敬岳、陳敬缶刺殺廣東提督李準事件[6]（1911）

清朝一方面嚴厲壓制革命運動，一方面表示推行新政，並在 1906 年下詔「預備立憲」。但是同盟會指為「偽立憲」，加以反對；維新派則不斷請願，要求速開國會。清廷財政的困難與官吏的腐敗已達到極點。

1911 年 10 月 10 日，革命旗幟飄揚於武昌，各省聞風響應。1912 年 1 月 1 日，孫中山於南京就任臨時大總統，中華民國誕生。

二、亡命客與留日學生

大力鼓吹留學日本的張之洞在《勸學篇》中，列舉留學日本的理由有四。第一個理由是：「路近、費省，可以多遣。」所謂「路近」，最初僅就派遣留學的決策者而言，因為費用既可節省，則人材自能大量遣派，故當政者當稱便利。後來，被派遣者也體察到「路近」的好處，他們在日本能就近呼吸文明空氣，並謀求改革祖國之道，即使一旦有急事，亦可立即歸國，故亦覺對他們十分便利。

隨着留日學生人數的增加，中國革命形勢亦有所變化。幾次革命起義的失敗者都陸續逃亡日本，而這些亡命客的周圍聚集了很多留日學生。在某一意義上，亡命客本身亦可視為留日學生。留日學生與亡命客共同策劃祖國的革命，再加上日本志士的參加和援助，三類人物匯合在一起，頻頻往來於中日兩國之間，從事革命活動。故此，中國人留學日本史的內涵變得異常豐富，並非僅僅記

5 譯者注：當為溫生才刺殺署廣州將軍副都統孚琦。

6 譯者注：刺傷廣東水師提督李準的是林冠慈和陳敬岳。

敘為學業而留學的留學史。

不論維新黨也好，革命黨也好，一旦失敗，則逃亡日本，這似成為當時的公式。這固然是基於地理的緣故；不過，他們對日本有所信賴也是一個原因。亡命客周圍常有留日學生相從，有如眾星拱月，為了追隨亡命客而赴日本留學的人，更如鐵之為磁石所吸引。嚴格而言，亡命客與留日學生之間往往不易加以區別，尤其是那批政治犯，他們亡命日本之後，多真正成為留日學生；他們也可以說是追隨大亡命客的小亡命客。

最初到達日本的「亡命客」是孫中山。1895 年，他在廣東計劃首次起義失敗，秘密逃到香港，但由於香港政府頒下不准居留的禁令，故與鄭士良和陳少白等一同東渡日本橫濱。孫中山把他在夏威夷結交的日本知己菅原傳介紹給陳少白，使與日本志士聯絡，自己則赴檀香山。1899 年，[7] 他自歐洲再到日本，在日本居留數年，其後再赴安南和美洲。1905 年第三次到日本，組織同盟會，直至 1907 年被日本下令離境為止。這兩年間，他在日本展開種種的革命活動。

1898 年戊戌變法失敗後，梁啟超因日本駐北京公使館協助亡命日本。此後，在日本居留時間頗長。康有為最初由英國軍艦拯救，後來亦到日本。不久便離開日本而去南洋。

1900 年，以戢翼翬為首的留日學生，參加維新派的第一次、亦是最後一次的自立軍起義，事敗後也逃至日本。

梁啟超亡命日本時，不過 26 歲，抵日本後立即創辦旬刊《清議報》，幾乎每一期都是獨自執筆撰稿。百期以後，改為《新民叢報》（1902），雜用日本文體，文筆頗具魅力。此外，他還提倡以文學作為政治革命的武器，編刊《新小說》作為《新民叢報》的姊妹雜誌。雖然這些雜誌都被清廷禁止內銷，但仍巧妙

7 譯者注：正確應為 1897 年夏秋間，孫中山由歐洲經北美再來到日本。此為他經歷 1896 年在英國倫敦被清使館誘騙而被囚禁（史稱倫敦蒙難事件）獲釋後，居英約半年之後再度回返亞洲之行。此年亦為孫中山與宮崎滔天首度締交之年。

地被運入國內，不但在日本一版再版，備受歡迎，即在中國國內亦流行多種翻版，可見暢銷情況的一斑。

黃興最初是官費留日學生，在弘文學院習師範科。1903 年回國後，創立明德學堂，鼓吹新思想。1904 年計劃在長沙起義，但舉事前事洩，與宋教仁等一同亡命日本，創刊雜誌《二十世紀之支那》。留日學生視黃興等為英雄，追隨的人甚多。

1899 年，章炳麟來日，結識孫中山。回國後，因言論過激，被通緝而逃至日本。1903 年，章因《蘇報》事件入獄三年。1906 年出獄，三度到日本，獲同盟會的歡迎，主持《民報》。在章炳麟的周圍，集結了魯迅等一批奮發有為的留日學生。此外，如同孫中山的左右手的陳天華和汪精衛，都是法政大學的學生。

留日學生對孫中山的支持是很重要的。1904 年，孫中山從安南出發，在環球旅行的途中，路過日本，受到廖仲愷夫婦、馬君武和胡毅生等留日學生的熱烈歡迎。

1905 年夏，孫中山自歐洲抵日本時，獲留日學生極盛大的歡迎，約有 100 名留日學生到橫濱來迎接他。8 月 13 日，留日學生在麴町區富士見樓舉辦的歡迎會上，出席者達 1,300 多人，連屋外也擠滿了人，盛況可謂空前。從此，革命團體的活動，急速地發展。孫中山的興中會，章炳麟、蔡元培等的光復會，以及黃興、宋教仁、陳天華等的華興會，迅速展開大團結運動。7 月 30 日，在赤坂檜町黑龍會（內田良平宅）內，召開了籌備會。到會者有孫中山、黃興、張繼、陳天華、宋教仁、馮自由、田桐、梁慕光、吳春陽、程家檉、居正、黎勇錫、胡毅生、朱少穆、但燾、時功玖、曹亞伯、馬君武、董修武、鄧家彥、張我華、何天炯、康寶忠、謝良牧、劉道一、黃復生、蔣尊簋、張樹枏、朱執信、古應芬、杜之杕、姚粟若、龔國煌、李烈鈞、唐繼堯、閻錫山、尹昌衡、汪精衛、李根源、呂天民、于德坤、孫毓筠、周代本、胡瑛、石志泉、李書城、耿覲文、何曉柳、張昉、秋瑾、宮崎寅藏、內田良平等 70 餘人，[8] 大部分為留日學生。這次會議的結果，產生了統一的革命團體 —— 中國革命同盟會（簡稱中國同盟會）。8 月 20 日，在赤坂區靈南坂的坂本金彌的住宅舉行成立大會，加盟者 400 餘人（除甘肅以外，包括了 17 省的人）。自此以後，革命運動更加如火如荼地進行。

日本於是成為中國革命舞台，出場參加的人物，除亡命客和留日學生外，還有日本的志士（支那浪人），著名的有頭山滿、犬養毅、內田良平、宮崎寅藏（滔天）、宮崎民藏、北輝次郎（一輝）、平山周、清藤幸七郎、萱野長知、福本日南、柏原文太郎、平岡浩太郎、山田良政、坂本金彌、末永節等。

在這些志士中，雖然不乏從私利私欲出發的人，[9] 但大多數則希望對岸的中國不至被西洋各列強所分割，有的甚至為中國革命事業而犧牲性命。例如在 1900 年惠州之役中，東亞同文書院幹事山田良政戰死於虎頭山。

日本志士亦曾盡力促使維新黨與革命黨合作，但因兩者主義不同，無法達成協議。

最遺憾的是大部分日本志士後來卻挑唆日本軍閥侵略中國。

8　以上的出席者乃綜合鄒魯《中國國民黨史稿》的〈中國同盟會〉一章與曹亞伯《武昌革命真史》（作者自刊，1929 年）所記。

9　例如，「……有所謂布引丸事件。孫中山在廣東附近籌集款項，向日本購買彈藥。託犬養毅代為斡旋。犬養毅託之於信州出身的議員中村彌六。經中村的斡旋自大倉商事會社購買數千支手槍及一批彈藥。由布引丸（船名）運載。其後此船於途中沉沒，武器亦埋於海底。但後來得悉從大倉購買的槍支全部是不能使用的廢槍，沒有彈藥，而且沉船是一艘廢船，傳說於途中故意弄沉。因大倉當作廢槍出賣，故其間中村吞沒了數萬金之事終被發覺。中村卒被社會所唾棄。」（見〈快傑秋山定輔〉，載《中央公論》第 53 卷第 1 號。）

三、清末留日學生與新思想

日本志士對中國革命的支援，遠不如日本思想和學問在中國人士心中所引發的革命火焰來得重要。北一輝說：

> 中國革命非來自太平洋外遙遠之雲間，其實，對岸之島國——日本，其思想乃最重要之原因。[10]

留日學生不斷吸收當時日本的學問和思想。這些東西本來源自西洋，留日學生加以消化和改造，使之適合中國國情，並向中國國內大事宣傳。本書第五章所述翻譯活動就是此種思想運動之一大事業。另一種大事業是經營雜誌，其中雖亦有少數是純學術的，一般而言都是介紹啟蒙思想和宣傳革命的雜誌。

鄒魯在〈中國同盟會〉中說：

> 時（1905 年）各省學生皆有學生會，會中多辦一機關報，報以不言革命為恥。[11]

中國留美學生所辦的《留美學生年報》，在 1910 年的一篇文章說：

> 日本之留學界，國人類能道之，美洲之留學界，國人知之者少。[12]

---

10 引自北一輝：《支那革命外史（1915-1921）》（東京：大鐙閣，1921 年）。
11 轉引自《辛亥革命》第 2 卷，頁 3。
12 朱庭祺：〈留美學生界〉，載《留美學生年報》第 1 期（1910 年）。

該文結論說：

> 中國似醒未醒，又似初醒之時，人其從新歟？從舊歟？未定也。因日本留學生之書報，日本留學生之罵詈，日本留學生之電爭，而通國之人大醒。開明者，因明而醒；頑固者，因罵而醒；不進者，因驅而進；退後者，因鞭策而前。在此醒悟時代，日本留學界，大大影響中國。[13]

中國留英學生主辦的漢文雜誌在 1927 年才出版第一期，而其發行的兩大理由之一是：「供留英學生練習中文寫作」之用。但距此 20 多年前的留日學生出版物，已經不是無關宏旨的「練習」，其內容全是大是大非，擲地有聲的。

留日學生在日本刊行的雜誌，不僅達到一般雜誌的水準，而且在質素方面還領先於國內的雜誌，發行數量亦較國內的雜誌為多。直至辛亥革命為止，中國人在日本發行的雜誌有以下各種：

清末在日本刊行的中文雜誌目錄（創刊日期以舊曆為主）

雜誌名稱	編者	出版者	創刊年月日
清議報	梁啟超	該報館（橫濱）	1898 年 10 月
譯書叢編	坂崎斌	該社（東京）	1900 年 12 月 6 日
開智錄	鄭貫公、馮自由等	（橫濱）	1901 年 5 月 10 日
國民報	戢翼翬、秦力山、王寵惠、唐才律	該社（東京）	1901 年
新民叢報	馮紫珊	該社（橫濱）	1902 年 1 月 1 日
新小說	趙毓林	該社（橫濱）	1902 年 10 月

13 〈留美學生界〉，載《留美學生年報》第 1 期（1910 年）。

雜誌名稱	編者	出版者	創刊年月日
湖北學生界	王璟芳、尹援一	該社（東京）	1903 年 1 月
直說		（東京）	1903 年 1 月
浙江潮	該同鄉會	同會（東京）	1903 年 1 月
江蘇	該同鄉會	同會（東京）	1903 年 4 月 1 日
遊學譯編	湖南同鄉會	同會（東京）	1903 年
漢聲	（湖北學生界改名）		1903 年 6 月
女子魂	抱真女士	（東京）	1904 年
民報	張繼	（東京）	1904 年 11 月 26 日
漢幟	黃一鑄	該編輯所（東京）	1906 年陽曆一月廿五日
音樂小雜誌	李叔同	發行所（中國） 印刷（東京）	1906 年 1 月 20 日
法政雜誌	張一鵬	該事務所（東京）	1906 年 2 月 20 日
新譯界	范漮壬	該社（東京）	1906 年 10 月 1 日
雲南	吳琨	該社（東京）	1906 年 10 月 7 日
中國新報	（陳耔美）	該社（東京）	1906 年 12 月 7 日
法政學交通社月報	孟昭東	（東京）	1906 年 12 月
二十世紀之支那	黃興、宋教仁	（東京）	1906 年
復報	柳亞子等	（東京）	1906 年
鵑聲	雷鐵崖等	（東京）	1906 年
洞庭波	楊守仁等	（東京）	1906 年
直言	直隸留學生	（東京）	1906 年
醫藥學報	中國醫藥學會	同會（千葉）	1907 年 1 月 1 日
政法學報	沈其昌	（東京）	1907 年

雜誌名稱	編者	出版者	創刊年月日
學報	何天柱、梁德猷	（東京）	1907 年
漢風	時甡	該雜誌社（東京）	1907 年陽曆二月二十日
中國新女界雜誌	燕斌	該社（東京）	1907 年 2 月
牖報	李慶芳（留日學生）	（東京）	1907 年 3 月
大同報	叔達	該事務所（東京）	1907 年 5 月 5 日
天義	何震	通信處與印刷所（東京）	1907 年陽曆五月
遠東聞見錄	李士銳	陸軍部留學生監督處（東京）	1907 年 6 月 10 日
科學一班	（留日學生）科學研究會	（日本）	1907 年 7 月 6 日
秦隴報	該社	同（東京）	1907 年 7 月 20 日
粵西	該雜誌社	同（東京）	1907 年 10 月 10 日
四川	該雜誌社	同（東京）	1907 年 12 月 5 日
河南	武人、朱宣	（東京）	1907 年 12 月
二十世紀之中國女子	恨海女子	（東京）	1907 年
大江報	夏重民等	（東京）	1907 年
醒獅	高天梅		
關隴		該雜誌社（東京）	1907 年
夏聲		該雜誌社（東京）	1907 年
滇話報		該社（東京）	1907 年
晉聲	景定成等	該雜誌社（東京）	1907 年
國報	（曹澍）	該雜誌社（東京）	1908 年 1 月 2 日
學海	北京大學留日學生編譯社	同（東京）	1908 年 1 月 28 日

雜誌名稱	編者	出版者	創刊年月日
預備立憲公會報	孟昭常（日本留學中）	同（上海）	1908 年 1 月
江西	該雜誌社	同（東京）	1908 年 6 月 11 日
日華新報	（月出六次之報紙）		1908 年
農桑雜誌			1908 年
武學雜誌			1908 年
海軍	海陸軍留學生監督處其編譯社	同（東京）	1909 年 6 月 1 日
憲法新聞	李慶芳	（北京）	1909 年 8 月
憲法新志	吳冠英	（東京）	1909 年 8 月
中國商業雜誌	陳耔輝（東京）	（上海）	1910 年 1 月 15 日
中國商業研究會月報	該會	同（東京）	1910 年 1 月 30 日
中國蠶絲業會報	同會	同（東京）	1910 年
南洋群島商業研究會雜誌	李文權	（東京）	1910 年
中國青年學粹	該社	同（東京）	1911 年 2 月 10 日

1907 年在日本創刊的雜誌共 21 種，較該年在中國創刊的雜誌為多，出版的冊數亦甚可觀。[14] 不僅是在數量上佔多數，內容方面亦遠較國內雜誌為優，具有很高的啟導作用。

在日本的中文雜誌出版事業中，日本人或明或暗地加以援助。例如《譯書彙編》的編輯兼發行者是坂崎斌，《國民報》的印刷人是船津輸助，《遊學譯編》的編輯兼發行者是熊野萃，《民報》的印刷人是末永節等，這都是為了應付日本當

14 《浙江潮》第 8 期的出版部數為 5,000 冊，又第 1 至第 4 期三版共 5,000 冊，第 5 至第 6 期再版共 5,000 冊。

局的干擾而作出的安排。又《神州女報》(1907 年創刊)雖在上海出版,但其「本報特別贊成員」中有「日本東京早稻田大學卒業,長谷川宇太治君」;又《浙江潮》及《中國新女界雜誌》的封面畫像,似是日本畫家之手筆,至少亦受到當時日本畫的影響。

上述主要是與留日學生有關的雜誌,此外,作為鼓吹革命思想的有力武器,尚有書籍和小冊子。其中有年方 20 歲的鄒容所寫的《革命軍》一書,因為這是革命文學中最優秀的作品,作者鄒容和為它寫序的章炳麟,都被下獄三年(所謂《蘇報》事件),鄒容且死於獄中。但《革命軍》一書卻秘密地傳遍天下。

與鄒容並稱的陳天華著有《警世鐘》、《猛回頭》、《獅子吼》等小冊子,將革命思想扼要地穿插入故事中,而且極秘密而迅速地流入中國(特別是湖北湖南)學堂和軍營之中。這些書籍如何輸入並且流布國內呢?曹亞伯回憶說:

> 斯時(1902 年)新化留日陸軍學生楊源濬(字伯笙),新自東京歸,帶有陳天華之《猛回頭》七千冊。[15]

又說:

> 予〔曹亞伯〕從容向吉安民眾演說,並散《猛回頭》、《警世鐘》諸書。[16]

可見辦法是多式多樣的。

---

15 曹亞伯:〈自敘〉,《武昌革命真史》前編,頁 4。
16 同上。

四、清末留日學生與革命實踐

對中國國內腐敗政治深惡痛絕的留日學生，目睹新興日本欣欣向榮的面貌，就再不能安坐書房中了。在辛亥革命（1911）以前的革命活動，與其說是留日學生起了重大的作用，毋寧說是以留日學生為主體而實踐了革命。《支那革命外史》的作者北一輝說：

> 日本人對中國革命之貢獻，非在於直接之物質援助，或妓樓置酒而爭功者之個人交遊；實際乃在於因日本國勢興隆及其思想所促發之中國國家民族主義。茲以不佞於上海親見之事實說明之。當時出入於秘密機關者幾乎全為留日學生，而參加襲擊機器局之大軍，其服式俱為結襟金扣。當聽聞武漢突變之消息，即馬上各自奔赴本省與同志會合，率先打破各省革命之障礙者，彼於昨日仍為寄宿東京神田公寓而未經告假之士官學校學生。留日學生之制服甚至被稱為革命服。[17]

北一輝又說：

> 南京同志之革命機關被擊破之後，散髮青年僅因不結辮子而被殺者，多達一千人。大屠殺後之都城，腥風滿目，實施戒嚴，晚上就連外國人亦不能外出一步。[18]

在中國革命的實踐行動中，沒有一次是沒有留日學生參加的。正如北一輝

---

17 《支那革命外史》，頁 82-83。
18 同上，頁 94。

所說，留日學生制服簡直就是革命軍制服。茲再舉一二事例說明之。1911 年廣州事件中，「黃花崗七十二烈士」即有八人是在學中的留日學生：[19]

姓名	年齡	學籍
喻培倫	26	日本千葉醫學專門學校學生
林文	25	日本大學學生
方聲洞	26	日本千葉醫學專門學校學生
林覺民	25	日本慶應大學學生
石德寬	26	日本警監學校學生
林尹民	25	日本陸軍士官學校畢業
陳與寬	24	日本早稻田大學學生
陳可鈞	24	日本正則學校學生

又，在武昌起義（1911）後不久，即同年 10 月 30 日，在雲南起義的幹部（以昆明之陸軍高級幹部為中心）40 人之中，考其學歷，留日學生竟達 31 名之多。[20]

姓名	籍貫	留日就讀之學校
蔡鍔	湖南	士官學校
李根源	雲南	士官學校
羅佩金	雲南	士官學校
殷承瓛	雲南	士官學校

19　曹亞伯：〈廣州三月二十九日之役〉，《武昌革命真史》前編，頁 359-360。
20　《辛亥革命》第 6 卷，頁 247-251。

姓名	籍貫	留日就讀之學校
韓建鐸	河南	士官學校
謝汝翼	雲南	士官學校
李鴻祥	雲南	士官學校
唐繼堯	雲南	士官學校
沈汪度	湖南	士官學校
張開儒	雲南	士官學校
劉存厚	四川	士官學校
庾恩賜	雲南	士官學校
黃毓成	雲南	士官學校
劉祖武	雲南	士官學校
顧品珍	雲南	士官學校
張之貞	雲南	士官學校
黃毓英	雲南	東斌學校
杜韓甫	雲南	東斌學校
趙復祥	雲南	士官學校
曲同豐	山東	士官學校
楊振鴻	雲南	振武學校，陸軍測量部
王養生	四川	東斌學校
劉九疇（《雲南》發行者）	雲南	明治大學
李烈鈞	江西	士官學校
方聲濤	福建	士官學校
趙康時	湖北	士官學校
呂志伊	雲南	弘文師範，早大政治科
趙仲（《雲南》編輯者）	雲南	成城學校

姓名	籍貫	留日就讀之學校
席聘臣（《雲南》編輯者）	雲南	京都大學法科
張耀曾（《雲南》編輯者）	雲南	東京帝大政治科
姜梅齡（《雲南》編輯者）	雲南	士官學校

女子留日學生也參加了革命運動。同盟會最著名的女同志是秋瑾女士。赴日以前她已是一子一女的母親，因痛憤於庚子（1900）之變，賣掉簪珂作為學費，獨自留學東京，為最早加入同盟會之會員。因「取締規則」憤而歸國，在上海辦《中國女報》，以後非常活躍。1907 年，徐錫麟暗殺恩銘，她被指為徐的從妹，被捕後處死，死前留下「秋風秋雨愁殺人」之句，照耀古今。為了紀念她為革命而犧牲，一份婦女雜誌《神州女報》在同年 11 月創刊，該雜誌其後造就了許多革命女同志。廖仲愷夫人何香凝女士自從與丈夫一同留學日本以後，即奔走革命。

我們相信，如果沒有留日學生，則中國革命，特別是辛亥革命，是難有進展的。

五、成城學校入學事件

1919 年的五四運動，是由學生發起的愛國運動，毛澤東以這個運動為界，劃定在此以前是舊民主主義革命時代，在此以後是新民主主義革命時代。[21]

21 《毛澤東選集》第 2 卷，頁 643-644。

五四運動有反封建主義及反帝國主義兩方面。而在留日學生運動中也有兩個重心。1902 年成城學校入學事件可算是反封建性質的；1905 年反對《清國留學生取締規則》事件則可視為反帝國主義性質的。

1902 年 7 月，自費留學生鈕瑗等九人，準備進入當時陸軍士官學校的預備學校成城學校攻讀。但是校方規定，學生如沒有清國公使的保證，則不准入學。而清國公使蔡鈞拒絕在九名留日學生的入學證件上蓋章。原因是在此之前謠傳留日學生圖謀革命，事態危險，蔡鈞密奏清廷請停止派遣留日學生。留日學生認為是清廷計劃阻撓自費學生學習軍事，故集體闖進公使館，迫公使蓋章，但公使堅不答允。留日學生則堅持直至公使答允他們的請願為止，否則不離開公使館。公使館報請日本警察將主謀學生拘捕，衝突益形激烈。

這是事件的梗概。以下試詳細考查當時的報導資料。

1.李宗棠〈查辦學生案日記〉

李宗棠於 1901 年受兩江總督之命，到日本視察學務，此後屢次受命到日本，前後至少有九次之多。他將每次旅行日本之事寫成日記，題為《東遊紀念》，共成六冊。（此書扉頁題字是日本長岡護美子爵的手筆）他可說是視察日本的專家。[22]《東遊紀念》之二是《查辦學生案日記》，此即李氏為了調查成城學校事件而在日本所寫的日記。

李氏受兩江總督的「密令」，在舊曆七月十日（8 月 13 日，事件發生後第 17 日）自南京出發，七月十八日（8 月 21 日）抵東京，住在帝國酒店。是日即拜訪尚在留學中的舊友，又會晤長岡護美子爵、近衛（篤麿）公爵、外務省通

22 譯者注：實藤氏原書謂：和李宗棠一樣寫各種日本遊記的中國人，未見有第二人。他除了出版遊記外，更著有《日本學校章程》136 種（共 16 冊）、《日本小學校新令》（1 冊）、《日語類纂》（2 冊）等。有關他的著譯書，可見於《千倉舊主（李宗棠）著譯書目》中。

譯官小林光太郎等，展開調查。翌日，除近衛公爵等到來答禮之外，江蘇、浙江、安徽、湖北等留日學生十餘人亦先後到訪。他在《日記》中對這次會面，詳為記錄，似頗能以較客觀的立場來看此事件，他並表態度說：

> 留學生等備述此次騷動之由，雖不能盡信之，暫且記之，以俟識者。[23]

以下根據李氏《日記》所錄，略述事件的始末。

2. 有關留日學生的報告

南洋公學教師吳敬恒（稚暉）是這一事件的主角之一，但算起來，他留學日本的時日尚淺。吳氏因聽聞江蘇、江西和浙江三省的自費留學生九名欲入成城學校，故寫了一封長信，反覆懇求公使予以保證。此外，他還建議由在學的學生五人聯保一人，並聲明會預先將保證書送到公使館。當時適逢中國著名學者吳汝綸到日本視察學務，吳稚暉更往留學生會館謁見，託他向公使懇求，希望迅速給予保證。吳汝綸將其意轉達公使，這是六月九日（7 月 13 日）的事。過了五日，吳汝綸致吳稚暉的信中說：

> 關於保送五人入學堂之事，蔡公使已允可。惟囑照尊議，取五人聯保，與名單併送。謂是使館舊章。謹奉聞，即乞賜交，以便轉達。

吳稚暉獲得覆信後，立即走告希望入學的人。於是，章宗祥等 20 餘人即準備好八封聯署的保證書，由章宗祥代表送到小石川區第六天町的伊澤邸（實藤注：

---

23 譯者注：據原書所引《東遊紀念》之二《查辦學生案日記》轉譯，頁碼未詳。

伊澤邸是伊澤修二的住宅，吳振麟是伊澤修二的女婿），並從吳振麟那裏親手接到他的保證書。章帶着這批保證書，翌日即到吳汝綸的寓所向他提交。但過了數日，一點消息也沒有。

至廿一日（8 月 24 日）傍晚，吳稚暉再會吳汝綸，請代為催促公使（吳汝綸已作允諾）。翌日，吳稚暉又訪留學生監督夏某。夏告訴他說：「昨日已聞此事。公使已向參謀本部書寫公文。」吳因此稱謝而回，並以此訊轉知希望入學各人。廿三日（8 月 26 日）傍晚，吳稚暉突然接到吳汝綸的來信說：「頃接參謀本部覆蔡星使書，謹奉呈一覽。」該覆函解釋了拒絕入學的理由，所說如下：

敬覆者，頃接來文，現由在京貴國留學生章宗祥等，保送江蘇、浙江、江西自費學生九人，願入成城學校肄業等因。准此奉悉。惟向例進學均由貴大臣保送，方准入學。今據來文，似稍與向例不符。仍請貴大臣親行保送，以符向例，是為至禱。專覆。順頌

時祉。

再者成城學校，現值暑假之期。當俟新曆九月初旬，始行開課。此時未便即時進學。耑此。附達

蔡欽差閣下

參謀本部第二部長青木宣純敬具

吳稚暉接此信後，深夜帶同此信往訪章宗祥、吳振麟、胡爾霖、曾澤霖等，並與希望入學各人約於翌日往見吳汝綸。

〔六月〕廿四日（7 月 28 日）上午，吳稚暉與保證人胡爾霖、莊君達、劉勳臣及希望入學學生鈕瑗、李顯謨、劉鍾英、夏士驤、顧乃陳〔珍？〕、陳秉忠、許嘉澍、吳榮鬯、董瑞熙、張懋德、閔灝、陸輔、陸爽、俞亮、沈綱、段彥修、吳宗椿、吳宗傑、沈覲恒、沈覲鼎、孫揆均等一同往訪吳汝綸。吳汝綸早已

《文明小史》一書中所見的留學生會議

明白他們的來意，故一見面即說道：「參謀本部不答允，公使亦不允親自保證。我亦無力左右公使。」眾人聽後均十分憤慨，向吳汝綸告辭後，即逕往公使館，打算面謁公使。眾人既抵公使館，首先會晤專責學務的王宗炎君。王責問各人何事結隊而來？眾人便詳述原因，要求面謁公使。王遂將事情向公使轉達，但公使說有要事，不能接見。王雖委婉拒絕學生所請，但眾人仍堅持要面謁公使。王氏只好再為轉達，但一直等不到答覆。過了一會，公使館的僕役到會客室，要求眾人離去，談話至此決裂。於是，公使館中即忙於打電話，請參謀本部的藤青少佐及外務省的小林通譯官到來解圍。小林來到公使館，多方斡旋，但終亦不能幫助解決，遂告辭而去。如是者雙方僵持對峙至傍晚 5 時，但仍不獲公使接見。不久，吳汝綸到來，盡力調停。但因雙方仍各堅持己意，無法解決僵局。留學生更聲言如不獲見公使，決不離去。小林氏亦再度折返，多方勸解，且謂一二人面謁即可。留學生則認為若許一二人晉見，為何不可一齊面謁。吳汝綸與小林通譯官為傳達雙方意見，進進出出，不下數十回，已到聲嘶力竭、舌敝唇焦的地步。

至 7 時半，公使急召日本警察到場，請求保護，事情因而更趨惡化。（原注：以後兩段情節不便記錄。）不久，警察來到公使館，連夜將吳稚暉、孫揆均兩孝廉逮捕帶走。（以上之事，與昨晚小林君所述大體相同，附記。）

據聞，二人被警察帶走後，警署署長非常謹慎處理。並將二人送回寓所。但吳、孫兩人視此事為極大恥辱，不肯返回寓所。到了翌日（六月廿五日，7 月 29 日），兩人才勉強同意回去。

是日下午，吳氏又往警署，抗議被捕之事，小林當時亦在場。署長對吳說：

> 逮捕的事，並非日本警察的主意，而是貴國公使的命令。你們何不向公使責問？

吳氏非常憤慨，表示要前往公使館申論，小林氏勸解他說：

> 公使館明令：三日之內，留學生不准到訪。還是過三日後再去吧。

吳氏無計可施，只好折回。

又據所聞，當吳去警署的同時，留學生十四五人（四五十人？）風聞使館召日警拘人之事，群情激憤，直闖公使館，要求面謁公使。當進入公使館時，即與警察發生口角，先去的 20 餘人雖沒有被捕，但後至的 20 餘人則被帶至警署，略受盤問之後，即行釋放。

翌日，即六月廿六日（7 月 30 日），是皇帝萬壽節，吳氏又與 20 餘人到公使館。當時使館前有警官二三十人列坐，禁止任何人等進入。吳氏向守門人表示要進入使館，但遭拒絕，遂聲言明日獨自再來。27 日下午，吳君果獨自前往，但又被警察及守門人攔阻。自此之後，吳君周圍都有巡警跟蹤。六月三十日（8月3日），范源廉留吳氏一宿，但整晚巡警都守在門外。七月二日（8月5日）早晨6時，突有一警官到吳稚暉寓所，通知吳氏與孫揆均二人須立即到警察局，又命巡警三人護送，把吳、孫二人帶至警視廳的會客室等候。此時，警視廳的主事菅井誠美出示內務大臣內海氏的命令，上面寫着：

> 自清國來本邦居留之吳敬恒、孫揆均二人，因觸犯妨礙治安之例，飭令離開本國。特令彼二人於明朝六時，與巡警同乘火車至神戶，即日登輪返國，此令。

吳、孫兩人接此遞解令後，曾請求延期，但不獲准。菅井解釋說：「此事純因貴國公使的請求，我國警官才到公使館逮捕留學生，絕非我國要行使強權。你們不要弄錯，請立即離去吧。」聽到這個回答後，留學生騷動起來。於是，秦毓鎏、張肇桐、吳榮鬯、胡克猷、楊我江、夏士驤、許嘉澍、鈕瑗、顧乃珍、沈宏豫等聯名寫了一封長信，上書公使。這封信在七月九日（8月12日）寄出。另外，他們為了得到明確的答覆，更計劃一同往見公使，但怕引起公使猜疑，不願接見，故僅派秦、張二人代表去公使館。二人走到了公使館，果然碰上警察的詰問。於是道明來意，謂想見公使。司閽的人答說公使拒見來客，二人遂轉而請見王監督。

正當秦、張二人與司閽人爭持之間，剛巧公使隨員張季生出來。秦、張二人馬上抓着機會，對他說明請見公使的原因，張聽後轉身入內，過了一會兒出來說：「諸位的信尚未收到。九人入成城學校的事，公使斷無不許之理，但要等參謀本部的福島（安正）回來商量後才可決定。吳、孫離境的事，是依日本法律而行，與我館無關。」

張肇桐聽後不禁大怒，並與張季生爭辯起來。張季生說：「公使今日因有要事，不能接見。如有話說，下次再來吧。」秦、張二人無法，只得辭去。

十一日（8月14日）下午，顧、鈕兩生又到公使館，會晤王監督，但所得到的答覆與張季生所說的相同。

十二日（8 月 15 日）下午，秦、沈、夏三人再到公使館問消息，亦未獲接見。司閽人對他們說，明日再來當會有答覆。到了十三日（8 月 16 日），一同上書的留學生便齊集一起，向使館出發。且由秦毓鎏先行探路。因有警察把守，不許秦進入。不久，司閽人走出來，問秦為何事而來？秦答謂想見公使。司閽人說：「公使不見客。」秦追着說下去：「那麼謁見王監督可以吧？」司閽人沒法，只好讓他入內，且說：「公使早已說好，即使學生到來，也不會接見。那九個人決不保證。學生的信，亦無須回覆。」秦氏進入王監督的辦公室後，王監督則向他多方勸解。過了不久，九人亦隨後來到，說一定要見公使。

彼此往來爭論，直至黃昏，還不能見公使，氣氛更形惡劣。於是公使館向日警請求派出警官二人，並帶同警察七八人到來應付，先將秦帶走，其他各人隨後亦被帶去。出了公使館之門，警察即命各人解散回家。但眾人不服。警察於是將秦等帶回警署，軟禁於會客室，又拿出飯及湯叫他們吃。坐了一會，一位熟諳中國語的警官，拿了一張紙來，要各人寫下姓名。不久，秦被帶入署長室。署長給他紙筆，要他自述闖入使館的緣由。署長看罷他的自辯書，那位懂中國語的人傳話說：「署長對你們的事很瞭解。你們好好地回去。今後若去公使館，不可超過三人同行。」秦出來後，日警又召胡[24]及其他人等依次入內。經同樣方式的處理後，眾人即被釋放返家。當時已過 11 時矣。

以上是五日前所發生的事。李宗棠的日記還指出自此事發生以來，留學生群情激動，憤慨異常，並認為此一紛爭未必容易了結。

---

24 譯者注：指胡爾霖。

3. 蔡使要求日本警察入署拘捕學生始末記

當此事件發生之際，因戊戌政變而流亡日本的梁啟超，正在橫濱主編和出版《新民叢報》。這份雜誌，不但受東京的中國留學生的歡迎，而且還經海路秘密運回中國，被知識分子爭相購讀，成為最有影響力的雜誌。

《新民叢報》在七月一日（8 月 4 日）出版的第 13 號中最早報導此事件。在論說欄中，刊載了梁啟超所寫的〈論學生公憤事〉一文。同期的「國聞短評」欄中，有〈蔡鈞蔑辱國權問題〉一文，而「餘錄」欄亦有〈蔡使要求日本警察入署拘捕學生始末記〉的報導文字。這一期的《新民叢報》可以說是成城學校事件的特刊。

《新民叢報》在以後幾號中，還繼續報導此事，今細列如下：

期數	篇名
第 14 號（七月十五日發行）	蔡使要求日本警察入署拘捕學生始末記（續）
第 14 號（七月十五日發行）	第二次要求日本警察入署拘捕學生始末記
第 15 號（八月一日發行）	敬告留學生諸君
第 15 號（八月一日發行）	上蔡公使書
第 16 號（八月十五日發行）	論留學生之責任與其箴言
第 17 號（九月一日發行）	留學善後事宜質疑

將〈蔡使要求日本警察入署拘捕學生始末記〉與李宗棠日記的〈留學生報告〉比較，所記的事情始末雖大同小異，但有關留學生最初闖進公使館日期是六月廿四日，即陽曆 7 月 28 日的記事，則頗有不同。尤其是以下的兩段情節，李宗棠沒有記錄，而《新民叢報》所述則十分詳細。原文如下：

廿四日，陽曆七月廿八日

（吳敬恒等廿六人往見吳汝綸，不得要領。眾人憤慨辭出，前赴使署）

至使署，因聞主管學生事者，為王文案雷夏。吳君（稚暉）遂告閽人曰：「我們要見王雷夏，王老爺。」閽人曰：「在山下兒住。你們去找吧。」

至王文案室。王君兼教讀，見吳君等至，詰眾人之意。具告之，並懇轉告公使，願賜一見。王君入，久之出曰：

「欽差告訴你們，進成城學校的事情，已經碰過釘子，萬萬不能再寫信去。過幾天，欽差當面見了參謀本部的人，再給你問一問吧。可是成不成，不能一定。你們要見欽差。欽差說，可以不必。」

吳君等益悲憤，再反覆參謀部覆函，覺京卿所言，與王君所述離題太遠，愈弄愈錯，因思非見公使，不能得要領。遂堅求一見公使。

王君云：「你們一定要見，兄弟再進去說，請少坐。」

斯時十二時向近，天氣甚熱，腹飢不得食，靜待之。三時尚杳然，無覆音。眾皆面面相覷，同人均焦急。吳君勸諸君少安，云：「王君既允，決無不覆之理，公使事冗，或未得暇。」又久之。有身着洋式號衣者，怒目疾視，闊步入室，操東音，不知云何，其人乃使署服役者。公使因洋人有積威，中國官吏皆崇拜不已。擬令其人駭吳君等出。眾皆匿笑。列坐不一顧。彼技窮乃去。

少頃，又來三西裝者，戎服佩刀。參謀部之藤青少佐也。紳士裝者，外務部小林翻繹官也。短身曲背，髮半禿，微有鬚，口銜雪茄煙，尾小林氏後者，不知其為誰。入門各為禮。小林氏能操北京語。眾人詳告以故，又出參謀部覆書與閱。小林氏謂：「學生保送學生不行。要進成城學校，不必要公使保送，就是做買賣的亦好。」並囑諸君取入校人名單。諸君寫交。小林氏閱畢，探囊出一紙，載五人名，皆即九人中所有。指謂諸君曰：「這五個學生，是湖南監督胡先生交給我的。我因為福島少將沒有回國，參謀本部必不能答應。我想現在又添成九人，是一定要等福島少將回來再說。福島少將回來，兄弟和你們公使同吳先生，終要竭力想法子。」

吳君等聞小林氏之言，雖若可感。然再反覆參謀部覆函，覺離題益遠，愈弄愈錯，愈說愈奇。遂覺非見公使不能剖白。向小林氏亦堅稱欲見公使。

小林氏持眾人名單代達。數往返。再後，閽者請入，眾尾之行，出隨員室。至公使宅左〔參看下圖〕。小林氏迎謂曰：「公使不肯見。兄弟再三說，只允一二人。」諸君候久。必欲同一見，腹飢口渴，僵立樹下，持同見之意甚堅。小林氏不悅曰：「你們不聽我的話麼。你們公使館的事情，兄弟實在無能為力。那麼，我就去了。」遂乘人力車逕去。諸君無可如何，徐至公使宅，伺於客室門外，冀公使得聞或出見。久待無影響。

時已五時，吳京卿急臨。謂眾人曰：「你們這時候午飯沒吃。到我寓所去吃午飯吧。公使既然不肯見你們，你們有甚麼法子想呀。」諸人執欲見，小林氏又來。乃言：「進學校的學生，公使一定同他們想法子。你們要見，就請一兩人去見見吧。餘下的，過兩天再見。到底如何？」諸君云：「學生到此不易。公使既能見一二人，餘人同見，似亦無妨。若來而不見，見面尚如此之難，即隱為不肯送學之代表。但見一二人，於事本可。今所以欲賜同見者，即望公使慨然允許，以表真愛學生，如此而已。」

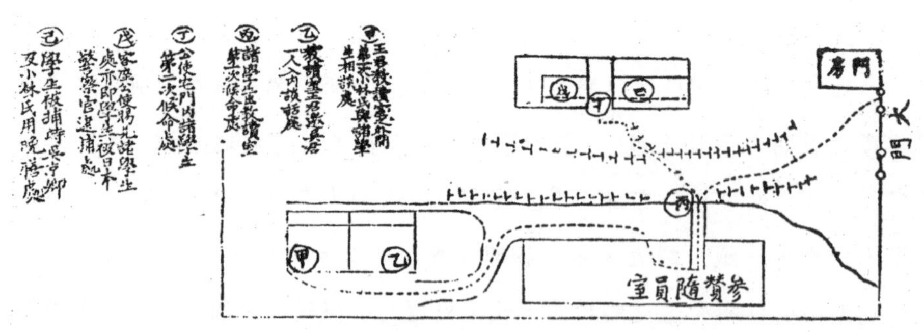

清國公館全圖（載於《新民叢報》第 13 號）

京卿無奈，偕小林氏及參隨二人同入。其時電燈熒熒，鐘記六時。前所述短身曲背之東官，偕一警署官來。屈指數人數而去。久之，京卿負手聳肩，由屋後怏怏出。漫告曰：「欽差找不到。」又搖首曰：「欽差找不到。不知那裏去了。」諸人為之失笑。

須臾，小林氏亦從屋後來。謂曰：「公使勉強見你們。可是，你們不好有一點無禮。」眾設誓：「如稍無禮，即請小林先生曳之出，處以死刑。」小林氏笑頷之。遂以吳京卿先入。

七時三十分餘，啟半門。京卿與小林氏夾門兩旁，諸君魚貫入。先欲坐於洋客廳，忽計不可。

又開對面華式客座，命畢入。入者共二十有六人，所陳椅杌不能容。

《文明小史》一書中所見清公使和留學生

諸君遂以東禮沿南窗席氈坐地上。遵小林氏旨，甚整列。至被捕始末，未移尺寸。

列坐甫定，公使入自室門。身着湖色紗長衫，棗紅鐵線紗馬甲，僕從紛沓，警察守門。館中參隨各員立室門外。觀者如堵。吳京卿、張隨員及小林氏，雁行參立。公使睅目皤腹，面發紫色。一足方逾閾，即厲聲曰：「你們要見我，有甚麼話說。趕快說。」

諸人皆折腰俯首，同聲曰：「請欽使坐，容學生等容容稟陳。」

公使曰：「不必坐，說幾句，就得咯。」

京卿亦云：「說幾句，就好了。」

吳君長跽進言曰：「前求公使保送自費學生入成城學校。蒙示參謀本部覆函，已邀允准。惟函內云。留學生自保學生，與例不符。仍請貴大臣親行保送，以符向例云云。不知此次欽使，何以不即親送。」

公使云：「啊！你們這話從何說起？那一天，吳先生，哼！吳大人，拿了你們的證書送進來。本大臣馬上就送參謀本部去咯。這是參謀本部不答

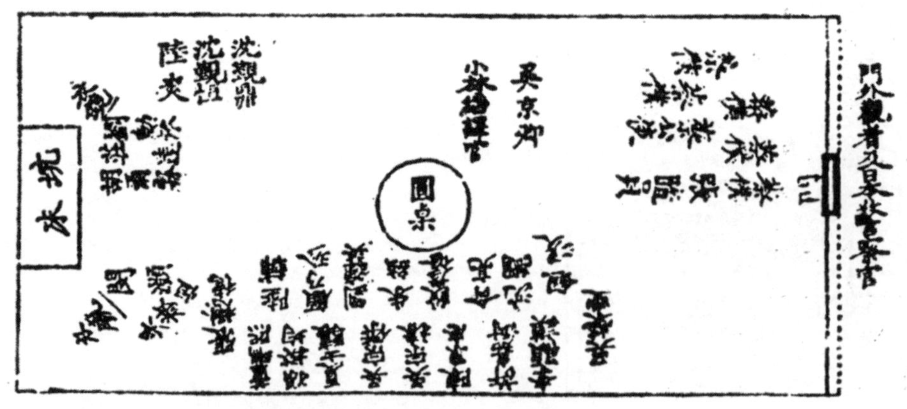

蔡公使接見留學生圖（載於《新民叢報》第 13 號）

應。有甚麼法子可想。」

吳君曰：「此必因欽使文內敘明留學生保送之誤。只須更正之可矣。」

公使曰：「向來保送學生，終要有本國督撫的諮文。或者有原籍地方官的印結才可保送。你們既沒有諮文，我這兒又沒有辦過這種案卷。我如何能開這個端。這會子，吳先生，哼！吳大人來給我說：『咱們政府屢次說述，自費學生不可再送。』這兒福島又這麼說。我很為難。我同吳先生，哼！吳大人再三商量，我說：『既是他們在校的學生，五人互保一人，該靠得住。姑且給他們碰一碰。』誰知道參謀本部一定不答應。啊！你們要知道，本大臣從你們把保證書送來，就馬上給你們辦，又沒有一點兒耽擱。這時候參謀本部不答應，其權操之於他，如何怪起我來。」

吳君等聞之，瞠目相顧，又可悲，又可笑。默計參謀部覆函，但覺離題已不知幾千萬里。愈弄愈錯，愈說愈奇。愈求開通，愈加窒窒。只能朗誦參謀部覆函，以冀一悟。曰：「敬覆者，頃接來文，現由貴國留學生章宗祥等，保送江蘇、浙江、江西自備資斧學生九人，願入成城學校肄業等因。」

因公使言福島少將云自費學生不可送，故吳君於「自備資斧學生九人」諸字再誦之。乃續誦云：「准此奉悉。惟向例進學均由貴大臣保送，方准入學。今據來文，似有稍與向例不符。仍請貴大臣親行保送，以符向例。」

誦畢，吳君曰：「參謀部何嘗不准，惟因欽使之不送耳。」

公使曰：「這是甚麼話。你們查去就是咯，本大臣何嘗親自保送一個學生。這是參謀本部的人不通漢文弄錯的。」

公使說至此，皆粲然。小林氏默然。吳君驟不知所對。乃笑曰：「請去忌諱，以告欽使。如果因參謀部漢文不通，現小林先生方在座，彼實外交官，肯代參謀部擔任漢文不通之咎，學生等即當俯首無詞。」孫君（揆均）亦曰：「參謀部既誤，欽使即不應不駁。當時甚可備文辯明，何以漫然即交吳京卿，轉示學生，藉詞搪塞。」公使變色疾視。孫君又曰：「堂堂大日本國，難道參謀部於區區漢文，果真不通乎？」公使默然。小林氏曰：「可以不必說咯。這九個學生，參謀本部雖不肯，好在離開學還遠，我同你們欽差及吳先生，等福島少將回來，終要同你們設法。」吳君曰：「參謀部已准，何以云不准。難道參謀部果不通漢文乎？」小林氏笑曰：「錯是不錯，大約保送二字，平日總寫諮送。」語未畢，吳京卿曰：「好了，好了。不要說了。」吳君恍然，知保送者下對上之詞，諮送者平行之詞。此次公使所行之文，本為諮送。惟使館文案所敘事由，不曰現有留學生鈕瑗等九人願入成城肄業，乃曰現有留學生章宗祥等保送留學生九人。宜參謀部疑公使令留學生向參署直保，有意褻慢，遂承上文而言，一則曰均由貴大臣保送，再則曰仍請貴大臣親行保送。其詞簡嚴，皆由自取其辱。乃公使不察，一見保送二字，遂引為可恥，至毒其詞曰參謀部不通漢文而又擱其事曰本大臣從來不曾保送過一人。又知此意無可發洩，因作不耐煩之語曰參謀部不准。吳京卿從而和之，小林氏因而遂之。參謀部不准一語，竟成鐵案。而且大人先生之護過，每唯恐不力。中國南面坐而冤抑鄉愚者，雖投恒河沙不能計也。又心知近日黨派之爭，少年盛氣者流，多不滿於腰金衣紫之徒。於是無可奈何，乃正言以告之曰：「方今國帑奇窘，官費學生，不易多派。有私費學生，願出遊學，以補不足，正應竭力提倡。至於武備學生，我國重文輕武，無人肯當。幸而現在少年中，明白者日多，知各國皆以陸軍為主義。國家失其爪牙，則無能存立。又東方文勝，積弱成瘻，非救之以陸軍嚴肅之教育，不足以振動文氣，與列強齊抗。武事雖為國家之務，然日本陸軍之組織，原係徵兵。既習陸軍於日本，即不可不注意於徵兵之組織。將來中國欲與各國齊立，非改徵兵，無可言武事。既欲注意徵兵，則自費習武，即可為徵兵之基礎，宜鼓舞盡力若何。至公使所責，宜在原籍請領諮文。欽使豈不知我國情形乎？督撫衙門之深嚴無論矣。即州縣官衙門，亦豈易求乎。故皆圖其便利，不如遠來海外，逕求公使。」

語至此，眾曰：「現在官場夤緣奔走者太多。」公使曰：「這恐未必吧。」吳君曰：「這不能為我國諱。現在官場，夤緣奔走之人，所在皆是。學生等亦有能向督撫乞得諮文。所以不屑者，近頃出洋之風甚盛，官場每有請諮遊歷，逗留旬月，便充洋務人員者。將來捐免出洋，捐免卒業之事，又難保其必無。故不願在官場請諮，其苦心當為公使所深諒。」

公使曰：「可不是？我深知道你們自費生的難處。我亦很願意你們來進學堂，長些學問。這時是國家艱難的時候，你們有點學問，自然能同國家出力。所以往常學生們來請見，我終見他，同他詳談。我想學生們常常來，亦可考察考察。好的就給獎勵，不好的我亦可以知道。所謂以人事君的意思。」

諸君曰：「今日學生等來求見，自午後一時至八時，始獲賞見。殊覺困難已極。」

公使曰：「如果你們分着來見，亦何妨見見，但是你們這些人來，我如何能見。」

吳君曰：「學生等別無所求。但求諮送入校，五人互保，已蒙欽使允行。此次願進成城學校之九人，因欲求公使迅賜重行諮送。即以後續來者，亦當照五人互保例，俾能入學無阻。」

公使曰：「我終沒有甚麼不肯送。倘參謀本部不肯，我亦沒有甚麼法子。」

吳君曰：「學生敢冒忌諱，以告欽使。欽使若於當送之學生，任參署不准，即為盡力。如此亦無貴有欽使，但有欽使之貴僕〔僚屬？〕已足。學生聞諸古訓，使臣者折衝樽俎，苟有不便，爭之唯力。今日雖有小林先生在座，不便深言，然大日本國既知與我國有唇齒之誼，必望我國有人。我國時事已艱，交涉匪易。倘有應爭之事，定當隨事力爭。就切近而言，即與大日本有所爭執，必當以理力爭，無所退讓。爭之不可，宜明進退之節。諷勵盈朝，即可翛然遠引，以讓能者。」公使聞此，勃然急應曰：「那很好，我服官三十年，甚麼官都做過。你們當我真戀棧麼。本大臣因天恩高厚，沒有法子。罷了，你們在這兒不是說話，盡是抬槓。這算甚麼意思，去年就有一班學生到公使館，竟把公使混罵。本大臣以前做過鎮江道，去年學生內有一個姓朱的，還是我的部民。我在鎮江的時候，他還止十八九歲。他那一天一見，就當了面叫我和甫（蔡鈞的字）。」

諸君曰：「我們是來求欽使諮送入學的，並且守了小林先生之約，一點也不敢無禮。」

公使曰：「罵是由他罵。本大臣從前在德國，在英國，在法國，常看他們的新聞紙，連他的總統都要罵，所謂良藥苦口利於病。」

吳君曰：「欽使不去官，因為天恩高厚，學生便不敢附和。」公使大怒曰：「嚇！天恩高厚，你還不以為然麼。還有甚麼話對你說。」吳君曰：「請公使毋怒。以我國聖賢古訓而言，普天率土，誰非蒙天恩高厚者。公使乃盡職之官。苟能盡職，盡人可為，豈有高厚之天恩，獨私於公使之理，今欽使因為公使，而念天恩之高厚，似朝廷以公使一官為天恩，獨高厚於欽使，頗非朝廷之盛德，故學生不敢附和欽使之言。」公使聞之，雖甚怒，姑默然。

吳君又曰：「詬人罵人，雖於路人不可，何況公使。至於極言諫諍，時當叔季，正當提倡此風。即敬謹於事君，所謂忠焉而誨，勿欺而犯。孔子之言，斷非紿人。孟子又曰：『責難於君謂之恭，陳善閉邪謂之敬，吾君不能謂之賊。』我國滔滔皆賊，故國事日以頹敗。學生等雖不獲諫諍於朝廷，而就見長者，亦不敢唯阿取媚，以隨人後。故欽使當為諍臣，學生於欽使，願為諍學生。此次吳先生來日考察。亦何等任大責重，尚冀欽使與吳先生，痛洗官場敷衍舊習。即如留學一事，所來學生，不患其意氣過高，但憂其品行卑劣。時勢至此，正不宜敷衍謬論。藏頭蓋尾，為無謂之忌諱。《同文滬報》曾載袁總督之言，雖不能審其虛實，而議論至為平允精確。其言曰：『有人問袁督，蔡使以密書阻留學，其事信否。』袁督云：『其書大抵不實。至留學一層，中國尚無學可學，不能不借資日本。若憂至日本將浸灌於平等自由之說，則豈知平等自由之理，歐美實以之立國，即禁學生不外遊，能禁譯書不內銷乎。吾意平等自由之說，苟利用之，安知不有利於國家。吾所慮東遊學生唯冶遊飲博，為可念耳。』以袁總督之言驗之，某公子則為踰閑之行，某軍人等則好窺鄰之女。留學生名譽之墮地，將由此輩。欽使極當注意。不必全於開敏之士，深加遏抑也。」

當吳君暢陳右說，公使方有所思，如不欲聞。吳京卿小林氏並止吳君，勿於題外着議論。吳君唯唯，遂申前說，欲公使許三事。其一，嗣後學生有願入成城學校者，苟得妥實留學生五人互保，公使即應諮送。其二，既已諮送，日政府無故諮駁，即應力爭。其三，力爭不應，要之以辭職。小林氏以為辭職之言，非學生所當出。吳君曰：「誠是。然以先生之明，不難知我國官場之習。僅僅言力爭，安知公使之左右，異日並未力爭，生等不以力爭再三為對，則學生於何取證。故求公使以辭職相要者，特欲推而至於極，以表公使之能為學生盡心耳。且以今之公使，淡於榮利，為非常人，故敢以辭職為諷。若彼頑鈍無恥之公使，固不欲以此言聒其耳也。」

語未終，見有人自後曳公使之衣者再。公使乃發盛怒，厲聲曰：「你罵我頑鈍無恥，我就算頑鈍無恥。你瞧不起本大臣，便是瞧不起朝廷。本大臣還能同你們說話麼。」悵悵拂衣而去，口尚厲聲呵罵，其語不可辨。[25]

此事的下文續載於《新民叢報》第 14 號。內容則詳細記錄了公使大怒走出室外後，留學生們仍然態度強硬，不願接受吳汝綸和小林氏的調解，而終於被日警帶走的事。

4. 吳稚暉的自殺未遂

《新民叢報》第 13 號上，刊登一段「附記一則」的文字，記載吳稚暉被日本政府命令於七月三日（8 月 6 日）離開日本，試圖自殺的消息。這是七月三

---

25 《新民叢報》第 13 號（一九〇二年七月），「餘錄」欄，頁 107-120。

日早上的事，雜誌上則注明「初三日下午記」。儘管這一號印明是七月一日發行，從其記載了七月三日的事來看，則這雜誌比原定發行日期稍遲出版，自可瞭然。其所記的事如下：

吳君之被逮也，以為士可殺，不可辱。欲以一死喚醒群夢，起國民權利思想。乃於初三日午前六點鐘警吏拘引出境時，自沉於河。以救獲蘇。吳君非厭世主義，欲一瞑以謝責也，亦非有所畏而自戕也，欲以此示不為奴隸者之模範而已。嗚呼！留學生其念之。嗚呼！國民其念之。吳君被告後，友人檢其衣底得一小包，封題曰「其言也善」四字。內一書云：

信之以死，明不作賊。民權自由，建邦天則。削髮維新，片言可決。以屍為諫，懷憂曲突。唏噓悲哉，公使何與。孔曰成仁，孟曰取義。亡國之慘，將有如是。諸公努力，僕終不死。

吳敬恒絕命作此。敬恒所以就死於大日本國者，奉勸大日本念唇齒之義，留學一事，不可阻礙。如欲與我國家，尤以顧全私費學生之便利為最要，若專取現在政府之信用，恐未得其益，先受其害。因我國皇上方蒙難，官場之腐敗為二十四史所少見。若大日本國官人久與相處，與之俱化，則支那之利益不可得，而大日本之良風隳矣。大日本良風一隳，將胥黃種人盡奴於白種人，豈不可哀矣哉。

又敬恒一人已伏其罪。一切被連引之孫君等，宜可復其自由歸國之權。光緒廿八年七月三日，即明治卅五年八月六日。[26]

26 《新民叢報》第 13 號（一九〇二年七月），「論說」欄，頁 7-8。

5. 留學生等致蔡公使書

吳稚暉、孫揆均離開日本後，留學生再起騷動。同月九日（8 月 12 日）秦毓鎏等十人寫了一封長信，致送公使。信的全文，見於李宗棠的紀錄，而《新民叢報》亦刊載之。其文如下：

欽使大人節下

日前迭來晉謁，未睹鈞顏。不數日間，乃日人遽來干涉。有吳、孫二君退去之命。諸生惶恐，莫知所為。不惴冒昧，敢竭愚忠，為左右陳之。

吾國晦盲否塞，孱弱極矣。內亂外侮，環視迭起。兵戈死喪之慘，牛馬奴隸之悲，中原四顧，為期匪遙。我生不辰，罹此巨厄。嗟乎，上下之人，亦可以知所鑒戒，急圖救死矣。今同國之人，來寓斯土者，上有欽使，下有學生。為欽使者，當如何竭誠盡忠，以稱其職；為學生者，當如何相勉相勸，期各致力，以報其國家。故設欽使漠視學生，以學生為不足恤，知己之可以為力而不為，或為焉而不力；是欽使負學生；負學生，即負國家也。設學生薄視欽使，以欽使為不足恃，知欽使可以為力而不請，或請焉而不堅，是學生負欽使；負欽使，即負國家也。欽使不願學生負國家，學生亦豈欲欽使負國家哉？

乃知事有大謬不然者。吾國留學生欲學陸軍，必入成城學校。入成城學校，必欽使諮送，是成例也。邇來有私費學生數人，求請諮送未蒙俞允。

竊謂私費留學，宜蒙獎勵，乃反遭擯斥，是何意耶？賢者用意，良非下愚所知。意者節下駐紮此邦，職重外交，故學生入學一事，可置之不問乎？然已入成城諸生，皆經諮送者也。抑官費學生，有王公大人之恃，當垂青眼，私費學生，下賤者多，宜遭白眼乎！然成城學生，未嘗無私費者也。抑陸軍定額節下預有成算，成城諸生，學成而歸，已足干城之選，餘者可概置不理乎？抑後來諸生，均有宿仇，不宜輔虎以翼乎？數者均小人臆度，君子諒不出此。然可以為力而不為，學生等疑惑不解者一也。

吳敬恒、孫揆均等，亦留學生耳，熱心愛國，不忍坐視，於是有聯名環保之議。經吳京卿之請，而承節下允准。惟不願親自保送，逕以環保諸人向參署保送，該署因與向例不符，即行駁回。而節下不圖更正，延擱至今。夫始不肯送，繼因不得已而送。乃又不自保送，致參署照例駁回，而又不思更正。種種阻抑，學生等所疑惑不解者二也。

吳、孫二君因此入署請謁，面陳衷曲，時因欽使適有要公，無暇接見。吳、孫等忍飢以待，自午至夜，無有倦容。既得賜見，坐地陳辭，未嘗失敬。至力爭辭職等語，緣節下非喜譽惡直者流，故不自居於失言之列。況父有諍子，君有諍臣，古人以為美談，載之史冊。吳、孫之言，何以異此。上足追古人之遺風，下足矯當今之諛習。乃節下不察，始而忿不可遏，拂衣而去；繼而電請警察，押入警署。夫學生本國之學生，警察外國之警察，借外人之威力欺本國之學生，稍有人心，當不出此。而節下竟毅然為之。是學生等大惑不解者三也。

翌日復有學生二十餘人，相率求見；而警察林立，如臨大敵，被捕者復有數人。辱士辱國，莫此為甚。數日前，日本政府遽命吳、孫二君退去，警察遮護，無異虜囚。嗚呼！逐吳、孫二君，辱學生，小事也；欽使與學生交涉，而日本政府強行干預，失國權，大事也。使退去之令，出於欽使之請，是欽使唯恐國權之不失，而求外人奪我權也。是唯恐學生有志，唯恐學生熱心，已無辭摧殘熱心有志之學生，假手於外人以償私志也。是唯恐有志之學生忠君愛國，君祚長，國勢強，己不能為貪官污吏，故挫辱之使無所成也。是唯恐熱心有志之學生，國家必愛護之，辱士辱國之臣子，國家必懲罰之，誣以國罪，治以國法，無從為計，故不惜失國權而使外人治之也。嗚呼！如是者，尚得謂人乎？賢明如節下，豈忍出此！是必外人無故而干預也。然事經數日，豈不知之，而漠不動心，一無所謀，是學生等大惑不解者四也。

要而言之，學生欲入成城學陸軍。學生未嘗自暴自棄以負國家也。環求諮送，堅請不已，未嘗薄視欽使，以負國家也。吳、孫二君不忍旁觀，始而懇求，繼而諫諍，終而受辱。是厚待同學，重視欽使，熱心愛國者也。而節下始則不允諮送，繼則不肯親送，是失職也，負學生負國家也。不責己之不盡職，不咎己之不納諫，反召外國之警察，捕本國之學生。及學生受無故被逐之大辱，仍袖手緘默若不聞，是大負學生，大負國家也。

前事往矣。節下忍以之待學生者，學生決不忍以之待節下。來者可追，今學生請之，願節下允之。欽使職重外交，非專為留學生一事而設，然欽使自有照料留學生之責成。留學生萬無要脅欽使之情理。若欽使不失其責成，學生何從而要挾。欽使苟失其責成，學生有懇請之實，自不得避要挾之名。此次鈕瑗等九人，尊諭本云徐圖轉圜，但徐而又徐，久之又久，吳、孫二君既冒昧而受巨辱，諒節下必不因此而食前言。仍請照例諮送，俾遂鈕瑗等入學之願。書至此，又見第二次尊諭。因有革逐劣生，辭退狂生在內，故礙難諮送云云。夫無論革逐辭退不當其罪，改過即為無過，古聖明訓，夫人知之。即不邀寬宥，而九人中除狂劣諸生外，可不容波及。仍請照例諮送，至以為禱。以正吳、孫等急迫之罪，以明節下愛惜撫慰之心。此毓鎏等所懇求者一也。

吳、孫等初次求見，有力爭辭職等言，是規諫非謾罵也。尊諭稱之曰謾罵，盍舉其詞，以服人心。伊等多名列膠庠之士，或登桂籍，或任方州，非若賈豎賤販者流，左棄筐筐，右綰組符之比也。況為入學之事特來請謁，以禮列坐，長跪謹對，毫無失敬之容。而尊諭稱之曰突入、曰闖入、曰索送、曰要勒。非擬稿者措詞失當，即深文周納，藉曰有之。而使館為治外法權之地，何損於日人，而日人干預之耶？至道上行走，通衢闊達，區區數十學生，豈實不能容。而日本政府罪之曰妨害治安，竊所不解。即曰妨害，數日之內，前後趨謁者，不下百人，吳、孫所識者，僅居其半，而獨以妨害為二人罪，是何以故。雖然，欲加之罪，何患無辭，此列強外交家之要訣也。彼日以進，我日以讓，得寸則寸，得尺則尺，涓流不息，將成江河。心所謂危，不敢不告。唯有仰求節下具文駁詰，聲明前事。囑其收回成命，彼如不允則力爭，力爭不允則要脅以辭職。欽使所以盡其職者在此，所以報國恩者在此。不然，學生求見欽使，彼即下令斥逐，求見欽使者益眾，被斥逐者亦益眾，勢必盡逐而後已。學生既盡，將繼之以商人；商人既盡，將繼之以欽使。緬想前途，愁然心傷。因循任之，勢必至此。學生所懇求者二也。

所陳四惑，所求二事。容後趨謁台從，恭聆訓誨。當言不言，學生即為負國之民；當爭不爭，欽使即為負國之臣。據理而諫，以身徇道，當仁不讓，雖死無悔。嗚呼！鬻拳要君，左氏美之；言論自由，文明公理。國步艱難之日，非阿附諂諛之時矣。專肅。敬請

崇安

統希

荃照不宣

留學生　秦毓鎏、張肇桐、吳榮鬯、胡克猷、楊我江、

夏士驤、許嘉澍、鈕瑗、顧乃珍、沈宏豫同上言

七月初九日[27]

6. 當時對此事件的批評

《新民叢報》除了對此事熱心報導外，還不時刊登評述的文字，如〈蔡鈞蔑辱國權問題〉即為一例。文中說：

---

27 《新民叢報》第 15 號（一九〇二年八月），「餘錄」欄，頁 109-114。

蔡鈞何人也，其名豈足屢污我《新民叢報》，然而竟相污至再至三，是亦蔡鈞之好手段也。

六月廿五、六、七日，有蔡鈞與留學生紛爭一事，其詳別見本號「餘錄」門中，茲不贅述。此事之起，由蔡鈞不肯送留學生入學也。日本例，凡入學校者，無論本國人外國人，均須有人為之保證，亦屬情理之常。蔡鈞者，文明之敵也。恨不舉東京留學諸生，一旦而驅之出境。其於官費生，固已視之如眼中釘，其諮送也，不得已耳。至私費生，其仇之愈甚，故出全力以阻之，抵死不肯諮送。蓋懼吾國之多才而欲牧其萌蘖也。其罪一也。

不送則不送耳，不過得罪學生團體已耳。然而蔡鈞乃縮頭曳尾一種類，無此膽量也。乃出其官場枕中秘之手段，曰模棱、曰掩飾、曰推宕，偽許以五人互保，便允諮送。彼其時固本無欲送之心也。無欲送之心，而以為學生之可欺。其罪二也。

已則不送，而欲嫁其責於日本人，謂參謀部不肯收納。夫參謀本部諮覆之文具在也，學生如非蔡鈞之胸無點墨，何至並文中之意而不能解。蔡鈞食言而肥，猶欲掩耳盜鈴以欺人。其計之拙，亦不可思議矣。其罪三也。

學生求見不見，質問不答。豈不思汝所處之地位，為一國人之公僕耶？何物銅臭，無禮乃爾。其罪四也。

以上四罪，顧猶可恕，其最不可忍者，則最後蔑辱國權一大問題也。[28]

文章繼續抨擊蔡鈞假借日本警察之力逮捕留學生的事，明顯地表示對留學生行動的支持。此外，日本人如何看待這事呢？對此，《新民叢報》作了如下的報導：[29]

---

28 《新民叢報》第 13 號（一九〇二年七月），「國聞短評」欄，頁 63-64。
29 同上，頁 65。

報章	立場
《時事新報》	袒護蔡鈞
《中央新聞》	袒護學生
《東京朝日新聞》	袒護學生
《日本新聞》	袒護學生
《東京日日新聞》	中立
《國民新聞》	中立
《每日新聞》	袒護學生
《萬朝報》	袒護學生
《二六新聞》	袒護學生
《大阪朝日新聞》	袒護學生
《每夕新聞》	袒護學生
《都新聞》	袒護學生
《讀賣新聞》	袒護學生
《日本時報》(*Japan Times*)	袒護學生

可見日本輿論界大部分同情和支持學生。

7. 事件的結果

這件事件的結果如何？由於吳汝綸與日本外務省總務長官珍田舍己及外務省政務局長山座圓次郎交涉，復因東亞同文會的長岡護美子爵和柏原文太郎在日本當局、蔡公使以及留學生會館的幹事之間居中斡旋，中日之間終於達成協定如下：

一、凡擬入日本文部省直轄學校者，須由東京同文書院、弘文學院、清華學校三校中之一校保送外務省，再由外務省諮送，方得入學。

一、欲經上述三校保送者，須具下列之資格：

甲 在校半年以上，品行端正，成績優良者；

乙 旅居日本十年以上之男子，得校方認為適當，復得二人保證，並納保證金三十元者。

一、曾在上述三校中肄業，但中途退學或遭拒絕保送者，未得該校同意，一概不得保送。

一、欲入海陸軍學校者，當俟福島少將回國後，再行商議。

一、依中國政府之覆函，在日本設置留學生監督一員。

根據上述協議，中國方面於是年 9 月，決定派遣汪大燮為首任留日學生總監督。

以前，各省本已有派留學生監督，為了區別二者起見，遂把全中國留學生監督稱為總監督。汪大燮於翌年 1903 年 1 月 1 日到東京。汪氏後來出任駐日公使、大臣等要職。

《新民叢報》第 17 號（九月一日）刊有以「東京留學生來稿」署名的〈留學善後事宜質疑〉一文，對這個協定的精神和留學生會館幹事的交涉方針，提出反對和批評。該文認為這個協定只是會館幹事與日方一二人所決定的東西，「並未召集我全體留學生互商認否」，對協定採取了全面否定的態度。

長期以來，留日學生人數雖不斷增多，但大體上分屬於一些地方性的小組織，這可從他們出版的雜誌名稱《江蘇》、《雲南》、《浙江潮》等得知。可是，自從清國留學生會館設立以來，就有全體中國留日學生的概念。逆言之，因為有全體中國留日學生的概念，就必然有留學生總會館的出現。因此，這裏就出現了未經全體留學生會議承認的講法。全體中國留日學生發揮威力的時刻，在下文所述的反對《清國留學生取締規則》運動發生時，就更為明顯，而運動的規模也比這次大得多。不過，值得注意的是，反對《取締規則》運動的幼芽已在此次成城學校入學事件中茁壯而生。

「東京留學生來稿」一文接着反對的，是關於設置留學生總監督，必須聽取日本政府的意見一事。這被認為有傷中國的主權。作者堅持「何必求日人之無異議耶？」又說：「今僅僅派一總監督，亦須問日政府之有異議與否。……以為日人許我政府派總監督矣，若不勝榮幸者。僕等誠不知何所為而出此也。」接着又指出：「噫！諸君結此條件，實欲送國權與外人，送自由於政府，其於我留學生果有何便利之足云耶！」[30]

由於這是對中國政府的非難，故可視為反封建的鬥爭，但也可以說在此時已埋下抨擊日本（反帝鬥爭）的種子。到了下文所述的反對《清國留學生取締規則》運動時，便成為明確的反日運動了。以此來說，成城學校事件當可視為其後的留日學生一連串抗議運動的伏線。

其次，該文所批評的是：這件事原來是因為成城學校入學問題而發生的，而有關九人的入學問題卻始終沒有任何決定，甚至被清廷認為連交涉的價值也沒有，因此事件後的安排根本不能算是甚麼協定。

不過，事情的發展並非如此悲觀。其後，蔡鈞公使被調走。九名留學生在翌年（1903）1 月獲得保證，正式進入成城學校。一如協定的第四項，福島安正返日本後，在 1903 年 7 月，為陸軍學生在東京牛込河田町建立振武學校，原在成城學校肄業的武學生全部轉到此校，繼續攻讀。

這次運動的結果，是留學生方面取得最後勝利。至於留學生總監督的產生一事，由於這是帶有管制留日學生革命活動的意味，可以說是為後來的留日學生反政府運動埋下種子。

---

30 《新民叢報》第 17 號（一九〇二年九月），「餘錄」欄，頁 114-115。

六、反對《清國留學生取締規則》運動

1.《清國留學生取締規則》[31]

1905 年，留日學生人數達到 8,000 人。日本文部省在 11 月 2 日公布了《關於准許清國人入學之公私立學校之規程》：

第一條　公立或私立學校，在許可清國人入學之時，於其入學申請書中必須附加清國駐本邦公使館之介紹書。

第二條　公立或私立學校，得依清國學生本人志願，於該校所定學科中，闕修一科或數科。

第三條　准許清國人入學之公立或私立學校，須備有關教職員名簿、清國學生學籍簿、考勤簿、以及來往書信文件登記冊。前述之學籍簿，須記載學生之姓名、原籍、年齡、住址、入學前之經歷、介紹入學之官廳名稱、官費或自費、賞罰、入學轉學退學之年月日及其學年、畢業之年月日、轉學及退學之事由等。

第四條　公立或私立學校，如欲許可清國學生轉學或退學時，其申請書必須附加清國駐本邦公使館之承認書。

第五條　准許清國人入學之公立或私立學校，須於每年一月及七月份兩次將其前六個月期間許可清國學生入學之人數，呈報文部大臣。清國學生之轉學、退學以及畢業人數，亦依上述規定呈報。

31　譯者注：取締二字有管理、管束、監督之意，因為當時的漢文雜誌皆沿用取締二字，故從之，下文同。

第六條　公立或私立學校，遇有清國學生畢業或飭令退學時，須於一個月內，將其姓名及飭令退學之事由，報告介紹其入學之清國公使館。

第七條　准許清國人入學之公立或私立學校，經文部大臣認為適當者，將特選定之，並通告清國政府。

第八條　公立或私立學校，欲得前條所述之選定時，其管理者或設立者，須具下列事項，逕向文部大臣申請。但依特別規定，既已申請或經認可之事項，得省略之。

一　該校教育清國人之沿革。

二　校規中關於教育清國人之規定。

三　校長或學校代表者之經歷。

四　教員之姓名、資格、學業經歷及擔任學科科目。

五　清國學生名額及學年學級現在人數。

六　清國學生在校外之監督方法。

七　清國人畢業人數及畢業後之情況。

八　供清國學生使用之校舍及宿舍之藍圖。

九　經費及維持方法。

十　教科書、教具、器械及標本之目錄。

前述第二項及第八項如須變更，須經文部大臣之許可。

第九條　受選定之公立或私立學校，其供清國學生宿泊之宿舍或由學校監管之公寓，須受校外之取締。

第十條　受選定之公立或私立學校，不得招收為他校以性行不良而被飭令退學之學生。

第十一條　文部大臣如認為必要，得派員臨視受選定之公立或私立學校之考試，或查閱考試問題及答案。該員如認為考試問題或方法不適當，得命其變更。考試問題、答案及成績表最少須保存五年。

第十二條　受選定之公立或私立學校，於每學年結束後一個月內，須將清國學生教育之概況，呈報文部大臣。

第十三條　受選定之公立或私立學校，如違背此「規則」或其成績不良者，文部大臣得取消其選定資格。

第十四條　依本「規則」呈報文部大臣之各種文件，須經由地方長官呈報。

第十五條　本令之各項規定，亦適用於小學及與小學同類之各種學校。

附則：本令自明治三十九年（1906）一月一日起施行。[32]

2. 規則的目的

這個規則之中，首先成為問題的是第九條的「校外之取締」，與第十條的「性行不良」。特別是所謂性行不良，可以泛指墮落的學生，也可以泛指革命派學生。日本方面則說是指前者。文部次官木場氏的談話，對此有所說明：

> 在芸芸學生當中，實有不少無法無天之徒就讀於各式各樣之牟利學校。放縱淫靡、忘其學生之本分者，日漸增多。故文部省之頒令，旨在一面勵行監督此類學校，一面謀求刷新墮落學生之道，而決非有束縛清國留學生自由之意也。[33]

事實上，無論在何時何地，芸芸留學生之中，總會有些操行不良的分子。

32 譯者注：《新民叢報》第 3 年第 23 號（一九〇五年十二月），「特別論說」欄，頁 5-7，有本規則的中譯文，讀者可互為參照。

33 《讀賣新聞》，1905 年 12 月 15 日。

即在革命的前夕，沒有這樣的留學生是不可能的。1906 年出版的警世小說《傷心人語》的第七章〈東京中國留學生現象記〉，收錄歸國留日學生的談話中，就有如下的笑柄：

（一）獸吃：留日學生兩手捧持橘子，一邊走路一邊把橘子擲進口裏去，日本人稱這舉動為獸吃。

（二）中國人的鼻涕。

（三）皮靴與中國人的習性：不擦皮靴。

（四）怪模怪樣的服裝：中日混合。

（五）東京的中國飯店：中國飯店在神田、本鄉開了三十多間，留學生愛在這裏鬧事。

（六）香水與粉飾：留日學生愛打扮。

（七）科舉考試與留學生的關係：留學日本不是為了祖國的前途，而是為了自己的功名利祿。

（八）吉原妓寨的財源。

（九）旅館及浴池的怪現象。

（十）車夫與學生的問答：日本人力車夫嘲笑留日學生洋涇浜的口語。

（十一）溫習室的墨畫：中國人因有畫壁畫的習慣，招來日本人的討厭。

（十二）教室的果子：上課時愛吃水果。

（十三）教室裏的競爭：爭先恐後地推翻座位，其狀可怖。

（十四）王陽明是日本人：有些留日學生以為王陽明是日本人。

（十五）速成留學之弊與退學之弊。

這些笑柄中，雖或有無惡意的談笑之資，然其中亦確實可見墮落學生的形象。留日學生亦有承認這種情形。

吾人亦聞學生中有不良分子。雖然有良則有莠，九千學生之中，豈無多少惡劣書生廁身其中？[34]

不過，日本文部省頒布這規則的真意，並非只為了取締「性行不良」的留日學生而已。對清朝而言，派遣學生留日雖屬必要，但留日學生又是革命的原動力，成為朝廷的心腹大患。因此，清廷一方面獎勵留學，同時又不得不加以戒備。最使其擔憂的三股革命勢力——興中會、華興會、光復會居然在 1905 年夏天團結起來，組成中國革命同盟會。這樣一來，一向對留日學生革命運動神經過敏的清廷，請求日本對留日學生，特別是自費留日學生，加以監督管束，那是當然的事了。

1906 年，適逢日俄戰爭結束，在北京進行中日協約的交涉。當時，由於清廷強烈要求取締留日學生，[35] 因此日本文部省就頒布了這項規則。留日學生逐漸知悉規則的真意所在，遂展開反對運動。留日學生這樣看這件事：

規則第十條性行不良一語，不知以何者為良不良之標準？廣義狹義之解釋，界說漠然。萬一我輩持有革命主義為北京政府所忌者，可以授意日本，竟誣指為性行不良，絕我入學之路，其設計之狠毒，不可思議。[36]

留學生對該規程之不平在於「即使自費留學生，其進入本邦（日本）學校之際，亦須取得清國公使之證明」一點。蓋若厲行此一規程，則清國自費留學生大部分將受所謂清國公使館之掣肘，失去求學之自由，其結果恐不能達到遊學日本之目的。[37]

34　程家檉：〈清國留學生取締規程に反對の理由〉，《朝日新聞》，1905 年 12 月 11 日。

35　參看永井算己：〈所謂清國留學生取締規則事件の性格——清末留日學生の一動向〉，載《信州大學紀要》第 2 號。

36　梁啟超：〈記東京學界公憤事並述余之意見〉一文中所錄〈學界大多數對於此規則之批評〉之七，見《新民叢報》第 3 年第 22 號（一九〇五年十一月），「特別論說」欄，頁 11。

37　〈總代の進步黨訪問〉，《每日新聞》，1905 年 12 月 16 日。

當時的留日學生大部分是自費學生。自費留日學生大多屬革命派。為了反對清國公使館以此規則對他們加以掣肘，故自費留日學生率先發起反對運動。前述木場文部次官的談話中，也直言不諱地說：「留學生之中，屬於革命派者甚多，這次文部省頒布的規則，將使他們蒙受一大打擊，殆無疑問。」又據「一般留學生受到他們的煽動」的說法，亦可見此規則對自費留日學生實有特別不利之處。

永井算己氏認為這個運動的本質是：「留日學生對日本逐漸走上帝國主義的道路，提高了警戒，並試圖與之對抗，而且也果敢地同急於勾結日本帝國主義以圖自保的西太后政府決戰。這是留日學生反帝反封建的態度的萌芽。」[38]

3. 反對運動的序曲

留日學生總會（清國留學生會館）的幹事談到該項規則，以第九、第十條有不善之處，因而拜訪駐日公使楊樞，請求加以反對。楊公使詳細記下反對理由，謂有機會的話，會向日本文部省轉達。

幹事們召集各省同鄉會的負責人，連續舉行多次評議會會議，收集反對的意見，寫成〈學生公稟〉，在 12 月 1 日寄給楊公使。

反對第九條（關於宿舍或學校指定之公寓之規則）的理由有：

（一）於經濟有損害：入住宿舍，則須繳交定額費用。自費的窮學生因而不能實行節約的生活，結果必至停止留學歸國。

（二）於學問無補益：學校的宿舍多有管理不善之處，為學問計，不宜入住該等宿舍。

（三）於衛生有妨害：即中國人與日本人之生活習慣不同。留學生每以日本飲食不合腸胃而生胃病；席地而睡則因潮濕而患腳氣病。雖有純為中國人而設的

38 參看〈所謂清國留學生取締規則事件の性格——清末留日學生の一動向〉，載《信州大學紀要》第 2 號，頁 23。

賃屋，但依此規程，今後已不可能。

（四）於兼修不便：留日學生中，以一人而兼赴二三校聽講者亦常有之。其居處必擇二三校之間交通最便利之處。但如要入住學校宿舍，則不能兼修，不能達到求學之目的。

反對第十條（關於選定學校不能招收在他校因性行不良而被飭令退學之中國學生）的理由為：所謂「性行不良」一語，學校方面可以任意運用。例如，如學生要求學校改良校政，如觸學校當局之怒，即可被扣上性行不良的帽子而飭令退學。

以上的理由具陳於〈學生公稟〉的長函中，而署名的學生有以下諸人：

> 留學生總會幹事長楊度，[39] 副幹事長范源廉，學務幹事陳幌〔榥〕、蔣方震、陳福頤、李宣威、邢之襄、周家彥、籍忠寅、顧琅，書記幹事林長民、傅疆、徐志鐸、方樞、錢良駿、陳應龍、劉思復，庶務幹事張繼、蹇念益、姚方榮，調查幹事譚學夔、劉頌虞、陳榮鏡、蒯壽樞、吳永珊、鄭家彥，收支幹事梁志宸、曾鯤化，招待幹事周珍、匡一，各省份會職員長：直隸胡茂如，山東王丕煦，山西邵修文，江蘇高朔，浙江金保康，安徽王賽，河南曾昭文，湖北王鎮南，湖南章士釗，福建王兆柟，廣西譚鑾翰，廣東朱保勤，四川楊湖，貴州韓汝庚，雲南張耀曾，陝西康寶忠，江西徐敬熙，及全體留學生謹呈
>
> 光緒三十一年十一月初一日稟

12 月 8 日，當全體留日學生的反對運動趨於激烈時，文部省發表了覆〈學生公稟〉的信——即〈說明書〉。據此，關於第九條所稱留日學生走讀的「校外

39　留學生總會幹事長楊度，肄業於法政大學及早稻田大學，辛亥革命之際，與汪兆銘一同提倡國事共濟會。民國成立後，歷任大總統高等政治顧問、參政院參政，主張君主立憲。

之取締」被解釋為：對校方之「約束」，[40] 並非對留學生居住校外走讀之「約束」，使校方負責學生免受不良之徒所引誘。如留學生在學校寄宿有所不便，或居親友之家，或自行賃屋居住，亦非抵觸規則。而第十條所定，乃為「性行不良，如紊品行、害秩序、罹刑律等類」而設，如果學生心平氣靜陳述其冀望之處，並不在性行不良之列云云。[41]

4. 全面的反對運動

到了 11 月 26 日，在中國留日學生就讀的學校一律張貼了告示，文意謂「限令各生於該月 29 日前呈報其原籍、住址、年齡、學歷等，若逾期不報，則對該生不利」。

留日學生讀了告示，紛紛議論，大都認為頒布這規則是為了鎮壓革命運動，那是兩國政府朋比為奸的傑作，因此斷不能接受，故掀起全面性的反對運動。於是各校的留日學生，分別召開各班大會，發表抗議的演說。黃尊三的《三十年日記》中，11 月 30 日（陰曆冬月四日）[42] 條中有記：

> 冬月五日，天晴。上午上課，下午接西路同鄉會函云：星期日開大會，商議日政府取締留學生事云。三鐘，弘文同學亦開會討論。群以日本政府專與留學生為難，不尊重吾輩人格。如不取消取締規則，寧全體退學。言時非常憤激，此外毫無辦法。匆匆散會。[43]

---

40 譯者注：傍注日語讀音 torishimari，與「取締」讀音同。

41 〈文部省說明省令旨趣書 —— 甲號譯文〉，轉引自《勸導留學生日記》，頁 13。

42 作者把日期往後推延一日。冬月五日實為四日。

43 《三十年日記》，頁 36。

又12月2日，黃尊三的《日記》記道：

> 是日，上午上課如常。晚至麴町區小金樓，訪宋遯初，詢以取締規則究竟。伊言確有其事。問其意見如何。答以個人未有具體研究。留學界頗激昂，問題或將擴大，甚至退學，或歸國，亦未可料云。[44]

最初發表公啟（宣言）的是經緯學堂的留日學生，最先向各校發信的是弘文學院的留日學生，而首先印發取締規條的卻是路礦學堂的留日學生。

12月3日（星期日），在留學生會館召開代表會議，決定各校代表和會館總幹事一同前往公使館，要求徹底取消此一規則。但由於總幹事楊度遲遲不到，各校代表同意組織另一機關推行運動，可是未能即時決定領袖人選。

當時參加集會的學生代表有弘文學院、經緯學堂、早稻田大學清國留學生部、大成學校、成城學校、振武學校、東斌學堂、東亞實業學校等八校，會議決定由弘文學院和路礦學堂的代表負責首次的聯絡工作。日本議員中村卷治亦出席這次會議，且向留日學生發表了煽動性的演說，認為規則中的第一、第九、第十條都不能接受。留學必須熟習該國的語言，而住在普通人家中學習語言比住宿舍為佳。限制轉學則是剝奪求學的自由，而日本亦會失去每年500萬元的收益。他籲請留日學生堅持反抗，而他亦會向文部省提出意見。

中村演說結束時，留日學生都說：「中村的言論，無非為了維護日本的經濟利益。我們的目的，並不是想修改法令的一部分，而是要全面廢除這個無理的取締規則。」

如何達到目的，會上意見紛歧。有人主張集體罷課，亦有人不同意，說：「集體罷課是沒用的，只有歸國才是最後的方法；但還是要試一試請求公使進行

---

44 《三十年日記》，頁36。

緊急的交涉。」又有人說：「雖已請求公使進行特別交涉，但尚未有任何答覆。再過三週，就是冬假了。再過四週，就是取締規則實施日期。難道厚着臉皮坐着等嗎？如果不實行集體罷課，不可能迅速獲得答覆。」更有人說：「不贊成集體罷課。如果這樣做，外國人（指日本人）將會譏笑我們知識低，才實行聯合罷工之類的行動。」結果，各校代表協議翌日同往公使館，請求公使強力交涉，務求取消取締規則。

黃尊三《日記》的12月3日條記道：

> 星期日，西路同鄉會開全體會議，商抵制日本政府取締規則事。余上午七鐘即往，晤黃君小山，略事周旋。八鐘開會，群主張以停課要求，若日本政府不許，則全體退學回國。余主張詳細調查日本取締留學生之原因，與規則內容，及各省同鄉會對此問題之應付情形。眾以為不必調查，即日停課，多數舉手，一鬨而散。[45]

散會之後，黃尊三與友人到瀧野川賞紅葉。同室的路君贈以照片一幀，並請尊三題詩一首：

> 磊落孤標太瘦生（注：路君身材瘦而高），
> 中州此日識君平。
> 腰間一字橫磨劍（注：路君身為文人而作武裝），
> 願化天龍向日鳴（注：意指取締規則事）。

翌日（4日）上午8時，弘文學院留日學生致書各校留學生，謂該校本部及

45 《三十年日記》，頁36。

分校的留日學生皆已開始集體罷課。各校代表因而亦主張集體罷課，理由是他們認為應支持弘文學院的同學。若甲校實行罷課而乙校不罷課，則步調不一致，事情就不能順利解決。於是，前述八校學生，皆實行集體罷課。可是，陸軍學校、法政大學和東亞商業學校各校的留日學生卻沒有罷課。陸軍學校是由日本陸軍部統轄的，本非隸屬文部省，故當別論。雖然如此，若取締規則一旦實施，則會因同情文科學生，及為保存國家尊嚴而一齊退學。東亞商業學校留日學生人數甚少，且對事情尚未清楚知道，故無表示。12 月 5 日，法政大學留日學生，以多數表決加入集體罷課行列，只有一兩班在當日仍然上課。又東京警視廳附設之警察科留日學生，對此次運動深表同情，亦於 5 日起，一致罷課。

12 月 4 日，連留日女子學生也召開會議，開始罷課。實踐女學校學生秋瑾，作為全體女子留日學生的代表，出席了翌日（5 日）在富士見樓的聚會，發表了激烈的演說。[46]

關於各校代表在 12 月 4 日前往公使館請願的事，各校聯會在 12 月 5 日發表的《公布》第 3 號中，所記如下：

> 三日下午，本會總代表[47]及各校代表，與同鄉會館部長[48]楊度一同赴公使館，請求公使向日本政府交涉事，一如《公布》第二號所記。當晚，歸途中相約翌日一時於會館集合，再與楊君推舉之法律研究家張繼君商議辦法。
>
> 可是，到了四日，張君雖到而楊君卻終日不至。本會總會代表及各代表不能等待。當夜，全體同赴公使館。公使起初拒絕接見，經吾人堅請，終肯接見。吾人對於公使所謂：「若僅取消第九條、第十條即可」，曾據理力爭，反覆駁論。

46 以上為 1 月 15 日，留日學生在偕樂園與李宗棠談話的內容。
47 這似是在 4 日選出來的。或為總會第二屆選舉職員中的幹事長曾鯤化。
48 據上文光緒三十一年（1905）十一月一日發出的留日學生的反對文，則為留學生總會幹事長。

翌日（5日）八時，各人又一同前往公使館。議論紛紛，舌敝唇焦，仍得不到任何結果。且公使謂即使再來也不會接見。吾人認定此事如不能達到目的，就唯有行使自由歸國之權利。然即使歸國，亦應集體行動。否則，會招致外人之訕笑，譏為一盤散沙。吾人復請諸君堅定團結，以整然之秩序歸國，勿失我輩留日學生之人格。歸國之規則，一經議定，立即公布。

這裏出了一個問題，就是曾在11月27日寄出的〈學生公稟〉中帶頭簽名的楊度，在12月4日沒有到使館請願。這或許是因為他對留學生逐漸傾向聯合罷課乃至全體歸國表示反對吧！但無論如何，由於楊氏缺席，留學生社團中產生了一個以後稱為總代表的機關。

反對這種強硬態度的還有其他人。李宗棠的日記中有〈總會第二期選舉職員〉一則。總會即指留學生總會，所謂第二期職員，大概就是在楊度缺席的那一次聚會中選出的人。他們是（有〇號的是舊職員）：

幹事長　〇曾鯤化
副幹事長　〇張繼
庶務　王克家　胡瑛　〇匡一
書　記　〇陳應龍　〇錢良駿　王夀坤　韓汝庚
收支科　〇周珍　〇吳永珊
調查科　朱劍　曹亞伯　丁厚福
招待科　景定成　劉四　趙保泰
學務科　李鍾奇　胡承誥　廖家淦

從上面的名單看來，不只少了幹事長楊度的名字，副幹事長范源廉、學務幹事陳幌〔榥〕以下八人、庶務幹事蹇念益及其他幹事大多不見了。四名溫和派的代表因反對強硬派，其中蹇念益和陳幌〔榥〕在第二次選舉中落選了。前副幹事長范源廉，對這事非常憂慮，其後甚至為此吐血，這是實踐女學校教師坂寄美都子所說的。

新任調查科幹事的曹亞伯，是《武昌革命真史》的作者。胡瑛（字經武）為辛亥革命後新政府的外交部長；在此次事件中，胡氏後來與程家檉一同發起召開調停會，從強硬派而至調停人，亦可想見其心境的變化。

黃尊三在 4 日的《日記》中所記如下：

> 冬月九日，上午上課，下午因取締規則事，全體停課。余睹此風潮，坐臥不安，繞室徬徨，不知所措。[49]

12 月 5 日，300 名留日學生會於富士見樓，商議其事。李宗棠記道：「其時，女學生秋瑾演說，發揮女子愛國心，至痛哭，哭已復演說。」[50] 李宗棠隨後記述秋瑾因此憤而退學。本來實踐女學校的學生原定在校內商議解決，卻因秋瑾提議聯合罷課，前往赴會，實踐女學校校長下令：「參加聯合罷課的人，飭令退學。」秋瑾與同學 17 人，當時尚未找到住宿之處，亦要馬上離開學校的宿舍。

在這個會議上，決議堅決反對文部省的命令，還發表了題為〈東京留學生對文部省取締規則之駁議〉的聲明：

> 新曆十一月二日東京官報上登載之文部省令第十九號，有關清國人進入公私立學校就讀之規定，同人等細繹其詞，殆非對平等國人民所宜有也，且妨害我法律上之自由權。今請剖析以言之。
>
> 夫世界文明各國現行之民法規定，外國人之私權皆與本國人同等為原則。日本之所以能撤銷各國領事裁判權者，蓋以改正其法律，使外國人與本

49 《三十年日記》，頁 37。
50 《勸導留學生日記》，頁 19。

國人受同一之保護故也。既得受同一之保護，則不能有特別之規定，其有特別之規定者，則唯對保護國為然，不可以對對等國之人民。日本對對等國人民之營業，皆適用一般民法、商法，而無特別針對某國商民之規定與指定。而關於我國留學生之規定更不宜有，此實為無可置疑者。今文部省明白區別曰「關於清國留學生」，是名義上使吾人受不同等之待遇，而事實上無同等之保護也。考其原則，純以特別為主義，實非平等國民所能受。故由名義上觀之，此不能不取消者，一也。

日本憲法及民法規定之私權，國內外人士皆同等享受之。今文部省令第三條曰：於清國人所入之公私立之學校中，應備清國學生之來往書類帳。夫學校干涉學生之往來書類，是侵害我書信之秘密權。第八條第七項（按：應為第六項）謂清國人生徒校外監督之方法；又第九條凡受選定之公私立學校應令清國學生在宿舍或在該校所監督之下宿[51]等處居住以為約束。夫學校有宿舍，宜得使學生寄宿其中。今以校內監督之法，監督校外之下宿，是學校與下宿牽連混合，教育上之權力範圍無界限矣。夫學生，在校內則從教育上之規則，在校外則從所在國之國內法。若校外亦用取締，則教育上兼及警察干涉之權，警察範圍之中，又加入學校監督之法。文明立憲之國，果有此兩方面之法令耶？且其所謂監督之方法者，既無界線，何有標準哉？是侵我種種之自由權矣。第十條云：凡受選定之公私立學校，如遇有性行不良之學生，經他校飭退者不得令其入學。夫所謂性行不良者，其範圍毫無界線。國際法學者曰：善惡之說，本無標準。在此事以為善者，在彼事有以為惡也。在法律以為惡者，在道德有以為善也。準是以談，則性行不良，在法律上全無一定標準。若執此以使人退學，則學生之一言一動，凡屬防衛一己之權利者，即以性行不良而目之，其言論著作之自由權可奪也。又或因學校之辦理

---

51 譯者注：下宿即學生公寓。

不善及因教育之不良，而欲轉入他校者，亦以性行不良而目之，則其選擇自由權亦可奪矣。故由權利上觀之，此不能不請求取消者，二也。

此規程專為公立或私立之學校而設。公立、私立之學校，所理者皆屬人民之行為與清國之學生。是人民與人民之關係也。此國際私法所管也。雖曰監督學校，然直接受其監督而有利害關係之人則為清國學生。是又日本國家與清國人民之關係，即國際公法所管也。如官立學校，為直轄文部省者，其直接或間接，施行管理留學生時，則用國內行政法，留學生固無可言之辭也。今所監督者，既屬公私立之學校，即非文部省所直轄，國家行政所及者，僅能及學校方面，即如職員之名冊、校長或學校代表人之履歷、學校選定之校址、校舍之圖樣、維持經費之方法等而已。即留學生之一面，如第八條第二項、第六項、第七項，亦不能及之。今文部省以管理直轄學校之命令施於公立私立學校學生方面，是超越學校之界限，而直接施於留學生也。即明明越出國內法而入於國際法也。故留學生可得而言之矣。第六條云：凡公立及私立之學校，遇有清國學生畢業或退學之時，應於一個月以內直接向清國公使報告。此為學校與清國公使直接之交涉。第七條又云：凡收容清國學生之公私立學校中如經文部大臣認為適當者，特行選定通知清國政府。此為日本國家與清國國家直接之交涉也。此交涉為國際法之關係，不待言也。既為國際法之關係，則此規定必經清國公使之承認而後可。（學生）對此規程若有不願之意見，則公使或不能代表之故也。留學生得行請願之自由，訴理於日本國家矣。日本為立憲之國，不宜用專制政府之法以取締留學生。故願文部省以文明之舉動取消之，既無損法律上之名譽，且增進東亞和平之幸福。留學生等幸甚，中日兩國之國交幸甚。

5. 聯合罷課

又在這次會議中，決定了以後的方針是：自 12 月 6 日起，各學校一齊罷課，以鐵腕對付破壞罷課的學生，同時亦必須密切注意聯合罷課中留日學生的一舉一動。故制訂了《學生自治規則》，[52] 印刷後派發予全體留學生。其條文如下：

> 一對於日本之個人，不宜有惡感情。
>
> 一在旅館及寄宿舍或下宿屋宜安靜。
>
> 一不宜於停課期內遊公園，上料理館飲食，並不宜入各勸業場、各商品店購買物件。[53]
>
> 一因有要事外出，宜自愛自重，勿致為警察干涉。[54]

黄尊三在12月5日的日記上說：

> 冬月十日，天陰。停課無事，隨步至少留處，見案頭紅箋上題菊花詩數首，取讀之，少留屬和，遂借花遣意，成絕句一首。
>
> 冷淡幽芳自不群，
>
> 寄人籬下太無因（注：寓留日受制於人）。
>
> 有心與君談秋色，
>
> 無奈嚴霜遍比鄰（注：寓取締規則意）。
>
> 寫罷回院，致宋遯初一函，問取締規則消息，九時睡。[55]

12月5日富士見樓的會議決定罷課，故自6日早上起，各校門前皆有糾察員，不准留日學生上學。糾察員有時配備左輪手槍和短刀。[56] 數日後公布的《糾

---

52 《勸導留學生日記》，頁19。

53 又據李宗棠所記：「平素往來，過公園者，今特繞過公園外而行，又禁止數人結隊而行。」

54 據李宗棠記，12月12日，內務省命令若中國學生暴動，即行干涉。

55 《三十年日記》，頁37。

56 據《讀賣新聞》，1905年12月17日，澤柳普通學務局長談話。

察學生自治規約》，這樣規定：

> 一無論開會議事及尋常談論，不宜喧嘩。
>
> 一各省宜舉巡查員，嚴行稽查，為自治鞏固計，對不自愛之人處以重罰。
>
> 一各寄宿舍各旅館，宜每日輪派彈正員糾察。
>
> 一多約分路秘密探查，若有犯前約及續約之人，秘密探查員勿辭勞怨，輕則極力規勸，重則將其姓名報知該同鄉會或總會館。
>
> 以上諸條，實行糾察自治之事。我輩方以日本取締規則為侵我主權，傷我國體，不甘任受，罷課爭之，如因此閒暇，放蕩遊逸，令日本有所藉口。且彼於此時，必令警察嚴加監視，製造口實，稍不自治，不唯抵抗無效，全國大體、個人名譽，貽羞無窮。故宜格外自治，互相勉勗，不可不謹！[57]

糾察員有 508 人，[58] 以革命派自費生所組成的敢死會為核心。

6 日，黃尊三的日記記道：

> 冬月十一日，天雨。上午開同學會，舉糾察員，監視同學行動。十時散。同學借向北翔寓為黃鎮臣祝壽，……痛飲至十點鐘散。張君貽來，言日本人名福壽究仁者，上書政府，痛罵留學生之野蠻，請用壓制手段對待，聞之不勝憤慨。[59]

12 月 7 日，在京都的留日學生回應東京留日學生集體罷課的決議前赴東京

57 《勸導留學生日記》，頁 20。

58 據《二六新聞》(1905 年 12 月 13 日)的〈糾察員の制裁〉。又 12 月 20 日所載〈糾察部臨時報告〉謂：「廿三日(陽曆 19 日)下午，於清風亭召開糾察全體會，至會者百二三十人。」

59 《三十年日記》，頁 37。

會合。就讀於東京實踐女學校、女子美術學校、共立女子學校、高等女子實修學校、三輪田女學校等校的留日學生，大部分都離開課堂，參加女子留日學生會。反對「取締規則」運動，終於發展成正式的全體留日學生運動。

且看7日至9日的黃尊三的日記所載：

> 冬月十二日，大雨。餐畢，同室路笠農君，以遊紅葉寺詩見示。……雨稍歇，時已九點鐘，至西路會場開會，仍議罷課事，十一點鐘散會……
>
> 冬月十三日，天陰。訪浦市李君家駒，同鄉俱在，共議取締規則事……
>
> 冬月十四日，天晴。湖南同鄉會開會，決定全省留日學生，一律退學回國。各省同鄉會，日來亦紛紛開會，聞多數與湖南取一致態度。午後，陳兆襄來，謂同鄉陳君天華，為取締規則事，憤而投海，遺書數千言，勉勵同人，非達到取消取締規則目的，決勿留東。聞之深為哀悼。陳君湘潭人，年不滿三十，貌魁梧，有大志，生平以革命為唯一事業，著有《革命潮》一書。曾一次回湘，宣傳主義，演說於高等學堂。余時在堂，得聆其言論。後為當道所聞，下令通緝，再度亡命赴日。此次凶耗傳來，留學界全體為之震動。是晚，弘文代表，持願書找余書名，余即書願歸，並畫押其下。復得使館消息，公使與日本文部大臣，交涉取消規則事無效，同學全體，決定退學歸國。上海商會，亦來電願盡招待之責，中國商人之愛國熱誠，亦自可嘉。[60]

陳天華自殺之消息使全體留日學生為之震動，視之為促成留日學生決心集體歸國的近因亦不為過。

60 《三十年日記》，頁37-38。

6. 陳天華憂憤而死

陳天華，1875 年生於湖南。1903 年留學日本，就讀於法政大學。1904 年 10 月一度返國（當時曾在高等學堂演說，宣傳革命），與黃興在長沙起義，事敗再亡命日本。著有《猛回頭》、《警世鐘》、《獅子吼》等。以平易之文宣傳激烈的革命思想，秘密運返中國，國內學生和士兵皆耽愛讀之。1905 年 8 月加入同盟會，為重要的成員。

當取締規則頒布時，由於他善作文，有人請他寫文章陳述反對意見，遭他拒絕，謂：「否，徒以空言，驅人發難，吾豈為耶？」[61] 可是，到了 12 月 7 日，當《朝日新聞》發表了如下不實的報導後，他大大的改變了。

> 東京市內各校之清國留學生八千六百餘人集體停課，……為當下之大問題。此蓋由於清國留日學生對文部省命令之解釋過於偏狹而生不滿，以及清國人特有之放縱卑劣性情所促成，惟其團結之力則頗為薄弱。……[62]

為抗議這「放縱卑劣」四個字，陳天華憤而自殺。7 日晚上，他伏案疾書，直至深夜，一面回想友人勸他為文的情景，終於留下了他的臨終之言。

8 日晨起食畢，他向友人借得二元，出門而去，前往芝區御門前郵局，將昨夜寫好的遺書（原名《絕命書》）掛號寄給神田區駿河台清國留學生會館楊度收。

當日下午約 6 時，有人在距離大森海岸東濱約 60 間[63] 的海上發現一具 30 來歲的男屍。從其口袋中檢得掛號信的收條，上書寄信人地址為神田區西小川町 1 番地東新館轉交，及銅幣數枚。大森警吏發電至清國公使館，使館轉電留學生會

61 〈陳星台先生絕命書〉附「跋」，《民報》第 2 號，頁 8。
62 《朝日新聞》，1905 年 12 月 7 日。
63 譯者注：一間為 6 尺，約等於 1.818 米。

館。9日，陳天華投海事為留學界所盡知。陳天華的遺書說：

近該國〔日本〕文部省有《清國留學生取締規則》之頒，其剝我自由，侵我主權，固不待言。鄙人內顧團體之實情，不敢輕於發難。繼同學諸君倡為停課，鄙人聞之，恐事體愈致重大，頗不贊成，然既已如此矣，則宜全體一致，始終貫徹，萬不可互相參差，貽日人以口實。幸而各校同心，八千餘人，不謀而合，此誠出於鄙人豫料想之外。且驚且懼。驚者何？驚吾同人果有此團體也。懼者何？懼不能持久也。然……如《朝日新聞》等，則直詆為「放縱卑劣」，其輕我不遺餘地矣，……〔留學界〕近來每遇一問題發生，則群起嘩之曰：此中國存亡問題也。顧問題有何存亡之分。我不自亡，人孰能亡我者。惟留學而皆放縱卑劣，則中國真亡矣。豈特亡國而已，二十世紀之後有放縱卑劣之人種，能存於世乎！

鄙人心痛此言，欲我同胞時時勿忘此語，力除此四字，而做此四字之反面，堅忍奉公，力學愛國，恐同胞之不見聽，而或忘之，故以身投東海，為諸君之紀念。

諸君而念及鄙人也，則毋忘鄙人今日所言，但慎毋誤會其意，謂鄙人為取締規則而死而更有意外之舉動。須知鄙人原重自修，不重尤人。鄙人死後，取締規則問題可了則了，切勿固執，惟須亟講善後之策，力求振作之方，雪日本報章所言，舉行救國之實，則鄙人雖死之日，猶生之年矣！

鄙人志行薄弱，不能大有作為。將來自處，唯有兩途，其一則作書報以警世，其二則遇有可死之機會而死之。夫空談報國，人皆厭聞，能言如鄙人者，不知凡幾。以生而多言，或不如死而少言之有效乎！……[64]

64 《三十年日記》，頁37。

聞此事而感動者，不僅黃尊三一人。黃興在《絕命書》的跋文中亦說：「一人宣讀之，聽者數千百人，皆泣下不能仰。」

因此，留日學生，終於決心集體歸國。又發表了《對待日本取締中國留學生意見書》：

嗚呼，祖國當此龍拿虎攫、鷹瞵鶚瞬之時局，而尚能登二十世紀開幕之大舞台，佔一平等國地位者，曰唯留學生故。唯留學生有自由，有熱誠，有團體，能大聲疾呼於我四萬萬之同胞，一齊昂首闊步而不為奴隸。……

吁嗟乎嶮巇哉！西半球之奴籍將灰，東半球之奴牢又構，其所奴者，非民、非農、非工、非商、非老大病夫、非涼血動物，乃日日言自由、日日言平等、為五洲視線所環集之青年社會之將作祖國前途之主人翁之留學生也。嗚呼，黑奴籲天尚知為奴隸而生，不如為自由而死，況我留學生，況我留學生。

君不見東〔日本〕十一月二日之新聞所登之日本取締中國留學生規則一十五條……

嗚呼，留學界之自由死，四萬萬同胞之自由亦將死，我等留學生其何以自處。愚等不揣檮昧，謹堅握束裝歸國，還我自由，為反對不達之最後辦法。[65]

此外，留學生會館幹事程家檉在《朝日新聞》上發表〈反對《清國留學生取締規則》之理由〉一文：

某報章曰：清國留日學生因解釋文部省命令過於偏狹，結果不滿云云。

---

65 《勸導留學生日記》，頁 24-28。

此可謂觀察事情最為粗疏之言也。何哉？蓋吾人之所憤，在於文部省加於吾人頭上之特別取締之事實。縱不問其規定之內容，吾人亦斷不能接受。……今以學生之身，拋棄其學業，而欲維持自家之體面，非有非常之決心，固不能為也。故吾人於停課之先，已對學校當局披瀝吾人之胸懷，而當局亦體諒吾人之心志，而後吾人始實行集體罷課。若不能貫徹吾人之意，則吾人唯甘去日本而已。已能自來，爰不能自去？天地悠悠，世界各處，任吾人之翱翔，既惡本國之專制而志欲摧之，又何必鬱鬱以受異國之專政耶？

某報章又曰：此乃出自清國人特有之放縱卑劣之性情，其團結力亦頗薄弱云云。吾人今日何懼於打破此失實之言！嗚呼！放縱卑劣，清國人之特性云乎哉？……[66]

黃尊三的日記亦說：

冬月十五日（12 月 10 日），天陰，早餐後，赴西路同鄉會，會議歸國事。全體一致贊成歸國。惟自費生無資，由官費生自願捐助。余當捐洋五元。十二點鐘散會，下午至中國留學生總會，商議歸國事。二鐘開會，到者數千人，日本警察亦在場傍聽。胡經武主席，演說歸國理由，頗足動聽。最後決議一致歸國。

冬月十六日（12 月 11 日），天陰。早七點鐘，姚子巽來，言舍監命退學，聆之憤極，當即請子巽代辦退學手續，親至使館，領學費百元，歸院。倉卒收拾行李，暫移居李家駒處。……

冬月十七日（12 月 12 日），天晴，早起，至神田買書。膳後黃鎮臣來訪，略敘。黃小山亦來，問買船票事。余不欲久留，即請其代辦。去後，

---

66 《朝日新聞》，1905 年 12 月 10、11 日。

倦極而睡。自取締規則起，無一日舒展。日既廢學，夜不成眠。晚，輾轉床褥，呼天長歎，念古人學書學劍，能以一藝自成其志，余求學無地，救國無才，茫茫天壤，歸將安為？思至此淚潸然下。

冬月十八日（12 月 13 日），天晴，霜威頗重，寒甚。早起，食後，檢點行李書籍。晚，訪少留。彼於歸國事，毫不豫備，勸其歸國，亦不應。余即回寓。以嚴寒不能久坐，蒙被而睡。[67]

7. 集體歸國

集體歸國的先頭部隊在 12 月 14 日首先出發。據《太陽》所記：

其中二百四人，十二月十四日乘郵船公司的上海線的安徽號，首先啟程回國。[68]

翻看李宗棠的日記，題為「學生各整行裝」一節亦略記道：

67 《三十年日記》，頁 38-40。
68 《太陽》，1906 年 1 月號。

十一、十二、十三三日，學生出東京至橫濱，趁海船歸國者，已復不少。[69]

又李氏《日記》錄載西曆12月20日《各校聯合公報》(第1號)，其中有題為〈同學歸國之確數〉一條，說：

十三日，安徽出帆。同學歸國者近三百人。十六日，法公司之輪船出口，其數亦如之。今日鎮安出帆，尤形擁擠，約計不下三百五十人之多。現調查各省之先期寫票者，恐後爭先。東京迴漕各店都有應接不暇之勢。

大概已歸國者，已寫票者，實逾二千人外矣。[70]

則可見十三日已有船啟程。又據《公報》的第3號，更有所謂〈歸國辦法〉與〈善後辦法〉。

---

69 《勸導留學生日記》，頁20。李氏《日記》所記的11、12、13日，未明是陽曆抑是陰曆。若為陰曆十一月，與陽曆對照：

陰曆	陽曆
十一月十一日	12月7日
十一月十二日	12月8日
十一月十三日	12月9日

但按12月7日是集體罷課的翌日，至9日始有陳天華自殺之消息，乘船歸國，似屬過早。故如11、12、13日為陽曆的話，則應為：

陽曆	陰曆
12月11日	十一月十五日
12月12日	十一月十六日
12月13日	十一月十七日

12月11日的前兩天，陳天華自殺的消息傳開了。陳的自殺為歸國行動的導火線，故李氏所記似指陽曆12月。且此亦與日本方面的紀錄無多大抵觸。前三日大抵是整頓行裝，齊集橫濱，準備出發等；到14日才揚帆而歸。

70 《勸導留學生日記》，頁29。

第一項　歸國辦法

（一）全體學生一律準備歸國。

（二）商船開輪一次，為歸國一次。每次派招待兩人，經理船票、行裝等事。

（三）每次歸國之學生，就中舉代表一人，經理一切。每二十人以上，就中舉糾察員一人，整理秩序。

（四）每次歸國時，由招待員於購票時，記明姓名，報告總會。

（五）每次歸國學生，由代表人記錄姓名及通訊地址，交在上海總會假定〔臨時〕事務室。

（六）在上海設立留學生假定〔臨時〕事務所。

第二項　善後辦法

（一）由本會將歸國理由報告學部。惟各省學務處，由各省各會，照本會報告之理由報告。

（二）要求學部將北京派送留學生之官費給與本會，辦理上海專門高等各學校。各省派送留學生之官費，由本省份會請領，在本省開辦普通學堂。但上海學校經費有不足時，由各省籌補。

（三）開臨時總會，由幹事及各職員長會合選舉特派員二人，赴北京辦理一切事務。各省份會選舉特派員，向本省學務處商辦一切事宜。

（四）推選開辦起草員二人，教育起草員六人，研究學校辦法及教育方法。

（五）專門高等學校之教員，聘外國人充當。普通學校教員，本國學問之程度最高者充當。

（六）由本會要求公使，電致北京及各省，認明此次特派員回國之理由及其事件。

（七）全體歸國後，即移本會於上海作總機關，各省選舉職員，為相屬之分機關，以便統籌全局。[71]

上文所稱的上海專門學校，即下文要討論的「中國公學」。歸國學生有多少，未能確知。《太陽》2 月號作「歸國學生二千餘人」。雖說是集體歸國，實數大概只有這個數字。其中亦有對此事件的性質不大了了的人。例如，歸國學生之一黃尊三的《日記》便有這樣的記載：

冬月十九日，黃小山、張少留、姚季六三君，為余餞行。勉強赴席，下午二鐘散。

冬月二十日，即西曆十二月十六日，鳳琴至，云回國須去使館請假，以便稽考，余託其代辦，許之。去後未幾北翔、鎮臣亦至，同鄉雷祇彝、姚靜臣、扶松嵩、廖準夫、姚季六等相繼來送余行，談至九鐘而散。

冬月二十一日，天陰。許蔭卿來。言彼以代表故，須先去上海招待一切，因無船票，不能成行，請以票讓之。余許諾。許去後，大雨。……

冬月二十二日，晨起，廖準夫來，報告海船二十五日開行。姚、李二君，擬先期至橫濱候船，余因票讓許君，不能同行。

冬月二十三日，大雨。姚子巽等，上午七點鐘起程，因雨故，未親送。……

冬月二十四日，天晴。七點鐘起。餐後，收拾行李畢，寫家信，報告退學歸國事。未幾，許蔭卿來，言因事不去，退票於余。於是擬明日搭鎮安輪即行。少留來，贈詩數首，余甚感之。許蔭卿、黃鎮臣均來送行，略敘而別。

71 《三十年日記》，頁 40-41。

冬月二十五日，上午四點鐘起，收拾行李。七點鐘坐大塚火車至新橋。許蔭卿等來送行，由新橋乘火車至橫濱。命車夫搬行李至上野屋，再轉鎮安輪。以換票故，頗費糾纏。幸得糾察員朱君（江蘇人），代為交涉。換票畢，二點鐘開輪，渡太平洋，風平浪靜。

可見黃氏的同學中，也有不少人沒有參加集體歸國行動的。

由於留日學生大舉歸國，盛極一時的弘文學院，也不得不關閉麴町、真島、猿樂町的分校了。

8. 反對歸國派

正當集體歸國如火如荼之際，一個以反對集體歸國為宗旨的留日學生團體亦隨之產生。在第一艘歸國船開行後，便有人在東京組織「維持留學界同志會」，在12月24日公布它的會章。

會章

（一）本會以維持學界秩序為宗旨。

（二）本會專以研究學界留學生應得之利益而止，不涉及政治上及國際上之問題。

（三）此次文部省規則，既經解釋，於本會原之目的已達。應即勸告各校同學，一體上課。

（四）本會舉代表若干人，理事若干人，調查若干人，代表本會，並司理調查會內會外之一切事項。其職務由理事會自定。

（五）本會對於其他團體行動，非經公認者，概不服從。其所生各種關係，本會亦不代認其責。

（六）本會一切行動，概不受會外之干涉，如有侵犯本會會員自由者，本會有保護之義務。

（七）本會對於留學界一切善後事宜當協助辦理，以期增進同學之公益。

（八）本會章為臨時規定，一俟此次事件辦理稍有頭緒，再行開會，另擬會章，改為平時組織。

附啟者：本會自成立以來，贊同者日甚盛。茲特改定會章，設立事務所於牛込市谷藥王寺前町七十一番地。如續有願入本會者，請將地[72]名、住址及原在學校，發函通知本會為幸。

陽曆十二月廿四日

維持留學界同志會

代表人

江庸[73]　〇蹇念益[74]　熊垓　〇陳榥

理事

庶務　會計

黎邁　張孝準　蔣尊簋　李穆

熊范輿　〇譚學夔　李景析　李維鈺

施召愚　熊朝鼎　朱學曾　錢家澄

書記

姚華　周大烈　汪兆銘　張一鵬

胡衍鴻　許壽裳　朱大符　陳漢第

72　譯者注：疑為「姓」之誤。

73　江庸在早稻田大學畢業後，受袁世凱知遇，為段祺瑞內閣的司法總長。1918 年任留學生監督赴日，與留學生教育關係較深。

74　字前有〇號者為 11 月 27 日〈學生公稟〉中署名者。

這樣一來，留日學生中產生了兩個對立的團體，一為聯合會；一為維持會。歸國派稱為各校聯合會或會館總會。聯合會對維持會之爭，最先是展開筆戰和宣傳戰。雙方陸續發表意見書和聲明，[75] 展開激烈的筆戰，聲明中更充滿了火藥氣味。

有關兩派鬥爭的情勢，在 1 月 20 日齊集於李宗棠辦事地方的留日學生有如下的報告。

這次留學界的騷動，大體分為兩派，一派主張罷課歸國，一派主張復課留日。兩派的人，互相傾軋，糾纏不清。十數日前，各校學生總代表會議決定復課後，主張歸國的人漸漸減少云云。

又說：12 月 24 日，留學生 500 餘人設事務所於赤阪藥王寺町，決議復課，互相激勵。自此以後，即分為復課與歸國兩派，時起衝突。在留學生會館，似乎每日都有兩派學生數百名聚集，互相爭論。牆壁之上，貼滿了海報，為各自擁護的派系打氣。一派貼出了海報，就被反對的一方撕下燒燬。兩派學生往往在半夜或黎明以前，靜靜地撕去對方的海報，改貼己方的海報。撕貼海報的事，有時會引起大紛爭。

某日早上 6 時左右，復課派一個學生潛入會館，正想貼上海報。此時，歸國派學生八九人已湧到，雙方馬上發生口角，復課派的學生，雖孤軍應戰，但其勢甚銳，意氣風發，終於貼了海報後離去。可是，他的海報馬上被歸國派的人撕去。總之，紛爭的情狀實非筆墨所能形容。

不久，有人傳出消息說，清政府準備在上海逮捕歸國留學生，歸國派的氣勢稍衰。歸國派有人主張派人到上海，打聽虛實。調查的結果，發現完全是謊言胡說。於是，歸國派對全體留日學生宣稱：「吾等同志諸君，要加緊團結，不可屈服於專制政府之下！」並且在會館的牆壁大寫口號，希望重振聲勢，鼓勵

75 維持會方面一連發了十次聲明。

同志。

數日後，復課派的維持會態度轉趨軟弱，有人與聯合會派的人士合流。但是，維持會仍堅稱文部省准許留日學生有居住公寓以外的自由，主張為祖國前途計，不應放棄學業。

日本學校當局也紛紛勸諭學生返校復課。中國當局且派來特使和公使進行調停，並發出復課命令。在這種情況下，東京的留學生終於在 1906 年 1 月 11 日召開協商會議，雖然仍有少數人反對，復課之議終獲通過，乃決定自 13 日起照常上課。

李宗棠在十二月廿九日（1 月 23 日）的日記中說：

> 《讀賣新聞》報載前日晚間，弘文學院、同文書院、經緯學堂、東斌學堂、大成學館、濟美學堂、鐵道學校、早稻田大學、法政大學、成城學校、實踐女學校等代表十四五人集會於飯田町富士見軒，互示中國學生之復課人數。其中唯同文書院有三分之二復課，此外復課者，皆三分之一有餘。[76]

其後，逐漸復課的留日學生人數增多，而由中國新來留學，以及重返日本的學生亦相繼增加。於是，這一年的留日學生人數又再攀高峰。

9. 日華學生會

1 月底，以「促進中日兩國學生聚首，坦誠交流」為宗旨的日華學生會誕生。

76 《勸導留學生日記》，頁 89。

日華學生會會章[77]

第一條　本會名日華學生會。

第二條　本會以日華兩國學生組織之。

第三條　本會圖日華兩國學生之親睦，兼以開進相互之德智為目的。

第四條　本會隔月開例會一次，但依時宜得以變更之。

第五條　本會於兩國學生中置若干委員，以經理本會事務。

第六條　本會為輔助本會之目的，於主要學校可置委員。

第七條　本會置事務所於東京市神田區錦町三丁目錦輝館。

第八條　本會受日華兩國有志者之寄附金[78]以補助費用。

日華學生會發起者

日本	
東京高等商業學校	井上筆次郎
外國語學校	川井光太郎
早稻田大學	川勝藏太
慶應義塾	竹內恒吉
東京高等工業學校	中尾遠太郎
東京帝國大學	工藤十三雄
東京帝國大學	八並武治
東京高等師範學校	有吉半祐
早稻田大學	三鹽熊太

77　《勸導留學生日記》，頁 93-94。
78　譯者注：寄附金即捐贈金。

中國	
成城學校	屠密
東京高等商業學校	趙保泰
明治大學	張繼
廣島高等師範學校	李祖虞
弘文學院	夏道南
路礦學堂	韓汝庚
早稻田大學	姚震
岩倉鐵道學校	曾鯤化
早稻田大學	蹇念益
成城學校	吳永珊
大成學校	承胡喆
東京帝國大學	周家彥

1 月 28 日（陰曆正月四日），日華學生會於本鄉座舉行成立典禮。來賓約 50 人。日本方面有大隈伯爵、青木子爵、長岡子爵、小笠原子爵、嘉納治五郎、尺秀三郎、根津一、寺尾亨、福本日南等要人；中國方面有李宗棠、馬相伯[79]等要人。兩國學生有 1,500 人參加。登台演說者有大隈、青木、嘉納、馬相伯、李宗棠、程家檉[80]等。大隈指出，日本在 40 年以前，也和中國一樣，曾派人到外國留學，或聘請外國人到本國任教。又謂中國人留學於一個同文同種而與本國道德本源相同的國家 —— 日本，較遠赴西洋為有利。大隈也提醒日本學生應善待中國留日學生，不要苟且。大隈的演說博得中國人熱烈的鼓掌。李宗

79　馬相伯是《馬氏文通》作者馬建忠的兄長，1939 年以百歲高齡逝世。他奉命赴日處理這事件。
80　據蘇高曼的日記，集會之前，有人散發傳單，謂「某人謂此會乃聯合會之程家檉發起的」。

棠對此事有詳細紀錄。蘇高曼只記了大隈的演辭。中國來賓方面，馬相伯的演說中有下面的名句：

愛國不忘讀書，讀書不忘愛國。

為此，他贏得了張之洞「中國第一位演說家」的讚譽。

演說後的餘興節目則有日本學生表演劍舞和放映「幻燈照片」，中國留日學生表演中國音樂和朗誦詩歌等。大會成功結束。

取締規則事件使中日之間蒙上一層陰影。日華學生會的成立，明顯地是為掃除陰影的善後措施。長期以來，日本學生都沒有關心中國留日學生的問題，這一次他們竟被動員起來了。

根據會章規定，隔月舉行例會一次。其後，似乎有點虎頭蛇尾，不了了之。日本學生與中國留日學生這次的握手竟是最初也是最後的一次。日華學生會會務不能繼續發展，正好證明中日兩國學生的關係是如何的薄弱了。

10. 中國公學

歸國學生之中，有不少人發誓以後決不再踏足日本國土。他們在離開日本之前，已考慮用自己雙手在中國興辦學校。

前述的《公報》第 3 號第二項〈善後辦法〉中，就有人要求北京政府把派遣留學生費用撥交留日學生幹事，俾在上海開設專門學校。經多方奔走努力，終於在上海創辦了一所全國性的學校 —— 中國公學，實踐了他們的誓言。但由於清政府不允移撥留學生費用，他們只能親自籌款來辦學。學校取名「中國」，表示有對外和自立的意義，又有「學術獨立」的深意。「公學」則表示是由十三省歸國留日學生合力創辦，而有「公共」意義的「學校」。這就意味着這所學校並非鄉黨學校而是全國統一的學校。

然而，上海的人，對這所由剪斷髮辮和穿着洋服的學生倡辦的學校，卻投以怪異的目光，清朝的官吏更時刻懷有戒心地盯着它。故學校雖已創立，但贊助人很少，經費極度困難，陷於無法經營下去的絕境。身為幹事之一的姚宏業，不能忍受箇中情景，留下數千言的遺書，於 1906 年 4 月 6 日投黃浦江自殺，宣稱「吾為中國公學而死」，又說：

> 若問中國公學之所由起，唯留日學生取締規則之爭為權輿也。……〔公學〕若不能成立發達，亦為我國人能力劣敗之代表也。……我同志等，組織此公學也，以大公無私之心，行共和之法，權何有耶？利何有耶？……然自開辦以來，海內勢力贊助者，除鄭孝胥卿等數人外，殊屬寥寥。……予性褊急，誠不忍坐待我中國公學之破壞，……故蹈海而死，以謝予之無才、無識、無學、無勇，不能扶持我公學之罪。……予願予死之後，君等不復念予，但念我中國公學。予願我四萬萬同胞，無學、無識、無才、無勇如某某者，皆謂予臨死之言為可哀，而貴者施其權，富者施其財，知者施其學問籌劃，以共維持扶助我中國公學。（若此）則我雖死之日，猶生之年矣！

姚氏的死給全國很大的刺激，鄭孝胥、熊希齡、端方、羅詒等有名人士終於出面資助，在吳淞興建宏偉的校舍，胡適就是這所學校最早期的學生之一。

該校最初採合議制，不設校長，但其後推鄭孝胥為第一任校長。中國公學是中國人自己一手創辦的第一家私立大學，直到第二次世界大戰前才停辦。從它是由留日學生所倡辦，而由反對「取締規則」的運動所促成這兩點看來，在中國人留學日本史上，是有深刻的意義的。

七、留日學生的抗日運動

日俄戰爭 (1904-1905) 後，日本成為帝國主義國家。她要把作為侵略中國的障礙——俄國從「滿洲」(中國東北) 趕出去，把俄國強佔的「滿洲」奪為己有，作為侵略中國的跳板。因此，像反對《清國留學生取締規則》運動那麼熾烈的抗日火焰就在中國留日學生心中燃燒起來。陳天華的《絕命書》中，也有「近人有主張親日者，有主張排日者，鄙人以為二者皆非也」之說。可見從此時開始，留日學生中已有排日的氣氛。

1909 年，發生安奉鐵路改修問題。留日學生中陸續有人歸國，成為京津之間大事宣傳抗日的策動者，掀起長達一個月的抵制日貨運動。

1. 救國團幹部的鬥爭

大正 (1912-1926) 以後，日本的侵略更形露骨，而中日兩國關係更形暗淡。

1914 年，第一次世界大戰爆發，日本對德國宣戰，強佔中國的膠州灣。1915 年，西洋各國由於無暇干涉中國之事，日本乘機向中國提出「二十一條」，包括日本可擁有中國的東北、內蒙古東部、山東至華中廣大地區的利權，中國政府須聘日人充任各級顧問和警察等。這不啻是滅亡中國的條約。留日學生大表憤慨，大部分歸國，發起反對運動。日本在 5 月 7 日，發出了最後通牒。正急於做皇帝的袁世凱只抹去其中數條，便於 5 月 9 日同意接受。這一天，中國人民定為「國恥紀念日」。

1917 年，蘇聯誕生。1918 年，第一次世界大戰結束。日本與美國等帝國主義國家，為了破壞新生的蘇聯，決意出兵干涉。3 月 19 日，日本政府以高度秘密方式向中國政府提議共同出兵西伯利亞。不久，知道這件事的中國人都非常憤慨，因為他們認為，蘇維埃革命，是帝國主義的一次挫敗，對中國民族的前途，會有很大的鼓舞。日本要鎮壓這場革命，無疑是把中國推入其陰謀之中，因此中國人對出兵西伯利亞的行動極表反感；同時，中國人也察覺到日本要借這個機會，進一步攫取中國更多利權，其意圖已暴露無遺。

1918年5月6日，即「二十一條」的最後通牒的限期「五七」紀念日的前夕，留日學生各省各校的代表在東京神田的維新號（神田今川小路）召開秘密會議。為何選擇在這飯店開會呢？這是由於日本警察對中國人的行動極度顧忌，禁止中國學生集會，更沒有日本人願意借出會場之故。出席的全是學生代表，共46人，其中三名是女子。為喚醒國民注意，有十人提早返國作先行部隊。會議在7時左右開始。主席致開會辭指出：

> ……此次日本藉口共同出兵，提出二十條件[81]迫我政府承認。看秘約的內容，凡軍政、財政、警政的主權，以及礦山採掘權、鐵路電訊敷設權都要送給他。甚麼條約，簡直是一張全行掃賣的契約罷了。……前晚各省同鄉會各校同窗會的聯合會議，將留學生全體歸國的問題，已經一致通過了。昨晚的聯合會議，又將組織救國的大綱決定了。……往上海的，以喚醒國民，援助政府，一致對外為主。到上海，首先聯絡報界，為文字之鼓吹，同時電懇政府，否認密約；通電各省長官，請向政府力爭，並聯絡紳商學界的主要人物，一致電政府力爭，一面召集國民大會，為政府的後盾。等拒約的事辦得稍有頭緒，即籌辦學校安置三千多留學生，免得半途廢學。往北京的，則以哀懇政府，不予簽字為主，除效秦廷七日之哭外，他如喚醒國民，聯絡各界等事，也可去做。……[82]

會議正在進行之際，負責把風的人咳了一聲，全體出席的學生立刻停止了

81 譯者注：應為二十一條。

82 〈七年「五七」之前夕〉，《東遊揮汗錄》，頁3-5。

會議，緘口不言，若無其事地繼續吃飯。日本的警官數十人與偵探數人持刀闖入，也不問情由，便拳打腳踢，毆擊學生。一時桌椅翻倒，杯盤狼藉，場面混亂不堪。學生群起抗議。

學生：你們無故凌辱我們學生，是何道理！

警官：因你們在此開會，擾害治安。

學生：你說我們開會，有何證據？擾害治安，有何實例？……你們如此蠻行，殊有損你們自號文明國的名聲。

警官：我警官認你們有開會的舉動，有擾害治安的行為，這就是罪名，還要甚麼證據，甚麼實例！你們各省同鄉會，各校同窗會，連日在各處私下集合，都被我警官捉去責罰了一頓，還不知怕，又借飲酒為名，秘密開會。……你們還敢來搪塞。你們亡國奴，還要講甚麼文明，多見其無恥而已。

警官語畢，將置辯之某甲之頰，力掌十數。遂將眾人一一牽出。某乙因倒椅阻足，行動稍遲，亦吃五六耳光。某丙被日警踢傷腰部，立時倒地，日警復以足踏其臀部，促之起去。某丁見諸人因遲去受辱，疾行而出。日警箝其耳，向上力提，叱曰：「你敢逃嗎？」力掌丁頰。某戊怒呼曰：「野蠻警察！」日警直取戊。且罵曰：「混帳東西！你還敢開口！我就先打死你這個豚尾奴。語畢，掌戊數十下。時眾人之帽，已被日警堆置外室地下，某己過而取之，日警喝止之曰：「不准你拿帽子。」己曰：「這是我自己的，難道我拿不得嗎？」日警怒曰：「不剝你的皮，就是好的。你還想戴帽子嗎？甚麼自己的自己的！你曉得你自己的臭皮囊是你的！」時三女生畏日警蠻橫無禮，均唯唯未敢抵抗。

連三名女學生在內，一共 46 人全被逮捕至西神田警署。

途中經過中華青年會門口，留學生兩手皆被反縛，頭無帽，足下靴亦不整。衣服大都撕破，破頭爛額者約有半數。……皆見咬牙忍痛之狀，惟皆面無懼色，慷慨前行。

眾留學生從青年會的二樓、三樓的窗戶下望，滿懷悲痛。

對面理髮店某日人罵曰：「豚尾奴，亡國奴！你也知道我帝國的威力嗎？」

青年會為華人會聚之場，會之東鄰上野館亦盡居我國學生。會中館中之我國學生，則揚帽大呼「中華民國萬歲！救國團職員萬歲！努力前進！勿忘今夕之恥！」被捕學生們則點頭報之以目。旁觀日人則嗤之以鼻。……對面雜貨商店主人……向其婦冷笑曰：「支那馬鹿。」

眾人一同入署，即由警員牽入臨時監獄分室，室狹小而黝黑。……未幾，日警呼「搜查」，並逼令脫去衣褲。男生皆曰：「我們中華禮義衣冠之邦，豈能像你們的風俗，裸體向人麼？」

日警哂曰：「你們支那人，還講甚麼禮義，甚麼衣冠！」乃強將抗議者衣服脫下。所存者僅短褲一條。

女學生則幾經哀求，始准往別室脫下衣服。

嗣調查各生姓名籍貫、學校、住址。二小時內，查至三次之繁。

署長出來了，看見有學生踞足而坐，拳打腳踢一番，然後鞫問。對答如下：

署長：你們為甚麼事開會？

學生代表：我們因國內自相殘殺，民不聊生，特開會拍電，請雙方當局停戰。

署長：你們是幫南方的，或是幫北方的？

學生代表：我們當學生的，不曉得甚麼南北。

署長：我也不問你曉得南北，不曉得南北！但是你說開會的目的是電請雙方停戰，這卻瞞不得我。我都知道了。你那救國團的大綱，不有一致對外的一句話嗎？試問你對外是對哪一國？

學生代表：一致對外講究自衛之策也。是我們開會的一個目的。但要問對外是對哪一國，這卻不能確實指出來。譬如德國欺負我國，我們就一致對德；俄國欺負我國，我們就一致對俄。（未待語畢）

署長：假如我們大日本欺負貴國，你們就一致對日了罷？（獰笑）

學生代表：但願貴國沒有這樁事。若是有時，也就說不得了。（正色）

署長：怎麼的對付法？

學生代表：萬一不幸，貴國有侮辱我國的情事，我們一致歸國。協同全國人民，為政府的後盾，同貴國決一死戰。

署長：（冷笑）若貴國國民，真有決死戰的勇氣，也不致弱到這步田地。你們愛國的心，雖可佩服，但是貴國人有先天的弱點。你們少數人，也無能為力咧。……只是你們的誤解處很多，我不能不細細為你們解釋。你們這次開會的目的，純粹是反對中日共同出兵的密約，以為我們欺負貴國。殊不知我帝國不唯沒有欺負貴國的心，而且處處保護貴國咧。你們想：貴國的政治，如是的腐敗，人民如是的冥頑，財政如是的困難，軍隊如是的蠢愚，西洋各國在貴國的勢力如是的大，而且都抱有併吞貴國的野心，若不是我日本竭力保護，恐怕已做了安南印度咧。……（貴國）屢次向我日本苦苦哀懇，共同出兵。……這純粹是為保護你們貴國起見，實行中日親善，並沒有旁的野心。你們疑心生暗鬼，就想反對起來，實在辜負了我日本這一片的婆心。你們青年學生，應當專心讀書，不管閒事。到學成名遂之後，那時歸國，真是衣錦晝行，處處要受人恭維的。你看曹君、章君，還有個陸君，十年前不過一個窮學生，因為肯刻苦讀書，諸事不管，才有今日的榮耀。這真是你們的好榜樣。若是你們丟了書不讀，今日就歸國去，恐怕不唯無益於國家，而且還遭人白眼咧。我念你們平日尚知安分，此次初犯，特別開恩，今晚就放你們出去。……你們以後還是安心讀書要緊。若是以後有十人以上在一處聚談，我就不能容赦你們哪。

學生代表：（侃侃而談，態度安閒）你這段話，只合向着曹汝霖等去說！我們不是那樣的人。不欽佩你的教〔訓〕！你所批評我國的弱點，不過是一時現象。我中華有五千年未斷的歷史，有四千年未輟的文化，有淵淵浩浩、器量宏深的特性，有地大、物博、無盡藏的富源。豈爾規模狹小、文化初開的島民所能測其淺深的嗎？至說保護保護，尤其笑話！堂堂一個國家，還要他人來保護，已經說來肉麻。況保護其名，侵略其實！我中華比不得朝鮮！你不要把這話來說了。……你日本把親善二字，哄我政府，哄我國民，……暗地裏就實行侵略主義，真是口蜜腹劍咧。你日本也假充是文明國，為何對於我們開會擅肆解散還不夠，又加以逮捕逮捕……（未待語畢）

署長：我和你們講親善，你竟說起生疏話來了！

學生代表：還不夠，又加以毆辱……（未待語畢）

署長：罷了罷了，不要多說了。（以手揮警察）快放他們出去！

十數警察，且牽且趕。眾人自行排隊出署。天已破曉。時署門前，我國學生守候者頗多，均呼萬歲。[83]

以上錄自王拱璧《東遊揮汗錄》。另外，當時的《朝日新聞》亦這樣報導：

支那留學生四十人傳召至西神田警署　救國團員會議席上突然出現警官

昨夜八時半，東文（如字）法科三年級支那留學生王兆榮（三十）、湖南省同鄉會幹事陳僅傑（廿六）、四川省同鄉會幹事楊衡（廿五）、湖北省同鄉會幹事張君宣（廿六）與同國的女學生御茶之水女子高等師範學校畢業生劉某（廿二）、陳某（廿三）等救國團員四十人在神田今川小路一之廿四

83 〈七年「五七」之前夕〉，《東遊揮汗錄》，頁 6-16。

中國飯店維新號樓上聚集，召開會議，討論有關中日國交問題之際，突有西神田警署數名警官出現，把出席者一同帶返警署，逐一訊問。……〔引文過長，譯者刪節〕今晨零時先釋放二十名，其餘尚在查訊中。[84]

對日本警察的行為，全體留日學生均表憤慨，陸續返國。數日後，《朝日新聞》報導：

歸國支那學生達四百人　有關學校一同停課

留學本國的中國學生最近歸國者非常多。十一日從橫濱出發的有一百八十名，十二日約有七十名。另外，不限於東京市內，各地的留學生都蠢蠢欲動。仙台的東北理科大學，第二高等學校的中國留學生廿四名也自七日起一齊停課，與東京方面不斷聯絡，約定十七日一齊歸國，不再重蹈日本，憤慨無已。就此，寺尾法學博士的評論是：

「對於留日學生開會討論中日重要外交問題，警視廳竟採取高壓手段，剝奪他們集會言論的自由，引致與會者數十人被拘禁。即使事情曲直已明，也是一種不當的處理方法，亦是外交上不能忽視的問題。在日本人之間，這種交涉雖然保持秘密，但中國報章很早以前已經議論紛紛，尤其是上海的日文報紙早已縱筆談論。故縱使留日學生為了擔憂祖國的利害而騷然，也是無可如何的事，其精神是可以體諒的。

但是警察卻把他們當作暴民，大力鎮壓，這實在是十分遺憾的事。為此，民間有志於中日親善的人雖多方努力説明，亦將無濟於事。果然，多數留日學生對政府今次的處理非常憤慨，陸續離開日本返國。留日學生都是中華民國的精英，他日當會成為中央或地方的重要人物，特別是今次拘禁的多

84 《朝日新聞》，1918 年 5 月 7 日。

是彼國名流的子女。他們懷着憤恨而返，其結果如何，不言而喻。這真是令人寒心的事。本人昨日與頭山滿氏傾談，謀求今後應如何善後。但今日知道截至十六日為止，坐船返國者已有三百九十餘人之多。……這一騷動，使歷來招收中國學生的學校一時無法繼續上課，大多要停課。今日，東亞高等預備學校的松本校長來訪，謂其學校千多名學生之中，竟無一人上課，可見事情惡化，不僅是教育界問題而已，有識者必須共謀良策，喚起輿論，大力促成政府反省。」[85]

不幸得很，日本舉國之中，似乎再無一人肯為留日學生仗義執言，寺尾博士倒算是個例外了。

於是，留日學生歸國後，高舉抗日的旗幟，對本國同胞宣傳，促使他們認清時局的嚴重性。又北京的學生，馬上表示呼應。5 月 21 日，十數校的學生舉行示威遊行，派代表到上海，組成學生愛國會（其後之學生救國會）。這就是促成翌年五四運動爆發的原因之一。留日學生以無比的愛國熱情，再次煥發了中華民族的青春，其功績無論如何是偉大的。

這時，在中國國內，以魯迅、李大釗、陳獨秀、胡適等為中心的文學改良運動正如火如荼地展開。而在第一次世界大戰影響下，尤其是在蘇維埃十月革命影響下，反帝反封建的民族運動也空前高漲。從這時起，中華民族對日本帝國主義的抵抗運動，空前激烈，仇恨日益加深。

2. 國恥紀念日的鬥爭

1919 年，巴黎和會不理中國代表的抗議，讓日本承受德國在山東及其他地

---

85 《朝日新聞》，1918 年 5 月 11 日。

區的權益。聽到這個悲痛的消息，中國的學生立即行動起來。這就是中國近代史上劃時代的大事 —— 五四運動。以 1919 年 5 月 4 日為界，中國革命從此進入新民主主義革命的階段。可是，這樣重大的新聞，日本的報章並沒有即時報導，到了 5 月 6 日，才把消息報導出來。

北京排日暴動

千餘名學生焚燒搗毀曹汝霖邸，章公使負重傷

（四日，北京特派員電）

第一報　四日，從正午起，以北京大學學生為首的千餘名學生群集安定門（天安門），舉起寫着國賊曹汝霖、賣國賊陸宗輿、章宗祥，以及歸還山東等旗幟標語，舉行示威。其中一部分人與警察衝突。繼而又襲擊東單牌樓……之曹汝霖邸宅，並縱火焚燒搗毀曹宅。曹氏不在私邸，故幸無恙。（下午八時十分電）

第二報　曹汝霖邸宅之被焚，經警察與消防員的努力，邸宅只燒燬一半。滋事學生多有負傷者。曹汝霖氏與章宗祥氏一同由總督府園遊會歸來，在談話中，受到襲擊。曹氏及早與家人逃往六國飯店。章氏後腦受重傷，送入法國醫院。陸宗輿的私邸，以有三百名警察警衛，得保無事。

又彼等學生所豎立的旗幟標語，除前電所述外，更有驅逐倭奴，及其他對日本非常侮辱之言辭。（下午九時卅五分電）。[86]

這則新聞刊出的第二天，東京正舉行皇太子成年禮的慶典。但對於留日學生來說，當天卻是日本向中國提出「二十一條」的三周年國恥紀念日。又巴黎和會偏袒日本而拒絕中國的正當要求的消息，亦於是日傳來，且又從昨天的報章得

86 《朝日新聞》，1919 年 5 月 6 日。

知天安門的學生運動，於是在這一天，全體留日學生召開了國恥紀念大會。王拱璧《東遊揮汗錄》所記如下：

……我留日學生全體決議於是日開大會為對國恥紀念之表示，並討論對於青島挽救方法及向各國駐日使館遞宣言書。乃四出遍覓會場，均被日警預行告誡各處，不獲租用。然眾議沸騰，群情憤激，勢非集會不可。躊躇再四，不得已，乃改擬在我駐日使館俱樂部開會。因此地固我治外法權所及，日人斷不能無理干涉也。先數日由總會遣代表二人，謁代理公使莊景珂。莊不加贊否。吾人以為公使或有難言苦衷，遂發印刷通知各省同鄉會及各校同窗會。訂於翌日，齊集使館，並嚴申規約數條曰：

一須持穩靜態度，嚴守秩序；

一對館員示相當敬禮；

一須聽職員指揮；

一禁衣倭服；

一不得輕與日警計較。

翌日，閱東京各報，登載我公使館否認開會小字短行廣告。當時猶以別有不得已者在也。……同人復發通告，殷申規約，以保我使館之尊嚴。

至六日晚，又遣人赴館為籌備之接洽。及至館外，見日警密布，如臨大敵。而館內則笙歌喧鬧，館中人正請得梅蘭芳演唱《天女散花》，大開歡宴也。以館員正忙，未便擾其清興而返。

七日晨，復遣人探使館動靜。館外四出路口，已滿布兵警，較六日晚尤為嚴重。始知此種防範，純為對於我國學生而設。然勢已至此，對於四千同人既不能遏其集會，而館門萬里，又不得為親切之接洽。不得已乃由幹事開緊急會議，為秩序之保持。議定分同人為二大組。一在葵橋車站招待，集於附近小公園內；一在三宅坂電車站招待，集於德國大使館前。……每組各分五小隊，每隊設隊長一人，交涉員一人，掌旗二人，排隊進行。分向駐日各使館投遞宣言書。若我國使館不准逗留，即於日比谷公園聚齊解散。當場推定隊長及外交各要職，乃各分頭進行。

下午二時頃，兩電車站已各達千餘人。來者尚不絕於道，皆肅靜無嘩。其在三宅坂一組，日警以人數過多，勒令解散。由交涉員再四婉求，並約無害治安，乃得整隊向各國使館進行。前到者有將所製白布大旗揭出，上書「五七國恥紀念」、「直接收回青島」、「打破軍國主義」、「保持永久和平」。日警惡之，屢欲奪去。為學生所匿。乃會同馬隊，於全組行至德國使館側之巷口，突施邀擊。後隊數百人遂被圍於巷內。前隊已出巷者，被日警拔刀狂揮，馬隊亦縱橫衝踏，不能後顧。組中受傷及受傷不能前進者，約減全組之半。惟白旗幸未奪去。俟日警稍退，仍復整隊前進。

至英國大使館，由交涉員面謁英代理大使。英使謂：諸君奔走國事，熱忱毅力，深堪欽佩，余當報告敝國政府及巴黎講和委員。惟諸君對於其他各國公使，可舉代表前往。恐人數過多，日警嚴加干涉，徒增諸君之苦痛而已，尚望珍重云云。交涉員將宣言書遞上辭出。復至法國使館。……

時已四時餘，乃遵約向日比谷公園進發，行至大手町，距公園尚有里許。有日警百餘名攔阻去路，搶奪旗幟。我隊不得不施正當防禦。爭鬥約數分鐘，終以徒手不敵持械，白旗多被奪去，國旗有被撕破者，同人被捕者亦不少。……

至馬場先門，去日比谷僅百餘步之遙，突被步騎軍警數百名圍在核心，並有許多遊人飛入助攻。人馬突刺，拳杖交加。可憐赤手空拳，力無縛雞之學生，乃輾轉呼痛於馬蹄塗炭之間。有龔君者，堅持國旗不放，日警擊其頭至於昏倒而奪之。吳君謂：「此中華民國國旗，不得輕侮！」日警厲曰：「何物中華民國！」力擊吳君仆地，眾足亂踏。踏畢，反縛牽去。此時後隊雖被軍警隔斷，因見吳君慘狀，遂密集冒死前衝，將吳君奪回。相率奪路奔回中華青年會。

是役也，被逮捕〔者〕甚多。即奔回者，亦身無完膚矣。此關於三宅坂方面學生流血之情形也。

同時葵橋方面一組，亦整隊向美國大使館前進。美大使以抱病未克會面。由書記官與代表接洽，深表同情於吾人之行動，允即時電美國政府及巴黎和會委員。並勸告小心持重，如英使言。復至瑞士公使館，被阻於日警。一再商量，方允代表入內。當由瑞使接見，頗現懇摯辭色。復至俄使館。……乃復折回我國使館。行至距館百餘武，[87] 前面憲兵警察荷戈林立。凡通使館路口，均被杜截，為數約六七百之多。乃停步遣交涉員及隊長向軍警領袖陳訴誠意，並力誓秩序無亂。而此數百橫暴如獸之軍警，不論分曉，忽作長蛇陣，重圍環攻，刀槍齊下，馬蹄紛踏。較之大手町前，尤為慘酷。

當時執大國旗在前引導者，為山東杜君。日警即戰杜奪旗，杜抵死不放，終以孤力難支，負傷倒地。國旗竟被奪去。復拳足交加，將杜擊至半死，始行捕去。時眾皆憤極，欲集中勢力，與蠻奴決生死。奈軍警愈來愈多，迫將全隊截為數段，使各不相顧，乃得任意蹂躪。使我學生受傷者累累。更有數人，至於垂危者。尤可慘者，有小學生一人，名李敬安，湖南人，年僅十齡上下，亦遭軍警毒手，擊傷仆地。逾時復蘇。某日警猶以佩刀撞其頭部，經眾冒刃救出，已奄奄一息。旋又被日警奪去矣。嗚呼傷哉！

時隊已大亂，不能再行集合，欲奪路赴日比谷，軍警堅不放行，只得奔赴葵橋電車站，冀分乘電車回青年會，再作後圖。乃軍警又不容乘車，紛向學生亂打。電車中日人日婦皆目怒手指罵亡國奴、豚尾奴。直隸趙君已飛入電車，被日警拉出，掌頰十數；趙君亦怒舉杖迎之。日警遂蜂擁趙君而去，且行且毆。其餘被捕者又數人。眾以既不准赴我使館，又不准乘車而行，不得已三三兩兩，忍痛步回神田中華青年會。……

嗣後查得受傷者二十七人，……被捕者四十二人。其中七人由警察廳起

87 譯者注：步。

> 訴。經東京地方審判廳判決杜中以下五人判處徒刑，緩期執行；胡俊判處徒刑十月；趙雲章判處徒刑六月。

以上錄自王拱璧《東遊揮汗錄》。[88] 但5月8日的日本報章的報導，竟誣衊留日學生為不法之徒。例如《朝日新聞》的標題為：「千餘名中國學生湧到公使館，豎起煽動的旗幟，與我方警察衝突，又遍訪各國使館。」其報導則謂：

> 在北京爆發的中國學生之排日暴動，終於蔓延至東京的中國留日學生之間。⋯⋯七日上午十時，留日學生周天爵、柳飛雄兩人到警視廳，申請准許當日在中國公使館召開國恥紀念演說會。長谷外事課長答謂日本法律嚴禁學生參加政治活動，又中國公使館亦向我方請求禁止此種事情發生，懇切勸諭，令之回去。然留日學生卻集合於西小川町之中華民國基督教青年會館，有所決議。館內又張貼有關山東問題的諷刺畫及激烈文字，形勢頗有不穩之兆。
>
> 於是，一如預定計劃，彼等在下午一時齊集於三宅坂、葵橋及虎門三處。⋯⋯離開俄國公使館，約八百名學生折返葵橋，正與警察議論，謂：「我們至此已遍訪各國大使館，實無被拒於自己國家使館之外之理。」其時，約五百名學生衝破警戒線，湧到中國公使館。公使館警衛憲兵及警察約百名，見狀從門內飛奔而出，在島津邸前與學生發生衝突。拘捕了六名可疑煽動者，其他人等，經勸諭後，一齊撤出葵橋。惟表町署的警官佐佐木要人（廿五歲）被慶應大學學生李子雲以菜刀斬傷左腕，李馬上被帶返警視廳。⋯⋯」[89]

據此報導，則受傷者就只有日本警官一人。留日學生這股愛國熱情，在忍無可忍

88 〈八年「五七」之巷戰〉，《東遊揮汗錄》，頁3-13。
89 《朝日新聞》，1919年5月8日。

的情況下迸發出來，而其與日警奮戰的勇氣，在不久之後的抗日戰爭中，更加發展成為中華民族不屈不撓的氣概，再度使日本人無法忘懷。

3. 抗日戰爭前夕留日學生的抗日運動

1928 年，國民黨北伐軍北上之際，以田中義一為首相的日本政府，借「保護僑民」之名，出兵濟南。留日學生組成了中華各界反日大同盟，大舉歸國。

當時的情況，三神良田有以下的回憶：

> 當我進入高等學院的時候，正發生濟南事變。住在東京鶴卷町邊公寓的中國留日學生大舉歸國之事，記憶猶新。
>
> 當時，他們每晚都在我的友人的鄰室集會，討論應該回國好呢？還是留下來繼續讀書好呢？他們年青的活力和高昂的聲音現在還深深印在我的腦海裏。濟南事變是他們歸國的一個主因。昔日為數眾多的中國留日學生，自此之後便大為減少了。[90]

1929 年 7 月，中華留日反帝同盟產生了，發刊《反帝戰線》作為機關喉舌。這時，中國與蘇聯之間發生中東鐵路問題。中華留日反帝同盟喊出了「蘇俄還我中東鐵路」的口號，且向中國駐日公使館和日本政府示威。9 月 1 日是預定示威的日子，由於日本方面的同志準備未足，而且感到到公使館去會發生危險，故把日期延至 9 月 4 日的傍晚，地點改在東京市中心銀座街頭。

當日傍晚，日本方面的同志動員了全協會的人，中國方面組織了八隊，打算一齊進行示威。他們攜帶中日文傳單，三三五五來到銀座集合。遊行示威尚未

---

90 《早稻田學報》1958 年 4 月號。

開始，築地和北紺屋兩警署的警員已趕來抓人。結果捕去中國人 14 名，日本人 21 名，朝鮮人 56 名。其後，更有百餘名留學生被檢舉，亦有被逐出境者。

當時，日本學生當中也有人投身於反對帝國主義的運動，留日學生的反帝運動與日本學生的反帝運動，本來理應合流的，但二者之間竟沒有任何聯絡。中國留日學生與日本的社會團體向來都有聯繫，有時亦會出席其會議，陳述自己的主張，以及發表演說。可是，在這段時期，留日學生與日本學生的運動卻是各自為政，漠不相關。

1931 年 9 月 18 日，日本關東軍在瀋陽附近的柳條溝陰謀炸毀南滿鐵路，卻誣指為張學良所為，並借此展開全面的軍事侵略行動。這就是所謂「九一八事變」。為此，留日學生幾乎全部回國。

其後，中國學生似乎依然赴日留學。不過，他們只是為了學習救國的必要知識（特別是自然科學），對日本懷有好感的人幾已絕跡。若說留日學生至此已完全採取抗日態度，亦不為過。

「九一八事變」以後，留日學生刊行的雜誌種類很多，都或多或少帶有抗日色彩。

雜誌名	編輯者	出版者	創刊年月日
社會評論	本社（日本及北平）	本社（北平）	1932 年 1 月
山西留日同鄉會刊	本會	本會（太原）	1933 年 9 月 1 日
東流	本社	本社（東京）	1934 年 8 月 1 日
明天	南京留日明治大學同學會	南京留日明治大學同學會（南京）	1934 年 10 月 10 日
文化	山西留日同學會	山西留日同學會（東京）	1935 年 1 月 1 日
詩歌	雷石榆	本社（東京）	1935 年 5 月 10 日

雜誌名	編輯者	出版者	創刊年月日
雜文	杜宣	卓戈白（東京）	1935年5月15日
留東新聞	傅襄謨	本社（東京）	1935年6月12日
留東學報	陳固廷	本社（東京）	1935年7月1日
日文研究	本社	本社（東京）	1935年7月18日
劇場藝術	林果	張若雲（日本）	1935年10月10日
新興美術			1935年
現代文學			1935年
獨立美術			1935年
文化動向			1935年
小譯叢	陳小台、小亞洪	本社（東京）	1936年5月10日
中日文化	程考慈	成光堂（東京）	1936年5月15日
中日論壇	艾森	本社	1936年5月
東文雜誌	本社	本社（東京）	1936年6月5日
新經濟	本學會	本學會（東京）	1936年7月1日
東風	中華留日廣西同學會	中華留日廣西同學會（東京）	1936年7月1日
言殿	范德元、田夢嘉	本月刊社（東京）	1936年8月10日
文海	本社	本社（東京）	1936年8月15日
遠東雜誌	吳報錦	本社	1936年12月15日
學術會	中華留日明治大學校友會	中華留日明治大學校友會	1936年
粵中山縣同鄉會刊			1937年2月
留東週報	余仲瑤	本社（東京）	1937年3月1日
劇人月刊	中國留日劇人協會	本社	1937年
國際戲劇	林一屏	中華國際戲劇協進會	1937年

《留東新聞》最初正如其名所示，以報導留日學界和文化界的事情為主，但不久政治色彩漸漸濃厚起來。由於該雜誌顯示抗日的論調，其全體幹事在 1937 年 1 月 12 日，都以推動抗日活動為理由，受到日本政府的檢舉。前後一共發行了三年的《留東新聞》，終於在 57 號以後被迫停刊。

留日學生的抗日運動，在報章雜誌上所表現的畢竟還有若干顧忌。除了公開和合法的方法外，他們每逢紀念日等日子，都以書簡和傳單從事更深入的宣傳。這些宣傳文件，有些是從中國的抗日團體送來的，也有些是由日本寄回中國發表的。

1936 年 12 月 25 日，中華留日學生聯合會（簡稱「學聯」）在日華學會樓上舉行成立大會，留日學生監督陳次傅到會，並在會上講了一番訓勉學生的話。其中說：

> 我自去年 8 月起由教育部派來出任留學生監督，至今時日雖淺，但打算努力將自己的職責抱負和計劃付諸實現。其中尤其關心留日學生團體的組成及其目的，並已發出告示，請已經成立及在籌備中的團體到監督處來登記；可是直到現在，還未見有實績。……貴會成立之後，希望體諒本人苦心，代為說服其他團體同來登記。[91]

細察這一番話，其實暗示了抗日的秘密工作，正不斷地在留日學生之間進行着。

由於從事抗日活動，留日學生被驅逐出境的人數大增。「學聯」的工作報告中，就有「救援被逮捕的同學」一項，謂：「最近，在東京有很多同學相繼被警察當局檢舉。據本會調查，確實被捕的有六人。」為此，「學聯」代表前往中國駐日大使館會晤代理大使楊雲竹，楊也承認：「對最近不斷有留日學生被捕之

91　譯者注：未詳出處，譯者據原書轉譯。

事，本人深表遺憾。」[92]

留日學生與日本官憲間這種不能消解的對立氣氛，不久也充盈於中日兩國政府之間，1937 年 7 月 7 日的「蘆溝橋事變」，使兩國陷入全面戰爭之中。

八、中國統一的基礎

孫中山說：「中國人如一盤散沙。」長久以來，中國人的鄉黨觀念很強，但國民意識和民族意識卻很薄弱。

觀察留日學生的生活，也可印證這種情況。他們赴日留學之時，是以省為單位被派遣來的，故弘文學院有南京普通班、湖北普通班、四川速成師範科班、北京警務科班等班別。留日學生主辦的雜誌，如《湖北學生界》、《浙江潮》、《江蘇》、《雲南》、《秦隴報》、《粵西》、《四川》、《河南》等亦多以省份為名。查看黃尊三的《三十年日記》，便可知道自他抵達日本及進入巢鴨的弘文學院以後，在東京小石川的「西路同鄉會」是他經常出入的地方。所謂「西路」，就是指以常德為中心的湖南省西部地區。從這兒東渡的學生有十餘人，彼此來往甚密。

留日學生生活也是中國國內的縮影。在北京等大城市設有各地會館，以便同鄉人士投宿。像魯迅在紹興會館寫小說的事，也是這種風尚所使然。

不過，本是地方性的和分散狀態的留日學生，由於在日本生活，也不得不起了某些變化。其變化的原因，有積極的和消極的兩方面。積極的原因是甚麼呢？就是由於日本人愛國觀念的刺激，使留日學生深受影響。舉例說，梁啟超因

92 《留東學生》第 1 期（1937 年 5 月）。

看了日本送別出征軍人的情景，感動殊深，發而為文：

祈戰死

冬臘之間，日本兵營士卒，休憩瓜代之時。余偶信步遊上野，滿街紅白之標幟相接。有題曰歡迎某師團步兵某君，某隊騎兵某君者；有題曰送某步兵某君，某炮兵某君入營者。蓋兵卒入營出營之時，親友宗族相與歡送之，以為光寵者也。大率每一兵多者十餘標，少者亦四五標。其本人服兵服，昂然行於道。標則先後之，親友宗族從之率數十人。其為榮耀，則與我中國入學中舉簪花時不是過也。其標上僅書歡迎某君、送某君等字樣，無甚讚頌祝禱之語，余就中見二三標，乃送入營者，題曰「祈戰死」三字。余見之矍然肅然，流連而不能去。[93]

梁啟超繼〈祈戰死〉之後，又寫了〈中國魂安在乎〉一文。指出：日本有日本魂，而中國卻沒有中國魂。他的結論認為：

今日所最要者，則製造中國魂是也。中國魂者何？兵魂是也。有有魂之兵，斯為有魂之國。夫所謂愛國心與自愛心者，則兵之魂也。而欲將製造之，則不可無其藥料與其機器。人民以國家為己之國家，則製造國魂之藥料也；使國家成為人民之國家，則製造國魂之機器也。[94]

日本法學博士穗積八束所著《國民教育愛國心》一書，被忠實地譯成中文，由北京大學堂官書局發行，且用為教科書。而日本愛國人物的傳記，也有很多中譯本：

93 《飲冰室文集類編》下，頁 692-693。
94 同上，頁 694。

書名	冊數	出版年份	出版者
日本七十三義俠傳	3 冊	1898	神戶：東亞書局
大日本維新史	2 冊	1899	善鄰譯書局
大日本中興先覺志	2 冊	1901	開道社
外國尚友錄	6 冊	1902	明達學社
日本近世豪傑小史	2 冊	1903	商務印書館
日本維新人物志	2 冊	1903	金港堂
雷輯各國名人事略	6 冊	1905	硯耕山莊

《吉田松陰遺墨》（國民叢書社）和西鄉南洲的文集（在四川省刊行），也於此時在中國出版，出版者的目的顯然都是為了向國人宣傳日本人的愛國精神。這些事實都直接地刺激了中國人，從而使他們培育出自己的愛國心和民族意識。1902 年，留日學生憤恨帝俄在中國東北的侵略行動，組成了「赴敵致死」的學生義勇軍，卻因日本政府應清朝駐日公使之請而被迫令解散。永井算己認為這是愛國的主戰論者的前驅。[95] 1903 年，章炳麟和蔡元培等在上海組織了愛國學社。「愛國」一詞是中國過去所未用過的，相信是在日本誕生的新詞。

消極的原因是甚麼？廣泛而言，是對列強侵略和壓迫的反應。如僅限於日本而言，則是日本侵略中國的政策，以及日本一般國民下意識地輕侮中國人的感情，都強烈地激發中國留日學生的愛國精神。

正如本書第二章第一節中所述，自最初的中國學生抵日以來，最令他們反感的是日本人對中國人輕蔑的稱呼 —— Chankoro〔豚尾奴〕。這種情形，日本人也一再指陳。日華學堂的教師寶閣善教的日記（明治三十一年 10 月 7 日）上

95 永井算己：〈拒俄義勇軍をめぐって〉，載《信州大學紀要》第 4 號，頁 59。

說：「晚飯後，與學生一同遊上野公園，在本鄉街頭散步。常聽見兒童『豚尾奴、豚尾奴』的喚個不停」；文部省專門學務局長上田萬年的〈論清國留學生〉中也指出：「在附近散步，亦往往聽見婦孺之輩『豚尾奴、豚尾奴』的叫罵聲。箇中感受，是可忍孰不可忍。」[96]

大正（1912-1926）以後，日本人因為蔑視中國而使用「支那」和「支那人」的稱呼，中國人聽起來也非常難受。當然這與該詞在語源上和歷史意義的詮釋無關，而是感情上的反應，以及直覺的憎厭心理所造成的。這種憎惡日本的情緒，從而激起了他們渴望中國的富強和獨立，民族意識和愛國心亦得以滋長。

在留日學生之間，第一件表現民族意識和愛國心的事，莫過於清國留學生會館的設立。這會館的幹事負責照顧和幫助從中國各地新到的留日同學。在此，鄉黨觀念也漸消失了。而這所會館的名字，在《遊學譯編》中，雖然有「清國留學生會館」、「支那留學生會館」和「中國留學生會館」等幾種名稱，但都視之為留日學生全國性的組織。全國性留日學生組織的產生，較之全國性的留學生監督，或留日學生總監督的派遣，還要早着先鞭。

全國性的留日學生組織雖然成立，但使其威力充分發揮的是反對《清國留學生取締規則》運動。這運動一起，各校的留日學生代表經常在會館集會，發表聲明，推動罷課示威，甚至號召同學集體歸國。為此，留日學生超越了省別的觀念，結成一個整體，強有力地以行動來對抗日本。如抵制日本船隻，改乘歐美輪船返國，即為一項表現民族團結的共同行動。

歸國學生之中，更有不少人發誓不再重蹈日本，要以自己的力量來創辦新式學校，為國人傳授新知，苦心孤詣，慘澹經營，終於在上海創辦了中國公學。這所學校是由十三省的歸國留日學生合力開設的。取名「中國」有對外和自主的意義；取名「公學」，表示這是各省學生公有的學校。這個校名正是打破鄉

96 《太陽》，1905 年 8 月 28 日。

黨觀念，務求中國統一的象徵。

起自東京的反對《清國留學生取締規則》的留日學生運動，又是日後中國國內的五四運動的前驅，也是其後一連串反對日本侵略政策的歸國運動的典範。

中國留日學生愛國心和民族意識的形成，也有另一些消極的原因。其中之一，自然是日本人對中國人的輕蔑。不過，尤其重要的，同時也是這些輕蔑思想的根源，就是日本一而再、再而三的侵略中國的政策和行動。

1915 年，日本有所謂「二十一條」的要求，留日學生堅決反對，為了抗議而歸國者很多。其次，1918 年，日本向中國政府提議共同出兵西伯利亞，留學生亦堅決反對，大舉歸國，並組織救國團。1931 年，「九一八事變」發生，留日學生大舉歸國，1937 年，「蘆溝橋事變」爆發，導致全體留日學生返國，而近代中國留學日本的歷史至此亦暫告終止。

日本的侵略政策，就是這樣接二連三地刺激留日學生，激起他們投身於一個又一個的愛國和救國的運動中。中國人的民族意識也一年比一年高漲，以至在 1937 年後八年間奮起對日抗戰。

中國人的愛國心，可說是直接和間接地由日本所促成的。可是，舉世之中，也只有日本，成為這種愛國心所要抵抗到底的目標。這不能不說是一段歷史的悲劇。

結論

中國派學生到日本留學，最主要的目的是要通過日本迅速地輸入西洋近代文化。為此，留日學生首先學會日語，然後通過日語去學西方文化。

他們在日本學到的東西，全都給翻譯出來。這些在日本翻譯和印刷的書刊，一方面促成中國書籍印刷和裝釘技術的改革，一方面把日本語的語彙帶進現代漢語中。中國人進而利用這些近代的印刷術和詞彙作為工具，吸收各方面的文化，並使之融合於中國的文化之中。

此外，由於留日學生在日本生活，受到直接間接的影響，使他們發展了在中國從來沒有深刻體會到的愛國心和民族意識，成為他們要建立今日強大中國的原動力。留日學生雖然遇到種種苦痛的經歷，也碰到不少值得憤慨的事情，不過，從結果來看，留學日本畢竟是大大成功的。

在日本，雖然也有人認為教育中國留日學生，是為了報答中國過去在文化上所給予日本的恩惠（詳見第四章），但大部分日本人卻認為這是為了中日友好。這個目的，達到了嗎？不，留日學生從日本人學到的近代知識，和從他們得到的輕蔑對待，混和了他們自己對日本人侵略中國的政策的憤恨，產生了強烈的愛國心和民族意識，終於使他們團結一致，抵抗日本。有些時候，他們決意集體回國，作為抗日運動的先驅；有些時候，他們成為日本政策的評述者，參加了全中國的統一和抗日的事業。作為留日學生第二故鄉的日本，竟然淪為難以饒恕的敵國！真是一個大悲劇。

中國的確從日本學到不少東西。但日本人能因此而感到自豪嗎？不，絕對不能。因為日本人大體上沒有真心誠意地教導中國學生。留日學生是一面忍受着日本人的歧視，一面發憤自學成功的。唯一值得為中國感到高興的是，日本這個中國的鄰邦，能稍先一步學到了近代文化。

即使我們說中國人的愛國心，孕育於留日生活之中，但我們決不能說這是來自日本人的誠意教導，毋寧說是因日本人歧視中國人和侵略中國所激成的。從 1896 年到 1937 年共 42 年之間，雖然日本接納了 50,000 名中國留日學生，並負起教育之責，但其後八年間對中國大規模的侵略戰爭，卻蹂躪廣大的中國要地，殺害數以千萬計的中國人。二者之中，我們有必要作理智的比量。又漢奸之中，很多是留學日本的人，當我們想到這裏，心情更不禁沉重、複雜起來。

由於中國留學生的到來，日本文化本身也進步起來。那就是由教授日語而帶動的日語研究的深化，以及日語文法的改進。

從大處看，日本對中國留日學生的教育是失敗的，那是國策的錯誤使然；但歸根究柢，還是文化脫離不了政治的緣故。

日本人希望以留日學生的教育事業作為促進中日友好的手段，這本來並非壞事。不過，所謂友好純為日本本身的利益，變成了以日本為中心的「友好」，故此雖然指望友好，友好畢竟不會出現。反之，中日友好也不能僅以中國為中心。這應該是在互相尊重、互相幫助和平等對待的基礎上發展的友好關係。我們固然敬愛自己的祖國，也要尊敬別人的國家。我們所希望的是互相教育和彼此學習。將來中日兩國，更應互派留學生。

附錄

（一）中國人留學日本史前史簡表

年份	中國曆	日本曆	與留學史有關係的重要文教事項	
			中國	日本
1516	（明）正德十一年	永正十三年	葡萄牙人初抵廣東。	
1543	正德二十二年	天文十二年		葡萄牙人抵種子島，傳入槍炮。
1549	嘉靖二十八年	天文十八年		耶穌會傳教士聖方濟各沙勿略在鹿兒島上岸，為日本傳入基督教之始。
1552	嘉靖三十一年	天文二十一年	聖方濟各沙勿略抵廣東上川島。	
1575	萬曆三年	天正三年	西班牙人到廣東。	
1580	萬曆八年	天正八年	耶穌會教士利瑪竇來華，為西人來華傳教之始。	
1582	萬曆十年	天正十年	葡萄牙人「租借」澳門。	
1584	萬曆十二年	天正十二年		西班牙人到日本。
1587	萬曆十五年	天正十五年		豐臣秀吉禁基督教。
1600	萬曆二十八年	慶長五年		荷蘭人漂流到日本。
1601	萬曆二十九年	慶長六年	利瑪竇獻《萬國輿圖》，著《乾坤體義》。	
1604	萬曆三十二年	慶長九年	荷蘭人抵廣東。	

年份	中國曆	日本曆	與留學史有關係的重要文教事項	
			中國	日本
1607	萬曆三十五年	慶長十二年	徐光啟譯《幾何原本》（利瑪竇著）。	
1613	萬曆四十一年	慶長十八年		英國與日本開始通商。
1626	天啟六年	寛永三年	金尼閣譯五經為拉丁文。	
1633	崇禎六年	寛永十年		日本禁止國人出國。
1635	崇禎八年	寛永十二年	英國人抵澳門。	
1674	（清）康熙十三年	延寶二年	南懷仁著《坤輿圖說》。	
1709	康熙四十八年	寶永六年		新井白石著《西洋紀聞》。
1713	康熙五十二年	正德三年		新井白石著《采覽異言》。
1720	康熙五十九年	享保五年		將軍吉宗解除部分洋書之禁。
1740	乾隆五年	元文五年		青木昆陽、野呂元文開始習荷蘭語。
1754	乾隆十九年	寶曆四年		山脇東洋等在京都解剖屍體。
1774	乾隆三十九年	安永三年		杉田玄白、前野良澤譯《解體新書》。
1783	乾隆四十八年	天明三年		工藤平助著《赤蝦夷風說考》。
1784	乾隆四十九年	天明四年	美國人抵廣東。	
1805	嘉慶十年	文化二年		俄使抵長崎，要求通商。

年份	中國曆	日本曆	與留學史有關係的重要文教事項	
			中國	日本
1807	嘉慶十二年	文化四年	馬禮遜到中國。	
1811	嘉慶十六年	文化八年		天文方設蕃書御用局，翻譯《厚生新編》。
1815	嘉慶二十年	文化十二年	《察世俗每月統記傳》在澳門創刊，是中國最早之漢文期刊。	杉田玄白著《蘭學事始》。
1817	嘉慶二十二年	文化十四年	華英學堂創校於澳門。	
1819	嘉慶二十四年	文政二年	梁亞發攜《勸世良言》至廣東。	塙保己一《群書類叢》完成。
1823	道光三年	文政六年		佐藤信淵著《宇內混同秘策》
1825	道光五年	文政八年		幕府頒《異國船打拂令》，加強海防。
1833	道光十三年	天保四年	《東西洋考每月統記傳》在廣州創刊。	
1841	道光二十一年	天保十二年		水戶弘道館開設。
1844	道光二十四年	弘化元年	英國女傳教士靄爾特脫（Miss Aldersey）女士創立女子學校於寧波，是為外人在華創立女校之始。	
1845	道光二十五年	弘化二年	美國聖公會創立學校於上海，即聖約翰書院前身，是為外人在華創立教會大學之始。	

年份	中國曆	日本曆	與留學史有關係的重要文教事項	
			中國	日本
1846	道光二十六年	弘化三年	容閎等赴美留學。	
1852	咸豐二年	嘉永五年		日本翻印漢譯洋書。
1853	咸豐三年	嘉永六年		美國軍艦到浦賀。 《澳門日報和解》發刊。 《海國圖志》始於日本翻刻。
1854	咸豐四年	安政元年		日美友好條約簽訂。 日俄友好條約簽訂。
1856	咸豐六年	安政二年		開設蕃書取調所。 吉田松陰設松下村塾。
1858	咸豐八年	安政五年	西洋人最早經營的漢文日報《中外新報》在香港創刊。	福澤諭吉設慶應義塾。
1860	咸豐十年	萬延元年	於俄羅斯館中附課八旗子弟外國語文，是為學習外文運動之始。	
1861	咸豐十一年	文久元年	設立總理各國事務衙門。	
1862	同治元年	文久二年	設同文館於北京。	派遣學生留學荷蘭。
1863	同治二年	文久三年	上海設廣方言館。	《橫濱新聞》創刊。 伊藤博文、井上馨脫藩留學美國。 薩英戰爭。

年份	中國曆	日本曆	與留學史有關係的重要文教事項	
			中國	日本
1864	同治三年	元治元年	廣東設廣方言館。 美國長老會創立文學堂於山東。 英國教會在北京、天津各設女子學校一所。	
1865	同治四年	慶應元年	江南製造局成立。	派遣留英學生。
1866	同治五年	慶應二年	福州船政學堂成立，是為技術專修學校之始。 英國浸信會創立廣德書院於青州。	
1867	同治六年	慶應三年	同文館增設天文、算學、理化等科。	柳川春三辦《西洋雜誌》。 美國教士 Heburn 完成《和英語林集成》，為英和辭典之始。
1868	同治七年	明治元年	《教會新報》創刊，為《萬國公報》之前身。 容閎初建議派遣留學生。	明治維新。
1869	同治八年	明治二年		初設電訊。
1870	同治九年	明治三年	容閎及陳蘭彬辦理留學事宜。	
1871	同治十年	明治四年	開辦留學預備學堂。 上海、香港間鋪設海底電線。	為締結通商條約，伊達宗城使清。

年份	中國曆	日本曆	與留學史有關係的重要文教事項	
			中國	日本
1872	同治十一年	明治五年	《申報》創刊。 中國第一次留美學生30人出發赴美。 《循環日報》在香港創刊。	東京、橫濱間鐵路通車。 採用陽曆。 頒布新學制。
1873	同治十二年	明治六年	第二批留美學生30人赴美。 《昭文日報》創刊。	帝國大學成立。 明六社成立。
1874	同治十三年	明治七年	第三批留美學生30人赴美。 容閎在上海創辦《滙報》。	興亞會誕生。 新島襄創辦同志社英校。
1875	光緒元年	明治八年	沈葆楨派遣福建船廠學生數人赴法習船政。 第四批留美學生30人赴美。	福澤諭吉著《文明論之概略》。
1876	光緒二年	明治九年	李鴻章派遣學生赴德習軍事，是為中國軍官留學之始；又選派福建船政學堂學生30人赴英、法習機械製造及駕駛。 上海、吳淞間鐵路通車。	

年份	中國曆	日本曆	與留學史有關係的重要文教事項	
			中國	日本
1877	光緒三年	明治十年	益智會創立。	田口卯吉著《日本開化小史》。 試用電話。 中國公使何如璋到日。
1878	光緒四年	明治十一年	張煥綸在上海創辦正蒙書院，是為華人自設小學之始。	
1879	光緒五年	明治十二年	黃遵憲著《日本雜事詩》。 天津創設電報學堂。 廣東創辦女校。	植木枝盛著《民權自由論》。
1880	光緒六年	明治十三年	李鴻章奏請創辦北洋水師學堂於天津。	《新約聖經》日本譯本完成。
1881	光緒七年	明治十四年	廣學會成立。 中國撤廢留學美國之制。	駐日公使黎庶昌履新。 西園寺公望主持之《東洋自由新聞》創刊。
1882	光緒八年	明治十五年	福建船廠留學生返國，從此至1896年間，中國停止派學生出國留學。	大隈重信創立東京專門學校，為早稻田大學前身。
1883	光緒九年	明治十六年	築地活版所在上海設代理所，名為修文館。	馬場辰豬著《天賦人權論》。 矢野龍溪著《經國美談》。

年份	中國曆	日本曆	與留學史有關係的重要文教事項	
			中國	日本
1884	光緒十年	明治十七年	日本於上海設東洋學館。	鹿鳴館舉行西洋舞會。 岩本善治《女學新誌》創刊。
1885	光緒十一年	明治十八年	李鴻章奏請創辦武備學堂於天津，是為陸軍軍官學校之始。	坪內逍遙著《小說神髓》。 東海散士著《佳人之奇遇》。
1886	光緒十二年	明治十九年	兩廣總督張之洞創辦陸師學堂於廣東。 周馥奏請設立博文書院於天津，課以中西學問。	
1887	光緒十三年	明治二十年	葡萄牙佔領澳門。 廣東創辦水師學堂。 李鴻章建議創辦北洋大學。	王韜著《普法戰紀》在日本翻印。 德富蘇峰《國民之友》創刊。
1888	光緒十四年	明治二十一年	美國美以美會創立匯文書院於北京。 康有為第一次上書。	三宅雪嶺等之「政教社」成立。
1889	光緒十五年	明治二十二年		大日本帝國憲法頒布。
1890	光緒十六年	明治二十三年	日清貿易研究所在上海創立。 南京水師學堂成立。	第一屆國會開幕。
1891	光緒十七年	明治二十四年		丁汝昌率艦隊訪日。

年份	中國曆	日本曆	與留學史有關係的重要文教事項	
			中國	日本
1892	光緒十八年	明治二十五年	湖北創辦礦業學堂及工程學堂，附設於湖北礦務局。 盧戇章創造「中國第一快切音標新字」，是為中國音標運動之始。	黑岩淚香《萬朝報》創刊。
1893	光緒十九年	明治二十六年	天津創辦軍醫學校，是為中國自設西醫學校之始。 湖北設自強學堂。 美國公理會創立潞河書院於通縣，又創立北京匯文書院，為燕京大學前身。	
1894	光緒二十年	明治二十七年	中日甲午之戰。 日人於上海經營《佛門日報》，是為日人在華經營漢文報紙之始。	日清之戰。
1895	光緒二十一年	明治二十八年	4 月 17 日，《馬關條約》簽訂。 強學會於北京成立。 康有為「公車上書」。 盛宣懷創辦北洋西中學堂，分為頭、二兩等，是為普通學校成立之始。	9 月，駐日公使裕庚履任。 孫文於橫濱成立興中會。 三國迫日本退還遼東與中國。 朝鮮學生 114 人入慶應義塾就讀。

（二）中國人留學日本史年表

（有△號者為陰曆）

年份	留學史關係事項	其他大事
1896 （光緒二十二年，明治二十九年）	△3月，中國派遣13名留學生赴日，由嘉納治五郎負責教育。 △5月，李端棻奏請立學堂並派留學生。	△1月，設官書局，由孫家鼐主持，選譯洋書及外國報紙。 △6月，《蘇報》創刊。 《時務報》創刊。 長沙時務學堂創立，梁啟超任教授。
1897 （光緒二十三年，明治三十年）	橫濱大同學校創校。	△1月，上海商務印書館創立。 10月26日，嚴復等於天津刊行《國聞報》。 11月14日，德國佔領膠州灣。 上海經世女學創校，此為中國人經營的第一所女校。 統一國語運動熱烈進行。
1898 （光緒二十四年，明治三十一年）	3月，日本駐華公使矢野文雄促請中國派遣留日學生。 △3月，張之洞著《勸學篇》，鼓吹留學日本。 4月，台灣協會成立（監管台灣留日學生為其任務之一）。 6月，成城學校（陸軍士官先修學校）設留學生部；日華學堂創校。 8月22日，上田萬年在《太陽》發表〈關於清國留學生〉一文。 9月，福州東文學堂創校。 △10月，梁啟超於橫濱創刊《清議報》。 杭州日文學堂創校（日本東本願寺經營）。 姚錫光著《東瀛學校舉概》。	2月21日，譚嗣同等於長沙組織南學會。 3月19日，康有為組織保國會。 3月，俄國租借旅順大連。 4月，法國佔廣州灣。 6月11日，德宗下詔變法維新。 6月23日，從宋伯魯建議，詔命廢八股。 △6月，張之洞《勸學篇》頒布全國。 7月1日，英租借威海衛。 7月3日，設京師大學堂。 9月2日，英德協議在華之勢力範圍；長江沿岸歸英，黃河沿岸歸德。 9月22日，戊戌政變。 10月9日，西太后恢復科舉，廢農工商總局，禁結社。 11月2日，東亞同文會創立。 12月，新任駐日公使李盛鐸赴日。

年份	留學史關係事項	其他大事
1899（光緒二十五年，明治三十二年）		3月29日，英俄協議在華鐵路敷設權之範圍。 3月，山東義和團運動興起。 7月20日，康有為於加拿大域多利市組保皇會。 9月6日，美國發表對華門戶開放政策。 11月，鄭士良等與哥老會首領會於香港，推孫文為首領，組成興漢會。 日本朝野推行「改正條約運動」。
1900（光緒二十六年，明治三十三年）	2月15日，長瀨鳳輔在廈門創辦東亞書院。 5月1日，東亞同文會在南京創辦同文書院。 7月4日，日本頒布文部省令第11號《文部省直轄學校外國委託生規程》。 7月，成城學校第一屆留學生畢業，共45名；唐寶鍔、戢翼翬著《東語正規》出版；横濱大同學校設女生部，河原操子任教。 △7月，梁啟超等於東京開辦高等大同學校。 12月，《譯書彙編》創刊。	3月，康有為離日赴美；孫文從歐洲到日本。 6月21日，清廷向八國列強宣戰（義和團事件）。 7月3日，李鴻章、張之洞、劉坤一與各國領事達成東南互保協定。 8月22日，自立軍起義計劃失敗，唐才常被捕殺。 10月8日，惠州起義。 11月，八國聯軍入北京。 12月，清廷與八國媾和。

年份	留學史關係事項	其他大事
1901（光緒二十七年，明治三十四年）	春，廣東留日學生在橫濱成立廣東獨立協會。 3 月 20 日，中島裁之於北京開設東文學社。 6 月，川島浪速受委託經營北京警務學堂。 9 月 16 日，清廷命各省選派學生出洋遊學，並定遊學獎勵及管制規程。 11 月，日本文部省頒布《直轄學校外國人特別入學規定》。 女子留學生首次留日，師事下田歌子。 台灣留學生二人赴日。 章宗祥著《日本遊學指南》出版。 留日學生在東京創辦《國民報》。	7 月 24 日，清廷改總理衙門為外務部。 9 月 7 日，《辛丑和約》訂立。 11 月，李鴻章卒。 蔡鈞出任駐日公使。 日本人於北京創刊《燕京時報》（即其後之《順天時報》）。 近衛篤麿訪問華北各地。

年份	留學史關係事項	其他大事
1902 （光緒二十八年，明治三十五年）	1 月 19 日，東京同文書院創校。 1 月，弘文學院創校。 2 月，鄒容留學日本（1903 年歸國）。 3 月，蔡鈞密奏請中止派遣留日學生。 4 月，魯迅留學日本（1909 年歸國）。 5 月至 9 月，吳汝綸赴日視察教育。 7 月，因成城學校入學問題，留日學生與駐日公使發生糾紛。 8 月 6 日，吳敬恒因成城學校入學事件被逐離日，憤而企圖自殺。 清廷決定派遣汪大燮為留日學生總監督。 嘉納治五郎來華視察教育。 清國留學生會館於東京神田區設立。 實踐女學校設中國女生部。 是年留日學生 450 名，官費生佔一半以上。	1 月，英日同盟簽署。 2 月 8 日，梁啟超於橫濱創刊《新民叢報》。 2 月，清廷許滿漢通婚，並下令禁女子纏足。 4 月，蔡元培、章炳麟等在上海組成中國教育會，傳播新學與革新思潮。 6 月，同仁會成立。 11 月 16 日，上海中國教育會設立愛國學社，據《蘇報》攻擊清廷。 中國最早之婦女雜誌《女報》創刊。 商務印書館設編譯所，長尾槙太郎為顧問。 宗人府奏請宗室子弟外遊。 頒布《欽定學堂章程》。

年份	留學史關係事項	其他大事
1903 （光緒二十九年，明治三十六年）	1 月 1 日，留日學生總監督汪大燮到任。 春，陳天華留學日本。 3 月 26 日至 4 月 15 日，弘文學院留學生罷課。 設振武學校，成城學校習軍事之學生轉入此校。 東洋婦人會（下田歌子等主持）附設中國派遣女教員養成所。 4 月，保定東文學堂學生開始穿着制服。 5 月，東京中國留學生組成拒俄學生軍。 10 月，成城學校開辦文科班。 清廷禁止私費生學陸軍。 中國人再度留學西洋各國（包括英、德、俄、比等國）。 東斌學堂創校。 弘文學院增設大塚校舍。 是年湖北留學生近百名（據《湖北學生界》）；江蘇留學生近百名（據《江蘇》）。	4 月，俄國向清廷提出撤兵條件共七項。 10 月，駐日公使楊樞履新。 12 月，黃興、張繼、宋教仁、陳天華等於長沙組織華興會。 是年發生「蘇報案」，章炳麟、鄒容入獄，愛國學社及《蘇報》均遭封禁。

年份	留學史關係事項	其他大事
1904 （光緒三十年，明治二十七年）	△1月，據駐日公使楊樞〈奏陳兼管學務情形摺〉，時留日學生總數約1,300餘人；其中文科生佔1,100餘人，武科生200餘人。 9月，經緯學堂創校。 朝鮮貴族子弟50人留學日本（1895年5月已有114人入東京慶應義塾）。 11月，實踐女學校開設清國留學生部。 弘文學院增設麴町分校、真島分校、猿樂町分校及巢鴨分校。 法政大學設速成科。 中國派遣練兵處學生百名入振武學校。 袁世凱奏請對留日歸國學生再加考試。 朱執信官費留日（1906年歸國）。	1月13日，頒布《奏定學堂章程》。 2月8日，日本對俄國宣戰。 2月12日，清廷宣稱於日俄戰爭中保守中立。 7月3日，宋教仁、劉靜菴等在武昌結成科學補習社，鼓吹革命。 10月23日至26日，華興會長沙起義，事敗，黃興等亡命日本。 12月22日，清廷向美國提出要求收回粵漢鐵路（此為收回利權運動之始）。 冬，蔡元培等在上海成立光復會。

年份	留學史關係事項	其他大事
1905 （光緒三十一年，明治三十八年）	1月1日，寺田勇吉於《中央公論》發表〈清國留學生問題〉一文。 6月，宋教仁等創辦《二十世紀之支那》。 8月，秋瑾留學日本（1906年歸國）。 9月11日，早稻田大學開設清國留學生部。 △9月，服部宇之吉等於北京開設豫教女學堂；日本文部省頒布《清國留學生取締規程》。 10月，越南維新會派三名學生留學日本。 11月26日，《民報》創刊。 11月底，留學生反對取締規則，聯合罷課。 12月8日，陳天華投海自殺。 12月14日，留日學生集體歸國運動開始。 弘文學院分校關閉。 中華基督教會派 Dr. Lyon 及張佩之赴日，調查學生實情，並準備開設華人青年會。 奉天省定每年派15名女學生入實踐女學校。 《日本留學指掌》出版。	1月4日，日軍佔領旅順、大連。 3月8日，日軍佔奉天（瀋陽）。 8月，中國同盟會於東京成立，加盟者有留日學生百餘名。 △8月，清廷廢科舉考試。 9月5日，日俄議和。 △10月，清廷弛剃髮令。 11月，《日韓保護條約》簽訂，韓國正式成為日本之保護國。

年份	留學史關係事項	其他大事
1906 （光緒三十二年，明治三十九年）	1 月，留學生大部分復課。 2 月 23 日，出使日本大臣楊樞奏請嚴定選派學生出洋留學章程。 2 月，清廷頒布《選送留日學生限制辦法》，規定中學畢業以上程度始得留學。 春，華人青年會於神田成立（中華留日基督教青年會前身）。 留日學生在東京創刊《中國新女界雜誌》。 7 月，當時在中國之日本教師多達五六百人。 8 月 7 日，學部電各省停派留日速成科學生，並謂當時留學生人數達一萬二三千人。 △ 8 月，留學生考試，留日學生成績不佳。 10 月，弘文學院畢業生 1,959 名，在學者 1,615 名。 11 月，《太陽》為留學生設「清國時文欄」。 12 月 2 日，清廷頒布《管理遊學日本學生章程》40 條。 留日學生監督處發行月刊《官報》。 因反對《留日學生取締規則》而歸國之留日學生於上海開辦中國公學。	△ 3 月，學部以忠君、尊孔、尚公、尚武、尚實五項為教育之旨趣。 △ 6 月，清廷派提學使一行往日視察教育，留日達數月之久。 △ 7 月，清廷頒布「預備立憲」之上諭。 11 月，南滿洲鐵道株式會社成立。 12 月 4 日，江西萍鄉、湖南醴陵起義。 12 月 7 日，湖南瀏陽起義。 12 月 13 日，萍、醴、瀏起義，事敗。 12 月 16 日，上海紳商設立預備立憲公會，促進立憲運動。 日本人於奉天創刊《盛京時報》 日本頒布新聞條例，進一步管制新聞自由。

年份	留學史關係事項	其他大事
1907 （光緒三十三年，明治四十年）	留日學生之中，習速成科者佔60%，習普通科者佔30%，中途退學者5%至6%，進入高等學校及大學者1%（據〈學部奏定日本官立高等學校收容中國學生名額摺〉）。 依中國學部要求，日本文部省特約一高、東京高師、東京高工、山口高商、千葉醫專五校每年錄取中國學生165人入學（此為《五校特約協定》）。 中華留日基督教青年會成立早稻田分會，並設寄宿舍。 留日女學生會成立，會員70餘人。 日本人經營之上海留學高等預備學校擴張校舍。 蔣介石留學日本，入陸軍士官學校。 王克敏新任留學生總監督。 中國女子首次留學西洋。 出洋考察五大臣端方赴美，與美國三所大學（Yale, Cornell, Wellesley）協議免費教育定額中國留學生。	3月8日，清廷頒布女子師範學堂及女子小學堂章程。 5月22日，同盟會策動廣東黃崗起義，事敗。 6月2日，同盟會策動惠州七女湖起義，事敗。 6月，《日法協約》簽訂。 7月6日，徐錫麟刺殺安徽巡撫恩銘後被殺。 7月15日，秋瑾於浙江大通學堂謀舉事，未成，被害。 9月1日，同盟會策動廣東欽州、廉州起義，事敗。 9月20日，清廷設立資政院。 10月，李家駒新任駐日公使。 11月30日，同盟會策動鎮南關起義，事敗。

年份	留學史關係事項	其他大事
1908 （光緒三十四年，明治四十一年）	4 月，實踐女學校為中國女子留學生設立松柏寮（宿舍）。	2 月，漢冶萍廠礦公司成立。 3 月，二辰丸事件，華南一帶排斥日貨。 4 月 29 日，同盟會策動雲南河口起義，事敗。 5 月 25 日，美國退還部分庚子賠款予中國，用作教育經費。 8 月，胡惟德新任駐日公使。 8 月 27 日，清廷頒憲法施行程序。 9 月 2 日，清廷發表憲法大綱、議院選舉綱要。 10 月 4 日，各省諮議局開會。 11 月 14 日，光緒帝崩。 12 月 12 日，宣統帝溥儀立。
1909 （宣統元年，明治四十二年）	8 月 6 日，安奉鐵路問題起，北京、天津、東三省各地發動排斥日貨，大批留日學生返國。 至 11 月末止，在中國之日本教師共 311 名（據中島豐次郎《日清間之教育關係》）。 據《學制五十年史》，今年留日學生不下 5,000 人。 弘文學院停辦（入學者總計 7,192 人，其中畢業者 3,810 人）。 遊美學務處於北京郊外之清華園成立，首次送學生 47 名赴美留學。	9 月，伊藤博文於朝鮮被殺。 12 月，上海組成國會請願同志會，要求速開國會。

年份	留學史關係事項	其他大事
1910 （宣統二年，明治四十三年）	經緯學堂停辦（3 月底止入學者 2,862 人，畢業者 1,384 人）。 9 月，早稻田大學之清國學生部停辦。 中華基督教青年會（YMCA）在東京神田區北神保町設置總部。 台灣總督府為台灣留日學生在東京設高砂寮。 中國留學生入特約五校就讀。 中國禁止留學生與外國人通婚。	2 月 12 日，同盟會策動廣東新軍起義，事敗。 4 月 2 日，汪兆銘行刺攝政王未遂。 4 月 13 日，長沙發生搶米抗捐暴動，其後波及浙江、安徽、河南、江蘇、江西、湖北、奉天等地。 5 月，幸德秋水等社會主義者之「大逆事件」發生，秋水被害。 6 月 12 日，山東省萊陽縣發生抗捐運動。 8 月，汪大燮新任駐日公使。日本吞併朝鮮。 10 月 22 日，資政院決議即開國會。
1911 （宣統三年，明治四十四年）	△ 6 月，學部奏請於北京設立遊學日本高等五校預科，但因革命爆發，未付實行。 日本實業家（三井物產會社山本條太郎等）組織留學生同情會，貸款予留學生作歸國旅費。 設立肄業館，為清華大學前身。	4 月 27 日，黃花岡之役（七十二烈士中，有七人為留日爭生）。 5 月 9 日，清廷公布鐵路收歸國有。 6 月 4 日，各省諮議局聯合會以孫洪伊等為首，於北京組織憲友會，要求實行君主立憲制。 7 月，日本《第二次改正條約》生效。 7 月 31 日，中國中部同盟會於上海成立。 8 月 24 日，成都發生保路風潮。 10 月 10 日，武昌起義發生，各省紛紛宣告獨立（辛亥革命）。 12 月 29 日，孫文被選為中華民國臨時大總統。

年份	留學史關係事項	其他大事
1912 （民國元年，大正元年）	3 月，由於中國政局關係，留學生大舉歸國。成城學校停辦。 10 月，成城學校留學生部重開。 「東京朝鮮人留學生學友會」成立（最初會員 97 人）。 今年留日學生數月達 1,400 人（據《學制五十年史》）。 蔡元培、吳稚暉等組織留法儉學會。	1 月 1 日，孫中山於南京就任臨時大總統。 2 月 12 日，清帝遜位。 3 月 10 日，袁世凱就任臨時大總統。 3 月 11 日，孫中山公布《中華民國臨時約法》。 8 月，同盟會改組為國民黨。 中華書局創立。
1913 （民國二年，大正二年）	是年，中國留學生居東京者有 2,000 人以上（據 4 月《讜報》）。 中國政府教育部廢除留學生監督，由各省派出經理員。	3 月，宋教仁被暗殺。 4 月 27 日，袁世凱無視國會反對，向五國借款。 7 月 12 日至 9 月 1 日，二次革命，國民黨主要人物亡命日本及美國。 10 月，袁世凱就任大總統；台灣羅福星等武裝抗日。 11 月 4 日，袁世凱下令解散國民黨。 中國決定採用注音字母，但未正式公布。
1914 （民國三年，大正三年）	1 月，松本龜次郎創立東亞高等預備學校；郭沫若留學日本（1923 年歸國）。 2 月，政治學校創校。 振武學校停辦。 中國教育部公布《管理留學日本自費生規程》（自費生必須中學畢業以上，且為中學以上學校之教員）。 不肖生起草《留東外史》。 是年留日學生至少有五六千人（據松本龜次郎之說）。	3 月，陸宗輿新任駐日公使。 7 月 8 日，孫中山於東京組成中華革命黨。 7 月 28 日，第一次世界大戰爆發。 8 月，日本對德宣戰。

年份	留學史關係事項	其他大事
1915 （民國四年，大正四年）	留日學生反對「二十一條」，大舉歸國，在上海組成國民對日同志會。 6月，中國留法勤工儉學會成立。	1月，日本向中國提出「二十一條」要求，中日為此交涉。 3月，上海、漢口、廣東等地展開排斥日貨運動。 5月9日，袁世凱接受「二十一條」。 7月，台灣台南余清芳等武裝抗日。 9月，《新青年》創刊。 12月11日，袁世凱宣布實行帝制。 12月25日，蔡鍔等起兵於雲南，討伐袁世凱（護國之役）。
1916 （民國五年，大正五年）	留日學生的學術性團體丙辰學社在東京創立（此為中華學藝社前身）。 6月，印度詩人泰戈爾在東京大學演講「日本對印度之使命」。 9月，「東京朝鮮苦學生同友會」成立。	3月22日，袁世凱宣布取消帝制。 6月6日，袁世凱死。 6月7日，黎元洪就任代大總統。 6月29日，黎元洪宣布恢復《臨時約法》，重開國會。 8月，章宗祥新任駐日公使。
1917 （民國六年，大正六年）	中國教育部頒布《留日學生監督處簡章》。 10月，中國留日學生不滿日本駐美特使石井之演說，要求中國駐日公使提出抗議。 周恩來留日（入法政大學附屬預備學校，與大杉榮接觸，1919年3月歸國）。 華法教育會成立，往法國留學者漸多。	1月，胡適、陳獨秀等發起文學革命運動。 7月1日至12日，宣統帝復辟。 8月1日，馮國璋就任大總統。 9月10日，孫中山自任大元帥，於廣東成立軍政府（護法運動）。 《石井—藍辛協定》。 11月，俄國革命。

年份	留學史關係事項	其他大事
1918 （民國七年，大正七年）	3 月 20，日本第 40 屆帝國議會中提出《關於支那人教育之施設建議》案。 3 月 23 日，日本第 40 屆帝國議會中提出《關於日支文化之施設建議》案。 4 月，日華學會創立。 5 月，江庸新任留學生監督。 留學生反對中日共同出兵西伯利亞，大舉歸國，並組織救國團。 5 月 6 日，救國團幹部被捕。 10 月，日華學會經營的宿舍第一中華學舍落成。 彭湃留學日本（入早稻田大學，與建設者同盟接觸，1921 年 7 月歸國）。	3 月 19 日，日本向中國提出共同出兵西伯利亞。5 月 21 日，北京國立各校學生 2,000 餘人前往總統府請願，要求廢止《中日軍事協定》，並公布其條文。 8 月，日本各地發生「米騷動」。 11 月 11 日，第一次世界大戰結束，簽訂和約。 11 月 23 日，中國公布注音字母。
1919 （民國八年，大正八年）	2 月，望月軍四郎為成城學校留學生教育捐出 50 萬日元。 5 月 7 日，留學生在東京舉行國恥紀念示威遊行，與日本警察發生衝突。 日本物價騰貴，中國留學生減少。 德國馬克幣值暴跌，中國學生留德者漸多。	1 月 18 日，巴黎和會召開，中國代表要求山東權益歸還中國。 3 月 1 日，朝鮮三一運動。 5 月 2 日，《新青年》第 6 卷第 5 期刊馬克思主義研究專號。 5 月 4 日，五四運動。 6 月 28 日，北京政府拒簽和約。 10 月 10 日，中華革命黨改組為中國國民黨。

年份	留學史關係事項	其他大事
1920 （民國九年，大正九年）	1 月，台灣留學生在東京成立反抗日本統治之「新民會」。 7 月 19 日，日本第 43 屆帝國議會中提出《關於支那共和國留學生質問主意書》。 10 月，日華學會之第二中華學舍落成；政法學校停辦。 11 月，周恩來等留學法國。 12 月，中國留法清貧學生及留德學生各千餘人，由於法國社會經濟影響，困難頗多。	1 月，國際聯盟成立；中國教育部下令小學教科書改用語體文。 2 月 2 日，中國教育部公布新式標點符號。 2 月，北京大學准許女子入學。 7 月 14 日，直皖兩系軍閥大戰，皖系敗，段祺瑞辭職。 8 月，陳獨秀在上海組織中國社會主義青年團。 10 月，毛澤東在湖南組織社會主義青年團。
1921 （民國十年，大正十年）	1 月，新民會向日本國會請願，擬於台灣設立民選議會。 2 月 9 日，日本第 44 屆帝國議會中提出《關於支那共和國留學生質問主意書》。 3 月 24 日，日本第 44 屆議會中提出《關於支那共和國留學生教育建議書》。 5 月，日本政府給予日華學會 15 萬日元補助。 7 月，郭沫若等在日本成立「創造社」。	1 月 10 日，中國文學研究會成立。 5 月 5 日，孫中山就任非常大總統。 7 月 1 日，中國共產黨誕生。 10 月，台灣文化協會創立（總理為林獻堂）。 孫中山派遣陳季博至東京建立國民黨東京支部。 法國送還中國的工讀留學生。

年份	留學史關係事項	其他大事
1922 （民國十一年，大正十一年）	3 月 6 日，日本第 45 屆帝國議會中提出《關於退還義和團事件賠款建議》案。 3 月 9 日，日本第 45 屆議會中提出《關於對支文化事業施設建議》案。 3 月 14 日，日本第 45 屆議會中提出《關於支那共和國留學生教育請願》。 4 月，中華留日基督教青年會會館受大地震破壞。 廢止五校特約。 張振漢新任留學生監督。 是年留學生總數為 2,246 名（據文部省調查）。	2 月，《華盛頓海軍條約》簽訂。 2 月 27 日，孫中山於桂林宣布北伐。 4 月，北伐開始。 4 月 26 日至 6 月 14 日，第一次直奉戰爭。 5 月 12 日，張作霖宣告東三省獨立。 6 月 16 日，陳炯明叛變，北伐失敗。 11 月，中國頒定新學制。 英國向中國提出，將庚子賠款之餘額撥充中英兩國互惠事業之用。 創造社在中國發起文藝運動。

年份	留學史關係事項	其他大事
1923 （民國十二年，大正十二年）	3 月 15 日，日本政府於第 46 屆帝國議會中提出《對支文化事業特別會計法案》。 3 月 20 日，《對支文化事業特別會計法案》通過。 中國教育部為推行日本所建議的「對支文化事業」計劃，派遣朱念祖赴日交涉。 4 月，台灣留日學生創刊《台灣民報》。 6 月，中華留日基督教青年會修復工程完成；由日華學會及中華青年會主辦房州館山留學生消夏團，成為以後每年例行活動。 7 月，《有關中華民國留學生排日問題宣言》發表。 9 月，關東大地震，留學生鍾明厚等 25 人罹難。 日華學會盡力協助留學生避難及歸國。 東京同文書院、橫濱志成學校因地震停辦。 10 月 10 日，東亞高等預備學校被燒燬，另築臨時營幕，繼續授課。 是年留日學生達千人（據中華青年會報告）。	1 月，孫中山與越飛發表共同宣言，蘇聯宣稱支援中國革命。 2 月，孫中山於廣州就任大元帥。 3 月，中國要求廢止「二十一條」，日本拒絕，收回旅順事件起。 5 月至 8 月，因收回旅順事件，中國各地發生排斥日貨運動。 6 月，中共於廣州召開三全大會，決定國共合作，組織聯合陣線。 11 月，孫中山決定聯俄容共。

年份	留學史關係事項	其他大事
1924 （民國十三年，大正十三年）	3月，中國教育部公布《日本對華文化事業補助留日學生費分配辦法》。 4月，日本外務省對支文化事務局設立特選留學生制度。 7月至8月，東京高等預備學校及日華學會的臨時建築完成。 10月，中華青年會的臨時建築完成。 12月20日，日本外務省的對支文化事務局改組，於亞洲事務局內設「文化事務部」。 12月，文化事務部資助北京國立八校的教師50人到日本視察。 美國公布移民法，限制亞洲學生入境。當時留美學生總數為1,637名。	1月，中國國民黨第一次全國代表大會決定容共政策。汪榮寶新任駐日公使。 2月，南方革命政府派遣蔣介石赴莫斯科。 6月16日，黃埔軍校創校。 6月，泰戈爾赴日，對日提出警告。 9月18日，第二次北伐開始。 9月18日至10月23日，第二次直奉戰爭，吳佩孚大敗。 11月12日，孫中山經日本出席北京的善後會議，發表要求召開國民大會及廢除不平等條約之宣言，對日本亦加以批評。 11月24日，段祺瑞被推為臨時執政。
1925 （民國十四年，大正十四年）	4月22日，東亞高等預備學校移交日華學會經營。 5月，中國全國教育聯合會庚款事宜委員會反對日本的「對支文化事業」的建議計劃。 8月，中華教育改進社決議拒絕接受日本及英國的「文化侵略」政策。 10月，受日本操縱的東方文化事業總委員會於北京開會。	3月12日，孫中山逝世。 5月30日，五卅慘案發生。 11月1日，蘇聯於莫斯科設莫斯科中山大學。

年份	留學史關係事項	其他大事
1926 （民國十五年，昭和元年）	2 月，日本第 51 屆帝國議會中通過《對支文化事業特別會計法》的《改正法律案》，將每年支出 250 萬日元以內改為 300 萬日元以內。 2 月，朝鮮留學生組織「新興科學研究會」，熱心介紹社會主義思想。	1 月 4 日，國民黨於廣東召開第二次全國代表大會，汪兆銘、蔣介石掌權，西山會議派失勢。 3 月 20 日，中山艦事件。 5 月 15 日，蔣介石提出《整理黨務案》，限制共產黨員的活動。 6 月，朝鮮六十運動。 7 月，國民革命軍開始北伐，蔣介石任總司令。
1927 （民國十六年，昭和二年）	3 月，朝鮮留日學生組織「高麗共產青年會日本部」。 4 月，中國留日學生左（共產黨系）右（國民黨系）兩派衝突。 7 月，日華學會出版《留日中華學生名簿》第一版發行。 《日華學報》創刊。 8 月，傾向共產主義的「中華留日社會科學研究會」誕生。 9 月，舒新城著《近代中國留學史》出版。 10 月，徐鴻澤新任留學生監督。 12 月起，松本龜次郎在《日華學報》上連載《中華留學生教育小史》。 是年留日學生 1,924 名（據日華學會《留日中華學生名簿》，以下數字均據此出）。	2 月，國民革命軍佔領上海。 4 月 18 日，南京政府成立，發表清黨宣言。 7 月，田中內閣發表聲明，保衛在華權益。 7 月 13 日，第一次國共合作告終。 8 月 1 日，中共發動南昌起義。 8 月，留學莫斯科中山大學的中國學生陸續歸國。 9 月 6 日，武漢政府、南京政府復合；蔣介石下野。 10 月，毛澤東於井岡山建立革命根據地。 日本文化事業部在北京設立人文科學研究所。

年份	留學史關係事項	其他大事
1928 （民國十七年，昭和三年）	4月，中國東北各省留日學生於牛込區設立中華同澤俱樂部。 5月，因濟南事件，留日學生大舉歸國；中國留日學生組織「中華各界反日大同盟」，批評日本文化事業部。 9月，中國留學生組成留日中國共產黨籌備會。 姜琦新任留學生監督。 留學生監督處發行《留日學生統計一瞥》。 是年留日學生 2,480 名。	2月2日，國民黨第二次四中全會，蔣介石任革命軍總司令，總攬軍政大權，主持北伐。 4月，紅軍與在井岡山的毛澤東部隊會合，建立紅軍第四軍。 5月3日，日本出兵濟南（濟南事件）。 6月，日本軍人暗殺張作霖。 7月7日，國民政府宣布修改不平等條約。 7月25日，美國承認中國的關稅自主權。 7月，北伐完成。 8月，中國教育部提倡語體文教育。 9月26日，中國教育部公布國語羅馬字。 10月8日，蔣介石任國民政府主席。 11月，美國正式承認南京政府。 12月，英國、法國先後承認中國關稅自主權，並承認南京政府。 12月29日，張學良將復歸中央，全國統一。

年份	留學史關係事項	其他大事
1929 （民國十八年，昭和四年）	2月，成城學校留學生部宿舍落成；華僑學校於東京創立。 5月，東亞高等預備學校校本部落成。 7月，中國留學生組織的「中華留日反帝同盟」發刊《反帝戰線》。 9月，中國、朝鮮留日學生與日本學生舉行「關東大震災紀念示威」，與警察發生衝突（此為三國共產主義青年聯合行動）。 11月9日，中國教育部公布《限制留日學生考驗日語辦法》，規定至少應習日語半年，經監督處考驗合格，始可留學。 是年留日學生共2,485名。 至是年底止，以庚子賠款赴美留學者有1,900餘人。	1月19日，梁啟超去世。 10月，世界經濟大恐慌開始。 11月，朝鮮光州學生運動。 12月28日，國民政府單方面宣布收回領事裁判權。
1930 （民國十九年，昭和五年）	6月，日華俱樂部主辦學生懇談會，其後時有會議。 7月5日，中國教育部通令今後不得接受日本文化事業部之補助。 7月，成城學校留學生部新建校舍落成。 王克仁新任留學生監督。 是年留日學生共3,049名。	3月3日，中國左翼作家聯盟成立。 3月，北京《順天時報》停刊。 4月，《倫敦海軍條約》簽訂。 6月，中國要求日本退還全部庚子賠款，日本拒絕；中國教育部訓令小學校教科書中完全廢止文言文。 10月，台灣霧社事件；日本開始稱呼中國為「中華民國」（不稱「支那」）。 由日本文化事業部資助，是年由中國至日本視察的團體共20個。

年份	留學史關係事項	其他大事
1931 （民國二十年，昭和六年）	2月，東京朝鮮留學生學友會被迫解散。 4月，日本文化事業部於上海設自然科學研究所。 9月26日，「九一八事變」後，東京中國十七省留日學生代表集會於中華青年會，決議全體歸國，並向公使館要求支付旅費。在此前後，留學生歸國者甚多。 10月8日，留日學生監督發給部分歸國學生船票。 至5月止，留日學生共2,972名。	4月至5月，日華繪畫展覽會。 7月2日，萬寶山慘案。 9月18日，「九一八事變」。 9月23日，上海各校組織抗日救國聯合會。 10月，蔣作賓新任駐日公使。 11月5日，南京政府禁止抗日活動。 11月27日，中共成立蘇維埃政府於瑞金，毛澤東任主席。
1932 （民國二十一年，昭和七年）	2月，留日學生監督處發給660名學生歸國旅費；同澤俱樂部關閉。 9月，成城學校留學生部開始上課。 至6月止，留日學生共1,421名（偽滿洲國留學生佔311名）。	1月28日，「一・二八事變」。 1月，中日外匯市場開始對中國有利。 3月1日，偽滿洲國成立。 5月，日本五一五事件。
1933 （民國二十二年，昭和八年）	黃霖生新任留學生監督。 至5月止，留日學生共1,357名（偽滿洲國留學生佔311名）。 秋季始，留學生來日漸多。 12月，東亞高等預備學校留學生達1,059名。	3月27日，日本退出國際聯盟。 5月31日，中日簽訂「停戰協定」

年份	留學史關係事項	其他大事
1934（民國二十三年，昭和九年）	1 月，善鄰協會（包括蒙古留學生部）在東京成立。 5 月，周憲文新任留學生監督。 6 月，駐日監督處在上野美術館主辦中華民國留學生美術展覽會。 8 月 1 日，日本《新青年》雜誌（第 15 卷第 9 號）刊〈中華民國留學生座談會〉一文。 至 6 月止，留日學生共 2,198 名（偽滿洲國留學生佔 749 名）。 9 月、10 月，來日者增至七八百名，至 11 月為 3,000 名。	4 月 10 日，中共發表《告全國民眾書》，提出成立統一戰線，抗日救國。 國民黨推行新生活運動。 8 月 27 日，中國恢復祭孔。 10 月 15 日，中共紅軍脫出瑞金重圍，開始長征。 中國開始拉丁化新文字運動。
1935（民國二十四年，昭和十年）	4 月 19 日，東亞高等預備學校改稱東亞學校。 4 月，中華同學新劇社於一橋講堂上演曹禺的《雷雨》，此後留學生競演新劇；偽「滿洲國留日學生會館」設立。 8 月，陳次溥新任留學生監督。 12 月 8 日，中華留日基督教青年會會館失火燒燬。 至 6 月止，留日學生共 3,781 名（偽滿洲國留學生佔 1,133 名）。 秋季新來者約 2,000 人，10 月末 6,500 人，11 月 8,000 人。 12 月，日本外務省創立「國際學友會」（會長為近衛文麿），以協助來自東南亞的留日學生。	1 月，中國十教授發表《中國本位文化建設宣言》。 1 月 13 日，中共召開遵義會議，確立毛澤東的領導權。 5 月，中日兩國公使升格為大使。 6 月 10 日，國民政府禁止抗日運動。 8 月 1 日，中共號召組織抗日救國統一戰線（《八一宣言》）。 8 月，國民政府公布 324 個簡體字；日本策動「華北特殊化活動」。 12 月 29 日，北平學生反對「華北特殊化」，舉行大示威（一二・九運動）。 許世英新任駐日大使。

年份	留學史關係事項	其他大事
1936 （民國二十五年，昭和十一年）	2 月，日本東洋婦人會協助中國女子留學生組織共樂會。 6 月，偽「滿洲國留學生會」舉行成立大會。 11 月，「中國留日學生聯合會」成立。 至 6 月止，留日學生共 5,662 名（偽滿洲國留學生佔 1,805 名）。	2 月，日本二二六事件。 5 月 5 日，紅軍撤出山西，通電國民黨政府，要求停戰，一致抗日。 5 月 31 日，上海成立全國各界救國聯合會。 6 月 1 日，全國各界救國聯合會發表抗日救國綱領，向國民政府要求聯共抗日。 8 月 25 日，中共中央向國民黨提出國共合作抗日（八月書簡）；「文藝家協會」與「文藝工作者」提倡國防文學。 10 月 19 日，魯迅逝世。 11 月，綏遠事件；德日締結防共協定。 12 月 12 日，西安事變。
1937 （民國二十六年，昭和十二年）	1 月 12 日，《留東新聞》的編輯被日警檢控（該刊至第 57 號停刊）。 2 月 14 日，中華民國留日同學會的成立會中，反對派擾亂會場，決定通信選舉職員。 7 月，留日學生陸續歸國。 至 6 月 1 日止，留日學生共 5,934 名（偽滿洲國留學生佔 1,939 名）。	1 月，於築地小劇場開「魯迅先生紀念美術展覽會」。 2 月 10 日，中共中央向國民黨提議國共合作。 2 月 15 日，國民黨三中全會同意國共合作。 6 月，朝鮮金日成於普天堡起義。 7 月 7 日，「蘆溝橋事變」。 7 月 8 日，中共呼籲對日全面抗戰。 7 月 17 日，蔣介石、周恩來廬山會議。 8 月 15 日，蔣介石下對日抗戰總動員令。 10 月，印度加爾各答排斥日貨。 12 月，日軍南京大屠殺。

以上兩表主要是根據實藤惠秀氏所編的〈中國人日本留學史年表〉(《中國人日本留學史》附表）製成。在編製的過程中，譯者還參考了郭廷以《近代中國史事日誌》(台北：正中書局，1963)、劉紹唐《民國大事日誌》第一冊（台北：傳記文學出版社，1973)、周予同《中國現代教育史》(上海：良友圖書公司，1934）中〈輔篇——中國現代教育史年表〉、《近代日本綜合年表》(東京：岩波書店，1968)、田中宏編《アジア留日學生年史》(收入《アジアレビュー》第 42 期）等資料，予以補充和訂正。

（三）有關中國留日學生的五個統計表

表 1　留日學生數

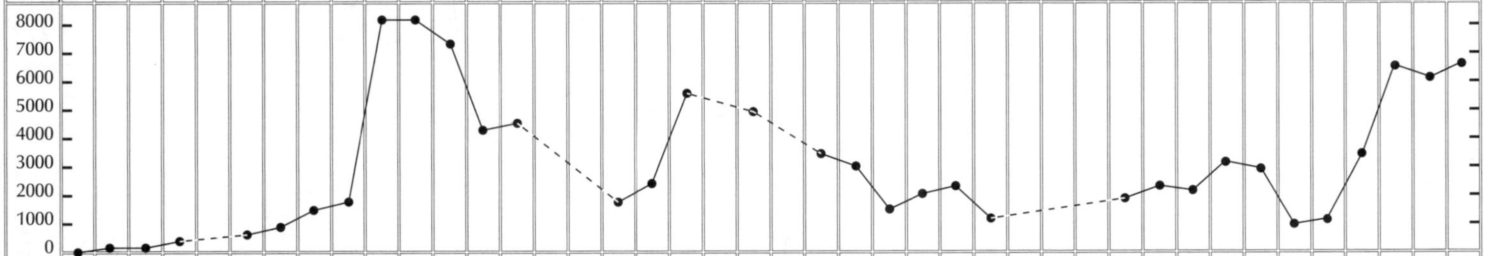

年度	數量（人）
一八九六	一三
一八九七	九
一八九八	一八
一八九九	一〇七
一九〇〇	
一九〇一	二八〇
一九〇二	（五〇〇）
一九〇三	（一〇〇〇）
一九〇四	（一三〇〇）
一九〇五	（八〇〇〇）
一九〇六	（八〇〇〇）
一九〇七	（七〇〇〇）
一九〇八	（四〇〇〇）
一九〇九	（四〇〇〇）
一九一〇	
一九一一	
一九一二	（一四〇〇）
一九一三	（二〇〇〇）
一九一四	（五〇〇〇）
一九一五	
一九一六	（四〇〇〇）
一九一七	
一九一八	（三〇〇〇）
一九一九	（二五〇〇）
一九二〇	（一五〇〇）
一九二一	（二〇〇〇）
一九二二	二二四六
一九二三	（一〇〇〇）
一九二四	
一九二五	
一九二六	
一九二七	一九二四
一九二八	二四八〇
一九二九	二四八五
一九三〇	三〇四九
一九三一	二九七二
一九三二	一一二二
一九三三	一三五七
一九三四	三〇〇〇
一九三五	（六五〇〇）
一九三六	五六六二
一九三七	五九三四

表 2　留日學生畢業人數

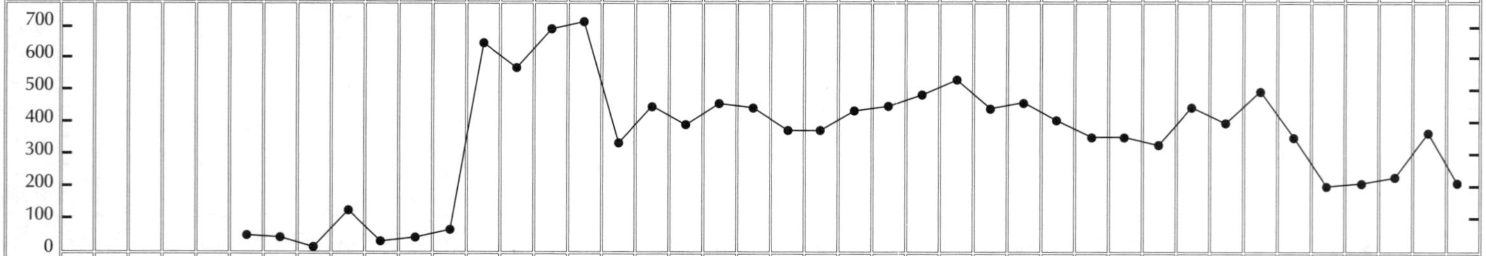

年度	數量
一八九六	
一八九七	
一八九八	
一八九九	
一九〇〇	
一九〇一	四〇
一九〇二	三〇
一九〇三	六
一九〇四	一〇九
一九〇五	一五
一九〇六	四二
一九〇七	五七
一九〇八	六二三
一九〇九	五三六
一九一〇	六八二
一九一一	六九一
一九一二	二六〇
一九一三	四一六
一九一四	三六六
一九一五	四二〇
一九一六	四〇〇
一九一七	三一一
一九一八	三一四
一九一九	四〇五
一九二〇	四一五
一九二一	四六五
一九二二	五〇五
一九二三	四一三
一九二四	四三一
一九二五	二四七
一九二六	二八七
一九二七	二九一
一九二八	二六六
一九二九	四一七
一九三〇	三六三
一九三一	四六〇
一九三二	二八〇
一九三三	一八二
一九三四	一八六
一九三五	二〇八
一九三六	三一六
一九三七	二〇二

表 3 東遊日記數

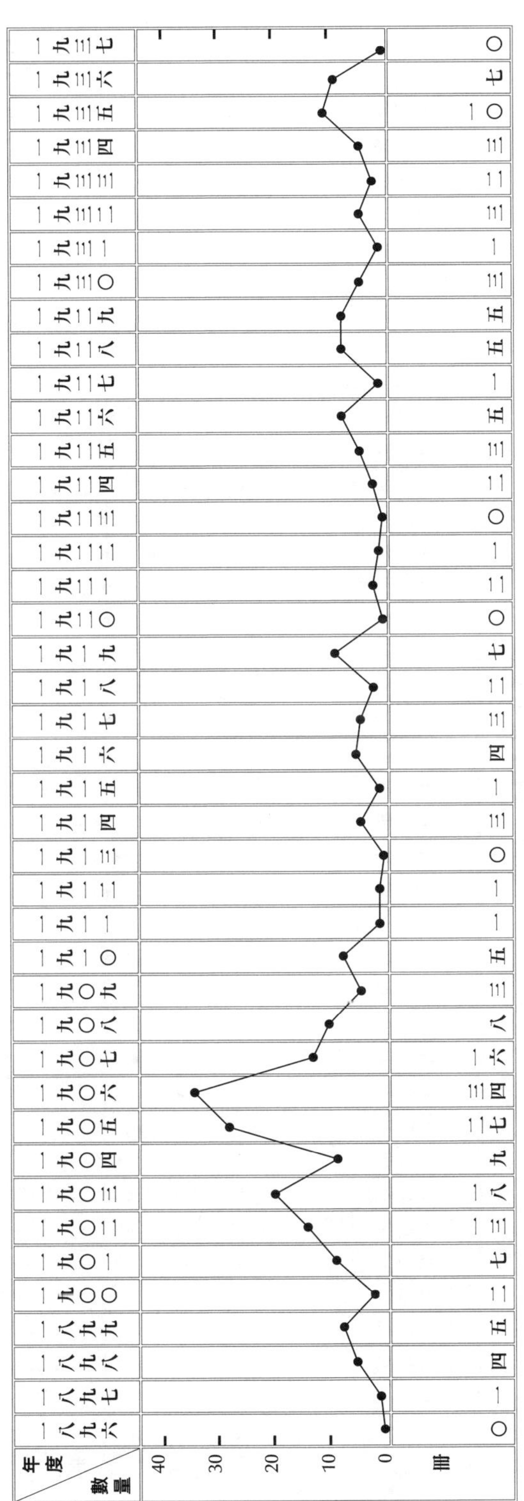

年度	數量（冊）
一八九六	〇
一八九七	一
一八九八	四
一八九九	五
一九〇〇	二
一九〇一	七
一九〇二	一三
一九〇三	一八
一九〇四	九
一九〇五	二七
一九〇六	三四
一九〇七	一六
一九〇八	八
一九〇九	三
一九一〇	五
一九一一	一
一九一二	一
一九一三	〇
一九一四	三
一九一五	一
一九一六	四
一九一七	三
一九一八	二
一九一九	七
一九二〇	〇
一九二一	二
一九二二	一
一九二三	〇
一九二四	二
一九二五	三
一九二六	五
一九二七	一
一九二八	五
一九二九	五
一九三〇	三
一九三一	一
一九三二	三
一九三三	二
一九三四	三
一九三五	一〇
一九三六	七
一九三七	〇

表 4 學習日語用書數

年度	數量（冊）
一八九六	一
一八九七	一
一八九八	○
一八九九	○
一九○○	二
一九○一	四
一九○二	六
一九○三	六
一九○四	三
一九○五	一一
一九○六	二四
一九○七	九
一九○八	四
一九○九	一
一九一○	一
一九一一	○
一九一二	一
一九一三	三
一九一四	○
一九一五	一
一九一六	○
一九一七	一
一九一八	一
一九一九	二
一九二○	一
一九二一	一
一九二二	一
一九二三	一
一九二四	一
一九二五	二
一九二六	二
一九二七	○
一九二八	二
一九二九	五
一九三○	八
一九三一	二○
一九三二	八
一九三三	一三
一九三四	三三
一九三五	四○
一九三六	六五
一九三七	四三

表 5　中國譯日文書出版數

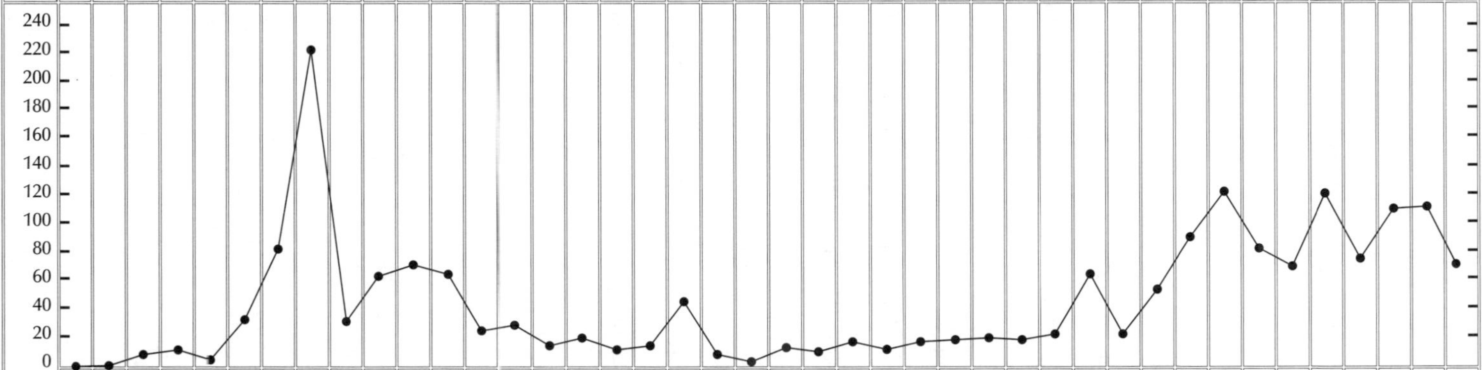

240 220 200 180 160 140 120 100 80 60 40 20 0

年度	一八九六	一八九七	一八九八	一八九九	一九〇〇	一九〇一	一九〇二	一九〇三	一九〇四	一九〇五	一九〇六	一九〇七	一九〇八	一九〇九	一九一〇	一九一一	一九一二	一九一三	一九一四	一九一五	一九一六
數量	一	二	七	九	六	三四	八四	二二四	三三	六一	七四	六二	二八	三〇	一四	一九	九	一四	四五	七	五

年度	一九一七	一九一八	一九一九	一九二〇	一九二一	一九二二	一九二三	一九二四	一九二五	一九二六	一九二七	一九二八	一九二九	一九三〇	一九三一	一九三二	一九三三	一九三四	一九三五	一九三六	一九三七
數量	一三	八	一六	一一	六	一七	一九	一七	二一	六二	二一	五六	九〇	一二五	八四	七一	一二〇	七七	一一四	一一七	七三

（表 1）留日學生數

⑴ 有括弧之數字表示為留學生之約數。

⑵ 虛線為數字不明者。

（表 4）學習日語用書數

譯者按：實藤先生原書圖表所列數位略欠精確，今據譚汝謙編〈中國人研習日語用書目錄〉（未刊稿）改製。實藤先生原表共計 255 冊，新表則共得 328 冊。

（表 5）中國譯日文書出版數

譯者按：據實藤惠秀監修，譚汝謙主編，小川博編輯《中國譯日本書綜合目錄》（香港：香港中文大學出版社，1980），此 40 年間出版之譯書有 1,906 冊，惟此數位未包括 1911 年以前出版年份未明之 262 冊及 1911 年至 1945 年間出版而年份未明之 624 冊。

實藤先生原表雖亦不包括出版年份不明之譯書，惟所得之總數為 1,357 冊，較上述所列之 1,906 冊少收幾達三分之一。故另製新圖表以改正之。

（四）徵引及參考文獻目錄

一、史料

一宮房治郎：〈支那共和國留學生教育に關する建議案〉，見於《大日本帝國議會誌》第44議會（1921年3月24日）。

丁鴻臣：《東瀛閱操日記》，著者自刊，1900年。

三矢重松：《三矢重松の日記》，轉引自松本龜次郎：《中華留學生教育小史》，東京：東亞書房，1931年。

三宅喜代太：〈致中島裁之函〉（1906年）。

大藏省理財局：《東洋經濟年鑒》

王之春：《蠡測危言》，1885年刊。

王拱璧：《東遊揮汗錄》，著者自刊，1919年。

《日華學堂日記》，1898年刊。

《日華學堂日誌》，1899-1900年刊。

毛澤東：《毛澤東選集》第三卷，北京：人民出版社，1964年。

外務省情報局編纂：《現代中華民國、滿洲國人名鑒》，東京：東亞同文會，1932年。

沈翊清：《東遊日記》，1900年刊。

中國史學會編：《辛亥革命》第一卷至第八卷，上海：人民出版社，1957年。

李宗棠：《東遊紀念》六冊，著者自刊，1901年。

李宗棠：《勸導留學生日記》，清光緒年間刊。

李宗棠：《考察日本學校記》十六冊，1902年刊。

吳汝綸：《東遊叢錄》，東京：三省堂，1902年。

《私立成城學校留學生部沿革》。

谷崎潤一郎：《谷崎潤一郎全集》，東京：中央公論社，1957年。

《東京留學生、文部省取締規則に對する駁議》（1905 年 12 月）

東亞同文會編印：《支那年鑒》第三回（1933 年）、第四回（1934 年）

松本龜次郎：〈支那共和國留學生教育に關する請願書〉，見《大日本帝國議會誌》第 45 議會（1922 年 3 月 14 日）。

郁達夫：《郁達夫全集》，台北：文化圖書公司，1967 年。

岡千仞：《觀光紀遊》，東京：著者自刊，1886 年。

周輯之：《東遊日記》，著者自刊，1903 年。

郭沫若：《沫若文集》，北京：人民文學出版社，1957-1959 年。

〈保定師範學堂各學每星期教授時間表及教習姓名表〉，轉引自《教育雜誌》（直隸學務處編輯，1905 年 6 月 15 日版）。

高橋本吉：〈支那人教育の施設に關する建議案〉，見於《大日本帝國議會誌》第 40 議會（1918 年 3 月 20 日）。

容閎：《西學東漸記》，上海：商務印書館，1934 年。

《振武學校課程概要》，1903 年刊。

《振武學校規則》，1903 年刊。

夏衍：《夏衍劇作選》，北京：人民文學出版社，1953 年。

留日學生總會編印：《中華民國留學生、排日問題に關する宣言》，1923 年 7 月。

孫文：《國父全集》，台北：中央文物供應社，1957 年。

清水留三郎等：〈支那共和國に關する質問主意書〉，見《大日本帝國議會誌》第 43 議會（1920 年 7 月 19 日）。

《清史稿》，北京：清史館，1927 年。

梁啟超：《飲冰室文集類編》，東京：河邊半五郎發行，1904 年。

康有為：《戊戌奏稿》，1911 年刊。

馮桂芬：《校邠廬抗議》，1860 年刊。

張之洞：《勸學篇》，1898 年刊。

張之洞、劉坤一：〈覆議新政摺〉（1902 年 12 月），收入《光緒諭摺彙存》

卷 21。

張百熙：《學務綱要》（1903 年），轉引自舒新城編：《中國近代教育史資料》，北京：人民教育出版社，1963 年。

張靜廬：《中國近代出版史料・初編》，北京：中華書局，1957 年。

張靜廬：《中國近代出版史料・二編》，北京：中華書局，1957 年。

張靜廬：《中國出版史料・補編》，北京：中華書局，1957 年。

《第一次中國教育年鑒》，上海，1931 年刊。

湯震：《危言》，1890 年刊。

黃尊三：《三十年日記》，著者自刊，1930 年。

黃璟：《東遊日記》，1901 年刊。

黃璟：《遊歷日本考查農務日記》，1903 年刊。

單士釐：《癸卯旅行記》，1904 年刊。

載振：《英軺日記》，上海：文明書局，1903 年。

楊樞：〈奉陳管學務情形摺〉（1904 年），收入《清光緒朝中日交涉史料》卷 68。

鄭觀應：《盛世危言》，1890 年刊。

夢芸生：《警世小說》寫本一冊，1906 年刊。

蔡爾康譯：〈廣學會第 11 次年報記略〉，收入林樂知編譯：《中東戰紀本末》第三篇卷四。

關和知等：〈日支文化の施設に關する建議案〉，見《大日本帝國議會誌》第 40 議會（1918 年 3 月 23 日）。

魯迅：《魯迅全集》，北京：人民文學出版社，1956 年。

魯迅著，竹內好等譯：《魯迅選集》，共 12 卷，東京：岩波書店，1956 年。

興亞院編印：《日本留學中華民國人名調》，東京，1940 年。

魏源：《海國圖志》，六十卷本，1842 年序。

羅江荷笠者：《瀛海論》，東京：著者自刊，1876 年跋。

ソカウマン〔蘇高曼〕：《瑣瑣錄》，寫本。

二、專書

《大日本印刷株式會社史：七十五年の歩み》，東京：大日本印刷株式會社，1952 年。

大橋乙羽著，憂亞子譯：《累卵東洋》，東京：愛善社，1901 年。

大槻文彥：《箕作麟祥君傳》，東京，1907 年。

小島友于：《現代中國著作家》，大連：南滿洲鐵道株式會社，1937 年。

文部省編纂：《學制五十年史》，東京：文部省，1922 年。

王力：《中國現代語法》（增訂版）2 卷，北京：中華書局，1955 年。

王力：《中國語法理論》2 卷，北京：中華書局，1957 年。

不肖生：《留東外史》，上海：世界書局，1925 年。

不肖生：《留東外史補》，上海：世界書局，1926 年。

戈公振：《中國報學史》，香港：太平書局，1964 年。

中島半次郎：《日清間の教育關係》，1910 年。

中島裁之：《東文學社紀要》，熊本縣：中島氏自費出版，1908 年。

日華學會編：《日華學會二十年史》，東京：日華學會，1939 年。

《中國教育年鑒》，上海：開明書店，1934 年。

平川清風：《支那共和史》，上海：春申社，1920 年。

北一輝：《支那革命外史（1915-1921）》，東京：大鐙閣，1921 年。

竹柴其水：《會津產明治組重》，東京：春陽堂，1929 年。

伊澤修二：《同文新字典》，東京，1908 年。

汪榮寶、葉瀾編纂：《新爾雅》，上海：明權社，1903 年。

沈兆禕：《新學書目提要》，上海：通雅書局，1903 年。

李鼎聲編：《現代語辭典》，上海：光明書局，1933 年。

吳念慈、柯柏年、王慎名合編：《新術語辭典》，上海：南強書局，1929 年。

松本龜次郎：《中華留學生教育小史》，東京：東亞書房，1931 年。

津田道治編著：《津田真道》，東京：東京閣，1940 年。

高名凱、劉正琰：《現代漢語外來詞研究》，北京：文字改革出版社，1958 年。

唐敬杲編：《新文化辭書》，上海：商務印書館，1923 年。

唐寶鍔、戢翼翬：《東語正規》，上海：作新社，1900 年。

陳青之：《中國教育史》，上海：商務印書館，1936 年。

倪海曙譯：《論語選譯》，上海：東方書店，1954 年。

清水澄著，張春濤、郭開文譯：《漢譯法律經濟辭典》，東京：奎文館，1907 年。

章宗祥：《日本留學指南》，東京：著者自刊，1901 年。

啟智書社著譯：《留學生鑒》，東京：啟智書社，1906 年。

曹亞伯：《武昌革命真史》前編、正編，作者自刊，1929 年。

張秀民：《中國印刷術的發明及其影響》，北京：人民出版社，1958 年。

張星烺：《歐化東漸史》，上海：商務印書館，1934 年。

張緝光編集，徐用錫翻譯：《漢譯新法律詞典》，京師譯學館，1905 年。

國際文化情報社編：《畫報近代百年史》，東京：國際文化情報社，1953 年。

崇文書局編集：《日本留學指掌》，東京：崇文書局，1905 年。

摩西編：《普通百科新大詞典》，上海：中國詞典公司，1911 年。

彭文祖：《盲人瞎馬之新名詞》，東京：秀光社，1915 年。

舒新城：《近代中國留學史》，上海：中華書局，1927 年。

實藤惠秀：《日本文化の支那への影響》，東京：螢雪書院，1940 年。

實藤惠秀：《近代日支文化論》，東京：大東出版社，1941 年。

實藤惠秀：《中譯日文書目錄》，東京：國際文化振興會，1945 年。

實藤惠秀：《中國人日本留學史稿》，東京：日華學會，1939 年。

實藤惠秀：《日本語の純潔のために》，東京：淡路書房，1956 年。

黎錦熙：《國語運動史綱》，上海：商務印書館，1934 年。

劉國鈞：《中國書的故事》，北京：中國青年出版社，1964 年。

錢恂、董鴻禕編纂：《日本法規解字》，上海：商務印書館，1907 年。

齋藤阿具著、林長民譯：《西力東侵史》，東京：閩學會，1903 年。
顧鳳城編：《中外文學家辭典》（訂正三版），上海：樂華圖書公司，1934 年。
實藤惠秀監修，譚汝謙主編，小川博編輯：《中國譯日本書綜合目錄》，香港：中文大學出版社，1980 年。

三、論文

大槻智雄：〈中國留學生狀況〉，見《草原》（法政大學中國研究會編集）4 號，1959 年 1 月。
小野秀雄：〈我國初期の新聞と其文獻について〉，見《明治文化全集》（東京：日本評論社）第四卷，1968 年。
王立達：〈現代漢語中從日本借來的詞彙〉，見《中國語文》第 68 期，1952 年 2 月。
平野義太郎：〈梅謙次郎博士と中國留學生〉，見《草原》4 號，1959 年 1 月。
中村忠行：〈春柳社逸史稿〉，見《天理大學學報》21、22 號，1956 年。
永井算己：〈拒俄學生軍をめぐって〉，見《信州大學紀要》4 號，1954 年。
永井算己：〈所謂清国留学生取締規則事件の性格 —— 清末留日學生の一動向〉，見《信州大學紀要》2 號，1952 年。
邵榮芬：〈評高名凱、劉正琰著《現代漢語外來詞研究》〉，見《中國語文》第 73 期，1958 年 7 月。
吳秀三：〈洋學の發展と明治維新〉，見《明治維新史研究》（史學會編，東京：富山房），1929 年。
谷崎潤一郎：〈シナ文化研究の態度〉，見《新中國》1 號，1949 年 3 月。
青柳篤恒：〈支那人の子弟は何故に我邦に遊学せざる可からざる乎〉，見《早稻田學報》141 號，1906 年 11 月。
青柳篤恒：〈支那留學生と列國〉，見《早稻田學報》143 號，1907 年 4 月。

青柳篤恒：〈支那人教育と日米獨間の國際的競爭〉，見《外交時報》122 號，1902 年。

青柳篤恒：〈早稻田大學清國留學生部第一回卒業式演說詞〉，見《早稻田學報》148 號，1908 年 7 月。

青柳篤恒：〈現政府の對清政策を難んず〉，見《外交時報》124 號，1908 年 3 月。

兒崎為槌：〈支那學生思想界の一般〉，見《教育研究》12 號，1904 年。

若虛：〈評中國著譯界〉，見《中國新書月報》第二卷第二期，1931 年 1 月。

郭沫若：〈中日文化の交流〉，見《高遠》第 1 輯，1956 年。

郭沫若：〈關於日本人對於中國人的態度〉，見《宇宙風》，1936 年 9 月號。

細川護立：〈庚午の年頭に本會の前途を祝す〉，見《日華學報》（高橋君平等編，東京：日華學會），1930 年 1 月創刊號。

商務印書館：〈三十年來之商務印書館〉，見《最近三十五年來之中國教育》，上海：慶祝商務印書館三十五周年紀念特刊，1931 年。

鄭奠：〈現代中國語中的「日本語語彙」之研究〉，見《中國語文》第 68 期，1958 年 2 月。

實藤惠秀：〈西洋人の中國女性觀 ——「全地五大洲女俗通考」のこと〉，《新中國》第 4 號，1946 年 7 月。

〈東亞學校沿革概評〉，見《日華學報》第 55 號。

〈反讀經存文〉特集號，見《現代》1935 年 4 月號。

四、報刊及雜誌

《二六新聞》（東京，1904）

《大陸》（上海，1902）

《女子世界》（上海，1903）

《女報》(上海,1902)

《太陽》(東京,1895)

《中央公論》(東京,1899)

《申報》週刊(上海,1936)

《江蘇》(東京,1903)

《民報》(東京,1905)

《民彝》(東京,1916)

《每日新聞》(大阪,1888)(《大阪每日新聞》)

《東京朝日新聞》(東京,1905)

《東京日日新聞》(東京,1872)

《浙江潮》(東京,1903)

《清議報》(橫濱,1898)

《粵西》(東京,1907)

《留東新聞》(東京,1935)

《遊學譯編》(東京,1902)

《湖北學生界》(東京,1903)

《新民叢報》(橫濱,1902)

《譯書彙編》(東京,1900)

《讀賣新聞》(東京,1905)

《讜報》(東京,1913)

（五）後記——我與中國

1920年，當我剛進早稻田大學附屬高等學院時，原本打算攻讀日本文學。可是山口剛老師卻告誡我說：「要學好日本文學，首先要學好支那語。若不懂支那語，江戶文學是無論如何也學不好的。」因此，我便選擇了「支那語」作為第二外國語。青柳篤恒老師那優美的發音令我深深地着迷的同時，友人三浦英槌君發起設立「支那文學系」的運動終於成功了。可是開始的時候，只有他一個學生報名就讀。在他的勸誘下，我亦猶猶豫豫地加入了。我之所以被中文的魅力所吸引，除了內心太喜歡中國和中國人之外，另一個原因可能和我在高小畢業前後就常去寺廟照本宣科地誦念經書有關。

在大學的三年間，我雖然學習了中國文學，但只有青柳老師講授的《紅樓夢》是音讀的，其他的課則全是古代作品的訓讀，這和我當初的期望多少有些距離。

大學時代，有兩三件事是難以忘懷的。有一次，文學院院長片上伸老師帶我去見剛從中國歸來的丸山幸一郎先生。丸山先生給我看了一本白話文的雜誌（事後想來，那大概是《語絲》吧）。這雖然是件小事，但對我以後求學的方向卻有相當大的影響。

關於片上老師，有一件事我一直銘記於心。老師赴蘇聯前夕，急急地把我叫到他在西大久保町的住處，送給我許多中國新文學的書。其中有：魯迅譯的《一個青年的夢》、《愛羅先珂童話集》，周作人譯的《現代小說譯叢》、《點滴》，胡適著的《中國哲學史大綱》、《嘗試集》、《胡適文存》第一集，此外還有《文學研究會叢書》等等。這一批書，大部分都署有「片上先生惠存」的字樣。對年輕的我來說，要搬回家去，也費了不少力氣。

某日，我跟隨第一早稻田高等學院院長中島半次郎老師信步走過大隈會館前面時，老師對我說：「實藤君，聽說你在學習支那文學，不過不要只是研究，還要創作出以支那為題材，特別要創作出有日本人和支那人登場的文學。」這句話對我以後的成長也是很有啟發的。中島老師抱有這種期望的原因，我在以後研究留學史的過程中，才逐漸領悟到。中島老師從 1906 年至 1909 年間，曾在天津的北洋師範學堂任教，從那時開始，他便和中國人有交往了。

我的畢業論文題為〈支那志怪小說所表現的命運觀〉，題目涵蓋範圍似乎很廣，實際不過是以《聊齋志異》為中心，旁及並限於六朝神仙小說的假貨色而已。

我於 1926 年畢業。因我之前曾在高輪中學任教過，所以不用擔心就業的問題。我便利用這一年的暑假，獨個兒到中國的瀋陽、北京、天津、濟南、青州和青島等地旅行。在旅途中，我第一次講中國話就能讓人聽懂，心中感到十分得意；可是當中國人說話快一點兒時，我便跟不上。我在北京中國人的公寓住過三個星期，其間請了兩位中國老師教我現代漢語。那時我學會了注音字母，這真是一件很有益的事。我同時亦選購了一些新文學書籍，包括魯迅的《吶喊》（1906 年，第四版）、張資平的《飛絮》、徐祖正的《蘭生弟的日記》，以及東方文庫本的《近代日本小說》等。

兩年之後，我和登代子結婚了。不久，又意想不到地當上第二早稻田高等學院的講師。以前，我每週要上 41 節課，而現在的課到下午 3 時就結束，餘暇時間便多了。這一年（1928）夏天，在妻子的鼓勵下，我進了東京外國語學校的專修科（夜校），專門學習中國語文。當時的同學中有任陸軍戶山學校副官的陸軍少校，也有慶應大學的學生，都是一群愛好中國語的人，彼此相處得非常愉快，有時還一起到北京亭飯館找些夥計來練習說中國話。此外，還有一件令人高興的事，就是去中華青年會館一樓的留日書店逛逛，那裏的面積雖然不算大，卻有很多新從中國來的圖書雜誌，去購買的都是中國的留學生（在這裏我未曾遇見過別的日本人）。

這時，我以「內地留學」為名，搬進了中國留學生集中地區之一的目黑區大岡山居住。在這裏，我結識了不少留學生。我們相互學習，交流切磋。我常把他們請到家裏來，幾乎每天都有來玩的留學生。

遺憾的是，學校裏除了讓我講授古代漢文外，不讓我教現代漢語。當時我正在編寫教科書《古今漢文》，在書最後加進了現代漢語，這對我來說，多少算是一點安慰。提起這事，當年的學生至今還常對我說：「幸虧老師這樣教導我們，才能夠學到中國的現代語文啊！」

從教授外語時起，我讀了許多中國的書籍和雜誌，還從上海訂閱了全年的《申報》，由此我瞭解到中國人是很討厭被人稱呼為「支那人」的。在學校裏，不少班級中都有中國的留學生，所以我授課時便避免在課堂上使用「支那」一詞，而代之以「中國」。這樣做對當時的日本學生來說是不能理解和接受的。有一次，當我離開課室不久，有人便在兩塊相連的黑板上寫滿了「中國中國中國……」的字樣來諷刺一番。儘管如此，我並沒有退縮，依然堅持使用「中國」這個詞，以後連家裏也用開了。

那段時期，我和留學生的交往中，有兩件事是不能忘記的。其中之一是為中國留學生找宿舍。有一次我遇上的事情是：我已經找到了合適的地方，房租及其他條件也都談妥了。當對方問起：「是甚麼人租的呢？」我回應說：「是我的朋友，他是中國留學生。」話未說完，我便得到這樣的答覆：「噢，是支那人嗎？那就不租了。」我就像自己也被侮辱一樣憤慨不已。

另一件事情是，我為一位要回國的留學生打電話詢問輪船班期和其他資料。起初，輪船公司的職員禮貌地回答了我這些諮詢。最後，對方問：「您要買嗎？」我答道：「我是替某某中國留學生代買的。」瞬間，對方的語調完全變了：「噢！是嗎？……那麼您不用買船票吧。」

我放下電話，內心感受到比上次找住處更難堪的打擊。這些事，作為代理人的我尚且如此難受，中國人自己所受打擊之深就更不用說了。

我雖然在早稻田當上講師，但是還沒有決定要研究的題目。我很想盡快確定一個題目，既想研究老子，又想研究唐詩，更想研究現代甚麼的……東碰碰西找找，猶豫不定，焦躁不安。妻子看到了這種情況，勸我試試到外國語大學進修。

正當我猶豫不決的時候，我看到了前面提到的中國的新刊書籍、雜誌和報紙，發現中國當時正大量翻譯出版日本的書籍。《申報》的第一版全是廣告，其中就有日文書中譯本的廣告。雜誌上也有許多中譯日文書的廣告。這種情況，對日本人來說當然是值得高興的。1929 年的寒假，我打算把這些中譯本編個目錄，用筆記本收集了一些自己感興趣的資料。由於數量不斷增加，漸漸記不清哪些書目已經記錄，哪些還未編入。所以，不得不將目錄按哲學、文學、經濟學等類別重新加以整理。過了一段時期，這個辦法仍然解決不了問題。最終只有改用卡片按原著者類別來整理才克服了困難。

當譯本數目達到 730 種時，我告訴日華學堂的高橋君平老師。他說：「這很有意思，就拿到《日華學報》來發表吧！」我很高興，於是把它整理出來，這就是我早年的處女作〈支那譯日本書籍目錄〉。

聽說菊池寬看了之後十分高興，並為留學生作了一次有關日本文學的演講。原來，目錄中收錄了不少他的作品的中譯本，計有：

書名	譯者
《菊池寬集》	章克標
《戀愛病患者》	劉大杰
《再和我接個吻吧》	路鸞子
《藤十郎的戀》	胡仲持
《新珠》	周白棣
《日本現代劇選》	田漢

當我編寫這個目錄的時候，自然產生了一個疑問：這些書是哪些人翻譯的呢？原來都是曾來日本留學的中國學生。可是，他們為甚麼要到日本來留學呢？這個問題，我卻無法回答。我也曾經問過許多人，他們也都說不知道如何回答。當我問到高橋君平老師時，他不僅告訴我松本龜次郎先生曾寫過一本有關中

國留學生教育的書，而且還為我從松本先生處要來了這本書。這就是《中華留學生教育小史》。這本書詳細地記載了松本先生從 1903 年以來專心從事中國人教育的情況，是十分寶貴的資料；但其中對中國人為甚麼要留學日本卻隻字未提。後來，我得知中國有舒新城著的《近代中國留學史》（松本先生的書是 1929 年出版的，此書也恰巧是同年出版），我買回來認真讀了一遍，上述的疑問還是沒有得到解答。

我把這些問題告訴了高橋君平老師，他說：「那麼，實藤君，你來研究一下，不是很好嗎？」正因為這句話，竟然決定了我以後一生的方向。「真的！我今天才明白，由我自己親手來弄清它吧！」對我來說，明白了這個使命，是比甚麼都好的賞賜。

從這以後，我在授課之餘便經常往來於早稻田大學圖書館的一樓至七樓之間，孜孜不倦地工作起來。

最初開始時，我按照雜誌發行的先後次序翻閱了日本大型雜誌《太陽》和《中央公論》。《太陽》每期有「匯報」一欄，刊登一個月以內的重要新聞，其中有關於留學生訊息的報導，查閱起來十分方便。這樣，我在陸續編製年表的同時，也查找到中日兩方有關的參考文獻，逐漸知道了一些中國留學生來日的原委。終於，我在不知不覺間找到了研究課題，從而開始了研究的生涯。

這樣的研究持續了五六年，由於高橋老師的厚愛，我的研究成果得以發表在《日華學報》上。這就是從 1936 年 11 月號起，到 1938 年 12 月號止，分 11 次連載在《日華學報》上的《中國人日本留學史稿》。這本只有 96 頁的雜誌，有時竟用了 62 頁的篇幅來刊載《留日史稿》。

在學報上刊登完以後，1939 年日華學會把它印成 25 開本、368 頁的單行本，作為非賣品贈予日中兩國與留學生事宜有關的機構。

回溯到 1937 年 7 月 7 日，日本和中國之間發生戰爭的故事。這對我這個——如上所說「內地留學」，並且和中國留學生交往甚密的人來說，內心的痛苦真難以用言語筆墨來形容。日本一般的人民仇視「支那」，在他們每一次為勝利而歡欣若狂的時刻，我自己卻感受到彷彿身陷敵陣之中那種痛苦與恐懼。

到了 12 月，也許因為習慣了（我自己身不由己地轉變為一般日本人的見識）的緣故吧，我常常記下自己的感想。當時生怕被人察覺到，凡應寫作「我」的地方，都改用了「他」字取代。請看以下一段：

> △ 錯誤的估計
>
> 7 月的上旬，暑假即將來臨之前，發生了蘆溝橋事件。他像大家一樣認為事件是不會擴大的。因為這，他大大地失算了。有一位中國的青年是由他幫助來日本留學的，幾年來一直和他通信，彼此交換書籍和雜誌；成了好朋友。在事變以後，這位留學生和他商量要不要回國，他毫不猶疑地勸友人留下來繼續學業，還說：「你在日本絕不會有危險，如果有甚麼麻煩的事，就請出示我的名片。」
>
> 與他的估計正好相反，事件擴大了。由北支事變發展為支那事變，實際上爆發了全面的中日戰爭……

對於一個研究現代中國的學者來說，認為衝突不會擴大，是個莫大的失算。對政府所宣稱的「不擴大」，竟然也和一般人那樣輕信了！政府聲稱「不擴大」，但實際行動是擴大，而我竟無法識破政府這套把戲，實在也太天真了。我只從理性的角度理解和同情現代中國強烈的抗日意識，卻沒有發自內心的真切感受，為此，我實在感到羞愧。

後來又有另一件事發生。那位留學生因看到中華民國駐日大使館下旗撤退，也決定回國了。我到鶴卷町他住的宿舍為他送行，他把行李裝上人力車，孤單地走了。我目送着他離去，直到看不見為止，然後返回學校。我剛要登上正面的台階，突然被一個聲音喝住了：「請等一等！」

回頭一看，是一個素不相識的男人。

「？」

「我是警察。你和剛才送走的留學生是甚麼關係？」

這個便衣警察問這問那，好一陣子才離去。這樣的事我有生以來第一次碰上，心裏感到十分不快。

不久，我剛把這件不快的事忘掉，穿便衣的憲兵又來到教員室，盤問了許多事。

△ 周圍是敵人

戰爭開始時，雖然他甚麼也沒說，卻很害怕報紙和廣播。具體來說，他對報紙和廣播報導的消息所產生的感受完全異於周圍的人（包括自己的家人）。

一般人在聽到「支那軍進行不法射擊」時，就說這是可惡的傢伙；一聽說「撕毀協議大幹一場」，就憤憤地說支那人靠不住。但他心裏卻不以為然，想的是：如果外國人在自己的國家也做同樣的演習，恐怕日本也不會甘心忍氣吞聲吧。更何況是粗暴地闖入別人的家園，然後把人痛毆一頓還說無所謂呢。但他不敢說出來。

幸好時值暑假，他無須和人談話，每天把自己關在家裏，繼續完成去年開始動筆撰寫的《中國人日本留學史稿》。他的研究對象 —— 中國留學生，在暑假以前，約有6,000人，現在幾乎全部回國了。他想，這書稿明年完成時，日中關係會變成甚麼樣子呢？到那時，自己最初的構想會不會有所改變呢？他還想到，到那時，留學史之類的書，對日本社會而言是不是還需要呢？不過，他不想就此停下來，也並不討厭這項工作。

偶爾到理髮店，人們正興高采烈地談論着日軍的勝利，他卻要為自己迎合別人的論調而大放厥詞感到苦惱。

報紙上天天報導陸海軍捐款的消息，數額極巨。報刊策劃的「捐建軍用機獻金」，竟在一日之內籌得超過十萬日元的熱烈情況，亦是他預想不到的。但從另一角度來考慮的話，這和日本大地震[1]之時，日本民眾相信朝鮮人真的在搞騷動一樣，那麼容易被宣傳所愚弄，可謂異曲同工。偶爾也有學生來玩，有人這樣說：「甚麼叫忍無可忍 —— 等等，這真是十分有力的決斷之言啊！」

與此同時，又見報紙上特別報導了同事J君捐獻數十元「國防獻金」的事。

△ 新聞界和他

報紙固不用說，雜誌所刊登的幾乎也都是有關支那事變的記載。「事變臨時增刊」一個接一個地出版。大大小小的支那評論家也紛紛登場。過去曾寫過「支那崛起」之類的書的人，現在又以「謎樣的國家 —— 支那」為題出書，他開始認識到新聞界這些人的真面目。幾年來，他和友人共同創立了「中國文學研究會」，出版了《中國文學月報》。他曾想過自己今後的前途，與其當一個學究式的研究工作者，不如當一個新聞工作者。可是，現在看來，自己似乎還算不上真正意義的新聞工作者。一下子可以從一個興趣轉到另一個興趣的東西，決不會是自己真正的興趣與志向。不輕易改變的才應該是真正的。

△ 科學家

過去，他始終是這樣想的。因為自己是日本人，自己的中國研究，首先是為了日本，同時也是為了世界。對日本有利的東西，並不一定是從出發點開始就考慮「為了日本」才會產生的。即使是兩國間的事，倘若不是用極冷靜而科學的立場來對待的話，就不可能得到真實的知識；若不是真實的知

1　譯者注：指 1923 年的關東大地震。

識，就不可能對自己的國家有益。

從這個觀點出發，展現在他眼前的任何事件都應該是研究的對象，而不應該有好惡的感覺。但是，眼前的「事變」卻又不是他喜歡看到的。

這段時期，有些雜誌請他寫點東西。但有關事變的，他一概都不想寫。

但是，在暑假中，他們學校的出版部門要他給講義錄的讀者寫些東西。本來他是不打算寫的，但經多番催勸，最終只有寫了篇〈支那與教育〉的文章應付過去。在結論中，他寫下這段自己尚可接受的敷衍之詞：

上面所述是現階段中國教育的概況。從整體教育來說，不能不說是變態的、病態的和不健全的。看來，國家的強弱大體上建立在教育的基礎上。北支事變爆發後的 7 月 19 日，蔣介石在廬山發表的聲明中，有四次提到「我們是弱國」，這是很自然的。在這點認識上，我認為日本國民應該感激我國的普及教育，今後也必須努力使其永不衰退。

如果能貫徹「甚麼也不寫」的初衷就好了。可是，就是因為這次抱着應付差事的心情開了個頭，以後就慢慢地、逐漸地掉進了自己欺騙自己、自己說服自己的泥淖中。

△ 他的日記

他今年 42 歲，在他人生中，這次是第二次思想掙扎。第一次，是他在 20 歲前後為了救贖自己而經歷的宗教上的煩惱。這一次卻不是個人的事情，而是國家社會的問題，是在大範圍內自我拯救的鬥爭。去年底，他在池袋與朋友談到戰爭應否停止的看法，而現在已經成為極迫切的現實問題了。

他在 30 歲以前，是一直寫日記的。近日，他覺得與其花時間寫日記，還不如寫些有關研究的問題更好。這樣，日記一度停寫了。可是，現在他又想很好地把自己的內心變化忠實地記錄下來。

「數十年來，人們總是說『日支親善』、『同文同種』、『唇齒相依』等等，然而事變一發生，卻又突然改變說『貪婪暴戾』、『鬼畜支那』了。這也許是真心話，但卻令人感到過去幾十年講的盡是騙人的大話。」

「稱之為『敵』，卻不發布『宣戰公告』，又說以『軍閥』、『共產勢力』為敵，不以百姓為敵——這是戰爭的進步還是退步呢，武士道又是進步還是退步呢？」

「以大炮對準着，侵入到一個沒有軍艦之國的腹地，取得戰爭的勝利是一定的，這如同折斷一個嬰孩的小手一樣。對於這種戰爭毫不在乎的人是否就是不愛國呢？日清、日俄戰爭時期，儘管在我們看來敵人是強大的，但只要日本一方被攻擊，那麼可以肯定的是，無論是誰，都絕不會退縮不前的。」

「從這次事變看來，不能不感到武士道精神被糟蹋了，甚至也不能不懷疑古時的武士道是不是也是這樣。」

離他住所不遠就是八幡神社。每天早晨和傍晚，都有鼓聲大作。緊接着便是眾人齊聲高喊的「萬歲」聲。每當此時，他便會有想躲起來的衝動。

街上每天都有人上陣出戰。經常去他家取衣服的洗衣店的人也入伍了。他也拿着旗子到八幡神社去送行。出戰的軍人肩上斜背着帶子，手裏拿着裝雜物的奉公袋。面向排列在大殿前的整齊隊伍，各街道的居民會會長、在鄉軍人分會、愛國婦女會、國防婦女會和青年團等的負責人相繼致辭，足足用了一個多小時。歡送的人群擠滿了神社，這些人說了些甚麼，根本聽不到。只見人們舉着太陽旗和「祝出征」的旗幟，竊竊私語地談論着有關戰爭的情況。

致辭完畢後，又高呼了三遍「萬歲」，隊伍才向火車站進發。

「替天行道，我們忠勇無比的軍隊……」

他雖然也張着嘴，念念有詞地跟着唱，可是，怎麼也沒有發自內心的真情。如果要他一個人唱，那麼一定是哭泣之聲。

△ 生於日本的痛苦

中國文學研究會中，沒有一個人是為這場戰爭感到高興的，有些人對興致勃勃地談論戰爭的人表現出無法掩飾的憎恨。甚至還有人自言自語地說：「我為生在日本而感到痛苦。」

然而，就在這些人當中，陸陸續續有四個人出征去了。不用說，作為帝國軍人，他們斷不會做出有辱這個稱號的行為吧。這一點，大家是信而不疑的。

△ 適者生存

一提到中文書籍，就不能不聯想到主要經營中文書籍的文求堂書店老闆T氏。與其說他聰明，不如說他是個與其年齡不相稱的知識分子型商人。T氏一面賣漢文書，一面卻又痛罵漢學家的食古不化。看起來他是同情中國的。就是他，把逃避蔣介石追捕而來日的中國左翼文學家保護起來，幾年間，一直給他們親切熱情的照顧。

事變後，他因某些事去訪問了T氏。對T那種見風使舵的態度，不禁大吃一驚。T說：「前幾天有人來說：『日本如果需要長期作戰，經濟方面將會出現困難。』我對此人說：『這是窮人的論調吧！有錢人是毋須擔心的。』」

他說：「雖然如此，我們的內心還是懷有自由主義和人道主義的原則啊！對於戰爭怎麼也不能贊同吧！」

T的回答令人吃驚：「是嗎？你我都學過進化論『適者生存』的道理，對日支關係也應作如是觀才是。」

接着，T當着他的面，痛罵那些漢學家和支那通：「漢學家、支那通之類的，這陣子可沒有他們說話的權利了。他們應該為自己的不識時務而感到羞恥。」

這些議論，有部分他亦有同感。

「漢文學就是失敗的文學」，這是事變以來T想出來的一個口號。

△ 新學期

他在走進教室之前就注意到說話要十分謹慎，這是由於他不知道學生中究竟有些甚麼想法的人，也不瞭解他們的家長是些甚麼身份地位的人。

可是，他心裏想到的東西很自然地就會在言語間流露出來。他最初的講話中，便有這樣一段：

漢文是鬼畜般暴戾的支那敵國的語言文字。但拒絕學它卻是小器國民的所為。「知己知彼乃兵家之第一義」—— 這個也是暴虐支那人的祖先之教，倘若不是忘此教訓，近代支那又怎會變得如此衰弱呢？正因為他們不想知道西洋文明的好處，故此沒有盡早引進和採用西洋文明。所以，我們無論在平時還是戰時，都必須瞭解我們的鄰國 —— 中國……

△ 後方學生團

他在講課時，不時在言語中摻進一些與當時的潮流相反的話語。使他吃驚的是上課第二天，在他擔任班主任的班上，就已有人被徵召入伍了。他身邊的朋友中，竟有人匆匆地投筆從戎去了。他用不着對這位友人再說些戰爭無意義之類的話——因為他去意堅決。

更使他吃驚的是，在一年級的班上，學務委員提出要求說：「今天大家打算一起步行到靖國神社參拜，請您早一點兒下課，可以嗎？」這時學生們都已結好了靴帶，個個都準備上路的樣子，他不得不提前十五分鐘結束當天最後一堂課。他充分地意識到，從此不能再隨便說話了。

他記得這個學務委員，入學考試時是由他負責口試的，應該是陸軍中將或少將的兒子。其後，這個學生又和另一位曾在士官學校預科學習過的學生提議在一年級成立後方學生團。名譽會長是首席教師K，會長是學生事務處主任I。在成立的大會上，陸軍部的將官和那個上過士官學校學生的父親 —— 當時是貴族院議員等人都來了，並作了激勵的講話。

△ 校內的戰時氣氛

變化不僅僅在學生中間。學校的校長將一萬多名學生分數日集中到大禮堂，講明戰時學生應注意的事項。

明治節這天，校門的左側樹起了高達若干米的旗杆，還舉行了升旗儀式。

儘管不算觸目，這時期還規定了教練的服式，製作了野外教練時實習教師的軍帽，又以教務助理的名義新聘了一些教練助手，如此種種陸陸續續地實行了。

在這曾被稱為自由的校園內，連他這樣的人也感到不能安心地生活下去。

△ 追隨「權威」嗎？

他把明治維新以前和現在作一比較。以前是尊皇與擁幕 —— 現在是自由主義與法西斯主義（或是日支親善與討伐支那）的對壘。如果說前者衰落而後者興起的話，那就意味着擁幕（倒皇）與法西斯的勝利。不過，在追隨權威這一點上，擁幕和法西斯是相似的。

追隨權威是最容易的，不過是照搬公式，模仿一下，講求形式罷了。

當然，不辨情由地去反對權威固然沒有必要，但盲目地遵從權威也是沒出息的人。

違心地改變自己本來的思想信念是可悲的，但未有充分把握時也用不着高唱反調。他這樣地思索着。

△ 以日本為優先

他覺得自己是日本人，和中國相比，自然是深愛日本的。對這次事變，不能主動地去作出首肯的反應，只是因為從長遠的意義來考慮，認為這是對日本不利的。

有時，他甚至覺得自己是不是對中國人太客氣了呢？

戰場日益擴展，飛機的轟炸也波及全中國的重要城市。由此看來，日本是不會撤退的 —— 他近日認識到這一點，也想到一旦日本戰敗的話，就不得了。

舞台載着所有的人不停地轉動，那些不想跟着轉的人也沒法抽身而出，只能隨着「社會」轉下去。

△ 評論家有責在身

然而，他還不能就此表示積極的認同。

他認為人生應該是向上的。從大局來看，這不是直線地向上，而是波浪形地斜斜向上的一條趨勢線而已。

「這是教條。」儘管被別人這樣說，他也不介意。他想，如果人生的結局是無爭的世界，人就失去了生存的價值。因此，必須做到「辯而明」，辯而不明就會有戰爭了。

就這次事變而言，在此之前，更多的論戰難道不需要嗎？中國在幾十年來已經開始了抗日思想的動員，報紙、雜誌、教科書都一致攻擊「日本帝國主義」。對此，日本的思想家、評論家還擊過嗎，申辯過嗎？沉默只能被視為承認。事實上，用和以前相同的理論作根據，來反擊中國人的攻擊指責是不可能的。這恐怕是實情吧！

像蘇聯那樣，先有理論，然後依理論而行動，又或先行動，然後用理論來說明，這二者哪一種好？當然，先有理論會比較好，但行動之後再提理論，也是可以的。總之，要有一個卓越出色的理論。這個理論不是「創造」的，而應該是「發現」的。這個理論不能只有自己人理解和贊成，必須讓對方和第三者都理解才行，才不會有問題。他開始有這樣的想法。

△ 誰才是敵人？

他和學校的同事相互傳閱着主要的綜合性雜誌。事變以來，雜誌成了他的教科書。

「最近的雜誌你看得最多，好像我們的雜誌是專為你訂的。」有的同事開他的玩笑。

他感到報紙、雜誌都在對時局作無病呻吟，並且經常左搖右擺。

事變爆發後不久，報紙雜誌上只見一面倒地指責「支那」可惡。但過了一陣子，調子就變了。首相的聲明中也出現了這樣的內容：支那的民眾不是敵人，只有「軍閥」、「國民黨」、「共產勢力」才是我們的敵人。直至最近，卻說：敵人不是正和我們交戰的支那，而是離間日支關係的英俄二國。最後，乾脆說我們的敵人就是英國與蘇俄。

開始時，說敵人是英國的理論，一般人是不易理解的，現在看來，這理論似乎千真萬確，毋庸置疑了。

「敵人就是英國」這一理論，並不是後來才製造出來的，而是最初未被發現而已。這是他的大陸政策理論能夠出現的必要根據。

△ 錦繡河山

他知道自己雖曾幾度轉變思想，但還沒有達到能為日本勝利而高興的地步。（要想高興，至少是再有 90 度大轉變以後的事。）

他雖然尚未積極地向着「發現進出大陸的理論」方向前進，卻已開始探索這一理論了。

他腦海中產生了這樣的想法。

無論是黃河還是長江，從幾萬年前起就這樣地流着，稱它們為黃河、長江，也是幾千年前的事了。但江、河本身卻和這些稱呼沒有甚麼關係，因為它們幾萬年來就是這樣流着的。

這些並不是專為哪個民族的，我們僅僅知道它們叫江、河的名。不過這容易給人這樣一個印象，即它們自始就是「屬於漢民族的」。從漢民族自身來說，這個觀念更是特別深刻。

平心而論，這些江河既可稱為「富士川」，也可稱為「Long River」，還可以用其他名稱來稱謂。也許以前就有過江河以外的叫法。

人們常說「祖國」與「錦繡河山」。從長遠的觀點看來，這些不是一種幼稚的「自我誇耀」嗎？他記得自己童年的時候，家的門前有一條小河，和別的孩子爭論時，就把自己門前的東西視為己有。上面說的不正與此相類似嗎？

然而，這並不是說以前已經劃分好了的地方，現在就可以隨便地奪取過來。人類應該像「辯而明」那樣求得進步；靠武力來奪取，正是因為人類尚處於進步的過程中。

地球上的人類應當平等地利用地球上的一切資源。人與物的關係應該科學地進行探測，並且經過理論上的爭辯來加以界定。要發展經濟學的政治理論，便有必要創立「世界經濟學」。

因為地球是屬於全人類的，說從哪裏到哪裏是屬於某一民族的國土，這只不過是被地圖上的顏色所迷惑的近視觀點而已。地球上的「動產」（如都市、道路、運河、萬里長城等），可以算是屬於從事建設的民族，可是土地本身則不然，應該是屬於全人類的，愈往下挖，這一道理就愈清楚。

應該主張理論上的生存權，而不是軍事上的。

有熱愛這塊土地的民族，也有破壞這塊土地的民族。「人事」方面暫且不談，中華民族是如何對待這塊土地的呢？很遺憾，不能說是愛護。他們講「錦繡河山」:「荒野」若能耕耘好，應可算是錦繡吧！但「山」很可惜，多是禿山；「河」也因此時時氾濫。這樣子是自然造成還是人為的呢？現在，只要憑人類的努力，禿山也可綠化成林。這難道不是科學帶來的進步嗎？因此，從彌補不足、幫助後進的意義出發，日本向大陸的「進入」，應可認為是「天意」吧 —— 他如是想。

△ 更大的集團

他甚至這樣認為 ——

日本在明治以前分成大藩與小藩遍布全國，各藩有各自不同的風俗習慣，藩與藩之間的利害也有異。即使是在日本，各地的方言也不同，有些地方的人挨着餓過日子，另一些地方的人卻可以若無其事。

再往前回溯，本州曾有過蝦夷族，九州曾有過熊襲人。有人認為這些部族已經滅種或正在滅種中，可是另一種想法卻是，他們都被融合到大和民族之中繼續生存下來。在他們的身上，也許正流着曾經相互鬥爭過的大和民族和蝦夷民族二者的血液。

康有為在《大同書》中主張先要有亞洲民族的合一，然後才會有世界的合一（大同）。

經過這次事變，亞洲也許會被迫逐漸合成一體。這與其說是由文化所致，不如說是由「次善」的政策所造成。無論如何，對於當權者來說，不一定懂得這番道理。儘管結局都是一樣，但無法活得心安理得。

杉森孝次郎、大谷光瑞等人與此類似的理論，也一一出現了。但他發現，這種理論尚未發展成熟到可以推動他行動的程度，所以他感到十分孤寂。

△ 掌握中國百姓的人

他又這樣想——

中國的知識分子佔全國總人口的百分之二十，其餘百分之八十是老百姓。誰能控制這些老百姓，誰就能統治中國。國民黨能控制，國民黨就能統治；共產黨能控制，共產黨就能統治。如果日本亦能控制，日本就能統治。

但是，日本對這些老百姓的「心」，瞭解得太淺了。例如，從這次事變開始，日本的讀書界才興起了賽珍珠《大地》的閱讀潮，我們對中國老百姓的心真的知道得太少了。

即使不瞭解他們的心，能在他們挨餓的時候施捨十枚銀幣，使他們不致賣兒賣女淪為奴隸的話，也算是日本的恩德了。如能這樣想也挺不錯呢！

在我的身邊，有一位任漢語教師的同事曾向軍方捐過不少錢。戰爭剛開始時，一位曾一同對日本海軍封鎖南中國海表示過憤慨的學中文的年輕朋友，也挎上長柄的日本刀，當陸軍的翻譯去了。又有一位曾一起學習過中國文學的朋友當上了海軍翻譯。尤其是一位說中國話十分流利的朋友竟當上了對中國廣播的播音員。

每當聽到這類消息，就有一種被孤立的感覺襲來。我倒不是不想聽朋友的廣播，但到頭來還是沒有心情把收音機的開關打開。

當我的學生來告訴我，說要去北京廣播電台工作時，我不但沒有極力勸阻他，反而鼓勵他去。以下是當時的情景。

△ 北京廣播電台

進入 12 月，進攻南京的部隊進展極速，如入無人之境。昨天前進了 10 公里，今天又前進 5 公里。

他雖然對戰況的細節不大感興趣，可是在電車裏看到別人手中的報紙大字標題的報導時，又不時對敵人的無能表示不滿。

那天學校的課結束後，剛回到教員室，有人告訴他：「有一位畢業生要見你。」

迎面一看，是在廣播電台工作的 M。他在求學時期，由於過分用功，幾乎把身體搞壞了。現在卻臉色紅潤、體格健壯，一副出色穩重的紳士模樣。他很高興地說：「最近，北京開辦了廣播電台，我決定到那裏工作。好長時間沒來看您，今天特地來向您報告。」

M 在學校時，極熱心學習中文，近三年來，一直在廣播電台工作，但總讓人感到他的本領沒有充分表現出來。現在兩方面的機緣合起來，從這個意義上來說，是值得他高興的。

「這是件好事。」他說：「日清、日俄戰爭之後，有人在那裏試辦教育，但最大的學校學生也只有 280 名。我們的影響力很有限。而廣播卻能使幾百萬幾千萬的人聽到啊！」

他興致勃勃地談論了這項工作的意義。

「如果您在北京有熟悉的人，盼您給我介紹一下。」

聽到這話，他馬上寫了一張名片給在特務機關工作的H：「好久未見，很高興知道你身體健康、工作順利。現介紹一位早稻田大學畢業的學生M君給您，請多關照。」

M走後，他反覆咀嚼自己說過的話，感到有點不可思議。迄今為止，他從未對H所幹的事有過好印象。不過，自己用「高興」二字，似乎也不完全是假話。

M的來訪，使他的心境發生了巨大的變化。反覆分析後，他相信如果不進行各種廣泛而強有力的文化工作，是無法改變目前的緊張形勢的，這是第一點。另外一點是要解決事關吃飯的就業難題。

他始終認為需要一個大亞洲主義的新理論（不是說曾有過舊理論）。如果沒有這樣的理論，是會跟不上世界的步伐的，只能發生很少的改變。

△ 慶祝南京攻陷日

12月14日，M從東京火車站出發了。在寫着「日本廣播協會」的紅色、藍色旗子與寫有JOAK的紫色小旗之間，還飄揚着早稻田大學東亞協會的紫紅色旗。他熱烈地呼喊着「萬歲」。

這一天下午，在學校的大操場上，齊集了全校師生，舉行慶祝攻陷南京的大會。會後，他隨同一個同事去參拜了靖國神社，又沿着護城河走到了宮城前，見到一列列男女學生和其他團體組成的遊行隊伍，舉着旗子，絡繹而過。

因為給M送行的時間還未到，他便走到了日比谷圖書館。在這樣的日子裏，圖書館仍有很多人進來看書，他頗感動。在外面提着燈籠遊行的人群如火海一般，「萬歲」之聲不絕於耳。

晚上8點鐘，他離開了圖書館，經朝日新聞社向東京火車站走去。狂熱的遊行隊伍呼喊着「萬歲」，湧向各家報社。他又為自己無意加入這些行列而感到有點寂寞。

從車站回來，在一家小店喝了一杯飲料。出來的時候，他的想法又進了一步。

「對整個中國，日本必須負起責任。」這是他的校長在今天集會上講的話，對他是有影響的。在月台上，東亞協會的學生對他說：「M 君是幹部啊。現在到中國去的人都可以當幹部啦。」這話對他也有影響。他如是想：「如果說要讓日本人去領導中國，那就該讓那些熱愛中國的人去；像現在這樣，只讓一些粗暴的傢伙去是不行的。雖然同樣都是以權威去強制政策的執行，然而讓熱愛中國的人去，就會產生不同的效果。所謂恩威並施，只有瞭解中國、熱愛中國的人才能辦到。如果有這樣的機會，我一定要到中國定居。」

△ 重大的思想發現

1 月中旬，他們創辦的中國文學研究會的同人會議上，討論主題為將來的工作大計，在改造社工作的 Y 陪着剛從前線回來的同事 X 來到，談了一段他的見聞。

X 講完了以後，他就提問說：「南北方的老百姓有何看法？」對此，X 頗為意氣風發地侃侃而談，說北方人大多數都歡迎皇軍，可是南方人則對皇軍有強烈的反感，並且舉出一些實例為證。（這一點與他從書本上看到想到的推斷竟完全一致，他的內心有點洋洋自得。）

他們還談了很多東西。最後 X 說，無論如何總得要有一種對方可以接受的思想才是。對此，他表示完全同意。年輕的會員中，有人懷疑這不就是一種反動思想嗎？於是，他比 X 更努力地作出了說明：「這不是製造出來的，而是要去發現的真理。這必須是理性的，也必須是全部日本人和所有中國知識分子都能接受的真理。這種真理豈能說沒有，是要靠我們去發現的。已經發現這個真理的人，是現任的總理大臣。」

（這時，他的內心似乎想到：一流的雜誌必然會來約稿，但又不禁覺得自己的想法有點一廂情願。）

這便是他們的談話重心，至於工作計劃的問題一點也未談及，就到了吃飯時間。從會場出來，每個人的表情都顯得有些激動。一次會議能讓人們產生這樣的激情是甚為罕見的，討論政治問題過去在會中絕少發生。

△ 改良棉花的問題

《東大陸》的編輯 S 寫了〈事變現狀與華北開發中的諸問題〉一文，以「棉花問題」為例，提出了強硬的觀點。

「社會上，對日本干預中國政治有好壞兩方面的意見，我認為，僅是枝節上的干預是很差的。支那民眾本身，顯然是沒有發展自治組織的能力的。對此，從維持治安和領導民眾政治經濟生活方面來看，日本有必要給予充分的助力。……例如，以棉花問題為例來考慮。大家都知道，華北可以生產很好的棉花。另外又聽說日本計劃要在那裏種植美國種和印度種的棉花等等。……然而，以往那裏從未種植過這些優良的品種（其原因不僅僅是技術問題）。在這裏，技術指導當然是不可缺少的問題，但是首先也應該考慮到，這種技術不可能得到發展的社會的、經濟的原因。……」

讀到這裏，他又產生了一種新的想法。

本來，日本人的中國觀有以下三種：（一）不打敗支那的話，將來是可怕的（三宅米吉博士為代表）；（二）如果不維護支那的獨立，支那就有被瓜分的危險，這對日本也構成威脅，因此，希望支那獨立（近衛篤麿為代表）；（三）從自由主義與人道立場出發的對等觀。但從今後的發展趨勢看來，第三種態度肯定是會被放棄的。

中國在近代化方面，確實是落後了，這是一種宿命。中國和日本相比，差距是不小的。最可憐的是老百姓，他們處於軍閥和外國勢力的雙重壓迫之下。正如孫中山所說，次殖民地的境況比殖民地更壞。從這一點看，這次的事件說不定是值得慶幸的。

那種認為應該感謝中國古代文化的想法是錯誤的。同樣，對近代中國新興勢力作出過高的估計恐怕也是錯誤的。

中國即使今日被日本吞併，也和過去曾被蒙古、滿族打敗的情況不一樣。這是因為日本現在擁有優秀的文化（這些話是梁啟超、吳趼人講過的）。中國人民應該考慮如何與日本共存共榮地生活（就如熊襲人與蝦夷人存在於我們中間一樣）。

他雖然這麼想，但尚未把這些想法付諸行動。

△ 兩全其美

現在是一個拯救自己便能拯救全人類、至少是拯救東亞人的時代。

目前正是任何人都可以成為東亞的救世主的時刻！誰能成為這樣的人，即使並未擔任總理大臣，實際上比總理大臣更高明。（3 月 31 日）

△ 為了誰？

聽廣播是痛苦的。

—— 鹿地亘在漢口發表了抗日演說。

—— 在北京辦學校的一個日本人說，只要蔣介石政府還存在，就算是在四川深山極小的一隅，他也要到那裏去。

他也有同樣的心情。這倒不是因為不愛日本，也不是希望日本打敗，而是祈願中國和日本都不戰敗。

如果能以日本的戰敗來造就機緣，使日、中兩國的大政治家放開成見，聚在一起，共同奠定真正的「東亞永久和平之路」（正在放映《東洋和平之路》的電影）的話，他倒是願見日本戰敗的。（3 月 31 日）

△ 飛機

航研機（長程飛機）試飛成功了。—— 這樣一來，飛機不需中途着陸而繞飛地球一周的日子為期不遠了。

由此看來，今後若從東京出發去轟炸莫斯科甚或倫敦都是有可能的。

往後的世界將會怎樣呢？有人認為會因軍備一再擴張而導致世界性的破產，也有人認為由於戰果會更悲慘，戰備會無限制地擴張下去，彼此都因為畏懼而更敵視對方。

但是我〔他〕認為，在飛機的性能、技術以及勇氣各方面佔有優勢的國家，無論是否要經歷戰爭，都能統治廣大的地域。

除了飛機的性能和技術外，還需要勇氣。勇氣的有無，只有當中國的空軍也具有到日本國內轟炸的條件時，看他們敢不敢來試才可知道。

即使本來是征服者和被征服者的關係，但不久這種關係也將會消失。這從日本明治維新時期西南與東北之爭的結局來看就能明白。

現在日本的西南部與東北部出現了舊幕時代以來從未有過的互助合作。從東北的饑饉問題可以充分看出今日日本國內相互援助的事實。

* * *

崔承喜成為日本的知名人士是人所共知的。今後的中華民族大概也將如此復興吧。

現在展現在我們面前的事實，不得不認為是上述趨勢之一。（1938 年 5 月）

這樣 ——（後述）

這樣，他認識到日本征服中國的全面意義，在不自覺間，便一心一意地向着完成聖戰的目標邁進了。

為此，他連煙酒也戒掉了。

大家讀到這裏想必感到不快，我自己更覺得慚愧萬分，渾身一陣陣地冒着冷汗。研究現代中國的人，卻不自覺被政治口號所迷惑！竟至如此無知！

本想成為一個現代中國研究專家的我，結果卻和一般日本人的見識一樣！以前我曾認為，就算南京淪陷了，戰爭也不會結束。因為我知道國民政府早已決定，除了首都南京之外，還可以定漢口為陪都、重慶為行都。

可是，那時的我就連中國共產黨的力量達到甚麼程度都一無所知，既不知道有二萬五千里長征，也不知道有《八一宣言》；這類的史事，我是完全無知的。

我曾想瞭解一下中國人的救國精神，可是沒能做到。當時未曾料到中國竟可不敗。如果能料到這一點，雖然不能做到像鹿地亘先生那樣，也決不會寫出（像後面所懺悔的那樣）那些不知羞恥的文章。

由於認識不足，再加上軟弱與污穢的私心糾纏在一起，掉進了自我欺騙的悲哀境地中！

我在這裏公開發表這些醜惡的內心紀錄，對日本人來說是要知己之恥，對中國人來說是要表歉疚之意，目的是為了將來決不再有這種事發生。

我正是在內心世界發生着這種動搖的時刻，寫完了《中國人日本留學史稿》的後一部分。在此書的〈序〉（即單行本的〈緒論〉）中寫了如下一段：

> 日華兩國，迎送了數十萬名留學生！在派出國的中國來說，其目的、方法是否正確？派出的留學生有沒有完成他們的使命？另外，接收留學生（還在接收中）的日本，朝野人士是否也盡力做好了相應的準備呢？為了兩國的文化與其他的目的，難道不應該充分地反省這些問題嗎？……
>
> 雖然不算完全，但我總想可以全面和客觀地對此加以研究，一方面希望我國各界再作自我檢討，一方面也想促使鄰邦各界的反省。

在這本書裏，我沒有給出結論性的東西，說不定也是由於我當時的內心動搖所致。

這時候，由於我立場的錯誤，原來為表示我對中國的親善而寫的《留學生史稿》中，不但可以窺見我對中國的錯誤認識，而且還出現了一些令人吃驚的說法。例如：

> （關於出兵西伯利亞問題）留學生們造出種種的臆測（第 263 頁）；瘋狂地參加了抗日運動（第 329 頁）；等等。

由於《留學史稿》在《日華學報》上連載發表，因此在日華學會的推薦以及校方杉森孝次郎先生的極力支援下，我被選為外務省文化事業部駐支那特別研究員，準備前往中國。臨行前卻發生了一個問題。原來在我編纂的《現代中國文選》一書中，選了胡適的〈樂觀〉一詩，譚子豪的〈三月〉一詩中還出現了「普式庚」的名字，這都是警視廳認為有問題而需禁止出版的東西，聽說因此有人要橫加干涉。於是我決定停版此書，並買下了全部未售出的存貨，才得到了諒解。

到中國的目的是為了搜集有關留學史的資料以便完成留學史一書的寫作計劃。從 1938 年 9 月開始，用了整整一年的時間，以北京為根據地，走遍了戰火之後的天津、大連、瀋陽、哈爾濱、南京、上海、廈門、汕頭、香港和廣東等地。對中國人來說，我此行是件見不得光的事。更無法原諒的，是憑藉日本軍刺刀創立的新民會，竟然以「危險書刊」為名，從各大學圖書館搶來了大批雜誌和洋裝書籍藏在新民塾中，交予我整理。日本軍是把這些書刊視作抗日文獻而強行掠奪過來的。對我個人來說，我只是為了編寫中國雜誌創刊目錄而做整理和摘錄而已。不過，自己愈想愈覺得做了件對不起中國人的事。還有許許多多使我感到內疚的事。在新民塾整理書籍的時候，因為有些材料是需要從書裏抄下來的，因此就每天晚上借回去抄錄。那位「負責人」看到這種情況，就對我說：「用得着的話，拿去就是了。」我有點保留，最終還是帶了回去視為己有，這真是不能饒恕的事。戰後我想起了這件事，從賣給日比谷圖書館的書中找了出來，經館方的同意，把這批書歸還給中國。

在中國生活的一年裏，我一直住在中國人的家中，衣、食、住都是中國式的。我一心一意搜集書籍，北京固不必說，到其他的城市時，也是先去舊書店，走遍每個角落去查找書籍。我所收集的書籍種類是：

（一）東遊日記（中國人的日本遊記）；

（二）中國人學習日本語的書籍；

（三）日本書的中文譯本；

（四）西方人寫的中國古籍；

（五）其他有關現代中國文化的東西。

這些都是與留學史有直接或間接關係的，總共約有 4,000 冊左右。

這是後來發生的事，太平洋戰爭已經到了十分激烈的階段，東京幾乎天天受到空襲。正擔心着這些書可能會在今天晚上便被燒掉的時候，看到報紙的一角報導了日比谷圖書館正為學者疏散藏書的消息。我看了以後，馬上去找田中邦造館長，提出希望疏散我的藏書。他說，疏散的書必須由圖書館買下才可以……我當即同意了。這樣，才有了今日該圖書館的「實藤文庫」（約 5,000 冊）。文庫的書目發表在《日比谷》第 2 卷第 6 號上。

另外，我從中國回來後，為各種雜誌寫了不少東西。這些都是《留學史》的副產品——有關日中文化關係的。後來把這些文章結集成書，計有：

（一）《日本文化對支那的影響》，螢雪書院，1940 年。

（二）《近代日支文化論》，大東出版社，1941 年。

（三）《明治日支文化交涉》，光風館，1943 年。

這三冊書中所收的文章都是在完成《留學史稿》以後寫的，數量十分可觀，足以說明我已經變成百分之百的普通日本人（好侵略的日本人）的口吻了。請看一下當時的觀點吧：

《日本文化對支那的影響》序

歷時四年的皇軍奮戰中，犧牲了許多寶貴的生命。為使其具有真正的意義，在今後長期的經濟建設中，需要展開文化工作是不言而喻的。文化工作的推廣是文化發達國家對不發達國家應負的責任……

幸而，目前日本在整體文化方面，比中國優越得多，正因如此，從明治二十九年以後，中國才不斷地派來大量留學生……

事變以前，日本文化輸入中國是中國自願和主動的行為，而日本人卻對此漠不關心。今後對中國的文化工作，應一改過往的心態，由日本主動去促成。

這本書中亦有「文化工作」一章，其中有一篇以「寄語中國知識階級」為題的恬不知恥的文章。我很不想現在再來引錄它，只請看一下提要吧。

命運的悲劇

貴國百分之二十的人口是識字的，其中稱得上所謂知識階級的人究竟佔多少，我不得而知。號稱「地大物博」、擁有四億人口的貴國，最暢銷的一流雜誌，發行量也沒有超過10,000冊。由此可見，你們這一階級的人數遠比日本為少。即使如此，你們卻仍是貴國的領導力量。連蔣介石也為你們的意見所左右，不是嗎？

先是奉承了一番，接着寫道：「如果把思想比為頭、經濟為腹、軍備為上肢、交通為下肢，那麼，使人感到中國就像頭和上肢粗大而腹和下肢細小的不能獨自站立的畸型兒。」並且還極為無禮地說：「作為頭部的知識分子，已經失掉了冷靜，變得暴烈萬分的樣子。」又說：「對貴國近代文化感興趣的我，不能不把個人在研究過程中檢到的，對你們有利也對我們有用的東西奉告。」這都是一些和「近代文化」的研究扯不上半點關係而又極其傲慢的胡言亂語。

我還講到：「中國之所以落後，是由於它的文化優越感使然。這對於傳統文化比較發達的國家來說也許是無法避免的宿命，而在你們中間，目前還有些人殘存着這種優越感，這難道不是『面子』觀念在作祟嗎？我可以舉一個例子——你們拒絕接受『支那』稱謂，但明治時代你們中國人自己也稱『支那』。」我引《鴻跡帖》（第29集）為例證，指出支那和中國是同義語。故此我們有時用「支那」

這一稱謂，有時就用「中國」。我更斥問說：「你們強行要求別人對自己用一個固定稱呼的做法，不正是『小兒幼稚病』的面子在作怪嗎？」

其後，我寫了〈支那即中國〉〔收入《近代日支文化論》一書中〕，作了一個模棱兩可的議論——中國人啊，討厭被稱為支那是錯誤的；日本人啊，因為中國是固有名詞，難道我們不該使用它嗎？

接着，我引了《留東外史》，在這部小說中，寫的是中國人喜歡日本女子而憎恨日本男人的故事。這正是因為他們對日本人缺乏研究才造成的。我引用了戴天仇著的《日本論》的開首部分來作說明。

在談到「錦繡河山」時，我臚列了前面引用過的日記中那些夢囈之言。

最後是引述康有為《大同書》中「破國界」的說法：

> （康有為）訂正說：「近頃飛船日出，國界日破，大同之運，不過百年。」這亦是一個卓見。你們大抵也聽聞過吧，我國的「航研機」〔長程飛機〕越過太平洋並橫越美洲大陸而猶有餘力。我們確信，在不久的將來，即能繞飛地球一周。因此他那近乎空想的大同世界也並非不能實現。至少東亞聯合是必然的，難道我們不該早日建立一個理想地區，樹立一個互通有無的東亞嗎？

就這樣，我完全變成了軍部的一個吹鼓手。現在我又把這些不堪重讀而極為失禮的文辭重引出來，不過是想說明當時的我，是拿中國人來做對手，寫給日本人看的。如果真的當着中國人的面說這些話，一定當場被駁得灰頭土臉，無地自容。

當時除了寫文章外，我還幹了一件內心有愧的壞事。「蘆溝橋事變」爆發後，有一位姓葉的留學生，因為急於回國，把他的兩件行李、組裝的書箱和洋傘託我代管，我馬上答應了。可是後來形勢逐漸惡化，正當我感到自身處境也有危險的時候，汪兆銘的機關在東京成立了。於是我急急忙忙地把葉君的東西也交給了他們。這些行李我雖沒打開過，但大致也想像得到其中是些甚麼書。我這種行為，猶如將朋友出賣給敵人一樣可恥。

長時期搜集資料而成的中譯日文書目錄，於 1945 年由國際文化振興會以「中譯日文書目錄」為題，作為非賣品出版了。其〈序文〉和〈後記〉都被譯成了中文。這是作為日本的「文化工作」之一，為了給中國人看而印製的，所以大部分都發到中國。不過，聽說這些書在運送途中卻變成了美國潛水艇的獵物。

那時，我隨動員起來的學生去軍需工廠搬貨，拆除強行疏散後的房屋，挖上野的防空壕，挖松芝公園的黏土，修建立川機場的掩護堤，為日本鍛工、三鷹航空提供支援，以及修築相模湖的水壩等等。而且我對學生們做了大量的鼓動工作，自己常常枵腹從公……

白費勁，戰敗了！不會再有空襲了，可以放心了。然而自己還是若有所失。以前所想所寫的，大部分是錯誤的，不過當時還沒有意識到罷了。我首先想到的是中國大概不會再派學生到日本來留學吧。這樣，似乎就沒有必要再為「說服兩國朝野各界」而進行留學史的研究了。於是這項研究停下來了。

戰爭末期，由於家屬都疏散了，我請安藤彥太郎一起同住。從他那裏，我得到許多啟發。

我們兩人商議了許久，終於決定要出版《新中國》雜誌，還請石濱知行先生給予協助。由於石濱先生的建議，我們邀請到岩村三千夫先生加入到編輯陣營來，又得友人內山基的幫助，促成由實業之日本社出版。這是一份橫排本 32 頁至 66 頁的雜誌，有時出版特刊，一直出到第 19 期。如果不是橫排本，有可能會繼續出版下去，但因橫排的關係，便壽終正寢了。

出版《新中國》的時候，平野義太郎先生和石濱知行先生等成立了中國研究所，我也成為了會員。這時，我又像做噩夢般產生了一個疑問：日本人為甚麼一定要研究中國？我問了一些人，得到的回答是：從經濟上（例如鐵的供應）考慮，日本是不能不和中國交往的；但這樣的回答，我總覺得難以令人信服。

戰後的中國，內戰仍持續着，中國共產黨的軍隊最終把國民黨軍隊趕到了台灣，1949 年中華人民共和國誕生了。這對我是個極大的震動，這個震動終於解決了我的「為甚麼日本人必須研究中國」的疑問。

但隨之又有新的問題。中國在戰爭以前是落後於日本的（我這樣認為），而現在卻比日本進步了（我也這樣認為）。這一所謂「後來者居上」的原因何在？這是中國研究同時也是日本歷史研究中最重要而迫切的問題！

帶着這個疑問，我和中國的朋友相互交換了書籍和雜誌。我和一些友人因此得以很快地把入手的新小說《蝦球傳》、《四世同堂》等翻譯成日文，介紹給日本的同胞。在翻譯《四世同堂》的過程中，我多多少少發揮了組織翻譯團隊的角色，尤其為找到第三部原著而付出了相當大的努力。這是因為作品中的中心人物瑞宣，在家與國的矛盾中掙扎而感到痛苦的情況，與開戰一年間我經歷過的痛苦十分相似，縱使彼此的方向有所不同。

解決「後來者居上」問題的日子終於到來了。那是我讀了史沫特萊的《偉大的道路》一書以後才明白的。這本書寫的是朱德自少年時代開始的事蹟，它使我知道了在四川省山區還留存着太平天國的精神，中國人民解放軍就是當年太平軍的現代版，著名的「三大紀律」與「八項注意」實際上也是太平天國的遺產之一。

1955 年，郭沫若率領中國學術訪問團來到日本。他在早稻田大學作了「中日文化之交流」的學術演講，他說：「日本近代從西方引進了許多文化，但也輸入了一個無益的東西，那就是侵略主義。」這句話給了我很大的啟發。

這時我才懂得，儘管明治以來日本走在前面而中國落後了，但是這場戰爭並不是把它逆轉了。中國有許多我們不瞭解的優點從遠古時代便傳承下來。這些優點，過去已有，現在仍存。目前日本是無法趕上的。

另一方面，日本也有比中國先進的地方（譬如工業）。戰前如是，戰敗的今天亦然（周恩來曾說過，日本的工業要比中國先進 100 年），中國今日也是很難追上來的。

這些不同之處，正是過去我所寫的「整體文化」是不能從數量上進行比較的。故此，「後來者居上」的命題是不確的，應該是各個文化各自擁有本身的特色而發展起來。

我終於明白了這些問題，於是認識到在向中國重新表示敬意的同時，不能因為日本軍國主義的暴行而對日本的一切都加以否定。

我認為，直到江戶時代為止，日本人是一心嚮往中國的。從甲午戰爭到太平洋戰爭結束期間，日本人的心態有了 180 度的轉變，一心蔑視中國。戰後，日本國民一般對中國是友善的（政府則不然），其中有些人更主張向中國「一邊倒」。

無疑，蔑視中國是不對的，但向中國「一邊倒」也是不行的。我認為應該總結過去失敗的教訓，用歷史的眼光來考慮問題，從而建立起新的日中關係，即「走上一條不卑不亢、互相幫助、平等互惠的日中友好之路」（與實藤遠合著《亞洲之心》的總結）。

我決定重拾放棄已久的「留學史」研究，是在這種態度明確之後的事。以前的研究是作為日本教育史的一部分來展開的，現在則是作為中國近代史或中國革命運動史的一部分來撰寫的。但從具有近代日中文化交流史的性質這一點來說，二者倒是一致的。

這項研究所用的主要資料，是日比谷圖書館「實藤文庫」中 5,000 冊左右的圖書；此外，可以作為此項研究重要資料的有：在《史稿》成書以後的《中譯日文書目錄》（1945）、《中國雜誌創刊目錄》（未刊本）、《邦書漢譯年表》（未刊本）、《中國人日本語學習書年表》（未刊本）和《東遊日記年表》（未刊本）等。《史稿》中雖有不少錯誤的觀點和失禮的話，但作為資料還是有不少可用之處的；對於材料的取捨，我也是煞費苦心的。

以下謹供讀者諸君參考。本書的第一章是將《史稿》的第一章和第三章壓縮至三分之一而成；第二章是將《史稿》的第四章至第十章壓縮改寫而成；第三章以後基本上是「新作」，也有一些是從《史稿》中摘錄而來的。留存在《史稿》中的資料還有不少，例如一個個日本教習的名字……

最近，中國方面出版了《中國近代史資料叢刊》多種主題的史料集，像《民報》、《雲南》這樣難以見到的資料也影印出版了。如果要全部看過以後才寫書的話，恐怕一輩子也不行。「實藤文庫」所藏的主要是留學史的資料，我認為只是利用這些資料作為引玉之磚先拋出去寫成此書亦未嘗不可。這是因為考慮到若不及早出版，我的書很快就會落後於時代的步伐。

寫這本書時，我尤其期待着，除了得到日本讀者的批評外，更希望得到中國讀者的批評指正。

更進一步說，我自問曾做過一些對不起中國朋友的污穢事，為此我必須向中國人誠心道歉，以此作為先決條件出版我的著作，於是便寫了這篇冗長的後記。

在編寫此書的過程中，我得到了高楠順次郎、唐寶鍔、原口統太郎（新吉）、松本龜次郎等數十位老師及前輩的指教，並蒙日比谷圖書館、早稻田大學圖書館、京都大學圖書館和天理大學圖書館等給予便利，使我能充分利用其所藏資料。

出版這本銷量不會太多而成本高昂的書，我有幸獲得早稻田大學的資助。使我更感到高興的是黑潮出版社同意此書可用目前少用的橫排本形式出版。

我亦得到藤井駿一氏和橫山宏君對本書校對工作既認真又熱情的參與和協助。

謹對上述各位的盛情厚意表示衷心的感謝。

實藤惠秀

1960 年 3 月 1 日

於早稻田大學教育學系研究室

（六）實藤惠秀先生的生平與學術旅程
——一個真正日本人的中國心

譚汝謙

一、困乏中成長

1896年5月13日，實藤惠秀出生於日本廣島縣一個偏遠貧困的山村，幼名「嘉一」。就在嘉一出生這一年，亦即中國甲午慘敗翌年，清廷派遣13名學生赴日留學，這是破天荒的行動，因為綿延二千年的中日文化關係史開始逆轉。自漢唐以來，都是日本學生和「學問僧」歷盡千辛萬苦、乃至冒生命的危險，來華留學。華夏文明在日本被奉為至寶。如今，甲午一役使中國人痛定思痛，放下二千年老大帝國的身段，願意派遣留學生赴日取經，尋找現代化的奧秘。大清帝國的學子前來日本留學這件事，使日本朝野上下驚喜不已、自豪不已、歡樂不已！但是，中日關係的逆轉，尚未引起嘉一家族的注意，因為他的祖父是佛教淨土真宗的和尚，在貧瘠的島根縣傳道，備受當地民眾尊崇。實藤家族誠心禮佛和務農，沒有關注彼岸中國的事情。小小年紀的嘉一，亦以實藤家族出現知書識禮的佛教僧侶為榮，經常要求比他年長十歲的大哥及其他長輩一起玩「我是和尚」的遊戲，由他向他們循循講經說教；很明顯，這個小孩子的智商有點早熟。其實，嘉一很早便成為家鄉廣島縣本願寺派長善寺的信徒，經常獨自前往長善寺誦讀佛經，嚮往極樂淨土的佛教世界，希望擺脫貧困鬱悶的山村生活。小學畢業後，嘉一沒有升讀普通國民中學，毅然前往長善寺受戒為僧，接受僧侶的教育，取法號為「惠秀」，而該寺對聰敏的惠秀寄予厚望。

在長善寺經過幾年的僧侶修行，思想早熟的實藤惠秀還是忘懷不了寺外風雲變幻的大千世界，特別是第一次世界大戰後的日本，民主思潮澎湃，政黨政治興起，明治時代的藩閥專制開始式微，「大正德謨克拉西」活躍起來，全國各地興建鐵路、學校、公共圖書館，報章雜誌如雨後春筍，國民的物質和文化生活大大提高。反觀鄰邦中國在辛亥革命後，社會則異常動亂，內有軍閥割據，外有帝國主義不斷入侵，生靈塗炭，民不聊生，不少中國知識分子在痛苦中摸索前路，為建設新的中國而努力。中日兩國的情勢變幻，引起了惠秀的興趣，於是他決定破戒還俗。當時，實藤惠秀領悟到學海無涯，佛法無邊，但是面臨人生哲學的一大問題：作為一個人，如果沒有確立事業基礎，就只能沿門托砵，俯仰由人，在世上就不能安心立命，這個人拿甚麼對人說教傳道呢？於是，1919 年實藤毅然離開廣島縣長善寺，前去數百里外的東京，入讀高輪中學初中三年級，那時實藤已經 23 歲，比同班同學年長約七八歲。1921 年實藤入讀剛成立的早稻田大學附屬第一高等學院（以下簡稱早大一高），接受高級中學和大學預科的教育。在早大一高讀書時，實藤原本打算主修日本文學。一位老師告訴他，「要學好日本文學，首先要學好支那語（漢語）。不懂支那語，無論如何也學不好江戶文學的。」因此，除英語之外，實藤選修「支那語」為第二外國語，開始學習漢語。

1923 年實藤在早大一高畢業，考入早稻田大學文學院剛設立的中國文學系（「支那文學專攻」），成為早大中文系最初的學生之一。當時日本國勢如日中天，而中國苦於內憂外患，國力衰弱，中國文學在日本的高等院校成為冷門學科；早大也不例外，與實藤同系畢業的同學只有一人。1926 年，實藤畢業後，早大當局感到中國研究學系生源奇缺，索性撤銷該系，不再招生。早大的決定使重視學統的實藤感到失落，因為在早大中國研究的學統中，他既是第一屆畢業生，也是最後一屆的畢業生，在二戰前處於「前不見古人、後不見來者」的境地，失落之情可以想見。但是，實藤並不感到難過和失望。他說：「在大學的三年間，我雖然學習了中國文學，但和我起初的願望多少有些不一致。除了音讀部分是青柳先生擔任的《紅樓夢》以外，其他則全是古代作品的訓讀了。」他回憶說：「我的畢業論文題為〈支那志怪小說所表現的命運觀〉，看上去範圍很廣，其實不過是以《聊齋志異》為中心，旁及六朝神仙小說而已，可以說是名實不符的。」

在早大中文系三年裏，實藤還是獲益匪淺的。他「起初的願望」是甚麼呢？就是不但認識傳統的中國，也要認識當代中國，特別是中國人的苦難、奮鬥，以及中日友誼互動的實況。三年下來，雖然艱辛，但得到名師的課外特別指導，這些願望多少還是達到了。

實藤在回憶「兩三件難以忘懷」的事時，第一件是片上伸教授讓他讀到《語絲》——一本來自中國的、剛出版的白話文雜誌。當時日本的主流社會，若是喜好中國文學的，就必然偏重古典文學，特別是古代的詩詞歌賦和文言文；對很多日本人來說，五四以來的中國新文學是不值一顧的。但是，實藤的想法完全相反。他十分看重《語絲》這本雜誌，認為這本雜誌啟發了他對中國的新思維。他說：「對一般中國人來說，讀到《語絲》雖然是件小事，然而對我以後前進道路影響卻是巨大的。」從此，實藤不但從中國古典文學的渠道認識中國，而且通過白話新文學去瞭解中國和中國社會文化。第二件是片上教授送給他很多中國新文學的譯著。他回憶說：「其中有：魯迅譯的《一個青年的夢》、《愛羅先珂童話集》，周作人譯的《現代小說譯叢》、《點滴》，胡適的《中國哲學史大綱》、《嘗試集》、《胡適文存》第一集，此外還有《文學研究會叢書》等等。在這些書封面上，大部分都署有『片上先生惠存』字樣。我當時雖然年輕，但要搬這麼多書也着實費了很大的力氣。」這些白話文的讀物，在當時的日本是不容易得見的。實藤認為這些讀物給了他一個重要的渠道，可以更確切瞭解中國實況，尤其是當代中國人的心路歷程。第三件使實藤難以忘懷的事，就是早大一高校長中島半次郎的一席話。這位中島校長，曾在 1906 年到 1909 年任教於天津北洋師範學堂，由於與中國人多有交往，同情中國當前的困境，以及瞭解中日關係的危機。中島校長對實藤說：「聽說你在學習支那文學，不過請不要只是研究，還要創造出以支那為題材，特別要創造有日本人和中國人登場的文學。」實藤承認「這句話對我以後的成長也是很有啟發的⋯⋯。在我以後研究留學史的過程中，逐漸有所領悟。」實藤知道自己沒有小說家或詩人的才情，但作為學術研究者，編寫一部波濤壯闊的中國人留學日本史，不就是中島校長所指「創造有日本人和中國人登場的（廣義上的）文學」嗎？

當然，實藤對苦難中的中國的興趣愈來愈濃，不顧惡劣的環境，逆流而上，除了恩師的開導之外，還有自身因素。他解釋說，「其所以被中文的魅力所吸引，除了從內心喜歡中國和中國人之外，可能和我在高小畢業之前就常去寺廟照本宣科地念經書有關。」也就是說，血氣方剛的實藤一旦立定認識中國的決心後，就像一個入定禪僧，哪怕「上窮碧落下黃泉，兩處茫茫皆不見」，他還是邁步向前，永不言退，亦永不言悔。

1926 年早大畢業後，實藤受聘為母校高輪中學的教員，立馬趁暑假之便赴中國遊學。他到瀋陽、北京、天津、濟南、青州、青島等地，拜會一些老師宿儒，更重要的是親自選購了一些中國新文學的作品，例如魯迅的《吶喊》（第四版）、張資平的《飛絮》、徐祖正的《蘭生弟的日記》等，都是 1926 年剛出版發行的。實藤是個非常勤奮、實事求是的人，因而對他自己的漢語水準，要求甚高。他坦言，「在這次旅行中，我第一次講中國話就能使人聽懂，感到十分高興。不過，覺得中國人講話很快，我還是聽不懂。」於是，在北京旅遊的三個星期裏，聘請了兩位中國老師給他補習漢語，同時學會了漢語注音。由此可見，身為早大「支那文學專攻」畢業生的實藤，不再沉迷於四書五經和日本傳統漢學的研究，開始研讀中國的白話文學，要求自己能夠與當代的中國人溝通交流，立志從全方位角度認識中國的歷史和文化。這些行徑和思想取向，在當時的日本是個異數。

從中國旅遊回國後，實藤繼續在高輪中學任教，每週上課 41 節，忙得不可開交，依然抽閒自修漢語，研讀中國新文學作品，並開始收集中國留日學生及中日文化交流史料，計劃起草中國人留學日本史。1928 年實藤受聘為早稻田大學附屬第二高等學院講師，授課時間減少，每天下午 3 時後便可放學回家。於是，入讀東京外國語學校的夜校，專攻「支那語」，1930 年畢業。那時，實藤已經 33 歲，而且在學術界漸露頭角。1935 年晉升早大附屬第二高等學院教授，1949 年改任早大法學院和教育學院教授，直到 1967 年依例從早大榮休，他與早大的關係，如果連五年的學生時期也計算在內的話，長達 46 年之久。

二、戰時思維紊亂

誠如余英時先生所說，「史學、史家與時代，都有密切的關係，沒有一個歷史學家可以完全脫離時代。」實藤惠秀在他三四十歲青壯年期間，正值日本軍國主義瘋狂侵華時期（1931-1945），雖然懷有一顆善良的心，保持對華友好的態度，但也未能完全逃脫軍國主義的荼毒和控制，更不能超越時代的影響，其思路變得紊亂起來。

在談論實藤紊亂的思路之前，讓我們瞭解他原來是如何看待學術研究的。在 1931 年日本大舉侵華之前，他一直認為學術研究是一門科學，而他自己嚮往科學家的實事求是的態度。他在日記記錄了如下的信念：

> 因為自己是日本人，自己的中國研究，首先是為了日本，同時也是為了世界。對日本有利的東西，並不一定是從出發點開始就考慮「為了日本」才產生的。即使是兩國間的事，倘若不是用極冷靜而科學的立場來對待的話，就不可能得到真實的知識；若不是真實的知識，就不能對自己的國家有益。……從這個觀點出發，展現在（我）眼前的任何事件都應該是研究的對象，而不應該有好惡的感覺。

我們檢視實藤的著作，即使有關中日兩國比較敏感的課題，也大都顯示了這種學術態度。

不過，1931 年「九一八事變」（「蘆溝橋事變」）後，日軍大舉侵略中國東北，此事給實藤帶來十分重大的衝擊，日本政府和媒體發動的宣傳也鋪天蓋地而來，極盡顛倒是非黑白之能事。對此，實藤這樣慨歎：

> 數十年來，人們總是說「日支親善」、「同文同種」、「唇齒相依」等等，然而事變一發生，卻又突然改變說「貪婪暴戾」、「鬼畜支那」了。……令人感到過去幾十年講的盡是騙人的大話。稱之為「敵」，卻不發布「宣戰公告」，又說以「軍閥」、「共產勢力」為敵，不以百姓為敵——這是戰爭的進步還是退步呢，武士道又是進步還是退步呢？……從這次事變看來，不能不感到武士道精神被糟蹋了，甚至也不能不懷疑古時的武士道是不是也是這樣（糟糕）。

實藤不滿日本軍國主義的侵華行徑，敢於直斥他們糟蹋了武士道精神，這是戰時日本十分罕見的事。但是，在強大的國家機制面前，作為一個知識分子，他又感到回天無力，於是決定封筆。「這段時期，有些雜誌請他（實藤）寫點東西。但有關事變的，他一概都不想寫。」不過，有些由軍國主義政府攤派下來的任務，還是不得不做的，例如帶領學生充當「勤勞仕奉」志願工作者，為政府的工程無償勞動，表示「忠君愛國」。

1937年夏天，實藤最終還是頂不住來自上層的威逼利誘，經不起早大出版部門的催勸，他寫了〈支那與教育〉一文，刊登於《早稻田春秋》第9卷第4號（1937年8月）。他在這篇文章中檢討中國當代教育狀況，對於過分熱衷西化而不普及愛國教育，提出尖銳的批評：

> 從整體教育來說，不能不說是變態的、病態的和不健全的。看來，國家的強弱大體上建立在教育的基礎上。北支事變（1937年7月7日「蘆溝橋事變」）爆發後的7月19日，蔣介石在廬山發表的聲明中，有四次提到「我們是弱國」，這是很自然的。在這點認識上，我認為日本國民應該感激我國的普及教育，今後也必須努力使其永不衰退。

實藤的邏輯是：清末民初的中國，一味追求西化，淡化愛國教育。於是中國人變得不愛國，結果使中國淪為「弱國」。言下之意，這是自作自受、活該。

從發表上述文章開始，隨着時局變遷，特別是用糖衣包裝的「大東亞共榮圈」和「大東亞新秩序」等政策出台後，實藤也就結束自我封筆的行動，發表時論文章，反映出其對華的思路愈來愈紊亂。引用他自己的話，從這個時候開始，「以後就慢慢地、逐漸地掉進了自己欺騙自己、自己說服自己的泥淖中。」最後，他不得不坦誠懺悔「我自問曾做過一些對不起中國朋友的污穢事，為此我必須向中國人誠心道歉」。

實藤所做第一件污穢事、必須向中國人誠心道歉的事，緣於 1938 年 9 月接受庚子賠款的資助，成為「外務省文化事業部特別研究員」，到中國淪陷區調研，為期一整年。他以北京為基地，先後前往天津、大連、瀋陽、哈爾濱、南京、上海、廈門、汕頭、廣州和香港等地考察，目的是收集有關中國人留學日本的史料，以便完成其《留日史》一書。在這一年內，他搜購了四五千冊圖書，運回日本。不過，除了收集學術研究資料之外，他奉命以日本政府「特別研究員」身份，整理漢奸組織「新民塾」圖書館內的「危險書刊」。這一大批中文期刊和洋裝書籍，都是日軍聯同偽軍從各大學圖書館查禁得來的。按照當年日本侵略軍在淪陷區的管理條例，凡是有反日言論或共產主義思想的書刊，一律列為禁書。實藤沒有詳細交待如何「整理」這些「禁書」，這些「禁書」的最後命運，大概也不是實藤一人說了算的。值得一提的是，實藤卻因利成便，完成了《中國雜誌年表（1）》（與齋藤秋男合編）及《中譯日文書目錄》。據實藤的回憶，「對我來說，我只是為了編寫中國雜誌創刊目錄而做整理和摘錄而已。不過，自己愈想愈覺得做了件對不起中國人的事。還有許許多多使我感到內疚的事。」

還有一件涉及私德問題的污穢事，更令實藤惠秀內疚不已，二三十年來一直耿耿於懷，立意向中國人誠心道歉。事緣 1939 年至 1940 年間，實藤特派員趁在中國淪陷地區的「新民塾」圖書館調研時，為撰寫《留日史》和其他有關研究之用，取出不少書刊，包括：

（一）中國人的日本遊記；

（二）中國人學習日本語的課本；

（三）日文書的中文譯本；

（四）西方人用漢語編著的圖書；

（五）其他有關中國現代文化的書刊，特別是中國的期刊雜誌。

這些借書，實藤用後大都歸還。但是，其中有 29 冊，他私自帶回日本，據為己有；後來這些書刊成為東京都立日比谷圖書館「實藤文庫」的藏書。連同實藤從中國購買的四五千冊圖書，使「實藤文庫」成為研究近代中日文化關係史的寶庫。但是，實藤一直沒有寬恕自己偷竊的失德行為。

最令實藤惠秀難過和後悔的是：他在戰時發表了一些中日關係的言論，間接直接支持日本軍國主義倡導的大東亞共榮圈。這些言論收集在下列三書中：（一）《日本文化の支那への影响》（東京：瑩雪書院，1940）；張銘三譯《日本文化給中國的影響》（上海：新申報館，1944）；（二）《近代日支文化論》（東京：大東出版社，1941）；（三）《明治日支文化交涉》（東京：光風館，1943）。

實藤的時論，被認為是對中國人所做的「文化工作」，其論據大都十分淺薄，沒有說服力。例如，他曾站在專家學者的高度，說：「現在我們日本的總文化，處在中國的上位，唯其如此，所以自明治二十九年（1896）以來，中國不斷派遣多數留學生渡日。」至於所謂「日本的總文化」是甚麼，他含糊其辭。還有，中國留日學生大都具有留學救國情懷，他們忍辱負重，身處惡劣處境中努力學習，實藤是最清楚不過的。至於中國傳統文化的魅力及其對日本的影響，實藤也是明白的，可是他始終沒有客觀地說清楚。

戰時的實藤認為他的對華主張是溫和的、科學的，並非擁護日本赤裸裸的軍國主義。他雖然沒有刻意炮製和發表侵華辱華的言論，卻在日記中流露出自己十分紊亂的思路：

（中國國內）有熱愛這塊土地的民族，也有破壞這塊土地的民族。……中華民族是如何對待這塊土地的呢？很遺憾，不能說是愛護。他們講「錦繡

> 河山」；其實，「荒野」若能耕耘好，應可算是錦繡吧！但中國的「山」，很可惜多是禿山；「河」也因此時時氾濫。這樣子是自然造成還是人為的呢？現在，只要憑人類的努力，禿山也可以綠化成林，這難道不是科學帶來的進步嗎？因此，從彌補不足、幫助後進的意義出發，日本向大陸的「進入」，應可認為是「天意」吧？

實藤確實不滿有些中國人暴殄天物，肆意破壞生態環境。他恨鐵不成鋼，以為這種開罵調侃是出於對中國錦繡河山的愛護；更誤以為由日本對中國環保事業給予「幫助」或「彌補不足」，就是一番好意。他進而主張「日本向大陸的『進入』，應可認為是『天意』」。如此罔顧中國的國家主權，這不是強盜的邏輯，又是甚麼？

實藤還想通過「辯而明」的方法說服中國人認同他那似是而非的歪理：

> 無論是黃河還是長江，從幾萬年前起就這樣地流着，稱它們為黃河、長江，也是幾千年前的事了。但江、河本身卻和這些稱呼沒有甚麼關係，因為它們幾萬年來就是這樣流着的。這些（河流）並不是專為哪個民族（而存在）的⋯⋯平心而論，這些江河既可稱為「富士川」，也可稱為「Long River」，還可以用其他名稱來稱謂。也許以前就有過江河以外的叫法。⋯⋯然而，這並不是說以前已經劃分好了的地方，現在就可以隨便地奪取過來。人類應該像「辯而明」那樣求得進步；（過去）靠武力來奪取，正是因為人類尚處於進步的過程中。

上述自說自話，實藤假科學之名，為日本侵略中國而辯護。實藤進而推銷他的「世界經濟學」：

> 地球上的人類應當平等地利用地球上的一切資源。人與物的關係應該科

學地進行探測，並且經過理論上的爭辯來加以界定。要發展經濟學的政治理論，便有必要創立「世界經濟學」。因為地球是屬於全人類的，說從哪裏到哪裏是屬於某一民族的國土，這只不過是被地圖上的顏色所迷惑的近視觀點而已。地球上的「動產」(如都市、道路、運河、萬里長城等)，可以算是屬於從事建設的民族，可是土地本身則不然，應該是屬於全人類的，愈往下挖，這一道理就愈清楚。

其實，對於實藤的「世界經濟學」，愈是向下挖，讀者就變得愈來愈糊塗。不知道當時實藤是否同意把「富士山」改名為「中華山」或「Mt. Korea」，又是否容許外國人打着地球資源共享的旗幟，到東京市中心挖地道、興建步行街、無償經營商舖呢？

對於自己戰時的荒謬的言論，實藤在戰後感到十分慚愧。他不斷認真自我批判，承認「(作為)研究現代中國的人，卻不自覺被(當時的)政治口號所迷惑！竟至如此無知！(一心想)成為一個現代中國研究專家的我，結果卻和一般日本人的見識一樣！」

三、參加親華組織：中國文學研究會

話得說回來，戰時思路變得紊亂的的實藤惠秀並非與日本軍國主義者一般見識。他參加了日本青年進步人士竹內好、武田泰淳、增田涉、千田九一、岡崎俊夫等人在 1934 年成立的「中國文學研究會」，成為中國本土以外第一批熱愛中國新文學的中堅分子。研究會成立時，竹內(1910-1977)和武田(1912-1976)等人還是東京帝大文學院「支那文學系」的學生，實藤比他們年長十多歲，而且已經是早稻田大學系統內的教授；日本社會重視輩分，因此在這個團體內實藤備受尊崇。竹內好對實藤的評價甚高，在其日記中曾這樣記述：每次研究會的例會上，實藤總是談論中日文化交流的史料，「即使是雞毛蒜皮的事，他都津津樂道。事無大小他都知得一清二楚，每每動人心弦，教人感動。」

除在特殊情況下，實藤和這批年青的日本文化人都拒絕跟隨日本主流社會稱中國為「支那」，堅持使用「中國」這個稱謂，表示對中國的尊重。在日本軍國主義加緊侵略中國、並加大力度全盤妖魔化中國社會文化的時候，實藤和他的朋友積極論述和譯介中國新文學，給日本讀者提供有關中國正面的、有建設性的、充滿希望和溫情的訊息。例如，在1937年「蘆溝橋事變」前，實藤發表〈魯迅與轉變〉一文，簡介魯迅的文學思想及其反戰的決心。事變後中國展開全面抗日戰爭，實藤開始翻譯謝冰瑩（冰心）的《從軍日記》，打算分期刊登。正如岡崎俊夫所說，他們希望通過正在成長中的白話文學「去接觸新中國的氣息」，同時坦言已經實實在在「嗅得了新中國的體臭」。因此，當時在中國本土還是毀譽參半的新文學作家，卻備受他們的尊崇，「魯迅、郭沫若、郁達夫成了我們的哥德、我們的陀思妥也夫」，「中國文學研究會中，沒有一個人是為這場（侵略）戰爭感到高興的；有些人對興致勃勃地談論戰爭的人表現出無法掩飾的憎恨」。

實藤和中國文學研究會的朋友，不但對苦難的中國寄予同情和希望，更敢於集體抗拒日本軍國主義的統戰和籠絡。他們拒絕與日本軍部情報局指導和監督的「大日本文學報國會」合作，不參加該會召開的三屆「大東亞文學者會議」，因為主辦者「意圖建構以日本『道義文化』和『皇道精神』為中心的『大東亞文化』，塑造『大東亞』認同，強制規範（淪陷區）各地文學的發展以服務戰爭」。故此，生活在軍國主義的鐵蹄下，身陷險境，實藤等研究會同仁雖然走了一些彎路，思想一度陷入紊亂，還是能夠堅持公義，並且巧妙地進行公民抗命，拒絕與軍國主義政府合作，從側面揭穿所謂「大東亞共榮」的假面具。

四、中日友好的拓荒工作

如前所述，實藤惠秀在戰後不斷反省自己戰時錯誤的行為和紊亂的言論。同樣重要的是通過多種具體行動顯示痛改前非，帶頭推動中日關係史的反思和重估工作，對日本社會發生一定程度的影響。以下略舉數例，說明他的拓荒工作。

首先，1960 年 3 月，實藤參加由日本著名詩人、語言學家和日本藝術院院士土岐善麿（1885-1980）為首的「中國文字改革視察日本學術代表團」訪問中國，受到中國語言學界、特別是中國人民對外文化協會楚圖南會長、中國的「日本通」孫平化、蕭向前等代表中國政府熱誠接待。出發之前，實藤說服東京都立日比谷圖書館（土岐善麿兼任館長），從「實藤文庫」取出前述 29 冊從中國掠奪的書刊，加上 20 多冊從中國非法得來的圖書，一共 450 冊，分由 64 歲的實藤和 75 歲的土岐二人，從東京拉到北京，終於隆而重之、誠誠敬敬地歸還這批掠奪得來的文化財產。在交還儀式中，實藤「兩手發抖，全身冒出冷汗」，使中國政府代表（包括北京圖書館一位副館長）和在場觀禮的中日人士為之動容。回國之後，實藤發表文章呼籲日本歸還從中國掠奪的文化財產，包括圖書、美術品、考古材料等，也呼籲日本送還戰時被日本強虜而在日本死難的中國勞工的遺骨，並強調做好這些至關重要的事情，就是邁出「中日友好的第一步」。

1972 年 9 月中日兩國政府發表共同聲明之後，實藤和小島晉治（橫濱市立大學）、加藤祐三（東京大學）等日本學者在同年 12 月，公開要求日本最高學術組織「日本學術會議」（日學會），必須研議日本學術界承擔侵略戰爭責任事宜。他們的具體要求有兩大項：

（一）更正日學會 1972 年 4 月第 61 屆全體會議關於中日學術交流的決議：他們要求日本學術界必須正視台灣是中國的一部分，去除「兩個中國」的任何聯想，以符合中日共同聲明的精神。

（二）重視學術界的戰爭責任，包括：（甲）澄清日學會「南極特別委員會」的「南極考察事業」與「（舊）滿州醫科大學」用活人做實驗品事件的關係，並中止使用日本海上自衛隊軍艦作南極考察研究之用；（乙）處理從中國掠奪的研究資料問題。

在第一項，實藤等學者指出：日學會有關國際學術交流的決議和一些文件使用「與台灣及中國的交流」之類的表述欠妥，因為「台灣」是「中國」的一部分，不是與「中國」平起平坐的政治實體。他們主張日學會這種表述，必須從速改正過來，因為它違背中日共同聲明中強調的「一個中國」的精神。

在第二項甲條，他們揭露「南極特別委員會」（南特會）的軍事成分增加，違背設立該會時初衷。原因有二：南特會屬下「醫學部門委員會」其中一個委員北野正次的背景有問題。從 1956 年起，北野被委任為委員，官方介紹北野的頭銜是「東京血液研究所所長」。其實，北野在二戰時是瀋陽「滿州醫科大學」教授，1944 年 8 月至 1945 年 3 月繼石井四郎中將出任臭名昭著的「731 部隊」隊長，轉赴哈爾濱的 731 部隊總部工作，並晉升「關東軍軍醫中將」。即使在滿州醫科大學任教時，此人已秘密從事以活人為生化實驗的不人道勾當。繼續容忍此人參與南極特別委員會工作的話，日學會實際上就是利用以中國活人實驗得來的「成果」去推進「寒冷地帶醫學」和「南極觀測」的研究。此外，1963 年起，南特會罔顧部分研究者的反對，決定使用日本自衛隊軍艦進行研究。以上兩事都大大增加「南極觀測」的軍事成分。因此，實藤他們提醒日學會，1955 年設置南特會時，曾向公眾承諾不帶任何軍事成分。他們呼籲該會必須帶領日本學術界肩負侵略戰爭的責任，不容重蹈前人覆轍。

在第二項乙條，實藤他們建議擴大返還中國文化財產的範圍，包括：

（一）立刻沒收日本在中國設立的所有公私機關的文物和圖書，以便悉數回歸中國；

（二）要求日本人立刻返還從中國掠奪而且帶回日本的文物；

（三）有些中國的損失今天已無法抵償時，就必須敦請中國派遣評估委員會去日本，決定掠奪中國文物時的價值，由日本予以賠償。

上述建議，使返還運動又再邁進一步。另外，實藤先生個人又倡議設立「文化財產返還發起人聯誼會」，希望群策群力，在日本全國展開返還運動。他確信即使返還運動使日本一些圖書館空蕩清倉、一無所有，也是好事，因為道義至上，更何況「利用從別人偷搶得來的材料去研究別人，該是何等荒唐的事」！

可惜的是，儘管實藤等學者從 1960 年代開始奔走呼號，高舉道義旗幟，努力推進返還文化財產運動，可是日本社會反應極為冷淡。據實藤在 1980 年 8 月發表的一篇文章中透露，全日本只有一人（大妻女子大學某教授）公開回應。但是，這位志願者的身份經過新聞報導曝光後，右翼分子不斷打電話騷擾他、威脅他，最後這位有心人只好打消對中國返還文化財產的念頭。

五、對釣魚島主權爭議的立場

實藤對於中日兩國之間歷史遺留下來的問題，抱着實事求是、明辨是非的態度。在這裏我必須報告我和實藤共同合作的一些往事。1970 年末，我在美國普林斯頓大學研究院攻讀博士學位，曾與普大中國同學沈平、李德裕等率先發起保衛釣魚台列島主權運動，成為全球保釣運動的急先鋒。在這幾個急先鋒之中，我是唯一攻讀日本歷史的學生，於是由我負責收集和分析日本方面言論和歷史資料。這是一項十分艱巨的工作，因為美國各大圖書館很少收藏這類文獻，其實當時也沒有甚麼圖書和論文值得參考，加上當時留美的華裔師友絕大多數都是學理工的，很少人攻讀人文學科，更少人研習日本歷史文化。我感到孤獨無助，只得向日本師友求助。實藤反應最快，也最熱烈。他先後多次寄來大批日文資料，包括沖繩縣編印的內部參考文獻，即使在日本國內，也很難入手。

實藤給我的信函每每強調，他愛他的祖國日本，也愛真理。他認為釣魚島的主權問題，應該由中日兩國人民理智地協商解決；互相理解對方的理據就是解決問題的第一步，完全沒有必要向對方隱瞞資料。紐約國是研究社社長黃養志先生和我利用實藤寄來的材料，寫成幾篇長文，交香港《明報月刊》發表。例如，〈釣魚台千萬掉不得！〉一文，有些老保釣認為是「一篇讀來令人動容的論述研究」。我們幾個人共撰的〈日本人為謀奪我釣魚台做了些甚麼手腳？〉一文，被香港明報出版社和紐約國是研究社多次重印，以單行本方式免費發行，該文成為海內外第一波保釣運動的重要參考文獻。

後來，為了更直接地向日本傳送我們保釣的理據，紐約國是研究社指示我用日文起草一封公開信，發給全體日本國會議員、日本政府高層官員和日本主要媒體，陳述中方維權理據，並反駁日方謀奪釣魚台列島的主張。遇有日本人姓名或地址不詳的時候，我便拜託實藤在東京查明後轉發。當時，我們都是窮學生，沒有能力給他匯錢償還郵費交通雜費，他不介懷。實藤對我們的請求，總是欣然同意，悉力以赴。實藤如此見義勇為，幫理不幫親，使與我一起工作而反日情緒高漲的保釣朋友驚奇不已。

六、《中國人留學日本史》、「大河內文書」

實藤惠秀最為人稱道的拓荒業績是撰寫《中國人留學日本史》一書。這本大書由東京黑潮出版社在 1960 年出版。這是實藤呈交早稻田大學的博士學位論文的修訂本。林啟彥先生和我共撰的〈譯序〉這樣評介這本書：「使用大量第一手資料，包括留日學生的日記、書信、著譯書刊、口述史料，以及中日文公私檔案文牘等，詳述 1896 年至 1937 年間留學日本運動的緣起和演變、留日學生就讀學校種類及課程，亦論及清末以來留日學界的種種政治組織和活動，又另立專章詳細探討留日學生對中國近代思想、政治、教育、文學、語言、翻譯、出版事業等方面的貢獻和影響。此書不但取材廣博，立論亦頗平實客觀，故面世以來，備受國際學術界的重視，被譽為研究十九世紀末至二十世紀前葉中日文化關係的重要參考書之一，且被認為對開拓多方面的專題研究，深具啟發作用。」直到今天，我相信上述評介還是公允中肯的。

我要補充的是：這部大著是實藤用了至少 24 年寫成的。早在 1936 年 11 月，實藤便在《日華學報》發表了《中國人留學日本史稿》首章，接着從 1937 年 1 月至 1938 年 12 月，分 11 期在《日華學報》連載。1939 年 3 月，由《日華學報》在東京結集出版《中國人留學日本史稿》；不過，這是「非賣品」，不公開發行。

這本「非賣品」的學術書雖然在戰時出版，也引起一些中國學者的注意。前北京大學張銘三教授曾選譯本書一些章節，分兩期在《中國留日同學會季刊》發表。張銘三教授又翻譯了實藤戰時發表的連載長文〈留日學生史談〉，以「留日學生史話」為題，刊載北京《日本研究》月刊。此外，實藤關於留日史和中日文化交流的評介，也被其他中國學者爭相翻譯出版。

值得注意的是實藤在 1939 年出版《史稿》後，不斷加以修訂和增補。1960 年出版的《留日史》增訂版，「不但揚棄了《史稿》中不少偏激和主觀的論點，更把《史稿》中原佔極大篇幅的留日運動發展史內容濃縮成為一章，又補充不少戰後新見資料，另立章節探討與留日運動有密切關係的歷史課題。該書經改寫後，使讀者對留日運動的歷史及其時代意義有更明確的認識。新著顯示實藤先生的匠心與造詣，均已超邁往昔。」

《留日史》出版後，實藤先生還繼續修訂和增補；1970 年出版該書的「增補版」，使內容更加充實豐富。1984 年 6 月下旬，我去東京探望實藤先生，當時他的健康大不如前，因而對我提出兩項要求：希望我繼續他兩項未完的工作：整理《大河內文書》和繼續增補《留日史》。幾個月後，實藤因病辭世。我很慚愧，迄今我還未能達成他的願望。我不厭其詳追蹤《留日史》的撰述經歷，就是為了反映「作者鍥而不捨的治學精神及其對學術的誠摯態度」。實藤用三四十年修訂和增補《留日史》，其實亦可視為從側面反映這段時期變幻無常的中日關係。

實藤惠秀另一項令人矚目的拓荒工作，就是發現和整理「大河內文書」——一座研究清末時期中日文人交往的寶庫。在 1930 年代末期，正當日本軍國主義瘋狂侵略中國的時候，實藤在日本埼玉縣的平林寺發現了大河內輝聲（1848-1882）與清朝駐日公使及其隨員的筆談遺稿。大河內是江戶時代上野國高崎藩最後藩主，一位既積極吸收西洋文明又陶醉於儒家思想、崇尚中華文明、通曉漢詩漢文的日本貴族，他經常與在日中國文人和清廷派駐日本的外交官員如何如璋、黃遵憲等人詩酒唱酬。他們雖然不能用口語交談，興之所至，大家揮毫筆談不絕。筆談內容從日常飲食到女色、文學、哲理、時政等，無所不談，話語有時放蕩不羈，大家暢所欲言，不拘一格。因此，字裏行間，透露大時代轉型期中日文人內心世界難得一見的亮麗風景。每次雅聚之後，大河內都把筆談紀錄珍而重之，並託人裝裱，加以保存，後來交平林寺僧人託管。這些筆談遺稿的裝裱和保存，大河內的中國客人是毫不知情的。這批筆談遺稿對於研究清末黃遵憲等文化人面臨中日關係逆轉的心路歷程，以及明治初年大河內輝聲等權貴對舊時代彌留眷戀之情，極具參考價值。

「大河內文書」由於是即興的筆談紀錄，內容豐富，但是雜亂無章，份量龐大，向來缺乏整理。1964 年實藤在「大河內文書」中選擇一些筆談紀錄，加上日語翻譯和注釋，出版了《大河內文書 —— 明治日中文化人の交遊》一書，立即引起學術界的注意。不久，新加坡學者鄭子瑜應邀去早稻田大學訪問，與實藤合作編校部分大河內文書，1968 年由早大東洋文學研究會出版《黃遵憲與日本友人筆談遺稿》一書，為研究近代中日文化關係史提供難能可貴的參考材料。最近喜聞由於浙江工商大學王勇教授等人的努力，獲國家社科基金支持，已複印全套「大河內文書」，納入「東亞筆談文獻整理與研究課題組」工作範圍，成為國科基金「重大項目」，目前王教授彙集國內多位學者，進行整理和研究。對於這一喜訊，實藤在天之靈，定必莞爾而笑。

七、中國友人的心靈感應

對於實藤惠秀先生的「中國心」，與他交往的中國朋友都有不尋常的心靈感應。1934 年至 1936 年留學早稻田大學的鍾敬文先生（1903-2001），認為實藤（時任早稻田高等學院教授）是他最親密的日本朋友。在留日前，鍾氏是浙江大學專任講師。1930 年，他曾與顧頡剛、董作賓等創立「中國民俗學會」，並主編《民間文藝》期刊，發表好幾篇民俗學的論文，引起實藤的注意。鍾氏抵達東京後不久，實藤便登門拜訪，請教民俗學的事情。

此後，兩人過從甚密，經常談論中日關係及日本的事情。比他年長七歲的實藤虛懷若谷，對這位中國青年學者十分器重，曾嘉許其對日本事情的理解比日本人來得深刻。那時候，雖然中日關係變得愈來愈緊張，日本的「特高」加緊監視中國留日學生的活動，實藤還是與鍾氏往來不絕。1935 年春，經實藤安排，「中國文學研究會」邀請鍾氏作專題演講，探討中國的民間文學運動。為逃避特高的干擾，這場演講會在東京新宿區一家喫茶店舉行，出席者除實藤之外，有增田涉、竹內好等十餘人。實藤曾執筆報導此事，交《中國文學月報》發表。鍾氏記得實藤曾批評很多日本學者，因為他們戰時跑去中國購買大量圖書和研究資料。實藤提議他們戰後必須歸還這些文化財產給中國；道理很簡單，趁中國戰亂而去搜購，就是趁火打劫，等同掠奪。最令鍾氏感動的是：實藤不但動嘴說了，還真的帶頭動手幹起來了。在鍾氏心目中，實藤是「一個十分優秀的日本人、沒有民族偏見的日本人」。

1940 年至 1944 年留學日本的汪向榮先生（1920-2006）與實藤先生的交往，更具體地反映了類似的心靈感應。汪氏是通過其日語老師松本龜次郎（1866-1945）引薦而認識實藤的。松本是個德高望重的日語教育家，1903 年起便投身對留日中國人的教育事業，不但編寫日語教科書和教材，而且親自執教，在留日學生心目中成為最受尊敬的師長，經他親自教導的中國留日學生逾萬人，包括魯迅兄弟、秋瑾、周恩來等，人稱「中國留日學生教育之父」。即使在 1990 年代，亦即與實藤結緣 50 多年後，汪氏已是中國社科院世界史所的離休資深研究員、創辦「中國中日關係史研究會」推手之一，著作等身，並被公認為中日關係研究成果最豐碩的學者，當他回顧自己坎坷的一生，認為松本介紹他認識實藤，實在是他一生的大事。

根據汪氏的回憶，實藤雖然年長 24 歲，但總是謙恭誠敬，不恥下問，兩人很快便推心置腹，成為莫逆之交。1940 年秋，當實藤贈送自著新書《中國人日本留學史稿》（東京：日華學會，1939 年）時，按照一般禮數請汪氏指正，並且自謙地說，這本書是站在日本人立場寫成的，希望聆聽汪氏從中國人的視野做出的評價。由於汪氏已經讀過此書，立刻毫不客氣地回應，說從中國人的視野來看，這本書沒有交代留學的社會背景，不無遺憾。實藤回應說，既然如此，就請你站在中國人的立場另寫一本留日史也是件好事。後來實藤和汪氏一起去拜候松本先生時，實藤又再提及此事，松本也鼓勵汪氏接受此挑戰；於是剛 20 出頭的汪氏就立志以研究中日關係史為終身事業。汪氏回憶說：

> 我在中日關係史的研究上，花費了近半個世紀的時間，雖然道路不平坦（日本侵華戰爭、長期被打成右派），但畢竟還是走過來了，而且還將走下去。其所以能如此，主要當然是在於我自己的意志和決心，從我年輕時代立志以探討中日關係史作為我終身事業之後，無論經歷怎樣坎坷，也沒有灰心，沒有中輟我的事業；但也不能不感謝師友們對我的幫助和鼓勵，其中最應該一提的是實藤惠秀先生。

最令汪氏感動的是三件事：第一、實藤憑自己是早稻田大學附屬第二高等學院教授身份，阻止「特高」干擾汪氏在東京從事中日關係研究。第二、為了協助汪氏蒐集清末以來在華日本教習及中國留日學生的史料，實藤陪伴汪氏在東京鑽圖書館、逛舊書店、走訪不少日本教習及知情者。兩人亦經常討論問題，各抒己見，求同存異。1944 年汪氏回國之後，只要向實藤提出要求，必定獲得所要的研究資料。對此，汪氏在其學術專著《日本教習》的「前言」中，再三感激實藤的友誼和幫助：

> 從四十年代開始，我們（實藤和汪氏）訪求書刊資料，一同討論研習；在我十分困難的時候，他勉勵我，要我知道：需要我的時候一定會到來的，要我千萬不要氣餒；在我書刊、資料（在「文革」被抄家）喪失殆盡的時候，他盡快把我們共同製作的資料、照片複製後送來，還提供我不少其他便利。儘管在戰後我們沒有再見面，他也看不到（實藤已在 1995 年逝世）他所待望的有關日本教習專書的出版（文章，他是見到了的），但在這本專集有機會和大家見面的時候，我還不能不提到他，作為紀念，也表示感謝。我沒有

辜負他的好意，也沒有違背他的意願，盡我的可能把有關日本教習的情況、資料介紹給學術界，希望能作為二十世紀初兩國文化交流史中一段重要歷史，引起大家的重視，不讓這一段重要的史實湮沒。

第三件令汪氏感激的事，就是實藤善用他的「好意」和「意願」，主動與汪氏分工，以便分頭完成近代中日文化交流中兩大問題的研究。以下兩段話，就是汪氏對與實藤既合作又分工的回憶：

（1944 年）回國以後，在很長一段時間中，（因為政治原因）沒有可能發表我在中日關係史方面研究的成果，當然更不必說對近代中日文化交流方面的問題，特別是像日本教習那樣比較敏感的專題有所討論了……。1956 年，我希望實藤先生能把這方面的研究繼續下去，所以曾把一些在回國後搜羅到的資料，抄了一份給他，其中包括對日本教習名單的補充。當時他正在修訂《留日學生史稿》，回信要我在日本教習這問題上下些功夫；他表示，在新的《留學生史》中，不想再詳述日本教習的事，這大概就是我和他在研究近代中日文化交流中兩大重要問題上的分工。

一直到……1978 年（改革開放後），我重新恢復學者生涯，得到實藤先生的信後，才瞭解到這二十多年來台灣和海外的一些學者，雖然在留日學生的研究上，有不少進展，可是在日本教習這問題上，仍然是一片空白。實藤先生重提舊話，要我在日本教習的研究上作些努力，發表文章，作為近代中日文化交流史研究中的一環。他並且說，因為有前約，所以在他的《中國人留學日本史》中，對日本教習提得很簡單，不像過去的《中國人日本留學史稿》那樣，希望我補充（日本教習這個課題）。

直到 1978 年後，實藤不但對汪氏重提 40 多年前的舊話，還繼續給汪氏提供研究資料，又促請正在從事日本教習研究的日本文部省教育研究所研究員阿部洋氏，向汪氏提供日本外務省檔案資料。此外，實藤讀過汪氏在中國內地和香港發表的有關日本教習的文章後，一如往昔，向汪氏「很認真的提出了他的不同看法」。經過上述 40 多年的驗證，難怪在汪氏心目中，實藤惠秀就是「一個真正的日本人，又是中國真正的朋友」。

實藤惠秀的中國心，連與他素未謀面的中國人也能觸摸。《音樂小雜誌》重返故國的故事或可說明這一點。事緣 1984 年 4 月，我收到山東濟南大學音樂系孫繼南教授的信，說從我和林啟彥君翻譯的《留日史》得知《音樂小雜誌》是在日本刊行的事實，要求我向實藤氏查詢，設法找到這本雜誌。據孫教授介紹，這是李叔同編刊、中國最早的音樂期刊，「由於它的歷史價值所繫，多少年來，(在中國)…… 都無法尋覓它的蹤影。…… 這是我國近現代音樂史研究者 …… 深感遺憾的一件事情。」其實，在孫教授來信前不久，上海社科院文學研究所的豐一吟女士（名畫家豐子愷先生女兒）已經向我查詢該雜誌下落，說「這個刊物，在我國已無法找到」，如果把這本雜誌請回中國，「我國音樂界同人必將十分高興」。我見事關重大，不敢怠慢，於是去函實藤求助。

本來，國際友人之間互相說明、交流研究資料是常見的事，不值得大驚小怪。不過，尋找《音樂小雜誌》卻不是一件容易的事。這本雜誌原來是李叔同在留日期間憑其個人力量編輯而成，1906 年在東京印刷，印行量大概不大，而且只出版了創刊號便無力為繼，因此中日兩國的圖書館都沒有收藏，難怪後來的學者難以尋覓。此外，實藤不是研究中國音樂史的人，他只是在幾十年前撰輯「清末在日本刊行的雜誌目錄」時，在東京文求堂書店見過《音樂小雜誌》等中文雜誌的創刊號。不過，幾十年來他還是惦記這批文物，知道戰時為了逃避盟軍空襲和保存文物，文求堂把幾經辛苦搜羅得來的這批文物，廉價轉讓給設在日本中部的滋賀縣的「日本民族研究所」，因為那裏遠離東京，很少空襲，比較安全。戰後不久，該研究所解散，這 1,000 種中文期刊創刊號又再轉讓，「凡直排的由天理大學收藏，橫排的歸京都大學」。實藤記得《音樂小雜誌》是橫排的，因此推測可以在京都大學見到它。為此，他拜託京大的清水茂教授複印該雜誌。清水教授果然不負所託，1984 年 8 月中旬向實藤覆命。同年 8 月下旬，實藤從東京以空郵分別寄給濟南的孫繼南教授和上海的豐一吟女士。收到雜誌複印本後，孫教授如獲至寶，非常興奮，撰寫〈漂泊異鄉魂歸故土 ——《音樂小雜誌》尋訪始末及初探〉一文，記述該雜誌回歸經過，鳴謝實藤的幫忙，並探討該雜誌在中國近代音樂史上的貢獻。與此同時，實藤撰寫〈《音樂小雜誌》和我〉一文，寄給汪向榮氏，汪氏翻譯成中文之後，交《中日文化與交流》第 3 輯（1987 年 9 月）發表。1984 年 10 月，孫教授在上海舉行的全國高等音樂藝術院校中國近現代音樂史教學會上，報告該雜誌回歸經過及其學術價值，〈尋訪始末及初探〉一文先後在《山東歌聲》（1984 年第 12 期）全文發表和《人民音樂》（1985 年第 3 期）摘要刊載。孫教授對實藤由衷感激，到處表揚，稱讚實藤「確實是一位值得我們學習與尊敬的中日友好的學者」。是故，實藤協助中國第一本音樂期刊歸國的事，一時成為中國音樂界美談。實藤自己對此事淡然處之，自謙地說：「對於一個畢生致力於兩國文化交流史研究的人來說，為中國作出一些努力，也是應該的，不值得誇讚。」

上述故事的尾聲，更令孫繼南教授感動。事緣 1984 年 9 月收到雜誌複印本之後，孫教授又向實藤查詢雜誌涉及幾位日本音樂家及刊物尺寸大小、封面彩色等細節。同年 11 月 2 日，實藤回覆：「自 8 月以來，我因腳病一直臥床不起，所提問題，已向兩個朋友詢問，還未接到回信。此信是仰面朝天寫的，很亂，請原諒。」「兩天後便又來信，告知朋友回答內容，並附來鳥居忠五郎教授代筆的幾位明治時代音樂家傳略，信尾仍寫『病臥床上、仰面朝天，字不清楚，請你原諒。』」知道實情後，孫教授不由得感歎「老人如此高尚品德與舉止，令筆者感動不已」，並感無限唏噓：「無以回報，遂將珍藏書法家朱孔陽朱砂《壽》字一幀饋贈，未料此後僅 58 天，噩耗傳來，老人於 1985 年 1 月 2 日在日本病逝。」

實藤對於中國朋友，可說鞠躬盡瘁，死而後已。汪向榮氏回憶以下的事實，可以說明這一點：

> 一直到（1984 年）12 月 15 日左右，還收到他（實藤）在病床上寫的信，談的還是文稿上的事，討論一些近代文化交流史上的問題；那時我收到（廣東省梅州市）黃遵憲紀念館梁通同志的信，說實藤先生把珍藏的《日本雜事詩》稿塚題字初拓本送給了紀念館。我想，他可真一輩子把精力付諸中日文化交流工作了，病得這樣重，還沒有忘記。

汪氏話說得好，12 月 15 日左右，距離實藤與世長辭只不過兩週！我要補充的是，在實藤看來，一個真正的日本人幫助中國朋友做些事，是責無旁貸的。實藤自己就曾這樣說：「這些，在我看來是一個日本人應盡的責任。」實藤惠秀就是這樣的一個日本人，他的中國心就是這樣的。

八、結語

實藤惠秀胸懷日本，面向中國，以促進中日友誼和文化交流為己任。這種親華思想和行為，不管是在戰前或戰後，經常與日本國策背道而馳，被視作異見分子，也被迫遊離於日本上流社會，因而經常感到寂寞、無奈。其實，實藤並不孤獨，因為具備良知良能的人畢竟是日本社會的大多數，不過他們是未能掌握話語權的沉默的大多數。這情況一如中國「文革」十年動亂期間，是非黑白顛倒紊亂。日本侵華時期，在大部分的日子裏實藤和竹內好等人被指為日本國內的牛鬼蛇神。他們到底是人還是鬼，歷史自有公論。

實藤在推動近代中日文化關係研究、日本文字改革及中日文學翻譯和比較方面，都是備受尊崇的先行者。他在促進中日友好、要求日本承擔侵略戰爭責任、向中國人民謝罪賠償、返還從中國掠奪的文化財產等方面，都有非常獨特的貢獻。最為難能可貴的是，在中日關係極度惡劣的時候，實藤依然關懷中國，對苦難的中國人民寄以無限溫情，憧憬新中國光明的前途。他曾受日本軍國主義荼毒，一度思維紊亂，可是很快清醒過來，並作深刻反省，以多種實際行動宣導中日友好。汪向榮氏為實藤的一生作了總結：「只有真正愛自己祖國的人，才可能愛其鄰邦。這一心情，打從戰時開始，直至戰後釣魚島（尖閣列島）主權爭議，都頻頻在他身上顯現。實藤氏是一個真正的日本人，又是中國真正的朋友。」這番話，我深有同感。

實藤為他的祖國從落後弱小的封建社會轉化成政經大國、從文化輸入國變成輸出國，感到無比驕傲，又為其祖國淪為侵略國加害鄰邦而感到慚愧和悲憤。這種驕傲而又慚愧和悲憤的心情，沉澱之後，雖然長期處於惡劣的處境，終於被轉化為強大動力，使他成為出色的中日文化關係研究和中日友好的先行者。他為我們後輩披荊斬棘，從社會文化多方面切入，開闢了中日關係研究的新天地。他的《留日史》並非十全十美，還有修正增補的空間和必要，可喜的是繼實藤先生之後，一些學者已經開展了細密的研究工作，我們有理由相信在未來的歲月，將有更多學術碩果陸續面世。

實藤對西方學術界的影響也是不容忽視的。西方日本史權威及中日關係史研究的先行者 Marius B. Jansen 教授（《日本人與孫中山關係研究》等書著者），與實藤相交甚篤，經常就中日關係史問題交換史料和意見。我在很多場合都聽到 Jansen 教授坦言受實藤的啟發與影響。美國學者任達（Douglas R. Reynolds）和 Carol T. Reynolds 都稱譽實藤為中日文化關係研究的先行者，他倆在哥倫比亞大學的博士論文和後來的合著中都深受實藤的影響。美國加州大學聖巴巴拉分校教授傅佛果（Joshua A. Fogel，現任加拿大約克大學教授）在 1988 年創刊的英文半年刊 *Sino-Japanese Studies*（《日中研究》），刊登研究中國和日本及中日關係的學術論文，成為西方唯一的中日關係學術期刊，而該刊封面「中日」兩字，就選用了實藤的墨寶，以示對實藤先生的尊崇。

近年日本國內刮起歷史修正主義歪風，一些政界和學界人士不尊重歷史，拒絕深刻反省對外侵略史實，罔顧戰後中日友好來之不易的現實，鼓吹「中國威脅論」，大肆破壞中日友好，模糊中日共贏的美好願景，其所作所為與實藤惠秀所嚮往的背道而馳。回顧中國學界，近 30 年來百花盛開，視野寬廣，頗具新時代文藝復興的勢頭，至為可喜。可是在世界史、特別是日本史的領域，王奇生教授讚譽實藤那樣的「實證功夫」，還是尚未到位。至於葉雋先生所求的「異質文化碰撞的具體鏡像」亦未清晰呈現，更遑論「生發出思想史研究新義」了。由此看來，今天重溫和檢討實藤惠秀這位日本學者的心路歷程，對我們反思中日關係和瞻望未來，也許不無裨益。

本文原載《歷史學人》，2020 年 12 月 13 日。

索引

外文索引

一劃

二劃

三劃

四劃

五劃

六劃

七劃

八劃

九劃

十劃

十一劃

十二劃

十三劃

十四劃

十五劃

十六劃

十七劃

十八劃

十九劃

二十劃

二十一劃

二十二劃

二十三劃

二十七劃

外文漢譯索引

感言

我們衷心感謝香港三聯書店在中日關係非常敏感時段樂意出版我們翻譯的《中國人留學日本史》香港第二版。因為我們相信本書原著者實藤惠秀先生（1896-1985）在天之靈及本書萬千讀者都會譴責日本當局不顧世界反對聲音強行排放福島核污染水，貽害世界人類和海洋健康。我們也相信介紹我們翻譯實藤先生《留日史》的兩位恩師——日本京都大學島田虔次教授（1917-2000）和美國普林斯頓大學 Marius B. Jansen 教授（1922-2000）——他們在天之靈都會和實藤先生一起抗議日本政府的不負責任行為，而且期盼日本國民不要忘記歷史，牢記數千年來中日兩國友好關係，永遠不再重演近現代發生過的悲劇。

我倆翻譯的實藤惠秀先生著《中國人留學日本史》經歷一段難以忘懷的歷史，讀者明白這段歷史，將有助瞭解香港三聯版的內涵。我們的譯書《留日史》初版是由香港中文大學出版社在 1982 年出版發行的。當時正值國內厲行改革開放政策，重視國際友好交流，恢復派遣和鼓勵學生留學日本和美歐諸國，我們的譯書《留日史》受到兩岸三地學術界重視，成為不少高等院校中國近代史和社會經濟等科目的參考書。由於我們的譯書初版是用繁體字在香港印刷和發行的，聽說內地出現一些盜印版，因為內地讀者不容易購讀香港的版本。其實早在 1960 年代、實藤先生授權我倆翻譯此書時，就明確要求我們的譯本必須在中國內地出版發行，方便中國讀者認識《留日史》的內涵及其與中日友好的關連。可幸的是當時實藤先生理解在中國「文革」期間我們是不可能滿足他全部要求的，而且他相信我們兩個香港留日學生必定會實踐我們的諾言。果然，1976 年 10 月「文革」結束前後，實藤先生知道汝謙和啟彥先後從海外學成回港，兩人都獲其母校香港中文大學新亞書院聘任教研工作，實藤先生喜慰不已。此外，實藤先生又知道自從 1978 年春季開始，汝謙應邀參與中國內地多項強化日本文化和中日關係教研課題的研討，而且參與創辦「中國日本史學會」（天津）和「中國中日關係史學會」(北京),並獲邀出任這些學會的理事,汝謙又多次與一些日本學術機構和社會團體在東京、京都、福岡等地舉辦研討會,共同探討日本與二戰期間受害諸國和解及增進友好的問題,因而有機會與中國內地和日本學術界及社會人士交集。實藤先生也密切關注啟彥在香港勤於著譯及參與國內的國際學術研討。

實藤先生特別高興知道汝謙與其老朋友鍾敬文先生(北京師範大學教授)、汪向榮先生(中國社會科學院世界史研究所資深研究員、中國中日關係史學會常務理事)、吳廷璆先生(南開大學史學教授、中國日本史學會會長、天津市政協副主席)和多位東北地區著名學者成為忘年好友,並贏得他們樂意向北京三聯書店轉達他本人盼望《留日史》在內地出版發行的宏願。果然由於獲得鍾、汪、吳等著名學者大力推薦,北京三聯書店很快便同意出版《留日史》的國內版,並主動出資向《留日史》版權擁有者(香港中文大學出版社)支付該書在國內出版和發行的版權費,又委託香港三聯書店總經理蕭滋先生就近與中大出版社社長黎明先生及我們兩個翻譯者聯繫,確保北京三聯與香港中大出版社的合作順利進行。據蕭滋先生後來對我們透露,當他代表北京三聯呈交合作合同給黎明社長後,黎社長仔細閱讀該合同至少三次,每次都使這位前任香港新聞處首位華人處長、英國廣播公司高級職員、新加坡南洋大學行政秘書感動到流下熱淚,良久幾乎說不出話來。最後,黎社長鄭重地對蕭先生說,「『文革』後的中國真的變了,過去不尊重版權和學術的歪風停止了,我手裏這一份北京三聯與我社簽訂的《留日史》合同,將成為中國學術出版史上重要的新標杆了!」

北京三聯版於 1983 年 8 月在北京出版發行,比香港中大版晚出一年,全書改用簡體字印刷,國內讀者稱便。該書重印香港中大版全部內文和圖表,十分精審,值得表揚。該書又加載實藤先生情文並茂的〈後記 —— 我與中國〉一文,這是北京曾麗卿女士翻譯、汪向榮先生校對的長文,又是一大亮點。該文原載日語版《中國人日本留日史》(東京,1960 年 3 月)第九章,成為全書〈結論〉的補白。此文洋洋 20,000 餘言,實藤先生坦誠反省自己在日本軍國主義語境中成長,經過異常漫長和曲折的心路歷程,才能真正認識和理解新中國的文化和中國人的性情，他又公開懺悔年青時受日本軍國主義思想荼毒，曾做過對不起中國和中國人的勾當，畢生後悔不已，因此他期望《留日史》和戰後他的著述能夠輔導今天的日本青少年避免重複他的舊路。他非常重視歷史教育，有一次他對汝謙說，北京三聯版唯一毛病就是沒有像東京日語版和香港中大版編印人名、事件、地名等的索引，方便學生進一步研討相關歷史問題。他甚至埋怨自己的作品畢竟是一本 490 多頁、幾十萬字的學術著作，沒有索引的話，要檢索重要人名、事件或地名的話，就會增加同學和一般讀者的難度的。

北京大學版第 1 版 2012 年 4 月在北京出版發行，比香港中大版和北京三聯版晚出近 30 年，由於責任編輯艾英女士的辛勤努力，該書在印刷、圖表、用紙、版面安排等方面都比較優勝。北大版最大的亮點是被納入北大出版社的《留學史叢書》，由於《留日史》東京日語版面世於 1960 年，其香港中大版出版於 1982 年，該書成為一眾其他國別留學史的領頭羊，包括後來問世的葉維麗教授的《為中國尋找現代之路 —— 中國留學生在美國（1900-1927）》英語版（美國斯坦福大學出版社，2002）及其中譯本（北京大學出版社，2021）、葉雋教授的《異文化博弈 —— 中國現代留歐學人與西學東漸》（北京大學出版社，2009）等等。葉雋教授在這套《留學史叢書》的〈總序〉又從另一角度表揚實藤先生的《留日史》說：「可喜的是，外國學術語境裏對中國人留學史的興趣與貢獻也同樣令人刮目相看，不但實藤惠秀寫出了那部被哈佛教授費正清譽為『資料及例證極為豐富之作』兼『廣泛而先驅性的拓荒工作』的《中國人留學日本史》，而德、法、美等國學人在相關領域也各有貢獻。」洵為的論。此外值得注意的是北京大學版刊載的〈後記 —— 我與中國〉一文，是由啟彥應北大出版社責任編輯艾英女士的要求而翻譯的。艾英女士對我們提出重譯的要求，並不是不滿北京三聯版所刊載〈後記〉的質量，而是體現她作為出版界專業人士尊重兩位原譯者和北京三聯的版權，值得我們尊重、尊敬。要是一定要找北大版的一個毛病，可能就是和北京三聯版一樣，沒有花時間為這本內容豐富的學術專著編刊索引。

目前的香港三聯版《留日史》是在複雜多變的條件下誕生的。這本書將於

2025 年內問世，屆時將迎來《中日和平友好條約》簽訂 47 周年，可是中日兩國之間問題多多，兩國目前並不真正和平友好。日本在 1960 年代開始刪改歷史教科書，企圖抹殺日本侵略亞太地區的罪行；1970 年代爆發的釣魚台列島（Senkaku Island）主權紛爭，迄今尚未解決；近年日本政客常常干涉中國內政，揚言「台灣有事即日本有事」。最近幾個月更罔顧中國和其他東亞鄰居反對，開始排放福島核污染水，並且揚言在未來數十年都會繼續排放，罔顧太平洋的太平和億萬民眾的健康。不少日本政客和媒體更鼓動和糾合南韓、菲律賓等政權，鼓吹排華思想和舉動，追隨美國企圖阻止中國復興及其正常發展。

最後，我們不妨列舉香港三聯版《留日史》一些前所未有的特點。首先是幸得香港三聯梁偉基先生和張軒誦先生悉心編校，他們參考了香港中大版、北京三聯版和北京大學版，吸收上述各版優點，避免一些錯漏，在內文、圖表、插圖的編排都十分謹慎得體。香港三聯版亦由啟彥費神潤飾其翻譯實藤先生的〈後記 —— 我與中國〉，呈現實藤先生的心路歷程更加精彩。香港三聯版又加載汝謙評介實藤先生行誼的論文，讀者或可從第三者角度瞭解一個真正日本人的心路歷程。此外，香港三聯版加載兩張照片，協助讀者瞭解《留日史》中文譯本相關人士的關係。

本書譯者

譚汝謙、林啟彥謹誌

2025 年 3 月

林啟彥（右）、島田虔次教授（中）、譚汝謙（左）合攝於孫中山故鄉廣東省翠亨村賓館前，1986 年 11 月。
島田、譚、林三人分別從日本和香港去廣州出席在中山大學開幕的「孫中山研究國際學術討論會」，三人宣讀論文後，經大會安排到孫中山故鄉翠亨村造訪其故居及參觀附近民國革命古跡，翌日飛往北京參加為期三天的國際討論會。在討論會幾近一週期間，島田教授念念不忘提點譚、林二人繼續努力研究中日關係歷史，促進兩國友好關係及世界和平。

實藤惠秀先生（右一）與 Jansen 教授伉儷（右二、左一）歡聚於譚汝謙（左二）在香港中文大學的宿舍，1979 年 12 月。
實藤先生和 Jansen 教授兩個老友話盒子打開後，天南地北無所不談，其樂融融。其間，Jansen 教授請實藤先生談談撰寫《中國人留學日本史》的經過，當實藤先生談到曾遭當時的「特高」（日本特別高等警察）傳召，遭受人身安全恐嚇時，變得氣憤填胸，聲浪大變。由於 Jansen 夫人聽不懂日語，以為兩個老頭在吵架，於是要汝謙翻譯，終於冰釋疑團。在譚宅歡聚期間，實藤先生多次向 Jansen 教授和島田教授致謝，感謝他們大力推薦譚、林二人翻譯《留日史》。

策劃編輯　梁偉基
責任編輯　張軒誦
書籍設計　陳朗思
書籍排版　陳先英

書　　名　中國人留學日本史
著　　者　實藤惠秀
譯　　者　譚汝謙　林啟彥
出　　版　三聯書店（香港）有限公司
　　　　　香港北角英皇道四九九號北角工業大廈二十樓
香港發行　香港聯合書刊物流有限公司
　　　　　香港新界荃灣德士古道二二〇至二四八號十六樓
印　　刷　美雅印刷製本有限公司
　　　　　香港九龍觀塘榮業街六號四樓 A 室
版　　次　二〇二五年六月香港第一版第一次印刷
規　　格　十六開（170 mm × 240 mm）六六四面
國際書號　ISBN 978-962-04-5341-0

Published & Printed in Hong Kong, China.

中國人留學日本史